本书是2018年河南省高等学校重点科研项目“基于在线课程的高校教师专业发展研究：以慕课建设为例”（18A880036）的研究成果之一

TOWARD LIFE
Theoretical Research
on Teacher Education

走向生活

教师教育理论研究

杜 静 张抗抗 等◎著

科学出版社
北 京

内 容 简 介

生活世界是实施教育活动、发挥教育作用、检验教育价值的最真实的场域。从教师生活出发，基于生活世界建构教师教育理论具有重要的理论意义。本书阐释了教师生活世界的本质意蕴，揭示并反思了不同发展阶段教师生活世界的现实问题与原因，从必然性和价值性角度诠释了教师教育走向生活世界的理论与现实意义，并基于相关理论思考当前我国教师教育现实需要，从培养目标、原则、内容等方面建构了走向生活世界的教师教育理论体系，提出了走向生活世界的教师教育的具体实施策略。

本书既可作为高等院校教师教育研究方面的参考用书，也可以供从事教育管理和教师培养、培训的专业人员阅读使用。

图书在版编目（CIP）数据

走向生活：教师教育理论研究/杜静等著. —北京：科学出版社，2021.3

ISBN 978-7-03-068260-4

Ⅰ. ①走…　Ⅱ. ①杜…　Ⅲ. ①　教师教育—教育理论　Ⅳ. ①G650

中国版本图书馆 CIP 数据核字（2021）第 040085 号

责任编辑：崔文燕　张春贺 / 责任校对：彭珍珍

责任印制：李　彤 / 封面设计：润一文化

科学出版社 出版

北京东黄城根北街 16 号

邮政编码：100717

http://www.sciencep.com

北京中石油彩色印刷有限责任公司 印刷

科学出版社发行　各地新华书店经销

*

2021 年 3 月第　一　版　开本：720 × 1000　B5

2021 年 3 月第一次印刷　印张：18

字数：353 000

定价：99.00 元

（如有印装质量问题，我社负责调换）

作者简介

杜　静

1964年8月出生，河南省许昌市人。河南大学党委研究生工作部部长、教授、博士研究生导师，河南省“四个一批”人才，河南省优秀专家，河南大学教师教育学科带头人，中小学校长国家级培训专家，河南教师教育研究中心兼职研究员。

在《教育研究》《比较教育研究》《课程·教材·教法》等刊物上发表论文30多篇，主持国家社会科学基金教育学一般项目3项，主持和参与国家级或省部级课题多项，获河南省教师教育教学成果一等奖2项。“教师专业发展”课程获“教师教育国家级精品资源共享课”。专著《历史与现实的追问：英国教师在职教育的发展与动因研究》获河南省社会科学优秀成果奖一等奖、第六届全国高等学校科学研究优秀成果奖三等奖。

前 言

格奥尔格·齐美尔指出，即使是最为普通、不起眼的生活形态，也是对更为普遍的社会和文化秩序的表达。[①]教师的生活世界亦是如此。原初的教育与生活世界具有统一性；教育即生活，生活即教育；教育的意义、价值、功能、内容、形式、制度等天然地建基于人类生活之中。生活世界既是事实世界又是意义世界，是两者相互联结的世界。生活的意义负载着生活的事实，离开了生活的事实、实际的生活过程，生活的意义就会成为虚妄，这样的生活也是无意义的。另外，任何生活事实都是被打上意义的烙印的，生活的事实总是在生活意义的展开中成为事实的。[②]教师正是“通过生活世界”“在生活世界中”“为了生活世界”不断地去展示自己生命的力量，生动诠释着“一棵树摇动另一棵树，一朵云推动另一朵云，一个灵魂唤醒另一个灵魂”这样一种美好的教育过程。

这样的教育是一种关涉学生成长的教育，也是一种关涉教师发展的教育。因为生活世界是实施教育活动、发挥教育作用、检验教育价值的最真实的场域。教育深深地植根于生活世界之中，教育、教师和生活有着枝附叶连、根深蒂固的关系。走向生活世界的教师教育不是将教师教育消解在生活之中，而是深深扎根于生活之中，教师由此在最真实的教育场域中实践、反思，不断生成教育智慧，实现自我突破，并推动学生生命成长。

然而，人类社会工业化的演进随之带来了科学主义的扩张、工具理性的蚕食、功利主义的盛行，学校教育也随即全方位受到科学主义、工具理性和功利主义的影响，教师教育也被卷入这一浊流之中。一切都被纳入到理智与思维的框架之中，将对自然的控制和对人的控制视为一回事，教师沦为事物存在，教师教育的思路也演变为“通常将教师的素质、身份认同、知识、能力或学习等内容分成若干部分，分别对其进行分析，然后寻找各个部分之间的关系”[③]。这种思路固然能使

① Simmel G. The Metropolis and Mental Life [M]. New York：Free Press，1950：413.

② 鲁洁. 行走在意义世界中——小学德育课堂巡视[J]. 课程・教材・教法，2006（10）：20-24.

③ 陈向明. 从教师“专业发展”到教师“专业学习”[J]. 教育发展研究，2013，33（8）：3.

教师迅速掌握一套教育教学知识以通过诸如资格认证、入职测试、达标评估等考核，甚至让不少新入职教师找到当教师的“套路”。然而教师鲜活的教育体验、丰富的实践经验往往被忽视，教师充满意义的生活世界被无情放逐。但是教育领域的问题远不是物理逻辑可以解决的事务性问题。教育是一个复杂的、非线性的系统，需要充满生命活力的教师创造性地表达。教师生活世界是培养具有情境性、独特性、创造性的教师的最佳场所。

对教师生活的理论研究旨在理性审思当前教师生活世界异化、失落导致的教师教育问题，发掘问题背后的症结，从而使教师教育的关注点回归教师本体、回归教师实践、回归教师生活世界。然而从现有文献看，国内外更多探讨的是走向学生生活世界，在教师教育领域对教师生活世界的研究则相对有限。因此，我们撰写了《走向生活：教师教育的理论研究》一书，以期通过我们的一孔之见抛砖引玉唤起学界对教师生活的关注。全书共分为四编共八章：

第一编本真追问——教师生活世界的内涵与诠释。本编在阐释教师生活世界的本质意蕴，明晰教师生活世界的多样特征以及多重领域的同时，从中、西方哲学视角探索了教师生活世界的理论根基。

第二编羁绊与反思——教师生活世界的失落与澄明。本编揭示了不同发展阶段教师生活世界被遮蔽的现实，并对教师生活世界的遮蔽进行多视角反思，提出教师教育应走向生活的观点。

第三编光明与自由——教师生活世界的复归与追求。本编从必然性角度分析了教师教育应走向教师的生活世界，从价值性角度诠释了教师教育走向生活世界的理论与现实意义。

第四编探索与实践——构建走向生活世界的教师教育。基于理论思考与当前我国教师教育现实需要，本编从培养目标、原则、内容等角度建构了走向生活世界的教师教育理论体系，并在此基础上提出了走向生活世界的教师教育的具体实施策略。

本书是集体智慧与劳动的结晶。由河南大学杜静教授负责书稿的选题、提纲的设定和全书的规划与统揽；张抗抗博士负责大纲的细化、写作的协调与统稿。全书共有八章，具体分工为：第一章由杜静、张抗抗撰写；第四章、第五章由张抗抗撰写；第二章由李聪撰写；第三章由邓新侦、赵贾贾撰写；第六章由张抗抗、杜若飞撰写；第七章由罗梦园撰写；第八章由张文丽撰写。囿于我们的时间、精力和研究能力，书中难免存在不足之处，恳请专家和广大读者提出宝贵意见和建议。

杜　静　张抗抗
2020 年 1 月 6 日

目　录

第三编　光明与自由：教师生活世界的复归与追求

第四编　探索与实践：建构走向生活世界的教师教育

第一编

本真追问：教师生活世界的内涵与诠释

我们所面对的世界不仅是一个纯粹“事实”的世界，而且是一个广义的“价值”的世界，是一个有意义的人的世界，生活和实践构成了“事实”与“价值”之间的桥梁。

——陈向明

第一章 生活世界视域下教师教育的内在旨趣

社会学家卢曼认为，生活世界是 20 世纪最富有成果的、被制造出来的单词（worterfindung）之一。[①]生活世界构造了一个深刻且具有启发性的论域，主导了哲学新的走向，也对教师教育的理论与实践产生了广泛而深刻的影响。生活世界下教师教育理论研究是对当前教师生活世界异化、失落导致的教师教育矛盾重重的现实问题的回应，旨在重新审视教师的本质是什么、本真的教师应该是什么样子这两个教师教育的本体性难题。也正是在这个意义上，我们对教师生活世界内在旨趣的审思具有重要的理论价值和现实意义。基于此，有必要回到教师生活世界本身，重新把握教师生活世界的本质，回答教师生活世界是什么，教师生活世界的内在结构是什么。对这些问题的追问与回答是走向生活的教师教育的关键所在。

第一节 教师生活世界的意蕴

随着教育与生活世界的关系问题成为教育领域关注的热点问题，身在教育领域中的教师与生活世界的关系也随即成为教师教育关注的焦点问题，教师生活世界成为教师教育的重要论域。教师生活世界的意蕴究竟是什么？教师生活世界的特征又是什么？对这些问题的把握是深刻认识教师生活世界的前提。

① 倪梁康. 现象学及其效应：胡塞尔与当代德国哲学[M]. 北京：生活·读书·新知三联书店，1994：216.

一、教师生活世界的释义

教师生活世界作为教师教育的本体性问题，对其准确、深入地把握需要建立在对生活世界的认识之上，即回答“究竟什么是生活世界”的问题。事实上，“生活世界”这个概念具有的强烈的日常语言色彩，使得在使用这个概念时会觉得它不证自明。我们可以在俗常意义上使用它，也可以在哲学的严格意义上使用它，但显然两者之间有天壤之别。“生活世界”一词在历史的演变中不断被丰富和发展，并在20世纪20年代经由现象学大师埃德蒙德·胡塞尔提炼而成为一个严格意义上的哲学范畴，并主导了此后诸多西方思想家们的致思方式。因此要回答“究竟什么是生活世界”这一问题，需要在“生活世界”的概念演变中审视。

（一）“生活世界”的概念演变

“生活世界”作为一个富有诗意的词，胡塞尔并非首创者①，但它却在胡塞尔后期的著作《欧洲科学的危机与超越论的现象学》中获得了中心地位。胡塞尔提出生活世界针对的是“实证主义将科学的理念还原为纯粹事实的科学。科学的‘危机’表现为科学丧失其对生活的意义”②。胡塞尔认为，欧洲的近代科学由于恪守纯客观性的实证主义方法，唯精确性、唯实验确凿性、唯抽象普遍性，使科学成为“单纯注重事实的科学，造就单纯注重事实的人”③，而“忘却”了“意义基础的生活世界”④，所以欧洲科学危机的根源在于生活意义的丧失。胡塞尔认为，生活世界是自我明见性的终极源泉和确证源泉，也是客观真理得以建构的基础，真正的理性化必须回归生活世界。因此，胡塞尔主张回归生活世界，在他看来生活世界才是拯救欧洲科学危机的唯一药方。

胡塞尔所谓的“生活世界”并不是一个简单的概念，而是一个复杂的、分层次的概念。在胡塞尔那里，“生活世界”首先意味着朝我们涌现、发生的直观对象的总体，是所谓的“自然态度中的世界”，但它却不能被理解为任何意义上的对象，不能被理解成客观意义上的永恒实体。⑤从根本上说，生活世界是“前科学的”“前概念的”“前理论的”，因而它完全是原初的自明性的领域⑥，对包括数学和其他各种自然科学在内的任何检验都要回溯到这种自明性之中。它是指作为唯一实在的，通过知觉实际地被给予的、被经验到并能经验到的世界，即我们的日常

① E. W. 奥尔特. “生活世界”是不可避免的幻想——胡塞尔的“生活世界”概念及其文化政治困境[J]. 邓晓芒译. 世界哲学，1994（5）：63-68.

② 胡塞尔. 欧洲科学的危机与超越论的现象学[M]. 王炳文译. 北京：商务印书馆，2001：15.

③ 胡塞尔. 欧洲科学的危机与超越论的现象学[M]. 王炳文译. 北京：商务印书馆，2001：16.

④ 胡塞尔. 欧洲科学的危机与超越论的现象学[M]. 王炳文译. 北京：商务印书馆，2001：64.

⑤ 倪梁康. 现象学及其效应：胡塞尔与当代德国哲学[M]. 北京：生活·读书·新知三联书店，1994：216.

⑥ 胡塞尔. 欧洲科学的危机与超越论的现象学[M]. 王炳文译. 北京：商务印书馆，2001：154.

生活世界。[①]我们之所以需要“生活世界”这样的概念，就在于包括实证科学活动在内的任何生活都需要一个出发点和基础，我们的全部活动、我们的所有目标、所有意图都要以它为取向。[②]从胡塞尔的理解来看，生活世界就是一个包罗万象的普全性领域，它本身既是不能被主题化的，也是不能被怀疑的。[③]正如他所指出的那样，生活世界对我们这些清醒地生活于其中的人来说，总是已在那儿并事先就给予了我们，是所有理论或超理论的实践基础……生活总是在对世界的确信中的生活。[④]

我国学者倪梁康先生则把胡塞尔的生活世界区分为作为经验的实在的自然态度中的世界和奠基性的、直观的、主观的世界。朱刚则基于此进一步明确区分了在胡塞尔那里的两种不同意义上的生活世界：一个是作为已经被构成的、现成实在的客观世界，即自然态度中的世界；另一个则是尚处于并永远处于构成之中的世界，它尚未现成，亦不实在，是纯粹主观的先验世界，甚至可以说就是那构成前一个世界的永不停息的构成本身、生活本身。[⑤]尽管学界对胡塞尔生活世界的划分存在差异，但可以达成共识的是，生活世界在胡塞尔那里是可以区分出日常的、具体的、经验的生活世界和奠基性的、统一的、总体的生活世界，且后一种生活世界是对前一种生活世界的超越，也是前一种生活世界的最终根源。需要承认的是，在胡塞尔那里“生活世界”的概念虽然是一个模糊的、未定型的概念，但胡塞尔的生活世界却构造了一个深刻且具有启发性的论域，其后的许多思想家都深受其影响，使得“拒斥科学世界，回归人的生活世界，摒弃从外在的、抽象的东西出发规定世界、考察人的思维，走向现实的、活生生的人，走近人们每时每刻都可以经验到的生活”[⑥]成为现代哲学的基本趋向，如海德格尔、许茨、舍勒、维特根斯坦、哈贝马斯、帕托契克、列斐伏尔等思想家都在不同程度上对生活世界展开了思考。

对于许茨而言，生活世界是指人们在其中度过其日常生活所直接经验到的主体际性的文化世界，其特征是预先给定性[⑦]，它是一个经验世界；它是一个以“我”为中心的个体力所能及的、熟悉的世界；它是一个可重复的、理所当然的领域。许茨强调，生活世界是一个文化世界，因为这个生活世界对于我们来说从一开始

① 胡塞尔. 欧洲科学危机和超验现象学[M]. 张庆熊译. 上海：上海译文出版社，1988：58.

② 胡塞尔. 欧洲科学的危机与超越论的现象学[M]. 王炳文译. 北京：商务印书馆，2001：174.

③ 夏宏. 生活、世界与生活世界[J]. 中山大学学报（社会科学版），2013，53（5）：110-117.

④ 胡塞尔. 欧洲科学的危机与超越论的现象学[M]. 王炳文译. 北京：商务印书馆，2001：172.

⑤ 朱刚. 胡塞尔生活世界的两种含义——兼谈欧洲科学与人的危机及其克服[J]. 江苏社会科学，2003（3）：40-45.

⑥ 李文阁. 回归现实生活世界——现代哲学的基本趋向[J]. 教学与研究，2000（1）：44-51.

⑦ 许茨. 社会实在问题[M]. 霍桂桓，索昕译. 北京：华夏出版社，2001：284.

就具有重要的意义，也就是说，是一个我们必须进行解释的意义框架，是一个我们只有通过在这个生活世界中的行动才能够创立的、意义相互联系的宇宙。[①]哈贝马斯在许茨的基础上又向前推进了一步，他给生活世界下了一个不太完整的定义，即生活世界类似发言者和听者所遇到的先验的地方，在这种地方，他们可以相互提出要求，也就是说他们的表达与世界（客观世界、社会世界或者主观世界）相适应，并且在这里，他们可以批判和证实这些运用与要求，排除意见不一致的情况，使意见达成一致。[②]哈贝马斯认为，生活世界仅仅是出自社会化过程中的认同需要，由文化传统和制度秩序，以及社会化过程中出现的认同所构成。所以，生活世界不是一个由个体成员构成出来的组织，也不是一个个体成员联结在一起的集体。相反，生活世界是日常交往实践的核心，它是由扎根在日常交往实践中的文化再生产、社会整合，以及社会化相互作用的产物。[③]同时在哈贝马斯的生活世界中，人类参与交互活动的生活世界是文化、社会和个性三种要素相统一的生活世界，这一生活世界恰好是交往实践的基础，这种看重交往互动的生活世界与胡塞尔看重先验的生活世界颇为不同，也超越了许茨所强调的生活世界构成的文化因素。马克思所认同的生活世界则是一个纯粹经验层面的生活世界，这与他的唯物主义的思想是紧密联系在一起的。马克思强调，一切的研究和探讨都应当抛开只能在想象中才能存在的前提和观念，而应该着眼于可感知的、经验的现实这一前提。所谓“前提”，马克思指出，“这是一些现实的个人，是他们的活动和他们的物质生活条件，包括他们已有的和由他们自己的活动创造出来的物质生活条件”[④]。马克思认为，作为人类自身生产的日常生活是一切历史的第一前提。在日常生活之外，马克思认为还存在非日常生活世界，包括政治、经济、科学、教育、宗教等方面内容，日常生活世界与非日常生活世界的整合实际上涵盖了人的世界的所有领域。[⑤]但不管是日常的生活世界还是非日常的生活世界，都是可以通过经验而确证的、直观的感性世界的生活活动，“是一个由人的日常活动以及由这些活动所形成的各种复杂的关系组成的”[⑥]现实的世界。

国内学者也从各自的角度对生活世界进行了阐释和解读。李文阁认为，生活世界是一个人生活于其中的世界，是一个人在其中交往的世界，是一个关系世界，是一个物质生活与精神生活、日常生活与非日常生活等各种生活形式相互交织、

① 许茨. 社会实在问题[M]. 霍桂桓，索昕译. 北京：华夏出版社，2001：189.

② 哈贝马斯. 交往行动理论（第二卷）——论功能主义理论批判[M]. 洪佩郁，蔺菁译. 重庆：重庆出版社，1994：174.

③ 哈贝马斯. 后形而上学思想[M]. 曹卫东，付德根译. 南京：译林出版社，2001：86.

④ 中共中央马克思恩格斯列宁斯大林著作编译局. 马克思恩格斯全集（第42卷）[M]. 北京：人民出版社，1979：178.

⑤ 衣俊卿. 回归生活世界的文化哲学[M]. 哈尔滨：黑龙江人民出版社，2000：189.

⑥ 贾英健. 马克思生活世界观的精神实质及价值意蕴[J]. 社会科学辑刊，2007（5）：6.

互为依赖、永远在生成着的世界，是人在其中不断趋近全面的世界。[①]郭元祥则认为，生活世界是一个非课题性的、奠基性的、直观的、人的生命存在的综合性世界，是人正经历着的世界，是由人构成的关系世界，也是一个人在其中的实体世界。[②]还有学者认为，生活世界不仅单纯指生活环境，也不单纯指自然世界和社会世界，而是指对人生有意义的、人生活在其中的世界，是人生的过程，生活中的心物同一的世界。生活世界既是一个实体世界又是一个关系世界。[③]熊川武和江玲则进一步分析了生活世界的构成因素及特征，认为生活世界是一个处于自在状态的世界，是以传统、习俗、经验、常识、朴实感情与自然资源等因素构成的人的生存的场域，直观性、自在性、复性、经验性、朴实性与实用性是其六大特征。[④]

无论胡塞尔以来的思想家对于生活世界的论述如何不同，但他们都在试图站在回归生活世界的立场反思人性危机，回归生活世界在此具有了核心的哲学意义。从“生活世界”概念本身的演变过程来看，生活世界就是一个有人参与其中的、主客体相统一的周围世界，是一个由直接经验构成的意义世界、价值世界或文化世界，它是人类实践、认识、交往、游戏等一切活动发生和发展的基础、场所与背景。[⑤]它是人的生活所必须涉及的主观世界、客观世界和社会世界的有机统一。可以说生活世界的引入既凸显了哲学对人的生存的关怀及对生活的贴近，颠倒了理论优于实践的古典关系，也为人们思考现实生活问题提供了新的理论视角。

（二）教师生活世界的诠释

由于现代社会理性和科技文化的过度张扬，现代学校教育也随之全方位受到科学化和技术理性化的影响，“人”在教育场中的角色式微，不再成为教育关注的对象，教师“人”的一面被遮蔽，教师职业被简化为知识、技能的简单传递，职业生命被工具性知识、专业技能与技术权威所禁锢，在“技术人员”的道路上越走越远。在这个意义上，对教师生活世界的关注具有非常积极的价值。事实上，就教师教育而言，所有教师教育应该思考的问题都应该围绕何为本真的教师、本真的教育来进行，这是教师教育的逻辑起点，而对教师生活世界的关照与追问正是对本真的教师、本真的教育的关照，也是对教师教育本体的回应，所以何为教师生活世界，不是一个知识论问题，而是一个存在论问题。

① 李文阁. 回归现实生活世界：哲学视野的根本置换[M]. 北京：中国社会科学出版社，2002：232.

② 郭元祥. 生活与教育——回归生活世界的基础教育论纲[M]. 武汉：华中师范大学出版社，2002：114.

③ 程广文，顾泠沅，王建磐. 论数学课堂与生活世界[J]. 教育科学，2001（3）：31-33.

④ 熊川武，江玲. 论教学世界与生活世界的基本差异[J]. 湖南师范大学教育科学学报，2004（5）：19-22，45.

⑤ 谭文华. 生活世界、生活世界知识与科学知识：对齐曼“生活世界知识”论说的考析[J]. 自然辩证法研究，2011，27（12）：117-120.

但当前学术界借助“生活世界”这一概念来解读教师生活世界的研究相对较少，且存在各种各样的解释。如果不加任何区别地将教师生活世界理解为胡塞尔哲学意义上的生活世界，或是在广泛意义上将教师生活世界理解为日常生活世界等，那么这些解读就会在不同程度上窄化或泛化了教师生活世界，导致对教师生活世界的误读，消解了教师生活世界的丰富内涵，遮蔽了教师生活世界的价值。因此，从生活世界视角解读教师生活世界应该在边界内进行，边界意识启示着我们如何看待教师所处的世界。在世界概念中得到表达的不是实体的一种并列关系，而恰恰是一种隶属关系，而且是综合各个条件的“向无条件者上升的序列”①。建立边界意识意味着需要从以并列关系看待意识对象转向以隶属关系看待意识对象（即关于教师生活的事物林林总总、千头万绪），但这些并列的事物并不都属于教师生活世界的范围。事实上，从教师“生活世界”这一概念出发，其背后蕴含两个方面的规定性：一是就教师的自然属性来说，教师是鲜活的、能动的人，是一个普遍的精神存在；二是就教师的功能属性而言，教师从事的是有目的的培养人的教育活动。因此，教师生活世界在这双重规定性下凸显于教师生活的众多可能性中，进入了能够达成教师人生意义和价值的视域之中。

教师的生活世界能够接纳教师作为一个“人”存在，教师在其中能够获得对生命与生存价值和意义的深刻体悟。在这个意义上，教师生活世界具有本体属性，构成了教师生存的基础性结构，是教师行为活动的背景。它摆脱了将教师教育简单理解为体制内的对教师工匠的迁就，也不再只是将教师教育理解为教师的再生产活动，而是必须将教师教育理解为教师的自我成长、自我教育的过程。从教师生活世界的流变中发现，教师生活世界的被放逐主要源自近现代的教师教育观对人、生命、生存的完整性的割裂，进而从属于人的生命生存的片面性功能。海德格尔将“人”从有其世界到丧失其世界的过程称之为世界的没落，而“世界的没落”实质上是世界精神的没落。②哈贝马斯从社会结构角度出发把社会视为由系统和生活世界双层结构构成，进而把社会的合理化分为系统合理化（工具理性行为的合理化）和生活世界的合理化（交往行为的合理化）。在他看来，现代文明的危机，关键并不在于现代化或合理化本身，而在于系统对生活世界的侵凌。系统原本是属于生活世界的，然而，随着社会及人类需求多样化的发展，人们之间的交往更趋于功利化，系统不断分化出去并不断壮大，渐渐脱离了生活世界，成为一个相对独立的体系，逐渐侵蚀并控制了生活世界。其造成的严重结果是技术合理性和目的合理性对人与生活世界的支配，人逐渐被物化，精神被剥夺。加达默尔认为，人之为人的显著特征就在于，他脱离了直接性和本能性的东西，而人之所

① 海德格尔. 路标[M]. 孙周兴译. 北京：商务印书馆，2000：177.

② 海德格尔. 形而上学导论[M]. 熊伟，王庆节译. 北京：商务印书馆，1996：45.

以能脱离直接性和本能性的东西，就在于他的本性具有精神的理性。[①]因此只有当教师生活世界对“人”加以关照和反思的时候，教师才能摆脱物化的枷锁，教师教育才可能达到其本体之源。因为教师教育乃至教育的终极价值首先必须建立在怎样成为“人”、成为怎样的“人”的问题之上。如果将教师作为事物存在，那么教师教育的研究思路通常将教师的素质、身份认同、知识、能力或学习等内容分成若干部分，分别对其进行分析，然后寻找各个部分之间的关系。[②]这种逻辑能迅速让教师掌握系统的教育教学知识和技能以应对包括资格认证、入职考核、考核认定等各类评价，甚至还可以让不少新入职教师短期内掌握如何当老师的技巧。然而，教育领域的问题远不是物理逻辑就可以解决的事务性问题。个体生命发展既有与自然、世界的根本性的联系，因为个体生命早期的内涵就是世界的，同时又在理智化的过程中保持着个体置身世界之中的相对独立性，进而使个体生命发展成为有无相生、内涵不断涌现的辩证存在。[③]因此，只有在教师作为“人”而非矮化、妖魔化、神化和工具化的意义上时，将教师看作是依靠意识不断感知、理解、表达的体验存在，教师生活世界才会在教师个体生命发展的进程中自然显现。

教师生活世界不仅是“人”的生活世界，还是相对于一般意义的人而言特定的生活世界，充满了教育意蕴。这是由教师职业区别于其他工作的内在规定性决定的。教育作为一个特殊的视域，不同于其他领域，教师在其中扮演了各种各样的角色，所以，理解教师生活世界的内涵还需要将其放在教育视域中去审视。教师的职业特性决定了从伦理与法理层面看，教师的生活世界内在地必须与成就他人（培养人）一致。人的身心发展有一定的规律，且人的培养必须遵循特定的社会要求，因此意味着教师不可能随心所欲，意味着教师过的并不是纯粹的、自主的私人生活，意味着不断提升自身专业水平并实现专业突破、专业发展成为教师重要的价值追求之一，不断充盈的职业生活和充满自我实现意味的专业生活构成了教师的生活世界。但不可否定的是，无论培养人的生活怎样特殊，归根究底都需要作为人的教师来完成，因此教师培养人的活动成为教师个体生命实践的重要组成部分，是教师生命实践展开的具体方式。在培养人的活动中，作为人的教师在日常生活的纵向推移中慢慢消耗生命，教师同时也体验到了人生的喜怒哀乐，在成为自己的过程中成长成熟。因此，教师生活世界是成人与成己内在统一的视域，成人要求教师的教育生活紧紧围绕外在目的，成为一种功利性的工具性活动，

① 加达默尔. 真理与方法——哲学诠释学的基本特征（上卷）[M]. 洪汉鼎译. 上海：上海译文出版社，1999：1140.

② 陈向明. 从教师“专业发展”到教师“专业学习”[J]. 教育发展研究，2013，33（8）：1-7.

③ 刘铁芳. 返回生活世界教育学：教育何以面对个体生命成长的复杂性[J]. 教育研究，2012（1）：46-52，68.

而成己则体现了作为主体人的教师在教育生活中追求自我生命完善与自我潜能发挥的内在精神渴求。[①]进一步来看，教师所从事的有目的地改造人的活动本质上是一种特殊的社会活动，教师是社会与教育的并集，因此教师生活世界涵盖了教师生活的广泛社会空间。社会生活为教师进行生产与再生产提供了重要的物质与精神基础，教师通过从社会生活中汲取丰富的养料促进了自身的发展。因此，教师生活世界与社会生活在本质上具有内在的统一性，而与社会生活的高度融合本身就是教师发展的重要途径。但教师教育观念的功利性、工具主义在教师教育中的扩张易导致仅仅将专业知识增长和技能的熟练看作是教师发展的方向，因而在促进教师教学技能的熟练化之外，似乎把更本质、更重要的社会维度的发展遗忘了。

总而言之，教师的生活世界是一个丰富多彩而又鲜活的“人”的世界，是一个综合而全面的世界，它以教师生活共同体（包括家庭、学校等）等直接环境为基本寓所，旨在维持教师个体生存和再生产的日常消费、交往活动，以及人才培养活动和自我实现活动。它是一个以教师日常生活为基础，以教师教学实践为基本存在方式，凭借传统、经验和丰富情感等文化因素而加以维系的自在和自为的对象化领域，是一个包含灵魂与肉体、道德与欲望、情感与意志的世界，是一个自由、自主却又充满了规训和教化的矛盾的世界。教师走向生活世界意味着教师生活观、生命价值观的建立，这正是教师教育的意蕴所在。

二、教师生活世界的特征

教师“生活世界”概念的提出为反思教师教育提供了新的视角，开辟了一个充满生机的论域。许多研究者在这一论域中对“什么是教师生活世界？”这一本体问题展开了讨论，这些讨论丰富了对教师生活世界的认识与理解，但不可否认，这些争鸣与讨论却也使教师“生活世界”的内涵变动不居，很难达成一定共识。鉴于此，回答教师生活世界有哪些基本特征，它与其他生活形态有什么区别等问题，有利于我们进一步理性地思考什么是教师生活世界。

在胡塞尔那里，生活世界是一个非课题的、奠基性的、直观的、主观的世界。[②]胡塞尔之后的许多哲学家也对生活世界有过深入的思考，综合来说，生活世界具有直观性、真实性、基础性、整体性和主体性特点。所谓直观性，源于生活世界是一个活生生的世界，在这个世界中，人以直接的生活经验（生命经历）来直观世界，也直观自身。正如胡塞尔所说，生活世界是唯一实在的，通过知觉实际地被给予的、被经验到并能经验到的世界。[③]生活世界的直观性还表现在它是具体的、

① 黎平辉．“成人”与“成己”：教师教育生活重建与教学个性生成[J]．湖南师范大学教育科学学报，2014，13（3）：77-81.

② 夏宏．视域：生活世界理论发展的内在逻辑[J]．江苏社会科学，2009（2）：30-34.

③ 胡塞尔．欧洲科学危机和超验现象学[M]．张庆熊译．上海：上海译文出版社，1988：58.

非逻辑的。生活在这个世界之中，我们的身体的存在方式是与这个世界相适应的。但是在这个世界中我们看不到几何的理念存在，看不到几何的空间、数学的时间及它们的一切形状。[①]哈贝马斯认为，在交往行动中，生活世界以一种直接的确定性包围我们，出于这种确定性我们切近无隙的生活和说法[②]，所以对我们而言，我们是“在之中”的，生活世界是真实的而非虚幻的。生活世界的基础性在于它为人们的生存提供了基础。胡塞尔曾这样来描述生活世界：在我们的具体的世界生活中，不断作为实际的东西给予我们的世界。[③]同时生活世界是人们获得经验、共识的场所，它为人们的交往“提供大规模背景共识之支持”。[④]进一步来看，生活世界中各种成分犬牙交错、相互融合、混沌一片，具有整体性。哈贝马斯曾形象地把生活世界的这一特征概括为：生活世界是灌木丛。[⑤]生活世界是一个人化的自然，具有主体性。人作为生活世界的主体，他不仅从中满足自己的肉体与精神需要，而且还以自身特有的创造活动去建立新型的、更符合人性的需要[⑥]。但这并不说明生活世界完全是主观的，如果我们的直观的生活世界完全是主观的，那么整个前科学的和科学以外的存有的真理的意义就被贬低了。[⑥]一般来说，任何事物都可以被视为一个性质束，即它是由若干特性组成的集合体，离开诸多特性，任何事物都会化为乌有。同生活世界一样，教师生活世界也不例外，它具有为我性和为他性、理性与非理性、日常性与非日常性等基本特性。

教师生活世界是“为我性”和“为他性”的统一。教师生活世界在教师身上的体现，是“为我性”（成为自己）和“为他性”（成就他人）的有机融合。教师生活世界的“为我性”是指，教师生活世界是作为目的性存在的，是教师自我实现、自我确证、自我发展的过程，因而具有“自成目的性”。“为他性”则是教师生活世界是作为手段性存在的，是学生生命觉醒和发展、社会文化传承和人才培养的重要手段。教师生活是一种自成目的的、意向性的活动，从一定意义上说，教师生活的目的就在于，教师生活世界本身是自足的。生活只能自己说明自己，生活的目的就在于生活本身，它自足地具有目的，确切地说，生活自成目的。生活是绝对直接的事实。不可能有高于生活的目的，因为不可能通过生活去超越生活。[⑦]同时，教师这一职业赋予教师的责任在一定程度上决定了教师生活世界是为

① 胡塞尔. 欧洲科学危机和超验现象学[M]. 张庆熊译. 上海：上海译文出版社，1988：60.

② 哈贝马斯. 在事实与规范之间：关于法律和民主法治国的商谈理论[M]. 北京：生活·读书·新知三联书店，2003：27.

③ 胡塞尔. 欧洲科学危机和超验现象学[M]. 张庆熊译. 上海：上海译文出版社，1988：61.

④ 哈贝马斯. 在事实与规范之间：关于法律和民主法治国的商谈理论[M]. 北京：生活·读书·新知三联书店，2003：26.

⑤ 倪梁康. 现象学及其效应：胡塞尔与当代德国哲学[M]. 北京：生活·读书·新知三联书店，1994：352.

⑥ 胡塞尔. 欧洲科学危机和超验现象学[M]. 张庆熊译. 上海：上海译文出版社，1988：61.

⑦ 赵汀阳. 论可能生活：一种关于幸福和公正的理论[M]. 北京：中国人民大学出版社，2004：26.

成就学生而服务的，是因学生生命发展而存在的。离开了学生生命发展，教师生活世界将转变为教师的一种私人生活、日常生活，教师生活世界的价值性将会受损。教师生活世界的“为我性”和“为他性”看似矛盾对立，实则相辅相成、内在统一。人的活动是对象性活动。人本身作为一种有生命的、现实的、感性的、有意识的存在物，有物质与精神生活需求，这些需求的满足依赖于自然界，依赖于人之外的对象。这种对象存在于人之外，但又是人存在不可缺少的。教师在不断地改造现成生活世界、创造自己的对象世界的同时，也不断地使自己的生命获得新生，使自己的规定性和本质力量得到充实、丰富和强化。

教师生活世界是理性与非理性的统一。生命现象既是人文历史时空中的理性、道德性的精神存在，同时也是感性生存时空中的有欲望、有意志、有情感的感性存在[①]，因此，人是理性与非理性的存在。教师生活世界作为教师主体一切活动的背景与来源具有理性和非理性双重特性。一方面，教师从事有目的的培养人的活动，过一种有意义的理性生活。在教学生活实践中，教师需要对教学目标、课程内容、教学方法和手段、教学评价等诸多方面进行理性思考，并对其合理性进行辩护。在这一层面上，教师的生活是一种有目的、有意识的自觉活动，是合规律性与合目的性的统一，是一种理性生活。另一方面，教师的生活世界又是一个教师以自己的感性存在去改变学生生命的感性存在（学生生命）的过程。在与教育对象的心灵互动过程中，教师的内心世界年轻而充盈；在人类文明的传递与再创造过程中，他们获得奉献与收获的双重体验；在人才的培养过程中，他们实现人生价值的崇高境界；在与教育对象的情感交流中，他们与学生建立持久、美好的师生情谊。[②]也即是，当教师成功地完成了社会所赋予的教书育人的神圣使命时，他们的人格力量得以张扬，理想得以实现，进入到自我实现和超越自我的豁达与极乐瞬间。教师正是“通过教师生活世界”“在教师生活世界中”“为了教师生活世界”不断地去展示自己生命的力量，使生命本身及他的健康、美好和有德性的活动，成为绝对可欲和有价值的东西。[③]

教师生活世界是日常性与非日常性的辩证统一。日常生活与个体生命的延续直接相关，旨在维持个体生存和再生产的各种活动。所谓“生存”或“再生产”，主要是指个体的物质生命的生产及人类的繁衍，人类的延续除了有新的个体再生产外，还必须包括能够使新生个体存活的条件——衣、食、住、行等。教师生活世界的日常性在于它是一种无条件的、持续的、例常化的生活样式，具有日常生活的自发性、重复性、非批判性等。教师日常生活虽然琐碎、平凡，但却是维系

① 龚群. 生命与实践理性[M]. 北京：中国社会科学出版社，2004：41.

② 王忠桥. 教师道德教程[M]. 北京：教育科学出版社，1999：115-117.

③ 弗里德里希·包尔生. 伦理学体系[M]. 何怀宏，廖申白译. 北京：中国社会科学出版社，1988：244.

人的生命存在与发展的最基本的活动。一方面，它为教师提供了大量的实践性经验，为教师的职业发展和专业进步提供重要的社会支撑。另一方面，教师日常生活常处在琐碎、枯燥、单调之中，教师很容易失去对生活的敏锐观察的能力和更高价值的精神追求，这在一定程度上阻碍了其职业生活。教师生活世界的非日常性则使教师超越日常生活自在自发的状态，通过自为的、自觉的类本质活动占有、确证和实现自身作为人的类存在物的本质，这对教师的成长和发展具有决定性的价值和意义。教师生活世界的非日常性是指教师生活世界的自觉性、批判性、创造性。在这样的生活世界中，教师不断地批判、改造和超越当下的生活，不断思考和追问“为什么”等问题。需要指出的是，教师生活世界的教学生活的日常性与非日常性不是绝对对立的，而是相互渗透、相互转化的，它们是教师生活的双重属性，因为我们并不总能给我们置身于其中的所有种类的活动都贴上“日常的”或“非日常的”标签，所以“日常的”和“非日常的”是理想形式的活动。①

第二节　多重领域交互下的教师生活世界

教师生活是一个丰富而复杂的视域，对教师生活世界的内在构成与特征的揭示将有助于我们更清晰地认识教师生活，走进教师生活世界。因此，对教师生活世界所涵盖的多重领域的进一步梳理，是准确把握教师生活世界、走向教师生活的必要前提。

一、教师生活世界的多重领域

走向生活的教师教育理论研究本质上是在追问本真的教师的应然样态，是教师教育的本体性问题的研究。在整体把握教师生活世界的基础上，还应该进一步明确教师生活世界所涵盖的领域，这是因为走向生活的教师教育不只是走向教师生活世界，更是发现教师“自为”的生活世界，一个有尊严且充满幸福感和价值的教师生活世界。在这个意义上，教师生活世界的领域划分具有重要的现实价值，这是教师通向生活世界的起点，也是走向生活世界的教师教育的重要前提。

（一）教师生活世界的领域划分标准

在对教师生活世界领域划分进行梳理研究时，我们发现，教师生活世界往往存在许多维特根斯坦所谓的“家族相似性”的概念，如教育生活世界、教学生活世界、教师生活、教师职业生活等。在学术界，全面、整体地高位思索教师生活世界的研究相对匮乏，研究者更多侧重于论述这些“家族相似性”的概念中的某

① 阿格妮丝·赫勒. 日常生活[M]. 衣俊卿译. 重庆：重庆出版社，1990：164.

一个，且很少对这些概念达成共识。下文以研究的较为集中且深入的教师教学生活世界或教学生活为例进行说明。学界对其研究主要存在四种观点。第一种观点认为，教育生活（包括教学生活）就是教育活动主体通过教育活动能动地摄取和展示生命的存在和活力，获得和体验生命的感觉、意识、情趣和价值，满足自身的教育需要，实现自身与外部环境的教育平衡，积极、全面地再现、参与、创造和享有社会生活的过程。①第二种观点认为，教学生活是人们主动建构起来的社会生活，它不仅是个人主观的、偶然的生活，而且是蕴含着客观的社会主题，反映着社会的客观现实。②第三种观点认为，教学生活是一种精神生活，通过这种精神生活引领学生的发展，引领学生追求世界的真、善、美的活动。③第四种观点认为，教学生活是教师在特定的时空环境中，为了生命的发展和完善，以及提升生命质量、实现生命价值与意义所进行的各种生命活动。④这四种观点从不同的层面和视角探索教师教学生活世界，但整体来看分歧大于共识。不可否认，对教师生活世界林林总总的研究为认识教师生活世界涵盖的领域提供了重要思路，具有重要的价值，却也很难呈现教师生活世界的全貌。

尽管全面、整体地把握教师生活世界的研究相对较少且观点各异，但整体而言，研究者关于教师生活世界主要有两种划分方法：二分法和三分法。二分法往往从宏观处着眼，将教师生活世界划分为两部分，如日常生活与非日常生活⑤、职业生活与非职业生活⑥，以及职业生活和个人日常生活。⑦三分法则一般会考虑教师职业的特殊性，在二分法的基础上进一步细化，如划分为日常生活、职业生活和专业生活⑧或社会生活、日常生活和职业生活⑨等。这两种划分方法的侧重点不同，但也不是泾渭分明而相互排斥的。从总体上看，他们都表明教师生活世界不单单包含教师与教育相关的生活，还包含更广泛的视域。

匈牙利哲学家阿格妮丝·赫勒在《日常生活》一书中指出，日常生活是个体再生产要素的集合。⑩在日常生活之外的社会再生产或类似再生产的各种活动，构成了人的非日常生活领域。日常生活可以划分为三个基本层面或三种基本的活动类型：一是以个体的肉体生命延续为宗旨的日常生活资料的获取与消费活动；二

---

① 傅松涛，刘树船. 教育生活简论[J]. 河北大学学报（哲学社会科学版），2004（5）：1-5.
② 郭华. 静悄悄的革命：日常教学生活的社会构建[M]. 北京：北京师范大学出版社，2003：12.
③ 李文阁. 回归现实生活世界：哲学视野的根本置换[M]. 北京：中国社会科学出版社，2002：131.
④ 李定仁，罗儒国. 论教学生活[J]. 西北师大学报（社会科学版），2007（2）：72-76.
⑤ 王攀峰. 人的生活世界的两个领域与教学活动[J]. 南京师大学报（社会科学版），2007（1）：81-86.
⑥ 赵琳琳. 走向"生活世界"的教师培训研究[D]. 开封：河南大学，2011.
⑦ 孙晓冰. "日常生活审美化"与教师生活审美建构[J]. 山东大学学报（哲学社会科学版），2015（3）：98-103.
⑧ 吉标. 三度生活空间视阈下的教师专业生活及其优化[J]. 中国教育学刊，2016（11）：75-79.
⑨ 李义胜. 论教师的可能生活[J]. 中国教育学刊，2010（11）：70-72.
⑩ 王晓东. 日常交往与非日常交往[M]. 北京：人民出版社，2005：41.

是以日常语言为媒介、以血缘关系和天然情感为基础的日常交往活动；三是伴随着日常消费活动、日常交往活动和其他各种日常活动的非创造性的、重复性的日常观念活动。[①]非日常生活主要由以下两个基本层次构成：一是非日常的社会活动领域，是指政治、经济、技术操作、经营管理、公共事务等有组织的或大规模的社会活动领域；二是非日常的精神生产领域，是指科学、艺术和哲学等自觉的人类精神生产领域，它基本上等同于人们习惯称谓的意识形态领域。[②]赫勒认为，在人的生活世界中，日常生活是非日常生活的基础，个体再生产一方面不断地再生产出个人本身，另一方面则构成了社会再生产的基础。如果个体要再生产出社会，他们就必须再生产出作为个体的自身。[③]哈贝马斯则通过揭示生活世界的深层结构，认为生活世界由文化、社会、自我三个因素构成。文化、社会和个人作为生活世界的结构因素与文化再生产、社会统一和社会化的这些过程相适应。[④]他由此认为，生活世界是由客观世界、社会世界和主观世界这三个世界构成的。其中，客观世界是指人与人之外的物理实在之间的关系，社会世界是指人与人之间的社会关系，主观世界也就是人与人之间处于相互影响之中的意图、愿望、感情等。[⑤]在马克思的视域中，人类的生活被归为物质生活、社会生活、政治生活、精神生活四个类别。物质生活是四类生活中最具基础性和根本性的。马克思强调物质生产的基础性作用，但并不等于排斥了别的生产与生活。他在《政治经济学批判》序言中曾明确表述：物质生活的生产方式制约着整个社会生活、政治生活和精神生活的过程。不是人们的意识决定人们的存在，相反是人们的社会存在决定人们的意识。[⑥]

思想家们关于生活世界的思考及划分，为如何划分教师生活世界提供了思想启迪。在教师生活世界中，教师首先是一个能动的、有生命力的“人”。然而“教师”这样一个称号给予了教师作为“人”以外与众不同的角色，教师教育是从事有目的的培养人的活动，因此“教师”这一称号内在的、质的规定性为教师生活世界的领域划分提供了前提，即教师生活世界必然是与教育及人的发展的方方面面息息相关的。鉴于此，在对赫勒等思想者对人的生活世界的划分研究整合的基础上综合考虑教师职业特点及身处的生活空间，我们可以采用从宏观到微观的划分模式重新把握教师生活世界的领域，将教师生活世界进行逐级划分：第一级从

① 衣俊卿. 现代化与日常生活批判[M]. 哈尔滨：黑龙江教育出版社，1994：101.

② 衣俊卿. 现代化与日常生活批判[M]. 哈尔滨：黑龙江教育出版社，1994：18-19.

③ 阿格妮丝·赫勒. 日常生活[M]. 衣俊卿译. 重庆：重庆出版社，1990：3.

④ 哈贝马斯. 交往行动理论（第二卷）——论功能主义理论批判[M]. 重庆：洪佩郁，蔺菁译. 重庆出版社，1994：189.

⑤ 陈忠. 哈贝马斯“生活世界理论”与马克思“全面生活理论”之比较[J]. 江苏社会科学，2005（6）：55-59.

⑥ 转引自：中共中央马克思恩格斯列宁斯大林著作编译局. 马克思恩格斯选集（第2卷）[M]. 2版. 北京：人民出版社，1995：82.

宏观上划分为教师日常生活世界和非日常生活世界；第二级进一步将教师非日常生活世界划分为职业生活世界、专业生活世界和社会生活世界。因此，综合来说教师生活世界由日常生活世界、职业生活世界、专业生活世界和社会生活世界四部分构成，既突出了教师生活世界的独特性，又拓宽了教师生活世界的视域。

（二）教师生活世界所包含的领域

教师生活世界包含日常生活世界、职业生活世界、专业生活世界和社会生活世界。当然，如此区分并不意味着日常生活世界、职业生活世界、专业生活世界和社会生活世界四者是截然分开的，相反，它们是交叉、重叠的，内在统一的整体。这四者之间互相联系、互相影响、互相作用，共同构建了教师完整、鲜活的生命世界。

1. 教师日常生活世界

人主要不是在其他各种有限意义域中生活的，而主要是在劳作所构成的日常世界这一终极实在中生活的。[①]日常生活与个体的生存直接相关，是个体存在的基础及基本状态。从宽泛的意义上说，日常生活才是本质的生活，它超越历史的、永恒的周期轮回。[②]教师日常生活世界以个人的家庭、天然共同体等直接环境为基本寓所，是维持个体生存和再生产的日常消费活动、日常交往活动和日常观念活动的总称。它是一个以重复性思维和重复性实践为基本存在方式，凭借传统、习惯、经验，以及血缘和天然情感等文化因素而加以维系的自在的类本质对象化领域。[③]教师日常生活是丰富、生动和多样的，它既为教师的职业生活提供了丰富的实践体验和资料，也为教师持续的专业发展提供了重要的支撑。同时，教师日常生活世界也是平凡的，但它却维系着生命存在与成长的最基本需要，构成了教师生命活动的永恒基础。然而，就当前教师日常生活世界的实然样貌来看，教师的日常生活是琐碎和单调的，充满了衣食住行、饮食男女、杂谈闲聊和礼尚往来，“千师一面”的现象在我国教育领域中普遍存在。若教师常常被琐碎、枯燥、单调的日常生活所纠缠或束缚，就会陷入机械、庸常的生存状态中，很容易失去对生活的敏感性，放弃更高的精神追求，进而会在一定程度上妨碍其非日常生活。赫勒在对日常生活与非日常生活的基本结构和一般图式的特征研究的基础上认为，日常生活的结构和图式本身具有抑制创造性思维和创造性实践的趋势，具有一种抵御改变的惰性。[④]为此，应当对教师日常生活进行批判，扬弃日常生活的自在性质，

① 高德胜. 生活德育论[M]. 北京：人民出版社，2005：2.

② 刘怀玉. 现代性的平庸与神奇：列斐伏尔日常生活批判哲学的文本学解读[M]. 北京：中央编译出版社，2006：32.

③ 衣俊卿. 现代化与日常生活批判——人自身现代化的文化透视[M]. 北京：人民出版社，2005：31.

④ 转引自：王攀峰. 人的生活世界的两个领域与教学活动[J]. 南京师大学报（社会科学版），2007（01）：81-86.

使日常生活的主体建立起自觉意识，通过主体自身的改变而改造现存的日常生活的自在性质，从而使个体再生产由自在存在变为自为存在和为我们存在，使个人由自发和自在状态而进入自由自觉的状态。①

2. 教师职业生活世界

《现代汉语词典》（第 7 版）对职业有两种解释：其一，个人在社会中所从事的作为主要生活来源的工作；其二，专门的，非业余的。根据这一解释，职业可以被理解为人们在社会生活中所从事的以获得物质报酬作为自己主要生活来源，并在社会分工中具有专门技能的工作。①教师职业生活是教师以其专业特长为基础，以专业行动为手段，浸润于日常生活而又超越日常生活，既满足基本的生存需求又谋求人生的发展和人生价值的实现，既以培育学生为己任又以实现自我为追求的文化生活场域②，它是教师的基本实践样态。教师的职业生活以教学常识、教学理论、教学智慧等基本要素为活动图式，借助生存情态、教学制度、教学关系等加以维系和支撑，通过教育行政部门、学校等组织者自主调控，是由教师和学生组成的教学共同体、教师和同事组成的教育共同体，以及教师和教学理论工作者组成的教研共同体构成的一个开放的、动态生成的共同体。在教师的职业生活中，教师实现着客体主体化，不断地批判、改造和超越当下教学生活。但在制度化教育背景中的教师职业常意味着一定程度的重复性劳动，教师的职业生活常常会沦为经验的维系、习惯的延续和行为的重复，教师职业倦怠往往由此而生，其职业生活也容易变得黯淡与消极。同时教师也被神圣化的职业角色、强制化的道德规范和高期许的社会期待挤压在夹缝之中，教师的工具性一面被放大，人的一面被挤压，工具人的角色使教师丧失了作为自由人的价值和尊严。马克思指出，能给人以尊严的只有这样的职业——在从事这种职业时，我们不是作为奴隶般的工具，而是在自己的领域内独立地进行创造。③因此，在教师的职业生活领域，教师首先是作为个体生命存在的，其次才是职业生命，过分彰显教师职业发展所要求的特殊属性而忽视教师为人的本质属性，就会割裂教师的生活世界。可以说，只有作为“人”的教师和作为“教师”的人二者统一，才能彰显教师职业生活的意义。

3. 教师专业生活世界

以教育教学为根本内容的教师专业生活是一种非日常的社会活动，属于赫勒所说的制度化领域，或者自在自为的对象化领域。④作为“专业人”，教师生存在

① 高红峡. 学科、专业、职业辨析[J]. 职业，2009（29）：40-41.

② 谌安荣，张传燧. 教师职业生活：蕴涵、异化与回归——基于文化哲学的视角[J]. 大学教育科学，2013（03）：70-75.

③ 中共中央马克思恩格斯列宁斯大林著作编译局. 马克思恩格斯全集（第 40 卷）[M]. 北京：人民出版社，1982：6.

④ 何珊云. 课程改革背景中的教师专业认同研究[D]. 上海：华东师范大学，2009.

专业的教育生活之中，并通过专业生活获得定义。教师专业生活是指教师在特定的教育环境和自己的专业领域内，通过持续性的学习、思考和教育活动，提升自己的专业发展水平，并运用所获得的专业素质促进学生全面发展的创造性思维和创造性实践的过程；也指这一生命活动过程所达到的程度或取得的结果。[①]教师专业生活与教师职业生活在目标指向、实践样态、空间场域上存在较大差异。与教师职业活动的直接目标是指向其工作对象——学生的发展不同，教师专业生活的直接目标则指向其自身，为的是教师自我的专业发展。同时教师的职业生活中，教师更多以教育者的角色出现，主要通过自身体力、知识和思想的输出体现其职业劳动，而教师专业生活展现的是教师作为学习者的角色，教师的实践活动主要通过经验、知识与思想的输入体现出来。由于教师职业的对象是学生，因此工作的场所相对固定，主要是在学校里。在以班级授课制为主导形式的现代学校中，课堂便成为教师从事职业活动的主要场所和空间。相比之下，教师专业生活的场域则超越课堂之外，可以说只要是能够让教师进行交流和学习的场所都可视为教师专业生活空间。

在专业生活中，教师凭借特定的专业知识、专业理念和专业能力，以提高和完善自我与他人的生命质量、不断提升自己的专业发展水平为目标开展的所有的生命活动。一方面，教师专业生活是一种有目的、有意识的、合目的性的理性活动。例如，教师需要思考教育活动目标与儿童身心发展的切适性，选择的教学活动内容与目标之间是否一致，儿童对教学内容是否感兴趣，等等。另一方面，教师专业生活和专业发展同时并存，专业生活是专业发展的前提和基础，专业发展对专业生活又具有反作用力，影响教师专业生活的质量和水平。从某种意义上说，教师专业生活关涉教师的专业发展，不仅是教师自身各种规定性形成的根源，还是教师精神建构的现实平台。[②]当前教师专业发展面临诸多困境，而回到教师专业生活是破解困境的重要路径之一，正如佩里所言，教师专业发展意味着教师在个人专业生活中的成长，包括信心的增强、技能的提高、对所任教学科知识的不断更新拓宽和深化，以及对自己在课堂上为何这样做的原因和意识的强化。[③]

4. 教师社会生活世界

人是社会性的动物，教师亦不例外，教师社会生活是其非日常生活的重要组成部分。然而，随着专业主义教师教育思想的兴起，教师专业知识的增加和技能的提升成为教师成长的焦点，成为不言自明的共识。专业主义思想仅将教师专业知识的增长和技能的增强看作是教师发展的方向，在促进教师专业发展的过程中，

---

① 王卫东. 教师专业生活的理论阐释：以日常生活批判理论为参照[J]. 教育学报，2013，9（2）：21-28.

② 张妮妮，张宪冰. 论教师专业生活的三重意蕴[J]. 东北师大学报（哲学社会科学版），2014（3）：201-205.

③ 蒋竞莹. 教师专业化及教师专业发展综述[J]. 教育探索，2004（4）：104-105.

似乎把更本质、更重要的社会维度的发展遗忘了。同时，从教师社会生活的实然样态来看，尽管当前课程改革强调课程权力下放，赋予了教师更多的话语权，赋予他们社会领导者的角色，但教育体制的强化、应试教育的影响，以及根深蒂固的功利主义使教师的活动局限于校园围墙之内，将目光聚焦于学习者成绩之上，封闭的教育体系造成了教师的集体失语，教师参与社会生活的动力不足，赋予教师的社会权力被“空心化”。教师的生活世界应该包含教师的社会生活。一方面，教师所从事的有目的的培养人的活动本身就是一种特殊的社会活动，教师社会生活与教师生活世界在本质上具有内在的统一性。另一方面，社会生活为教师进行生产与再生产提供了重要的物质与精神基础，对教师生活世界具有奠基性的价值，教师通过从社会生活中汲取丰富的养料促进自身发展，也就是说，与社会生活的高度融合本身就是教师发展的重要途径。从某种意义上说，教师自身始终是围绕社会生活、在社会生活之中、为了社会生活的。但需要指出的是，教师应当建立起对教师这一职业赋予教师社会生活的特殊性的自觉意识，不能迷失于纷繁复杂的社会生活之中，而是应该本于所信的价值，成为引领社会风尚的一种力量，成为文化的指针，成为时代的一种表征。因此，当代教师理应当并且能够在恰当的时间，处于社会结构的恰当位置，积极走向社会生活，与社会形成良性互动，通过丰富的社会生活向社会彰显他们所承载的人文价值，向社会展示一种高质量、高品质的文化与生活方式。

二、教师生活世界的失和与平衡

教师生活世界本身具有内在的统一性，教师生活具有完整性。教师生活世界是一个有机不可分割的整体。其中，每一种形式、每一个环节、每一个方面都无法脱离开其他形式、环境或方面而独自发展。单独抽出任何一种形式都会使教师生活世界变得抽象，都会使其走向片面。遗憾的是，现实中教师生活世界的各领域间失和、失协，教师生活世界异化、失落，教师的生存意义及教学意义发生偏离，呈现出外在化、工具化、狭隘化、功利化、虚空化等不良倾向。[①]因此，教师走向生活的前提是明确教师生活世界的内在连贯与统一，调和与平衡教师的日常生活世界、职业生活世界、专业生活世界和社会生活世界，使它们相辅相成，共同丰富与充盈教师完整而丰富的生命世界。

（一）教师生活世界各领域的失和

随着人类社会工业化的演进，科学技术与理性相结合形成了工具理性，一切都被纳入理智与思维的框架中，人类将对自然的控制和对人的控制视为一回事，

① 罗儒国. 教师生存意义的异化与重构[J]. 南京社会科学，2011（11）：122-128.

鲜活的自然和经验性的人被忽视了，生活世界被逐步异化和遗忘。教育领域也在工具理性的扩张中被异化，学校沦为“加工、生产”人才的工厂，教师沦为知识传播的工具，教师的生活世界被侵占、异化，表现为局部生活的凸显、完整生活的式微，工具意义的僭越、目的意义的失落，抽象意义的宰制、个体意义的隐退。

1. 教师局部生活世界的凸显，完整生活世界的式微

教师从事有目的的培养人的活动，因此教师生活是一种人为的、为人的生存实践，对人类知识的继承与传递、人类的延续与发展等具有重要的价值与意义。教师对学生的理性启蒙与教化作用不可替代。通过教学实践，教师一方面系统地传授给学生人类知识，另一方面对学生的思维、能力、人格进行启蒙与引导。然而，正是教师这一职业功能价值的凸显，人们往往重视教师的职业生活与专业生活对学生发展所具有的价值与意义，而相对忽视教师日常生活和社会生活，即重视教师生活世界的局部意义，而忽视其整体意义，因而不可避免地呈现狭隘化、片面化倾向，破坏了教师生活世界的完整性。

2. 教师生活世界工具意义的僭越、目的意义的失落

教师生活世界是“为我性”和“为他性”的统一。所谓“为我性”，是指教师生活世界以教师成就自我、实现自我为价值理想，体现出教师生活的目的和意义。如果我们的生活是为了某种利益服务的，即使是为最高的、绝对的利益服务，只要对我们无利或者我们本人不能分享这种利益，那么对我们来说这种生活仍是毫无意义的。①教师生活世界的“为他性”则以成就世界、成就他人为价值理想，呈现出教师生活的工具意义。然而在现实教育中，教师“为他性”一面被凸显，教师是为学生而存在的，是为学生服务的。没有学生，教师也就没有了存在的必要。一切为了孩子，为了孩子一生的发展，应该是教师最直接的目的，也是教育的终极目的。真正的教育就是一种服务。②教师教学往往只是被视为促进学生生命发展、为社会培养人才的工具和手段，教师仅仅只是达成上述目的的工具和手段，教师的生存实践不再是教师人性的表达，而更多是在表达着教学技术、教学制度和教学规则。教师教育实践的外在意义与价值被强调，而内在意义、目的意义被遮蔽、忽视，乃至被遗忘，整体突出表现为一种工具意义。在这里，教师很难真切地体验到教学生活实践的尊严与欢乐。教师显然不愿过这种异化的生活，但为了某种需要和目的，又不得不进入其中，如此一来，教师这一职业就蜕变成教师谋生的手段或工具。

① 弗兰克. 社会的精神基础[M]. 王永译. 北京：生活·读书·新知三联书店，2003：214.

② 黄燕. 中国教师缺什么[M]. 杭州：浙江大学出版社，2005：61.

3. 教师生活世界的抽象意义的宰制、个体意义的隐退

教师作为社会代言人，承担着教书育人的神圣使命。“人类灵魂的工程师”“辛勤的园丁”“人类灵魂的摆渡者”等成为教师的“代名词”，也成为衡量和评判教师的标准。这些名词体现了社会对教师的较高期待和要求，当教师教学实践生活与这一特定的价值目的或价值理想一致时，教师的生活世界便显得富有意义；然而如果教师生活远离这一价值目标时，教师生活世界似乎显得黯淡、无意义。教师形象神圣化的背后是对教师日常生活、物质生活世界的忽视，并逐渐将教师生活的意义抽象化，从而出现存在意义、主观意义匮乏的问题，这种意义匮乏是一种彻底无意义感相伴而生的空虚感，类似于弗兰克所说的生存虚空状态，进而产生职业倦怠问题。一项对我国东部、中部和西部地区的 7 个省份 2100 名中小学教师进行的调查研究显示，如果让教师再选择一次职业的话，只有 29.4%的教师愿意继续当老师，而有 36.4%的教师表示不愿意当老师，另有 34.2%的教师选择不确定。在访谈过程中，不少教师也反映自己不喜欢当教师，想选择一个自己喜欢的行业。有的教师觉得“教师已经成为寒酸小气、遭人唾弃的代名词”①。弗兰克指出，人不应该寻求抽象的生命意义。每一个人在他的生活中都拥有需要完成的特定的事业或使命。因此，他的个体不能被替代，他的生活也不能被重复……总之，每个人都应追问生命的意义，并且每个人只有通过承担他自己的生活才能向生命作出回答，他只有通过成为负责任的人才能对生活作出反应。②可以说教师生活世界的意义在于，教师将其教学实践作为一个整体去理解、体验并获得个体化意义，包含教师作为一个人的个体性的意义追求，而非单纯的、外塑的抽象意义。

（二）教师生活世界各领域的平衡

对教师生活世界各领域失和的揭示和批判本身并不是目的，而是为了更好地调和教师异化的生活世界。教师生活世界各领域的失和割裂了教师生活世界本真的、丰富的意义，构建完整而内在统一的教师生活世界是教师完成教书育人的使命，实现自我突破、自我发展与自我实现的前提。鉴于此，调和与平衡教师生活世界的各个领域具有重要的现实意义与价值。

1. 明晰教师生活世界的内在统一性

实现教师生活世界各领域平衡的前提是明晰教师生活世界的整体性和内在统一性。虽然教师生活世界可以划分为日常生活世界、职业生活世界、专业生活世界和社会生活世界四个领域，但是应该认识到教师生活世界是日常生活世界、职业生活世界、专业生活世界和社会生活世界四者的统一，它体现了教师生存的基

① 罗儒国. 教师生存意义的异化与重构[J]. 南京社会科学，2011（11）：122-128.

② 维克多·弗兰克. 活出意义来[M]. 赵可式，沈锦惠译. 北京：生活·读书·新知三联书店，1991：114-115.

础、生存的动力和生存的意义，反映了教师物质与精神生活所达到的层次和高度。教师生活世界在本质上既存在于教师日常生活世界、职业生活世界、专业生活世界和社会生活世界之中，又超越于日常生活世界、职业生活世界、专业生活世界和社会生活世界之上，是这四个世界得以和谐存在的基础，这四个世界整体地构成了教师活动共同从属的关系体系。教师借助这个关系体系，认识、理解和体验周遭世界。传统对教师生活世界的认识，往往只从教师与教育的关系出发，无视或贬低教师日常生活世界的奠基性价值，强调教师职业生活，“冷落”教师专业生活，较少提及教师社会生活。这样很容易消解教师生活世界的内在层次与结构，把教师生活世界简单化为教师利用其专业技能教书育人获得物质报酬，并以此作为自己主要生活来源的职业生活，而轻视对教师这样一个从事有目的的培养人的活动的“人”的价值与意义的探讨。鉴于此，调和教师生活世界各领域间的冲突，需要明确教师生活世界的统一性，从现实的教师的实际生活出发，以教师生活世界为出发点，不再把教师的专业发展仅仅视为教师职业技能的提升、职业生活的丰富，而是看作是教师日常生活、职业生活、专业生活和社会生活的共同发展及和谐统一。在教师的专业发展中，职业生活是其重要组成部分，但绝不等于教师生活世界的全部。教师生活世界有机全面的发展根源就在于教师的全面生活要求，单独强调教师生活世界的任何一个方面都会使教师生活世界变得抽象，都会使其走向片面。

2. 洞悉教师生活世界各领域间平衡的价值

实现教师生活世界各领域的平衡需要认识到教师日常生活世界、职业生活世界、专业生活世界和社会生活世界之间的联系及各领域间联动配合的价值与作用。从整体上说，日常生活和非日常生活在现实中相互渗透、相互作用、协调发展，共同构成教师生活世界。从宽泛的意义上说，日常生活才是本质的生活，它超越历史的、永恒的周期轮回[①]，是所谓高级人类生存活动，包括抽象的认知与实践的对象化等得以立足的基础。[②]因此日常生活是教师生活世界的基础和根源，教师非日常生活必然地包含在日常生活之中，是日常生活的另一种表达方式。然而，教师如果完全陷入繁杂的日常生活中，教师生活世界就会呈现日常化、甚至俗常化。教师生活世界的日常化或俗常化容易导致教师主体异化及教学生活意义的丧失。在自在自发的日常化教师生活世界中，教师非日常的教学过程蜕变成教师本能的、无意识及不假思索的过程。因而，教学生活的意义必然是匮乏的、不充盈的。

教师职业成为沟通教师日常生活与非日常生活的关键。赫勒将工作作为联系

① 刘怀玉．现代性的平庸与神奇：列斐伏尔日常生活批判哲学的文本学解读[M]．北京：中央编译出版社，2006：32.

② 刘怀玉．现代性的平庸与神奇：列斐伏尔日常生活批判哲学的文本学解读[M]．北京：中央编译出版社，2006：27.

日常生活与非日常生活的一个关键范畴。[①]“工作”这个词具有双重意义，就像“人”既指个人又指人类一样，工作既指日常生活中的某种特定类型的活动，也指人类直接的类活动。所以教师这一职业既是一个专业，也是一种工作。教师职业生活以教师专业特长为基础，以专业行动为手段，在满足基本的生存需求的基础上，谋求职业的发展和人生价值的实现，是教师的基本实践样态。教师专业生活与教师职业生活存在较大差异。教师在职业生活中可呈现两种不同境界，一是将教师职业仅仅视为生存手段，将教学视为疲于应付的“干活”；二是在教学工作中注入丰富的情感，不断追求教学的自我完善，并能经常从职业生活中体验到精神的愉悦。拥有后一种境界的教师不会将其职业视为“为稻粱谋”的物质化生存境界，而是会不断地突破自我和提升自己，过一种精神充盈的专业生活。教师如果缺乏丰富多样的专业生活，教师在日复一日的职业劳作中就会变得思想贫乏，容易滋生职业倦怠，其职业生活也将是黯淡、无味的。拥有积极、充盈、丰富的专业生活的教师则将超越现实功利的羁绊，不断去突破和提升自己，以积极的姿态融入专业共同体，实现职业生活从“自在”到“自为”的转变。同时，教师的生活始终是围绕社会生活、在社会生活之中、为了社会生活的。教师的社会生活是教师作为一个承担培养社会所需人才这一重要责任的社会人的行动背景，为教师进行生产和再生产提供了基础，是教师职业生活与专业生活追求的外在体现。

教师职业生活、专业生活和社会生活共同构成了教师的非日常化生活。赫勒指出，无论个体所从事的精神生产活动多么抽象，他也不可能完全脱离日常生活，更不可能摆脱生活世界……一旦选择了这项工作，这项工作就作为现实的活动嵌入了他的日常生活。[②]从这个角度来看，由教师职业生活、专业生活和社会生活共同构成的教师非日常化生活也可以渗透到教师日常生活中去，但在渗透融合的过程中应警惕教师职业生活、专业生活和社会生活的过分非日常化。非日常化的教师职业生活、专业生活和社会生活也不利于教师的生存与发展。因为教师职业生活、专业生活和社会生活一旦失去教学生活的日常性而过分地发展时，教师的自主性则很容易受到贬损，从而造成教师精神家园的迷失，成为精神上无家可归的“漂流者”。同时教师作为一个普遍存在的实践个体，不是无所不能的存在，他不可能总是处于自我实现和充分发挥创造性的巅峰境界之中。德国著名教育哲学家博尔诺夫指出，人似乎不可能一直保持在一个发展高度或者持续地向前发展之中。人的生活更多地由于习性和疲乏而被“损耗”，由此而陷入非其存在本意的退化状态。[③]

① 张妮妮，张宪冰. 论教师专业生活的三重意蕴[J]. 东北师大学报（哲学社会科学版），2014（3）：201-205.
② 阿格妮丝·赫勒. 日常生活[M]. 衣俊卿译. 重庆：重庆出版社，2010：63.
③ O. F. 博尔诺夫. 教育人类学[M]. 李其龙，等译. 上海：华东师范大学出版社，1999：11.

教师生活世界为把教师从生存意义的堕落中解救出来指明了方向，把教师从僵直、机械、被动的发展链条之上解救出来，使其走向生活世界。教师生活世界是寻找教师生存的价值和意义、实现教师发展的多样性的出发点和最终归宿，因而走向教师生活世界意味着走向一个鲜活的“人”的世界，走向一个充满生机和意义的教育世界。

第二章

中西方教师生活世界的理论解读

教师生活世界是一个内涵相对宽泛的概念。若要真正透析教师生活世界的内在意蕴与价值旨趣，就要找寻教师生活世界的理论根源。本章将通过对中西方哲学家、教育家生活世界理论的深入探析，系统全面地解读教师生活世界。

第一节　西方哲学视域下的生活世界

哲学是对其所处时代的理性把握。[①]哲学源于人们对实践的追求和对世界的思考，哲学是指导人们生活得更好的艺术。在浩如烟海的西方哲学思想中，有着众多的关于生活世界的论述，主要包括生活世界现象学、生命哲学、马克思生活世界哲学、杜威生活世界教育哲学等，这些西方哲学思潮分别以独特的思维方式介入教师生活世界，帮助我们解释教师教育问题、反思教师生活世界现状、探寻教师生存智慧。

一、生活世界现象学

现象学是当代哲学思潮中最为活跃的思想之一，在中西方人文科学领域产生了广泛而深远的影响。现象学中的生活世界理论一直是学界关注的焦点，生活世界现象学赋予人们一种思考教育问题的崭新的思维方式，使得人们对很多教育问题的创造性理解成为可能。在这个要求变革、追求创新的时代，生活世界现象学作为一种崭新的思路，为我们理解、反思和重构教师生活世界提供了哲学理论基础。

① 黑格尔. 历史哲学[M]. 王造时译. 北京：生活·读书·新知三联书店，1956：48.

（一）理论意蕴

20 世纪初，西方现代哲学的一个鲜明的特征——向生活世界回归，标志着西方哲学的重大转向。现代哲学开始对人生活于其中的作为价值和意义基础的生活世界进行分析，对生活世界问题进行研究。生活世界是胡塞尔现象学的核心概念，胡塞尔晚年所阐发的很多观点都是从生活世界理论出发来阐明的。早在 20 世纪 20 年代，胡塞尔就已经开始交替地使用与生活世界密切相关的一些概念，如自然的世界概念、自然的或直接的经验世界、日常周围世界、前科学生活的自然观点世界等，但是并没有明确提出生活世界，只是用类似的话语来表达"生活世界"这个概念，此时胡塞尔所表达的"生活世界"是指我们时时处处沉浸在其中，须臾不可离开的日常生活世界。1935—1936 年，胡塞尔在其著作《欧洲科学的危机与超越论的现象学》一书中，把生活世界问题作为现象学的核心概念问题进行探讨，这是胡塞尔现象学向生活世界转变的开始。书中全面叙述了现象学的整体动机，亦即通过生活世界的构想重新恢复作为意义根基的主体生活层面，重建人性和世界整体的形而上学。胡塞尔把现象归结为生活世界，并详细而准确地描述了自然科学是怎样从生活世界中发展出来的，又是怎样一点点忘掉生活世界的。另外，在《交互主体性现象学》一书中，胡塞尔又对生活世界进行了更加深入的思考，他指出，从个人生活世界向人类共同世界的过渡是通过主体间关系体来完成的。

1. 理论背景

生活世界现象学发端于胡塞尔，该理论产生的动机有二：其一，欧洲科学主义和人性主义危机。欧洲近代历史发展过程是一个工业化的过程，工业化的过程使社会各方面获得高速发展，但由于工业化时代对工具理性、实证主义的过度重视，使得人的主体性被忽视，加剧了人们的焦虑感和不确定感。通过对欧洲理性危机的反思，胡塞尔越来越感觉到欧洲科学危机和人性危机产生的根源在于人们对生活世界的遗忘和忽视。他认为，生活世界是所有人类活动与科学的理论基础，并且人类活动是以日常生活世界为核心的。他指出，客观理论在其逻辑意义上是植根于并奠基于生活世界之中，从属于生活世界的原初的自明性之中的。客观的科学作为前科学的人的成就，本身就是属于生活世界的。①为了找寻失落已久的精神家园和意义世界，胡塞尔试图将日常生活世界从人们习以为常、熟视无睹的背景世界拉回到台前。其二，先验现象学面临困境。先验现象学将现实的经验世界及其历史全都放进"括号"里悬而不论，试图通过"本质直观"去直接获得先验的永恒真理；胡塞尔将主体看作实在的可能性条件，没有主体性就不可能有实在

① 胡塞尔. 欧洲科学的危机与超越论的现象学[M]. 王炳文译. 北京：商务印书馆，2001：157.

性。先验现象学不可避免地倒向了唯我论的主观唯心主义，遭遇了诸多批评，其发展也陷入巨大的困境。为了走出困境，克服唯我论的主观唯心主义而将自己发展为客观唯心主义，胡塞尔将生活世界作为先验现象学的通道和反思对象。在此，生活世界是通过意识活动、意向性分析所建构出的世界，生活世界是由理性世界通向纯粹自我意识世界的桥梁。胡塞尔试图将理性世界还原为生活世界，再将生活世界还原为纯粹的自我意识世界。“世界存在着，总是预先就存在着……这个事实的不言而喻性先于一切科学思想和一切哲学的提问。”①由此可见，胡塞尔所说的“生活世界”实质上是一种哲学意义上的生活世界，他更多的是在先验精神的意义上描述生活世界，他所理解的“生活世界”是一个纯粹超越于主客观世界之上的另一个世界，这个世界是存在于我们头脑中的理念世界。

2. 生活世界现象学中的生活世界

胡塞尔在思考哲学问题的时候，始终都保持了几分自然科学家的气质，他对生活世界的哲思更像一种描述性的思想报告。胡塞尔所描述的“生活世界”仍是一个模糊的、未定型的概念，但不可否认，胡塞尔生活世界构造了一个深刻且具有启发性的论域，具有奠基性作用，为后来的现象学家对生活世界的研究提供了广阔的思考空间。胡塞尔的生活世界理论揭开了西方哲学向生活世界回归的序幕，胡塞尔之后，生活世界现象学成为哲学家们关注的焦点问题，关于生活世界现象学的文本越来越多，如《胡塞尔现象学》《生活世界现象学》《胡塞尔现象学概念通释》《现象学与日常生活世界的社会科学》等著作。

在胡塞尔生活世界理论的基础上，众多现象学家如海德格尔、伽达默尔、许茨、哈贝马斯等从不同角度对生活世界作出了自己的解读。海德格尔作为胡塞尔的弟子，他批判地继承了胡塞尔生活世界理论并进行了更为深刻的剖析。与胡塞尔强调回到纯粹的前概念的意识世界不同，海德格尔将生活世界理解为此在的展开，认为生活的意义并非虚无缥缈的神秘东西，而是我们的存在方式，是我们的在世态度。海德格尔认为，现象学应该回到对本真生命的研究上去，他提出了“实际生活经验”的概念，强调前反思的、前理论的实际生命体验，强调回到保持本原的生活世界。伽达默尔又以海德格尔的理论为出发点，对生活世界的解释从当下延伸到“前见”。他认为，生活世界在不同的时间、空间中有不同的表现，并且总是处于变化和不确定之中，生活世界是人类现实存在的给定的经验领域，是一切理性思考的前提。海德格尔和伽达默尔逐步消解了胡塞尔生活世界理论中的先验主观性，并引入了感性实践因素。现象学社会学家阿尔弗雷德·许茨抛弃了胡塞尔生活世界中的先验因素，把交互主体置于生活世界内部，将生活世界理解为以文化为主导的日常生活世界，使“生活世界”成为社会学的重要概念。分析现

① 胡塞尔. 欧洲科学的危机与超越论的现象学[M]. 王炳文译. 北京：商务印书馆，2001：134.

象学大师维特根斯坦提出“生活形式说”，他始终把语言本身看作一种活动，语言由于作为一种活动而成为一种生活形式。语言是变动不居的，想象一种语言，就是想象一种生活形式。他倡导生活形式的回归，实际上是为了唤醒人们关注那个未被概念定义之前的活生生的世界，寻找被实证主义遗忘了的人的世界和生活的世界。[①]哈贝马斯批判地继承了胡塞尔生活世界的思想，更多的是从行动理论和社会理论的角度去讨论和理解生活世界。人们总是在一定的具体情况下发生言语交往行为，总是要与自己在世界中所遇到的一切人、事、物打交道，总是生活在这种或者那种关系之中，体验着、感受着种种情绪。生活世界是一片灌木丛，它的各个枝节（自然、社会、上帝、历史、当下、真假、善恶、美丑、是非等）缠绕在一起，相互融合，形成一个错综复杂、混沌的整体。[②]哈贝马斯将生活世界视为以理解和相互沟通为取向的交往行为的背景与场域，生活世界是以语言和交往为中介，并融客观世界、主观世界和社会世界于一体而建立起来的，使现代西方哲学对生活世界的理解经历了一种语用学的转向。哈贝马斯的理论在一定程度上是对胡塞尔、海德格尔、伽达默尔和许茨等的生活世界理论的批判和综合。

从胡塞尔到哈贝马斯等著名现象学大师共同构建了生活世界现象学的相对完整的理论体系。胡塞尔之后的现象学家尽管不认同先验意识是生活世界不可还原的起点，却并没有对胡塞尔的哲学理论提出实质性的批判。客观地讲，生活世界现象学的思想并非完美无缺，它在一定程度上窄化了生活世界的内涵，甚至有学者认为生活世界现象学是一种唯心主义哲学。但是，哲学本来就应该是一种对话，一种无止境的沉思，正如胡塞尔所说，在哲学仍然忠实于它自己的意向的情况下，哲学不可能知道自己将走向何方。现象学为我们提供了一种新的接近问题的态度和方式，我们要想真正理解人与世界，就需要以生活世界为出发点。维特根斯坦曾说过，要透识一个深层且棘手的问题的最好办法是“开始以一种新的方式来思考……一旦新的思维方式得以确立，旧的问题就会消失”[③]。循着生活世界现象学的认识思路，我们试图探寻一条认识教师生活世界的路径，为认识和理解教师生活世界提供一种方法和途径。

（二）生活世界现象学视域下的教师生活世界

生活是人类一切生命活动的基础，也是人类一切活动的最终目的。生活世界是教育世界的来源与基础。现象学视域中的生活世界是一个原初性的、前概念的、未经定义的世界，其出发点是对日常生活世界的关注，在一种对不确定性的追问

① 尚志英. 寻找家园——多维视野中的维特根斯坦语言哲学[M]. 北京：人民出版社，1992：198.

② 倪梁康. 现象学及其效应[M]. 北京：生活·读书·新知三联书店. 1994：352.

③ 皮埃尔·布迪厄，华康德. 实践与反思：反思社会学导引[M]. 李猛，李康译. 北京：中央编译出版社，1998：1.

中追求着主体间性和生活世界的丰富性与流动性。正如现象学本身所具有的主观唯心主义性质一样，生活世界现象学指导下的教师教育不可避免地带有浓重的主观唯心主义色彩。但是，生活世界现象学具有的浓厚的人文意蕴和人性色彩，也为教师教育研究提供了一种独特的视角和思维方式。生活世界现象学对教师教育的启示是，它从现象学哲学的逻辑出发，用现象学哲学的世界观、方法论分析和研究教师教育，直接面对教师最原初的真实生活，关注教师生活世界的本真状态。这在当今教师教育越来越工具性与技术化、功利性与形式化的今天，值得我们思考和借鉴。

1. 教师生活世界的特性解读

根据生活世界现象学的启示，我们认为教师的生活世界具有以下三个特性。

（1）教师生活世界的直接给予性。胡塞尔的生活世界首先强调生活世界是一个直观的世界。他认为，哲学最迫切的任务就是要恢复我们对生活世界的直观理性的信任。辩证唯物主义将直观等同于感性认识，直观指人们在实践中对客观事物的直接的、生动的反映。直观并不是什么神秘的东西，通过对客观事物的直接接触而获得感性认识的方式便是直观，它只是简单地、纯粹地面对一个事物时的直接显现。我们用地理学的森林、牧场、河流的概念来规定它们之前，就已经在风景里知道了它们。它们在风景里向我们呈现的是事情本身。[①]原则上可直观到的事物是自身直接呈现在我们面前的，是我们身处其中，能直接地、原本地把握的事情本身。胡塞尔认为无论是感性直观，还是范畴直观，只有直接性地给予，最原初、最丰富的生活意义才有可能原原本本地被我们把握。我们总是先于概念、先于规定性，了解、熟识、体悟我们身处其中且不断变化的、丰富多彩的世界。教师的生活世界是具体发生着的世界，始终以直观的方式呈现在教师面前，教师身处于多姿多彩的世界中，直接的感知、体悟身处其中的日常生活世界、专业生活世界、职业生活世界和社会生活世界。知识的开端必定永远来自感觉。[②]教师在成为教师之前，便通过自己身处的客观存在的生活世界和教育场景去观察、感知教育的真实样态，教师对客观存在的教育世界的直观感受是教师形成早期教育认知和观念的基础。

（2）教师生活世界的前概念性。生活世界与科学世界对立，生活世界是前概念的、在活生生的经验中直观地给予的世界，而科学世界是经过人类的理智活动高度抽象化和概念化了的理论世界。[③]生活世界是一个前概念的世界，世界先于一切知识，在世界被抽象化或概念化的科学理性主宰之前，我们便存在于这个世界

① 宁虹. 教育的实践哲学——现象学教育学理论建构的一个探索[J]. 教育研究，2007（7）：8-15.

② 夸美纽斯. 大教学论·教学法解析[M]. 任钟印译. 北京：人民教育出版社，2006：168.

③ 张庆熊. 熊十力的新唯识论和胡塞尔的现象学[M]. 上海：上海人民出版社，1995：122.

上，直接地感受并具体地体验着这个活生生的世界。我们生活的世界是一个无限生动和丰富多彩的世界，我们并非在概念中把握这个世界，而是先有事情，才有概念，在我们对世界分析概括之前，世界已经将全部给予了我们。教师是活生生的人，他在成为教师之前，或者说他在对待或处理某个生活事件之前，已经具有对事物的前理解、前认识、前概念。教师不免会习惯性地将这些前理解、前认识、前概念带入教育实践活动之中。生活世界的前概念性恰恰启示教师：只有割断与这些先入之见的观念的联系，在教育反思中将自己的心智与情感从当下的教育情境中抽离出来，悬置并超脱于经验之外，赤裸地显示自身，才能进入纯粹现象的领域。同样，教师的生活世界先于概念而存在，教师的生活世界在被意识到和被界定之前，便已经存在着。教师在任职之前，已经有了对教师的隐喻与规训，教师角色和职责、应然的教师范本已经存在，以至于我们对教师有了许多的刻板印象。例如，把教师比作春蚕、比作蜡烛，要求教师爱生如子、要求教师牺牲自己点亮他人。试问，教师就应该是这样的吗？教师一定要以牺牲自己为代价去换取学生的成长？为了打破这些关于教师的刻板印象，教师教育也应当理性审视那些传统的教育信念和教育理论，客观而全面地理解教师及教师生活世界，突破教师生活世界中道德、伦理、社会等层面的不良禁锢，发现教师生活世界的新的意蕴。

（3）教师生活世界的境遇性。哈贝马斯认为，生活世界由文化、社会和个性构成，是主体间交往的意义世界和文化世界，是交往行动者始终在其中运动的视野或背景。①人们总是在一定的具体情境下发生言语交往行为，而语言的意义总是在语境中才会显现出来，因此生活世界是一个鲜活生动的、充满境遇性的世界。一切交往行为都发生于这个具体的、属人的、共通的生活世界之中。教育现象学大师范梅南在《教学机智——教育智慧的意蕴》一书中也提到过，教育学存在于极其具体的、真实的生活情境之中。荷兰现象学家兰格威尔德在《教育学的科学本性》中强调关注儿童和成人日常生活中的具体事件，要求每一位教育者直接地面对教育最原初的真实生活，在不断实现教育意义的生活世界中显现教育学自身的本质。真实的教育情境是教师获得实践智慧的主要途径，相比空洞抽象的理论概括而言，真实生动的教育情境是教师专业生活世界的重要部分，教育情境具有不可复制性，教育活动的每个场景都是鲜活的、即时的，不存在完全一样的教育情境。在真实的教育情境中，教师与学生、教师与教材、学生与学生处于动态的交互中，这个过程正是意义生成的过程，交往双方通过生活世界达到对彼此的理解。

2. 现象学视域下教师教育回归生活世界的审思

回归生活世界是众多学科领域流行的话语。现象学通过对科技理性支配下人类生活的积极反思从而提出“回归生活世界”的口号。唯科学主义贬低了人的位

① 衣俊卿. 文化哲学十五讲[M]. 北京：北京大学出版社，2004：225-226.

置，将人置于广阔的生活世界之外，人成为工业化生产下没有思想的机械工具。数字时代的到来使得网络生活、虚拟合作等成为生活世界的主流，成为人们日常生活世界的一部分，潜移默化地改变着我们的生活方式。整个社会高速发展，人类的生活节奏不断加快。为了紧追时代发展步伐，追求知识传授的高效率，教育也开始借助科技的力量，但是由于对科技和理性的过度依赖，教育开始背离人所生活的世界，学校成为现代化生产车间，学生是流水生产线上的标准化产品，而教师则成为生产流水线上作业的工人，教师和学生的生活质量与生活感受被排除在教育的考虑范围之外。在这种情势下，教育界也开始引入“生活世界”这一话语，20 世纪 90 年代起“生活世界”在教育理论与实践领域迅速得到彰显，“回归教育生活世界”的呼声在教育界此起彼伏，学者们意图借助生活世界的话语引起人们重新思考教育与生活世界的关系、教育与教师的关系、教育与学生的关系。借助生活世界现象学，教师教育领域也开始关注和研究教师的生活世界，学者以生活世界为指导，已经提出了教师教育新的课程内容和活动内容，以建构一种新的教师教育模式。

教师回归生活世界成为教育领域的一个重要话题。针对教育脱离生活世界、教育中人的异化的现实状况，一部分学者对此极力支持并倡导教育要向生活世界回归，教育要重构教育与生活的关系，处理好教育的科学世界与生活世界的矛盾，显现教育世界的真实图景，还原一个真实的教育世界，改善学校时空领域中教师和学生的生活状态。有学者提出返回生活世界的教师教育，要保持生活世界对教师生命发展的全面孕育，扩展教师个体生命发展的可能性，恢复个体生命发展的自由。也有学者指出，回归教师的生活世界即恢复教师的本真，就是要关注当下的、即时的教师生活世界，并且理解教师的生活世界，塑造平等对话的新型师生关系。但是也有部分学者分析认为，“教师回归生活世界”这个流行的当代教育信条本身是一个假命题，这一命题在理论上具有不严密性和模糊性，在实践上缺乏教育实效性。[①]“教师回归生活世界”暗含着这样一个前提：教师脱离了生活世界。因为只有在这个前提下，回归生活世界才有意义。但是教师若是从未离开过生活世界，又何谈回归呢？正如胡塞尔所指出的，我们知道我们永远处于生活世界中。[②]这句话意在强调，生活世界是一个不可能脱离的世界。教师所从事的教育活动本身就是按照科学规律运行的一种非日常的、特殊的生活形态，它一直都是生活世界的一部分，从这个意义上来说，教师似乎从未脱离过生活世界。反之，如果教师生活的确与生活世界脱离，那么教师回归的生活世界理应是什么样态？回归到最原始状态的日常生活世界吗？如果让教师回归到日常生活的无组织、无计划的

① 石中英，高政. 2011 年我国教育基本理论研究新进展[N]. 中国社会科学报，2011-12-29（016）.
② 倪梁康. 胡塞尔选集[M]. 上海：上海三联书店，1997：1084.

状态下，那么教师职业的存在又有何意义？

在谈论教师是否需要回归生活世界之前，我们需要弄清楚现象学所说的“回归生活世界”的内在意蕴到底是什么？其实现象学的“回归生活世界”并不是要求教育必须重返自我意识世界或回归日常生活世界，它只是提供了一种研究教育现象和解决教育问题的新思路、新方法，启发我们返回原初的、无偏见的状态去探查教育现状、反思教育与生活世界的关联。在教育改革和教师教育改革过程中切忌简单套用生活世界理论，把生活世界理论庸俗化，而是要把生活作为一切教育认识及其活动的根源和终极意义。

3. 走向教师的普遍境域

生活世界现象学的观点认为，人同时生活在两个世界中，即特殊世界和普遍世界。学生的世界、教师的世界、运动员的世界、军人的世界……这些被胡塞尔称为“特殊世界”或“特殊境域”。特殊境域是指基于特定身份而拥有的生活世界，特殊境域具有有限性和多样性的特征。普遍境域指向具有普全性的、事先被给予的世界。胡塞尔将世界理解为普遍境域，他认为，生活世界是非主题的，我们只有在特殊的世界中才能以主题的方式生活。[①]从特殊境域与普遍境域的关系来看，特殊境域只不过是普遍境域的片段，普遍境域是由诸多特殊境域共同构成的一个总体境域。从时间的维度上看，普遍世界从特殊世界的角度向我们敞开。人们的主要生活境域为特殊境域，特殊境域是人们关注普遍世界的基础，对特殊境域的兴趣会影响我们对其他境域的关注，人们总是在当下的普遍境域背景下扮演着某个特殊的社会角色以参与实践活动，并有可能为后人创造着属于他们的普遍境域。

在日常生活中，我们每个人都生活在自己的特殊世界当中，特定的职业、年龄和生活经历使得一个人拥有不同于他人的境域。一个人所能够直观体验到的境域是有限的，有限的生活境域在很大程度上限制了人们看待世界的维度，规定了我们作出选择时的方向和顺序。一个人只能从他自己的特殊境域出发来认识作为普遍境域的世界。因此人们不可避免地会按照其在特殊世界中形成的已有观念和习惯处理事情。人们在处理事情时常常采用“我觉得”“我认为”的自然态度。[②]这种习惯化的思维态度可能使人拘泥于狭隘片面的立场中，无意识的拒绝接受新事物，更无法洞察到有别于自己的见解。习惯沉默不语，却无处不在。当习惯处于某个位置时，可以为生活带来舒适感和安全感，但是如果总是依赖于过去的常规、习惯，那么，随着时间的推移，习惯会显得不合时宜，变得盲目而机械。胡塞尔主张，只有在摆脱了特殊世界的限制之后，一个人才能真正进入无成见的、不先

① 胡塞尔. 欧洲科学的危机与超越论的现象学[M]. 王炳文译. 北京：商务印书馆，2001：555.

② 朱晓宏. 重新理解教师的境域与习惯——基于生活世界现象学的理论视域[J]. 教育研究，2014，（5）：139-144，151.

入为主的同一个世界（普遍境域的世界）。[①]

在生活世界现象学看来，教师生活世界中最大的阻力不是未知，而是已知。特定的职业境域使教师拥有很多习惯。例如，教师在日常教学活动中，与孩子或其他教师的交往互动具有一定的常规化，使得教师自然而然地形成了固定的教学模式和教育理念等，这些教育习惯决定了教师处理教育教学事件的行为倾向；教师的教学活动习惯于以教材为依据、以考纲为标准，但是我们所生活的世界每天都在发生着变化，知识更新换代的速度非常之快，儿童的心智处于不断成熟发展之中，固化的惯性思维已无法满足当今社会和教育发展的需要。长期养成的习惯已经无法被教师自身所察觉，但是却极有可能导致他们的思维方式趋于保守。在特殊境域中形成的习惯、信仰、价值观极有可能会遮蔽教师的视野，狭小的境域与潜在的习惯会限制教师的发展，他们被习惯所支配，日复一日的工作，丧失了思考的能力。这在一定程度上影响教师对教育事实的理解与准确把握，进而阻碍其走上真正的专业发展之路。如果教师固守其特殊境域，就可能妨碍其对普遍世界形成正确认知。如果教师能跳出特殊境域的泥淖，有意识地克服自身境域的局限，或许能开启其在此境域中的重新判断与行动的可能性，教师也因此能成功地驾驭其整个生活世界。

二、生命哲学理论

生命哲学是 19 世纪末 20 世纪初流行于德、法等西方国家的关于生命价值和意义的哲学思潮，是一种从生命主体的角度出发阐释宇宙人生的非理性主义哲学思潮。生命哲学建立在对科学理性哲学的批判基础之上，关注人的生存状态以及对生命的体验和价值，强调人类生命的完整性、独特性和超越性，其最根本的目的是走出科学理性发展异化的洞穴，召回失落的生命本身，回归生命本源。生命哲学理论为研究教师生活世界提供了一个带有现代色彩的哲学启示，它从生命哲学的视角观照教师的生命，审视教师的专业发展，提升教师生命价值，具有本体论的意义。

（一）生命哲学的意蕴

19 世纪以来，人类对理性主义的崇拜达到了登峰造极的地步，人与人之间、人与社会之间出现破裂，自身生命感性与理性之间相对立，人类的精神世界逐渐坍塌，人的生命价值与意义在很大程度上被遮蔽。漠视生命、虐待生命和轻视生命的现象时有发生，人变成了单向度的存在物。19 世纪末 20 世纪初，生命哲学以反对理性主义的姿态进入人们的视野，它关注人的生命，对生命困顿进行理性之思。他们反对把世界简单地归结为物理性世界，更反对把世界上各种事物和现

① 胡塞尔. 纯粹现象学通论[M]. 李幼蒸译. 北京：商务印书馆，1992：91-93.

象还原为物质或精神存在，认为哲学所应探索的是内在于并激荡着整个世界的生命。为了将人们从理性主义支配下的生命迷茫状态中拯救出来，生命哲学家关注的焦点由自然物质世界转向了人的生命，以及与人的生命不可分割的生活世界。他们从生命的意识与存在出发，对生命存在的哲学意蕴作出了深刻的思考，深入到生命本身和鲜活的生活当中把握和感悟生命。

1. 代表人物及主要观点

生命哲学是广泛传播于西方各国，并贯穿于20世纪的哲学流派。主要代表人物有德国哲学家威廉·狄尔泰（W. Dilthy）、格奥尔格·齐美尔（G. Simmel），法国著名哲学家、思想家亨利·柏格森（H. Bergson）等。其中，德国狄尔泰是较早进行生命哲学研究的人物，而柏格森的生命哲学思想最具代表性、影响最广泛。

狄尔泰是德国生命哲学的创始人，最早用“生命哲学”一词来表示他的哲学，“生命”是他一生思考的核心问题。狄尔泰突出强调生命在哲学中的地位和价值，他指出，哲学研究的对象不应是单纯的物质或概念化的精神活动，而应该是把物质和精神紧密联系起来的东西——生命。他认为，生命，只有生命才是哲学研究的对象。[①]狄尔泰哲学思想中的“生命”一词指的是人的生命，他围绕人的主观性或精神性来揭示生命存在的价值和意义。狄尔泰认为，只有生命才是最真实的、最基础的和最具体的，只有立足于生命本体才能找到变化多端的世界之源头，生命是连接我们和世界的纽带，生命的意义不能到生命之外去寻找，生命整体的意义只能存在于生命自身。他将生命描述为是一种不可遏制的永恒冲动，表现出来就是直觉、情感等，进而表现为语言、道德、历史、社会制度等。生命不是简单的身体活动，不是实体，而是一种不能用理性概念描述的活力，是一种不可遏止的、永恒的冲动，是一股转瞬即逝的流动，是一种能动的创造力量。它既井然有序，又盲目不定；既有一定方向，又不能确定。他断言，生命是每一个人都能通过自我的内省而体验得到的，人们对它心领神会。[②]由此可见，他将生命视为人生的生活体验，人的生命是自我经验的形成，是生命主体对自身存在的体验、领悟。

与狄尔泰一样，齐美尔认为世界的本原是“生命”，生命是一种不可遏止的永恒冲动。齐美尔主要用两个特别的命题来说明生命：“生命比生命更多”和“生命超越生命”。所谓“生命比生命更多”，指生命是一种运动，它不停地运动着，这种运动处于持续不断的生命之流中，具有时间上的延展性和空间上的无限性。所谓“生命超越生命”，指生命有超越生命自身的能力，不断创造出他物。生命是一

① 谢地坤. 尊重生命 卫生济世：关于“生命哲学”的思考[J]. 长沙理工大学学报（社会科学版），2015，30（1）：5-10.

② 张传开，等. 西方哲学通论（下卷）：现代西方哲学[M]. 合肥：安徽大学出版社，2003：73.

个生生不息的创造的过程。正如齐美尔所说，只要有生命存在，它就产生某种活生生的东西……生命过程是不断保持生命自身，不断壮大、发展生命自身的过程。但是生命的含义不仅仅于此，它不仅创造更多的生命来时时更新自己，而且从自身创造出非生命的东西，这些东西又具有他们自己的规律和意义。[①]

亨利·柏格森是法国20世纪上半期最负盛名的哲学家之一，是生命哲学之集大成者。他对生命的论述更加系统和严密，他直接关注人的生命价值和意义，将生命哲学思想进一步生物学化，自成一派。他用“生命冲动”（vital impulse）和“绵延”（duration）来解释生命现象，世界的本质在于以生命冲动为基础的绵延，生命是“生命之流”“生命的原始冲动”。柏格森继承了达尔文进化论的观点，将生命看作是一股永无止境的、不断绵延的冲动之流。对于一个有意识的生命来说，存在在于变化，变化在于成熟，成熟在于不断地自我创造。[②]生命的内在冲动时时刻刻在创造自我和创造崭新的东西。尽管所创造出来的东西并不那么重要，但创造的过程尤为重要，创造之物均会再一次全部投入到生命的创造过程中去。他认为，生命冲动或生命之流是世界的本质、万物的根源。生命不是物质，而是一种非理性的、永动不息而又不知疲惫的生命冲动。这种冲动变化在时间上永不间歇地自发流转，故称为“绵延”或“生命之流”。它像一条永流不息的意识长河，故又称为“意识流”。[③]生命的进化依赖于生命冲动，生命冲动是生命体的内在本质，是所有事物之中持续不断运动着的生命力和创造力。根据柏格森的看法，生命冲动是一种派生万物的、普遍存在的神秘力量，生命体在内在生命冲动的驱使下，朝着更复杂和更高级的生命有机体不断推进和发展。而这种不断推进和发展的变化过程，被柏格森称之为“绵延”。柏格森指出，实际的“绵延”既指不可分割的持续性，也指创造性。[④]绵延的真正本质在于它总在川流不息，生命的绵延进化过程还是一个不断创造、进化的过程。绵延是过去持续的进展，它吞噬着未来，当它前进时，其自身也在膨胀。实际上，“绵延”是一个连接环节，连接有机生命体的过去和未来，生命主体在不断绵延的过程中存在。人生是一条生生不息、不断流淌的生命小溪，人生就是在这种不断的生命流变中生发意义的，不断的选择与放弃，不断向上、向前跨越，从而促进生命的进化和发展，彰显价值，并走向超越。

这些生命哲学家基于各自的视角和立场，对生命进行了不同程度的解读，尽管他们有不同的价值取向，但是他们都共同主张生命和世界不是孤立存在的，生命和世界是不间断地紧密联系的统一体。他们都对主体生命进行高度关注，认为

---

① Simmel G. Fashion[J]. American Journal of Sociology，1957（6）：541-558.

② 亨利·柏格森. 创造进化论[M]. 姜志辉译. 北京：商务印书馆，2004：12-13.

③ 张传开，等. 西方哲学通论（下卷）：现代西方哲学史[M]. 合肥：安徽大学出版社，2003：79.

④ 亨利·柏格森. 创造进化论[M]. 姜志辉译. 北京：商务印书馆，2004：10.

生命冲动是所有生命体的内在本质，生命是动态流变的绵延。他们都对人类生命的存在意义进行深刻思考，强调生命的精神创造和价值超越。

2. 生命哲学的特性

生命主体是生命哲学的重要组成部分，人都是有生命的，每个生命都是具体的主体性存在，生命是人作为主体存在的领悟和体验。生命哲学视域下的生命是主体性的生命存在，生命主体具有整体性、历史性、独特性和超越性等特征。

（1）生命主体的整体性。狄尔泰从心理、历史、社会的角度来研究人的精神生命，反对把人看作单纯理性的主体存在，强调人是完整的人，人的生命是认知、情感、意志的统一体。自由的生命是完整、和谐的。第一，在人的生命中，物质生命与精神生命是和谐统一的，物质生命是生命存在的物质保障，精神生命使人区别于动物而存在，使人能够拥有幸福快乐、自由、悲伤、郁闷等情感体验。第二，知识、技能、智慧等认知因素，与情感、意志、态度、价值观等非认知因素也是和谐统一的。譬如，一个只知道学习书本知识却不懂得与人相处的人，我们会叫他“书呆子”。第三，生命孕育于环境，所谓的环境，包括生命生存于其中的自然环境和社会环境。欧文曾指出，人的性格、智力、德行和体质决定于人的成长过程、居住地点和生活环境……无论过去、现在还是将来，一个人永远都是他出生前后所存在的周围环境的产物。[①]一方面，生命主体与自然共生。生命本就是自然界的一部分，与自然相接，与自然相统一。另一方面，人天生是一种群居生物，社会以各种组织形式将人们维系在一起。只有与他人、与各种事物相联系，个体生命才变得无限丰富和充实。因此，人作为一个完整的生命体，不是单向度的“社会人”“政治人”“自然人”，生命主体具有整体性，自由完整的生命体应是物质生命与精神生命、认知因素与非认知因素、自然属性与社会属性的和谐统一，这样才能使生命主体摆脱工具理性的羁绊，走向诗意地栖居。

（2）生命主体的历史性。在狄尔泰看来，生命主体是社会历史性的存在。他认为，生命是丰满的、多样的、是个人经验的种种相互关系。在它基本的质料上，生命与历史是一回事。[②]其一，离开历史，生命就不复存在，生命只能在历史中存在和延续；其二，只有存在着生命的经验和意义，历史才成为可能。生命的历史性是狄尔泰对生命概念界定的最独特的地方，生命在狄尔泰那里最终落实为历史，他把生命作为生活的过程，认为生命就是历史的生活，人的存在是社会文化和历史的存在，人们在生活中、在历史中彰显生命的意义，体味生命的滋味。对于每一个人来说，生命就是在他的活动、他的态度、他对事物的认识、他与周围环境的关系中表现出来的特征。离开历史，生命就不复存在，生命只能在历史中存在

① 吴式颖. 外国教育史教程[M]. 北京：人民教育出版社，1999：426.

② 张汝伦. 现代西方哲学十五讲[M]. 北京：北京大学出版社，2003：85.

和延续。另外，他指出，生命以及生命的体验是对社会历史世界的理解的源泉；从生命出发，理解渗透着不断更新的深度；只有在对生命和社会的反映里，各种精神科学才获得它们的最高意义，而且是不断增长着的意义。①正是存在着生命的经验和意义，历史才会成为可能。

（3）生命主体的独特性。齐美尔把生命看成自我经验的形成，认为每个人都有不同于他人的自我经验，不同个体的自我经验是不同的，经验是一个不能用概念表达的过程，这个过程只能通过个体的图像描绘来实现。也就是说，每一个生命都是独特的，不同个体的生命特征是不同的，就像世界上没有两片完全相同的树叶，人类中也没有两个完全相同的人。生命主体总是独一无二的，有着自己独特的风格和特点。每个生命主体之间都存在一定的差异，如不同的容貌、不同的性格、迥异的志趣、独特的行为方式以及各具特色的行为习惯。也正是这些差异的存在使得生命主体散发出与众不同的魅力，生命显现出斑斓的色彩。生命的独特性不仅来自自然所赋予的差异，还来自精神生命和社会生命的自为性。不同的人会有不同的信仰、不同的追求，不同的人会赋予生命以不同的含义。②每个具有独特性的生命主体心中都怀揣着对自己生命感受诗意地栖居的理想追求，都在自己生命的征程中发挥着自己的聪明才智，努力去实现生命的意义和价值。

（4）生命主体的超越性。伯格森认为，生命的进化是创造性的而不是机械性的，生命的意义在于生命冲动决定对生命的超越和对生命价值的提升。齐美尔提出“生命比生命更多”和“生命超越生命”的命题，体现了生命的创造性和超越性。雅斯贝尔斯强调，人在本原上是与超越存在相关联的。德国哲学家马克斯·舍勒指出，人，只有人——倘使他是人本身的话——能够自己作为生物——超越自己。③超越性是人的生命本质，它是生命体存在的价值追求。人永远处于未完成的状态，如果人自身的矛盾不解决，就不能正确认识自身的价值。然而人是有意识的存在，能够意识到自身潜能的无限性，人能够武装和壮大自己，人能够用有限的生命去追求无限的意义。人的生命即是不断超越自身的结果。按照柏格森的说法，生命的内在冲动驱使人不断进行新的尝试，设法去改善生存状态。人总是能够发挥主观能动性，改造外部的客观世界，同时改造自身，实现自我超越，彰显生命的价值。

（二）生命哲学视域下教师生活世界的意蕴

生命哲学为我们反思当代教育中教师生命的境遇和寻求教师生命的解放提供

① 刘放桐. 现代西方哲学[M]. 北京：人民出版社，1990：200.

② 冯建军. 论教育学的生命立场[J]. 教育研究，2006（3）：29-34.

③ 马克斯·舍勒. 人在宇宙中的地位[M]. 李伯杰译. 贵阳：贵州人民出版社，1989：34.

了一个新的视角。狄尔泰指出，教育的最终目的是对一个人心灵的唤醒，一直到精神生活运动的根。[①]柏格森则认为，我们将生命体装进我们的这个或那个模式的行为全部失败。所有的模式全部崩溃了。对于我们试图装入的那些东西来说，这些模式全都过于狭窄，而首先是它们全都过于刻板。将生命活动缩减成人类活动的某种形式，只能局部地说明生命，只是生命真正过程的结果或副产品。[②]从本质上讲，教育是需要生命的活动，是生命本质觉醒和显现的过程。新的教育理念、教师教育课程改革、时代对新型人才的需要以及教师自身发展的需求都要求我们从生命本体意义角度去关注教师。教育系统不是工厂化的生产链条，学校不是生产标准化产品的工厂，教师也不是某种固定模式下的生产线工人。教师的生活世界是以主体生命的存在为基础的世界，教师的教学活动是一种丰富性、流动性的生命活动。生命哲学作为一门以关注人的生命价值和意义为根本旨趣的理论，具有归还生命的整全性、强调生命的历史性、倡导生命的独特性、追求生命的超越性等特质。以生命哲学的这些特质关照教师生命，审视教师生活世界，保持教师生命的活跃状态，提升教师生命质量，彰显教师的生命价值和意义是新时代教师教育的基本价值取向。生命是教师专业发展的逻辑起点和动力源泉，生命的发展应成为教师专业发展的永恒主题与最终归宿。对生命的关注与思考，使教师生命意义的彰显以及主体价值的实现成为可能。只有当教师以完整的生命个体而存在，才能在教育生活中传播人类文明、与学生共同成长、获得一种生命意义的体验，创造自己更加丰富多彩的人生。

1. 教师是整体性的生命主体

生命解放之路在于让生命在教育中诗意地栖居，诗意地栖居是自由地栖居、创造性地栖居、精神相遇地栖居。让生命诗意栖居的教育必须摒弃功利主义的价值取向，教育具有工具性价值，但它不能成为教育唯一的价值取向。教师教育所要培养的不是“政治人”“经济人”“伦理人”等单向度发展的人，教师教育的本体性和终极性价值首先应使教师成为一个和谐的生命整体，直面教师的生命。因此，教师应是一个整体性的生命主体，教师的生活世界是物质生命与精神生命、认知因素与非认知因素、自然属性与社会属性得到充分发展的、和谐的世界。

教师是一个具有丰富生命的个体，教师的成长不仅是职场中的专业化提升或是纯粹的物质生活的扩充，还是教师个体生命完整的发展。首先，教师是物质生命与精神生命相统一的整体性生命存在。根据马斯洛的需要层次理论，人类第一层次也是最基本层次的需要是生理需要，人类的最高需求是自我实现需求。教师作为丰富性、灵动性的生命存在，有着基本的物质生活需要，还有超越物质的精

① 刘放桐. 现代西方哲学[M]. 北京：人民出版社，1981：200.

② 亨利·柏格森. 创造进化论[M]. 北京：华夏出版社，1999：2-3.

神需要。教师既是世俗的物的存在，又是高贵的精神存在。没有一定的物质生活基础，只讲精神生活享受，是空谈。经济基础决定上层建筑，物质资料的充足是教师身体健康的保障，是获得精神自由的前提；同样的道理，只讲求功利性而忽视精神世界的教师，是庸俗的。教师既要活着，又要活得有意义、有尊严，当教师将自己的职业与个人生命价值和意义联系在一起时，他才能够感受到生活的满足和精神的愉悦。其次，教师是认知因素与非认知因素协调发展的整体性生命存在。认知心理学将影响学习的因素分为认知因素和非认知因素。认知因素指向知识的获得和学力的增长，单纯地着眼于智力活动或智力发展，包括感觉、知觉、记忆、思维、想象等因素。认知因素是影响认知结构和智能发展的直接性因素。例如，记忆力好的人背诵课文的速度可能更快一点。非认知因素指除认知因素外影响学习的各种因素，包括动机、情感、态度和人格特征等。认知心理学家认为，非认知因素是影响学习的关键因素，在个体素质结构中处在中心位置，在问题解决过程中起指挥、控制作用。①例如，焦虑能促进或干扰学习，性别差异影响学习的形式。非认知因素只有在认知的基础上才能起作用。一个只会背诵教育教学理论或有着丰富学科性知识的教师只能称之为"教书匠"，一个热爱教育事业、与学生相处融洽却不懂得如何教授知识的教师和心理辅导员有何区别。所以，教师的成长与发展必然伴随着认知因素与非认知因素的协调发展。教师教育要关注教师整个生命发展，必须全面关注教师的知识技能与情感、态度、价值观，满足教师多方面的发展需要，从素质关怀走向生命关怀。最后，教师是自然生命与社会生命相统一的整体性生命存在。人是一个复杂的生命体，是种生命与类生命的有机结合。②教师在是一个教师之前，首先是一个具有自然属性的人，大自然赋予教师生命，教师在出生之时便决定了他是他自己，他是父母的孩子。但是自然属性不是人的根本属性，教师的生命存在于社会生态系统中，整个社会就如同一个巨大的蜘蛛网，人与人之间有着千丝万缕的联系，每个人都不可能是单一的存在体，社会中所接触的人物、事物、环境等直接或间接地影响着教师情感、态度和价值观。从特定职业角度出发，教师与学生之间是师生关系，教师与其他教师之间是同事关系，教师与家长之间有着共同的目标，即培养孩子成为全面发展的人。这些都是教师在社会中所要扮演的角色，社会属性是教师的本质属性。教师不是纯粹的自然人，也不是完全社会化的角色人，教师应是自然人与角色人的有机结合，自然属性是生命得以生存和延续的前提条件，没有自然属性就没有社会属性。人的社会性制约着人的自然性，人的自然性受人的意识的指导，具有强烈的社会色彩。

① 佟庆伟，秋实. 个体素质结构论[M]. 北京：中国科学技术出版社，2001：63.

② 冯建军. 生命与教育[M]. 北京：教育科学出版社，2004：9.

2. 教师是历史性的生命主体

狄尔泰认为，人与其他生物的根本区别就在于，始终生活在自己所创造的历史文化背景之中。我们的过去始终和我们在一起，我们就是我们自出生以来的历史，甚至应当说，我们就是自我们出生以前到现在的历史，因为我们全都带着先天的禀赋。[①]人本身就是历史的沉淀物，个体生命的全面发展离不开历史经验的积淀。人类历史是生命实体得以展开的背景和空间，只有在历史的进程中才能真正体悟到历史实践生活和生命的真谛。[②]教师生命由过去延伸到现实当下的情境，是一个历史性的存在，教师的情感意志、行为方式无不保留着诸多过去的痕迹。离开了教师的历史经验，教师的生命也就不复存在，更无法延续。教师教育要促进教师个体生命的提升，就必须重视教师的个体经验和历史积累，对教师的生命关怀应置于历史生活中去考察，充分挖掘与积极发挥教师历史经验的教育价值，不断增长和生成新的价值。

3. 教师是独特性的生命主体

在价值多元化的时代，对生命价值的尊重，最基本的就是尊重生命的独特性。"生命作为对一种特有的生活方式的肯定而成为标准，它有责任保护和实现自己的形式。"[③]从生命哲学的视角看，生命是一种独特性的存在，每个人都是有独特个性的生命体。每一个个体的生活世界都是与众不同的、唯一的、不可复制的。人是"一根有思想的芦苇"，不同的事物或者事件对于每一个独立的个体都有着不一样的意蕴；即使是相同的事物或者事件，对不同的人也有不同的意蕴。卡尔·雅斯贝尔斯认为，教育是人们灵魂的教育，而非理智知识和认识的堆积。教育的本质意味着："一棵树摇动另一棵树，一朵云摇动另一朵云，一个灵魂唤醒另一个灵魂。"[④]教育是一个生命影响另一个生命的过程，教师是作为生命个体而存在的，面对的是生命力极其丰富的孩子。教师作为一个鲜活生命体，是有尊严、有价值的个性化生命主体，其生活世界应是丰富多彩的，他们拥有不同于其他生命的体验历程，从某种程度上来说，自我体验的差异性决定了教师个体生命的理解和表达的独特性，如独特的兴趣爱好、独特的性格特征、别具一格的思维方式等。教师不是千人一面的标准品，也不是对学生施加教育影响的工具。如果教师缺乏良好的个体生命体验，就会缺乏热情和张扬的自我个性，其创造性和心灵的自由便无从谈起。标准化和程序化的教师教育传统模式如同温柔的陷阱，消解了教师生命的独特性，割裂了真善美的内在统一。[⑤]"只见森林不见树木"的教师教育是对

① 亨利·柏格森. 创造进化论[M]. 肖聿译. 南京：译林出版社，2011：6.

② 李学书，范国睿. 生命哲学视域中教师生存境遇研究[J]. 教师教育研究，2016（1）：1-5.

③ 费迪南·费尔曼. 生命哲学[M]. 李健鸣译. 北京：华夏出版社，2000：51.

④ 雅斯贝尔斯. 什么是教育[M]. 邹进译. 北京：生活·读书·新知三联书店，1991：39.

⑤ 袁利平，陈时见. 人学视野下的教师专业发展[J]. 高等教育研究，2007（12）：66-71.

教师独特性的遏制和抹杀。生命哲学视域下的教师教育应该面向教师生命，承认和尊重教师生命的独特性，尊重教师独特的生活方式和独特的个性特征，并在此基础上创设个性化的教育，鼓励和引导教师在教学实践活动中按照自己的意愿开展教学活动，创设独特的教学风格，以促进他们的发展和完善。

4. 教师是创造性和超越性的生命主体

创造性和超越性两者异曲同工，是同一方面的不同表达形式，两者都源于人的未完成性，源于有限的生命对无限可能性的追求。创造性是指个体产生新奇独特的、有社会价值的产品的能力或特性，超越性是人类生命的本质，生命就是对已有存在状态的不断否定和对新的存在状态的不断创造，是现实和理想的统一。创造性和超越性并非少数天才的专属，而是每个人天生所具有的，是人获得生命发展和完善的核心动力。伯格森认为，生命是世界万物的本源，生命的本质在于不断地变化、生成和创造。生命冲动是生命进化的动力来源，生命冲动是生命中原始的、不可阻挡的、向上的欲望，它是一种驱动力，人正是凭借其源源不断的生命冲动创造自我和超越自我，使自身生命更具有价值和意义。齐美尔关于生存与死亡哲学思想的论述表明，人是有限的存在，死亡是生命的必然，但是生命又是具有不确定性的，生命具有无限的可能性，人可以给有限赋予无限的意义，为有限的生命创造更多的可能性，从而超越世俗意义上的生命存在，让自己的灵魂深处永远跳跃着不灭的火花，让生命弥漫着绚丽多彩的光芒。教师的生活世界不是一成不变的，它具有不确定性和开放性，正是这种不确定性和开放性，促使教师不断地扬弃与否定客观对象与自身的自在性和规定性，不断地激发生命中的潜能、突破生命中的束缚，寻找生命的意义和价值。教师生活的过程可以说是教师生命绵延的过程，教师的生活不仅仅是教师生命的存活，他的创造性和超越性不只是满足自身物质生活的需要，他还要在其广阔的生活世界领域中不断超越自我、创造自我，追求一种更好的、全新的生命可能性，追求生活的真、善、美。

三、马克思生活世界理论

马克思虽然没有像胡塞尔那样明确地提出“生活世界”的具体概念，但他的哲学始终重视人的现实生活。在其思想理论中经常用“能动的生活过程”“现实生活过程”“日常生活”等概念来指称现实的生活世界，“生活”一词始终贯穿于马克思的理论探索过程。马克思较早便开始关注人的现实生活，在如何理解生活世界的问题上，马克思具有自己独特的理论视野和价值旨趣，他是在实践哲学的框架中理解和把握生活世界的。其理论构建过程遵循实践哲学的研究路径——从现实生活出发上升到理论再回归到现实生活世界，这样一个螺旋式上升的过程。马克思的生活世界理论指向人的世俗生活世界，纠正了将生活世界意识化、日常化、语言化的倾向，实现了对生活世界概念的科学改造，能够为我国教师教育所存在的现实问题提供有益借鉴和指导。

（一）理论意蕴

人创造了种种新的、更好的方法以征服自然，但他却陷入这些方法的罗网中，并最终失去了赋予这些方法以意义的人，即自己。人征服了自然，却成了自己所创造的机器的奴隶。他具有关于物质的全部知识，但对于人的存在之最重要、最基本的问题——人是什么、人应该怎样生活、怎样才能创造性地释放和运用人所具有的巨大能量，却茫无所知。[①]在资本主义社会中，科技理性的扩张导致了人与外部世界被割裂开来，世界只是在功利的意义上被理解，人的世界变成了物的世界。物化、商品化充斥着社会的每一个角落，人几乎成了商品的奴隶。一切都倾向于成为商品，哪怕传统商品之外的事物也无法幸免，如艺术、爱情、人际关系等。[②]人类迷失在这个物化的世界中，人们越来越注重物质享受，却很少关注人生价值问题。人的主体价值被异化，价值虚无和精神空虚成为人的普遍生存状态。另外，为了获得更多的物质资料，人类凭借科学技术不计后果地疯狂掠夺自然界资源，给人类赖以生存的大自然造成巨大伤害，环境污染、生态失衡、能源短缺等自然危机接踵而至，人类生活世界已经陷入前所未有的深重危机之中。

面对资本主义社会的种种弊端，马克思立足于资本主义制度下无产阶级的现实生活，把资本主义社会的历史本质放回到具体的生活世界的层面来加以理解。马克思之所以对世俗意义上的生活世界如此关注，是因为他看到了资本主宰下的现实生活世界对无产阶级劳动者的制约，其对生活世界的相关论述出于他对资本主义社会中工人悲惨的现实生活状况的深切同情。马克思关于生活世界的理论并非一蹴而就的，其形成和发展经历了这样几个阶段。[③]1841—1844 年是生活世界理论的发端阶段。《〈黑格尔法哲学批判〉导言》中，马克思认为人是人的最高本质。在《1844 年经济学哲学手稿》中，马克思将劳动看作人的类本质，分析了资本主义社会中各种关系的异化现象，并指出资本主义私有制是异化现象的根源。1845—1848 年是生活世界理论的形成阶段，在这一阶段科学实践观得以确立，在《德意志意识形态》中论述的中心内容是实践问题，全部内容都是围绕实践和认识的关系以及实践在社会生活中的作用展开的。1849—1867 年是生活世界理论的全面展开阶段，《1857—1858 年经济学手稿》对资本主义的生存状态进行分析，《资本论》深刻地剖析了资本主义的生产过程，批判了当时社会中盛行的拜物教行为以及社会中人的异化现象，对人的解放和自由发展的条件进行了经济论证。1867 年以后是生活世界理论的深化阶段。马克思生活世界理论的形成和发展是紧紧跟随

① 埃·弗洛姆. 为自己的人[M]. 孙依依译. 北京：生活·读书·新知三联书店，1988：25.

② 林和生. 悲壮的还乡：精神家园忧思录[M]. 成都：四川人民出版社，2005：102.

③ 王光秀. 马克思生活世界理论研究[D]. 济南：山东大学，2013：78-104.

马克思主义的发展历程并与之相伴而生的。对生活的反思贯穿于马克思理论探索的始终。从一定意义上来说，马克思的哲学思想本身就是一种关于现实生活世界的哲学。

通过对马克思经典著作的研读，我们可以从以下几个方面系统论述马克思生活世界理论。

1. 理论基础：实践

《关于费尔巴哈的提纲》中，马克思认为，全部社会生活在本质上是实践的。[①]正确理解实践观点是把握马克思现实生活世界哲学的关键，实践是马克思哲学理解生活世界的新出发点和新视角。马克思的生活世界不是一种抽象的理论构建，他是一种以改造世界为旨趣的实践生活世界。马克思对生活世界的理解，既不同于旧唯物主义的感觉直观，也不同于唯心主义的思维抽象，而是从实践出发去把握生活世界。马克思认为，从前的一切唯物主义（包括费尔巴哈的唯物主义）的主要缺点是：对对象、现实、感性，只是从客体的或者直观的形式去理解，而不是把它们当作感性的人的活动、当作实践去理解，也不是从主体方面去理解。因此，和唯物主义相反，能动的方面却被唯心主义抽象地发展了，当然唯心主义是不知道现实的、感性的活动本身的。[②]旧唯物主义所追求的本体是立足于抽象的社会基础之上的本体，是遮蔽人的现实生活世界的本体。唯心主义所追求的本体是精神世界的本体，是悬置于人的生活世界之外的本体。正如马克思对旧唯物主义和唯心主义主体观的批判，"被抽象地孤立地理解的，被固定为与人分离的自然界，对人来说也是无"[③]，"非对象性的存在物，是一种非现实性的、非感性的、只是思想上的即只是虚构出来的存在物，是抽象的东西"[④]。马克思主义的实践观点既反对旧唯物主义的理性形而上学——把抽象的客体性因素实体化，也反对唯心主义的主体形而上学——把抽象的主体性因素实体化。马克思生活世界理论打破并超越了主体形而上学和理性形而上学两个极端的观点，将实践视为生活世界的现实基础和内在本质，将人与自然、主体与客体置于现实实践活动过程中去理解。我们可以将马克思生活世界理论的实践概念理解为包括一切社会领域的人的全部活动，即人的社会生活的全过程。

实践是马克思生活世界理论的基础和本质，实践被马克思赋予了本体论的意

① 中共中央马克思恩格斯列宁斯大林著作编译局. 马克思恩格斯选集（第 1 卷）[M]. 2 版. 北京：人民出版社，1995：56.

② 中共中央马克思恩格斯列宁斯大林著作编译局. 马克思恩格斯文集（第 1 卷）[M]. 北京：人民出版社，2009：499.

③ 中共中央马克思恩格斯列宁斯大林著作编译局. 马克思恩格斯全集（第 42 卷）[M]. 北京：人民出版社，1979：178.

④ 中共中央马克思恩格斯列宁斯大林著作编译局. 马克思恩格斯全集（第 42 卷）[M]. 北京：人民出版社，1979：169.

义。实践的思维方式是马克思生活世界理论理解人的方式，实践的生活态度是马克思生活世界理论把握世界的方式。马克思将实践看作是现实生活世界的物质来源和意义来源，马克思生活世界理论的实践观首先强调了物质生产实践的重要作用，物质生产实践是整个生活世界的基础，物质生产实践给予生活世界存在的实在性。人的肉体需要是人维持其生存必须面对的需要，即吃、穿、住等，物质资料的生产是人类历史上的第一个活动，是人的生命活动的重要方面。正如恩格斯在《在马克思墓前的讲话》中指出的，历来为繁芜丛杂的意识形态所掩盖着的一个简单事实：人们首先必须吃、喝、住、穿，然后才能从事政治、科学、艺术、宗教等。[①]物质生产实践是生活世界的基础，人通过物质生产实践来认识世界、改造世界。物质生产活动在生活世界的实践概念中具有毋庸置疑的优先地位，建立在物质生产实践基础上的现实生活世界才是一个真实的世界。另外，马克思认为，实践活动是现实生活世界中一切事物的意义来源，在《关于费尔巴哈的提纲》中，马克思开宗明义地指出，凡是把理论引向神秘主义的神秘东西，都能在人的实践中以及这个实践的理解中得到合理的解决。[②]哲学和其他的科学都只不过是对现实的生活世界进行观念化和符号化的结果。主体与客体、精神和物质等这些抽象概念，只有在人的实践过程中才能消除其抽象性而得到具体的理解，人的实践活动是哲学理论和其他一切科学理论的基础与来源。

2. 理论依据：现实的人

马克思生活世界理论观点的提出起因于人类所面临的生存困境和精神危机，其目的是实现人的自由全面的发展，这就决定了马克思对生活世界的研究必须以现实的人的生活为依据。在《德意志意识形态》中，马克思认为，全部人类历史的第一个前提无疑是有生命的个人的存在。[③]现实的生活世界是一个主体生存于其中的世界，是人参与其生成和创造的人的世界，现实的人是马克思的现实生活世界理论的出发点和归宿。从这个意义上来说，马克思所描述的生活世界是一个人生存于其中的、须臾不能离开的感性生活世界。

现实的人是自然存在物与社会存在物的统一。首先，人是一个有生命的自然存在物。马克思认为，人直接地是自然存在物。人的生存依赖于自然界，自然界赋予了人生命力和自然力，这些力量作为天赋和能力存在于人自身。人要想生存就需要满足基本的自然需要，食物、水、空气、睡眠等任何一项基本需求得不到

① 中共中央马克思恩格斯列宁斯大林著作编译局译局. 马克思恩格斯选集（第 3 卷）[M]. 2 版. 北京：人民出版社，1995：776.

② 中共中央马克思恩格斯列宁斯大林著作编译局译局. 马克思恩格斯选集（第 1 卷）[M]. 2 版. 北京：人民出版社，1995：61.

③ 中共中央马克思恩格斯列宁斯大林著作编译局译局. 马克思恩格斯文集（第 1 卷）[M]. 北京：人民出版社，2009：519.

满足，人类个人的生理机能就无法正常运转。例如，一个处于极度饥饿状态的人，他是不会对其他任何事物感兴趣的，他只想得到食物。因此，自然需要获得满足是推动人们行动最首要的动力。其次，人之所以区别于动物，是因为人有意识、有思维、有语言，通过语言，人促成了一个统一的社会，所以说人是一种有意识的社会性的生物。现实生活世界中的人不仅是自然存在物而且是社会存在物。社会中的每一人都不是孤立存在的，他们都处在一定的社会关系之中。在社会发展的初期，由于单个人力量有限，人们决定联合起来进行物质生产活动，在这一过程中便形成了生产关系，并在此基础上，人的其他社会关系逐渐得以发展。人在社会生活中显示着人的社会属性，体现着人的精神、价值和意义。人的一切活动都是在社会中进行的，人的本质在于人的社会存在，人的社会属性才是人的本质属性。另外，现实生活世界中的人是具有自觉能动性的从事实际活动的人，人类进行认识世界和改造世界的活动不是无目的、无原因的。人类出于对当下世界的不满，他们希望通过自己的能动性实践活动去改造现有世界，并创建一个自己头脑中所憧憬的物资丰足、精神充实、和谐美好的理想世界。马克思明确指出，我们既不是从人们所说的、所设想的、所想象的东西出发，也不是从口头上说的、思考出来的、设想出来的、想象出来的人出发，去理解有血有肉的人。我们的出发点是从事实际活动的人。[①]人在能动的实践活动中由抽象逐渐走向现实，成为现实生活世界的主体。从事实际活动的人处于现实的各种社会关系中，能动的、自为的认识世界并改造世界，因此，我们可以说现实的人是自然存在和社会存在的辩证统一体，现实生活世界是人类自觉能动的创造性产物。

3. 理论核心：人的自由全面发展

马克思深切关注人的发展、全人类的前途和命运，始终把人的解放和自由全面发展作为自己的终极旨趣。人的自由全面发展是马克思生活世界理论的核心，生活世界的全部内容和实质始终是围绕人的解放何以可能和人的自由全面发展何以可能展开的。1853 年，马克思在《青年在选择职业时的考虑》中就已经明确指出：在选择职业时，我们应该遵循的主要指针是人类的幸福和我们自身的完美。[②]这是马克思终身理论探索的起点。在《德意志意识形态》中，马克思用生动的语言描述了每个人自由全面发展的理想社会场景：在共产主义社会里，任何人都没有特殊的活动范围，而是都可以在任何部门内发展，社会调节整个生产，因而使我有可能随自己的兴趣今天干这事，明天干那事，上午打猎，下午捕鱼，傍晚从

① 中共中央马克思恩格斯列宁斯大林著作编译局. 马克思恩格斯选集（第 1 卷）[M]. 2 版. 北京：人民出版社，1995：73.

② 中共中央马克思恩格斯列宁斯大林著作编译局. 马克思恩格斯全集（第 40 卷）[M]. 北京：人民出版社，1982：7.

事畜牧，晚饭后从事批判，这样就不会使我老是一个猎人、渔夫、牧人或批判者。[①]在《共产党宣言》中，马克思、恩格斯提出，代替那存在着阶级和阶级对立的资产阶级旧社会的，将是这样一个联合体，在那里，每个人的自由发展是一切人的自由发展的条件。社会的每一个成员能够充分利用社会财富，全面发展和表现自己的全部才能，那时，人们的社会关系全面丰富，个性得以充分展示，人们对人的本质得以全面占有。[②]

人的自由而全面的发展包含两层意思，即自由和全面。人的自由发展和全面发展是辩证统一的，人的全面发展要以自由发展为基础，并以全面发展为保障。马克思对自由的理解既不是世界先验秩序下的自由，也不是人的抽象精神的自由，而是指人的主体尺度和外部世界的客观尺度辩证统一的相对自由。自由既是历史的、现实的、具体的，又是属于未来的、具有更高境界的、无休止发展的。自由的实现是一个从现实向未来不断发展的过程。首先，没有绝对的自由，自由服从历史必然性，并根据必然性改造自己和对象。恩格斯在《反杜林论》中这样描述自由，自由不在于幻想摆脱自然规律而独立，而在于认识这些规律，从而能够有计划地使自然规律为一定的目的服务。[③]其次，自由是现实的人的全面生成。自由不仅包括我靠什么生存，而且包括我怎样生存，不仅包括我实现着自由，而且包括我在自由地实现自由。[④]

马克思认为，人的全面发展就是人的发展的全面性。“全面”包含人的诸多方面的全面提高和协调发展：首先，人与自然、人与社会、人与自身关系的协调发展；其次，人的物质生活与精神生活发展的全面提高。人的全面发展必然包含着人的物质需求与精神需求的全面满足，满足人的物质需求是人存在和发展的基本前提，人是物质性的存在实体，也是精神性的存在实体。作为精神性的存在物，人的全面发展就要使人的丰富的精神需求，如幸福、美好、和谐等得到满足。再次，人的全面发展是人的活动及其能力的全面发展，这个能力包括体力、智力、创造力、现实能力、潜在能力等方面。最后，全面发展是人的个性的充分发展。人的全面发展不仅要求每个人作为人而存在，而且还需要每个人必须作为个人而存在，这体现了对作为个体的人的终极关怀。人的个性发展是人的全面发展的最终目的和归宿，离开人的个性发展谈论人的全面发展就是一句空话。人的自由全

① 中共中央马克思恩格斯列宁斯大林著作编译局. 马克思恩格斯选集（第 1 卷）[M]. 2 版. 北京：人民出版社，1995：85.

② 中共中央马克思恩格斯列宁斯大林著作编译局. 马克思恩格斯选集（第 1 卷）[M]. 2 版. 北京：人民出版社，1995：294.

③ 中共中央马克思恩格斯列宁斯大林著作编译局. 马克思恩格斯文集（第 9 卷）[M]. 北京：人民出版社，2009：120.

④ 中共中央马克思恩格斯列宁斯大林著作编译局. 马克思恩格斯全集（1）[M]. 北京：人民出版社，1974：77.

面发展是马克思生活世界的终极目标，是马克思、恩格斯终身的理论和实践追求。

（二）马克思生活世界理论对教师教育的启示

马克思生活世界理论立足于无产阶级的现实生活，密切关注人的命运和价值，以实践为理论基础、以现实的人为理论依据、以实现人的自由而全面发展为终极旨趣。可以说，马克思所描述的生活世界是一个世俗意义上的生活世界。现实生活世界不是一个完美的世界，但却是一个真实存在的世界。马克思生活世界理论能够为解决教师教育问题及完善教师教育体系提供科学引导。

1. 实践是教师的生活方式

马克思的现实生活世界是建立在实践基础上的，马克思所说的“实践”是一个描述性的概念，指向人的感性活动。实践既是生活世界的现实基础，又是构建理想生活世界的根本途径，因而马克思的生活世界思想是一种实践哲学。

（1）实践是教师的生存方式。人在本质上是实践的，实践生成是人类存在的根本维度。实践作为人的生存方式，本身就内蕴着人的生存结构以及人的生存状态，如果脱离实践去理解人的生存，不过是一种抽象的生存论。因此，人的生存是建立于实践基础之上的生存，实践就是人的生存活动，生存活动即实践，实践与生存两者是内在统一的、不可分割的。教育在本质上是实践活动，这就决定了处于教育系统中的教师的生活世界必然也是一个包含实践活动的世界。教师之所以被称为教师，是因为他是承担着教书育人职责的专业技术人员，教师为履行职责必然要展开教育教学实践活动，脱离了具体的教育教学实践活动，教师的工作便无法继续，教师也就不能称之为教师。正因为如此，教师教育必须根植于教师的生活世界，亦即教师的教育教学实践。

（2）实践是教师的思维方式。马克思指出，人的思维是否具有客观的真理性，这不是一个理论性的问题，而是一个实践性的问题。人应该在实践中证明自己思维的真理性，即自己思维的现实性，自己思维的此岸性。[①]思维方式与实践是辩证统一的，在实践中思维，在思维中实践。要想实现事物的质的飞跃，就要从实践中思维，将实践上升为理论，以理论指导新的实践，这是一个螺旋式上升的行动过程。毛主席在《改造我们的学习》中也说过类似的话：要从客观存在的实际事物出发，从其中引出规律，作为我们行动的向导。实践的内涵至少应当包括四个方面。第一，实践是与沉思相对应的一个过程，是“做”的过程，是一种理性行为。进行实践就意味着要付诸行动，而不是仅仅停留在思想层面。一般来说，实践需要身体的参与，实践过程也总是伴随着物质要素。第二，实践还意味着行动

① 中共中央马克思恩格斯列宁斯大林著作编译局. 马克思恩格斯选集（第 1 卷）[M]. 2 版. 北京：人民出版社，1995：16.

过程要达到某种熟练程度，对于职业实践来说尤其如此。这种熟练程度是通过练习和反思获得的。第三，实践不仅仅意味着身体的反复运动，实践是以知识、智慧为支持的行动，实践内在地包含反思。反思能力是一名合格教师必须具备的能力，教师无时无刻不在进行反思，教师的反思绝不是毫无依据的空想、理想，教师的反思必然是基于一定教育教学活动情境的反思。在实践过程中，人们的认识和观念作为缄默的思想图式蕴含在实践过程中。因而不能认为所有的行为都是实践，只有以智慧作支持的行为才是实践。第四，实践本身就是一种知识形态，在人们的知识结构中实践占据着较为重要的位置。正如波伊尔（Ernest L. Boyer）在1990年发表的《学术水平反思——教授工作的重点领域》中指出的那样，知识并不都是以这种线性方式发展的，因果关系的箭头可能常常是指向两个方向的，理论确实可以指导实践，但实践也会产生理论。好的教学可以改造研究和实践工作者。

（3）实践是教师的成长方式。人不同于动物的地方在于：人通过自身的实践活动使自己与动物区别开来，人的生存是积极、主动、自觉性的生存，是在实践的基础上展开的对象性活动。人的社会实践活动具有变动性，每一代人都能在前人既定的现实基础上进行新的创造性实践。生活世界的生成过程与人的生成过程是同步进行的，生活世界不是静止的、纯粹客观的自然界，而是人们根据自己的需要和目的而创造的、对人来说具有价值与意义的世界，是一个在实践基础上不断生成新意义的广阔世界。人们目前所处的生活世界，既是过去的生活世界的产物和延续，又是未来的生活世界的基础和开端。现实生活世界中的教师是一种生成性的存在，教师的生活世界不是固定不变的纯粹客观世界，而是一个在实践中不断生成的可塑性世界，这个世界对于教师来说具有重要的价值和意义。教师目前所处的教育生活世界既是过去生活的延续，又是教师未来生活世界的开端。教师是自己实践活动的产物，在实践活动中，教师不断认识自己、实现自己、创造自己。近年来，各国的教师教育理念根基由以往的理论转向实践，以关注教师实践的在职培养模式成为世界，尤其是先发现代化国家教师教育改革的流行趋势。各国的教师教育无不关注实践，关注教师在真实情境中的专业成长。美国出现了专业发展学校模式，英国出现了校本培训模式。国内实践取向的教师培训也随之应运而生。实践取向的教师教育是“理论-实践”动态的融合，基于对话和情境的经验交流与反思，随着其教育教学实践时间的延长和空间的拓展，教师的实践能力和实践智慧会不断提高。教师以具体实践活动为依据，从中发现教育问题、总结教育教学规律，又将这些规律用到实践中去。实践是教师获得专业成长的重要方式。

2. 人是教师的本质属性

有关人的问题，是马克思探索的起点。在《黑格尔法哲学批判导言》中，马克思曾指出，“人并不是抽象地栖息在世界以外的东西。人就是人的世界，就是国家、社会”。在《德意志意识形态》中马克思将哲学主体指向人本身，将感性的人的活动作为人与自然的统一，将现实中的个人作为整个现存感性世界的基础。马克思对生活世界的研究以现实的人为出发点，从人的感性活动出发，揭示人的存在意义和价值，并以实现人的自由全面发展为终极旨趣。他对人的本质及其命运的关注，是其生活世界思想体系的出发点和落脚点。人作为有理性的自然存在物，是唯一能够规定自己目的的存在，人是自然界的最高目的。千变万化的自然生命无论多么符合目的，无论安排得如何巧妙合理，如果没有人类，一切就都失去了意义，也就毫无目的可言，人类历史的第一个前提无疑是有生命的、个人的存在。作为马克思现实生活世界理论说所说的人，不是传统哲学所理解的抽象的理性人或道德人，也不是与物毫无区别的直观、抽象的存在物，而是处于现实的各种社会关系中生成的、展开的、自为的现实的人。现实的人是自然存在物与社会存在物的统一。

就教师的自然属性来说，日常生活是教师的本质生活，是维系教师生命存在与发展的最基本的活动。在日常生活世界中，教师是一个有生命的自然存在物，是鲜活的、能动的自然人，是一个普遍的精神存在；就教师的社会属性而言，职业生活世界和专业生活世界是教师的主要生活场域。在社会生活中，教师是处于一定的社会关系之中的社会存在物，教师在其中承担了各种各样的角色，充当着社会人的角色。若将教师放在教育视域中去审视，教师便是社会与教育的并集，教师承担着特定的职业角色，从事的是有目的的培养人的教育活动；另外，教师的日常生活与非日常生活在本质上具有内在的统一性，只有作为人的教师和作为教师的人二者统一，才能彰显教师生活的意义。

（1）教师是身处于日常生活世界中的自然人。从宽泛的意义上说，日常生活是教师的本质生活。教师日常生活世界是平凡的，但却是维系生命存在与发展的最基本的活动，构成了教师生命活动的永恒基础。一切人类生存的第一个前提，必须是生活。为了生活，人首先需要吃喝住穿。①在成为一名教师之前他是一个人，在成为教师之后他依然作为一个个体的人而存在。教师在成为符合社会期待的角色人之外，还是一个生物属性的自然人。自然人指基于自然规律而出生的、具有自然生命形式的人。“自然人”这一概念与“社会人”相对应，是指处于自然本能中的人。作为一个自然人的教师，他有着基本的生理需求，饥饿时有对食物的渴望、口渴时有饮水的需要等，还有对亲情、爱情、友情的需要，在生活中他有着不同的自然人的身份，为人父或为人母、为人子或为人妻，和常人一样有七情六

① 中共中央马克思恩格斯列宁斯大林著作编译局. 马克思，恩格斯. 马克思恩格斯选集（第 1 卷）[M]. 2 版. 北京：人民出版社，1995：79.

欲、喜怒哀乐。

（2）教师是身处职业生活世界中的角色人。每个人都不是孤立的个体，人是生活在各种社会关系中，并受到各种社会关系规范和约束的具有社会属性的人。在任何一个社会中，我们都可以将其成员依据一定角色标准进行分类。例如，以性别角色划分，可分为男人和女人；以职业划分，可分为教师、警察、医生、律师；等等。角色人指的是由于承担某个职业角色而必须按照相应职业规范行事的人。当一个行动者担当一种已确立的社会角色时，他通常发现，一种特定的前台已经为他设置好了。①教师是一个以教书为生，以专业特长为基础，以专业行动为手段的职业，是人类社会最古老的职业之一。教师职业生活浸润于日常生活又超越于日常生活，作为角色人的教师是承担着教师职业角色的人，因此必须按照教师的职业规范履行教师的职责和义务。社会给予教师高度的关注和社会期待。唐代韩愈提出，"师者，传道受业解惑也"，指明了教师的职责范围；著名教育家陶行知认为，"学高为师，身正为范"，对教师的文化形象和道德形象提出要求；新时代教育部对教师的职业道德进行全面的规范，教师要爱国守法、爱岗敬业、关爱学生、教书育人、为人师表、终身学习。中国特色社会主义教育的目的是培养人，培养自由、全面、和谐发展的人。这里的"人"更多的是指社会所期待的人的理想形象。教师承担着为国家、为社会培养自由、全面、和谐发展的"四好"青年的职责。教师作为社会生活中的人，必然需要承担着各种社会责任和义务，但是在教师的职业生活领域中，教师首先是作为个体生命存在的，其次是职业生命，如若无限放大教师的工具性，过分强调教师职业发展所要求的特殊属性而忽视教师作为人的本质属性，实质上就会割裂教师生活世界的内在统一性，教师便丧失了作为自由人的价值尊严。

（3）教师是自然人和角色人的统一体。教师的生活世界是一个真实的、充满意义的整体世界，包括教师的日常生活世界、职业生活世界、专业生活世界和社会生活世界，教师生活世界各领域的统一协调是教师获得完满生活体验的体现。教师的日常生活强调教师的自然人属性，职业生活世界强调教师的角色人身份，处理好两种身份之间的关系，自如地穿梭于自然人和角色人之间，教师才有可能在专业生活世界中游刃有余。教师的专业生活直接指向教师自身，以教育教学为根本内容，以教师专业发展为目标。合理的角色期待对教师的言行举止起到一定的规范作用，是教师专业成长的动力机制。但是过度膨胀的角色人形象只会压抑教师的自然本性，使得教师专业发展偏离正常轨道。

教师是学生生活世界中的重要他人，教育不止发生在课堂，生活中无时无刻不在发生着教育活动，教师除了教给学生科学文化知识外，更重要的是，他是学

---

① 欧文·戈夫曼. 日常生活中的自我呈现[M]. 黄爱华，冯钢译. 杭州：浙江人民出版社，1989：27.

生人格、道德成长的引路人。教师作为活生生的、有血有肉的人，本身便是一种重要的教育资源，一个有血有肉、情感丰富的教师对于学生来说才是最具人格感染力的教师。如果我们只是简单地将教师看作是纯粹的自然人，教师便没有存在的意义，但是若是将教师视为完全的角色人、机械的工作机器，这样的教师也不可能是一名合格的教师。在传统观念中我们将教师比作蜡烛、比作园丁；我们用“春蚕到死丝方尽，蜡炬成灰泪始干”来赞美教师的无私奉献的崇高精神。仿佛只有将全部身心扑在工作上的教师才是好教师。如此这般对教师形象的描述让人感受到的不是身为教师的幸福与快乐，而是一种浓郁的悲壮色彩。他们渐渐变老，但是并不幸福;他们富有爱心但自身却得不到爱;他们有需要但却得不到满足……他们在课堂上是独裁者，而在社区则是隐士。[①]这样的教师或许是尽职尽责的教书匠，但绝不是一个情感丰满的人。因此，教师不是单纯的自然人，更不是单向度的角色人，教师是自然人与角色人的统一体。

3. 教师生活世界是内在统一的世界

教师生活世界是一个整体，一个有机不可分割的整体。教师生活世界本身具有内在的统一性。马克思把人类的生活归为四类：物质生活、社会生活、政治生活、精神生活。其中，物质生活是最基础、最根本的。[②]人们为了能够创造历史，必须能够生活。但是为了生活，首先就需要吃喝住穿以及学会其他一些东西。因此第一个历史活动就是生产满足这些需要的资料，即生产物质生活本身。[③]人是感性的存在物，物质生活是人的生活世界的必有内容。物质生产活动是人的基本生活方式，也是迄今为止人类主要的生成方式，物质生活的重要性已经是无可置疑的。当今社会，人的物质生活已基本得到满足，但人类欲望的无限性、诉求的多样性、价值的多元性在某种程度上导致了人的精神生活出现困惑、混乱和不安现象，个体普遍存在着生活意义的迷失、生活目标的困惑以及生活价值的失落。正如齐格蒙特·鲍曼（Z. Bauman）在《全球化：人类的后果》一书中所说的，无论是实际上，还是预感上，所有的人也许都是流浪者[④]……在分裂中前行。[⑤]在这种情形下，人们的精神世界迫切需要一种关怀、一种有序、一种镇定。人类对自身完美的期待，对意义世界的依赖，对生命意义的追寻，远远超过了对物质的单纯追求。因此，现实的人不仅有物质生活，而且要有丰富的精神生活世界。生活世

① 吴晴. 论教师职业文化的内传承[D]. 桂林：广西师范大学，2007.

② 中共中央马克思恩格斯列宁斯大林著作编译局. 马克思恩格斯选集（第 2 卷）[M]. 2 版. 北京：人民出版社，1995：32.

③ 中共中央马克思恩格斯列宁斯大林著作编译局. 马克思恩格斯选集（第 1 卷）[M]. 2 版. 北京：人民出版社，1995：79.

④ 齐格蒙特·鲍曼. 全球化：人类的后果[M]. 郭国良，徐建华译. 北京：商务印书馆，2001：82.

⑤ Bauman Z. Globalization：The Human Consequences[M]. Cambridge：Polity Press，1998：84.

界就是物质生活与精神生活的统一，两者不可分割、互相包容。

马克思所说的生活世界是以实践为基础的物质生活与精神生活相统一的世界。在肯定物质生产的基础性地位的同时，马克思还意识到了精神性活动的重要性。他曾预见，随着生产力的发展，当物质财富极大丰富的时候，精神性活动将成为全面、自由、和谐发展的人生成的主要方式。教师作为一个正常的生物意义上的人，有着吃穿住行的基本生活需要，因此，物质生活资料的满足是教师日常生活得以正常进行的保障，是教师安心工作、静心从教的物质基础。但是目前的社会状况是，越来越多的人尤其是男性群体不愿意从事教师行业，工资待遇过低是其主要原因之一。教育部门要想留得住教师、留住好教师，提高教师的工资待遇，满足其基本物质生活需要是重要的一环。但是物质生活条件的优越并不是成为优秀教师的必要条件。另外，相对于物质生活，对教师而言，精神生活世界是更高层次的世界，一个对精神世界有追求的教师，即使身处混沌、简衣素食，也能从内心对教育、对学生等有一种客观、全面的体认，并能够在身处的教育生活世界中发现自己存在的价值、享受作为教师的快乐和趣味。优秀教育家李镇西曾表示，他对教育事业的投入源于师生感情、源于他在教育教学中体会到的乐趣。唯有精神世界充裕，有着丰富情感体验的教师才可能培养出人格完善、精神富足的学生。

四、杜威教育即生活理论

从柏拉图提出教育即回忆，夸美纽斯提出教育就是把一切事物教给一切人类的全部艺术，到斯宾塞的教育是为未来完满生活作准备，再到杜威的教育即生活，西方教育的发展历程是教育转向生活世界的过程。出于对空泛的、与世界脱离了联系的、普遍的主体性观念①的不满，杜威提出“教育即生活”这一概念，强调教育与生活的内在关联，突出生活这一载体在教育中的作用和地位，重视生活本身所蕴含的当下性与社会性的教育意义。教育即生活理论作为一种新型教育哲学，与教师生活世界的内在意蕴具有深度的契合性，对教师教育的发展具有重要的启示意义。

（一）理论意蕴

任何理论的产生都离不开特定的历史背景，已经置身科学化之中的世界是杜威教育思想的一个前提性的社会基础。在一个科学技术极大地改变了当时世界的时代，美国工业的快速发展为学校教育的改革提供了物质条件，使得许多原来看起来十分缺乏和昂贵的阅读材料，变得丰富和便宜起来。工业的发展需要具有一

① 莫里斯·梅洛-庞蒂. 哲学赞词[M]. 杨大春译. 北京：商务印书馆，2000：134.

定文化知识和熟练技能的劳动力，但是当时美国学校教育仍将传统的 3R（读、写、算）作为主要教学内容，却忽视学生社会生活能力和职业能力的培养。因此，当时的美国学校教育严重地脱离了学生的生活。对此，杜威提出严厉批评。他认为，“我们由于给儿童太突然地提供了许多与这种社会生活无关的专门科目，读、写和地理等，而违反了儿童的天性，并且使最好的伦理效果变得困难了”[①]。为了打破当时学校教学与生活之间的藩篱，杜威提出教育即生活。他认为，教育不是教育者的专断，只有从现实生活入手，教育才是有效的。学校必须呈现真实的且生机勃勃的生活场景，就像儿童在家庭中或邻里间生活那样。

杜威所理解的“生活”概念含义广泛，具有足够的包容性，既包括日常生活，又包括非日常生活；既表达生活世界又涵盖科学世界；生活既是当下性的现实生活世界，又是具有社会性的可能世界。《经验与自然》一书中，杜威指出，生活与历史具有同样充分的完整意义，这一点是很重要的。生活是指一种机能，一种无所不包的活动，其中既包括机体，也包括环境。[②]杜威所处的时代正是科学发展和技术进步的鼎盛时期，他对科学抱有极大的热情和幻想。在杜威看来，科学是社会进步的力量，因此，生活也涵盖了科学世界。

以生活来诠释教育是杜威一生所坚持的理论取向。早在 1893 年杜威就论述了教育与生活的关联，他明确地指出了教育就是为了现实的生活，为了当下的生活。倘若要点出对教育精神的所有改革中最需要的改革，他认为，“停止把教育纯粹当作后来生活的准备，把它打造得具有当前生活的全部意义”[③]。1897 年，在《我的教育信条》一文中他再次明确提出，如果教育即是生活，那么一切生活一开始就具有科学的一面、艺术和文化的一面以及相互交往的一面。[④]他强烈建议，要以生活为依据设置课程。1916 年，在其代表作《民主主义与教育》中，他以“教育是生活的需要”为专门议题对生活进行解读，进一步指出了教育的社会整合功能，教育是一个个体社会化的过程，教育对个人生活世界的关照有助于将发展中的个体整合到发展着的经济和稳定的政治所需要的各种职业中去。[⑤]杜威强调，教育中个人生活的当下性和社会性，并且在此基础上关注生活对教育未来可能性的意义，他提出教育要构建个体的可能生活，真正的教育必须是对当下生活之上的更美好事物的发现，应扩大学校成员与社会交往的范围，让他们将来的社会关系有价值、有成效。这表达了杜威对未来社会民主化生活方式的向往。

由此可见，杜威对教育与生活关系的表述主要包括三层含义。首先，从生活

① 赵祥麟，王承绪. 杜威教育论著选[M]. 上海：华东师范大学出版社，1981：6.

② 赵祥麟，王承绪. 杜威教育论著选[M]. 上海：华东师范大学出版社，1981：273.

③ 杜威. 杜威全集（第 4 卷）[M]. 王新生，刘平译. 上海：华东师范大学出版社，2010：44.

④ 赵祥麟，王承绪. 杜威教育论著选[M]. 上海：华东师范大学出版社，1981：8.

⑤ 赵祥麟，王承绪. 杜威教育论著选[M]. 上海：华东师范大学出版社，1981：143.

世界的当下性来看，教育是生活的过程，而不是将来生活的预备，只有从现实生活入手，教育才是有效的、生动活泼的。其次，从生活的社会性着手，学校本身必须是一种社会生活，教育应具有社会生活的全部含义。最后，教育的目的是生活，生活不仅是教育产生和发展的源泉与根基，还是教育的方向和归宿。教育作为一种生活方式，它是为了更美好、更幸福的生活，也就是说，教育之外无目的。

1. 教育即当下的生活

人们总是擅长于为未来的生活作准备，却忘了感受自己此刻所身处的时空。实际上，当下生活为人们选择知识、检验知识提供了基本依据，是人获得生命意义的基础与源泉，人们在具体的、现实的和直观的生活形态中进行着生动的、充满情感的交往。杜威的教育即生活，不再眷顾教育之历史时间的维度，而是把教育放在当下的生活世界中进行考察，使学校教育转而成为空间化的当下生活实践。杜威十分重视当下生活的教育意义，在《经验与教育》一书中他批判了传统的生活预备说，并强调只有在每个现在的时刻里吸取每个现在经验的全部意义，才能使我们为未来做同样的事情作好准备，这是从长远来看具有重大意义的唯一预备。[①]教育直接指向的应是现在时的生活，而不仅仅是为未来生活作好准备。杜威指出，学校必须呈现现在的生活，即对于儿童来说是真实而生气勃勃的生活。他明确提出，教育必须指向人的生活，指向人当下的生活；教育的目的是生活，为的是给教育指明发展与前进的方向。他反对割裂教育与生活的教学行为，他认为接受教育的最好方式就是在生活中不断地学习，而非直接告诉学生某种观点或理论。因此，教育必须关注个体每天的真实生活状态，从生活出发，将教育活动与生活实践紧密结合，将学校教育整合到个体的家庭生活和社会生活中去。

2. 教育即经验的改造和改组

经验在杜威的教育理论体系中占有十分重要的地位，经验指人们在同客观事物直接接触的过程中，通过感觉器官获得的关于客观事物的现象和外部联系的认识。经验是在社会实践中产生的，它是客观事物在人们头脑中的反映。杜威认为，一切真正的教育都是从经验中产生的，是在经验中、由于经验、为着经验的一种发展过程。在《经验与教育》一书中，杜威便强调教育为实现其目的，必须从经验即始终是个人实际的生活经验出发。[②]生活与经验的内涵具有一致性，经验是杜威连接教育与生活的桥梁。经验或生活是人的一种存在方式，通常情况下，人在与环境的相互作用过程中才会形成个体经验，随着环境不断变化，人为了适应环境就必须不断地改造或改组自己已有的经验。可以说，经验不断地改造或改组的过程实际上是重建和塑造人的生活的过程。因此，在教育生活中重视生活经验是

① 赵祥麟，王承绪. 杜威教育论著选[M]. 上海：华东师范大学出版社，1981：365.

② 赵祥麟，王承绪. 杜威教育论著选[M]. 上海：华东师范大学出版社，1981：375.

至关重要的。

3. 教育之外无目的

杜威倡导教育即生活，提出教育无目的论。杜威所说的教育之外无目的并非指教育过程中不存在着任何目标，只是他反对教育的外在目的，反对学校和社会为儿童确定的那些脱离生活的、刻板的教育目的。在杜威看来，那种存在于教育活动之外的教育目的具有静止的性质，它使得教育活动变成了获得某个东西而采取的不可避免的手段，教师和学生变成了获取东西的机械工具。教育绝不是为了某种非人的目的或持有某种功利化的意图，受外在目的支配下的教育是毫无意义的。从教育的根本价值来讲，教育以整个人生为目的，是为人的发展和完善而产生与发展的，与植物生长一样，人的生长是一种自然的、自发的生长过程，教育是人的天赋能力得到生长的养料，教育的目的是人自身的生长，除此之外，教育是没有目的的。事实上，"教育之外无目的"是杜威提倡教育的内在目的的代名词，他以教育的内在目的性对抗教育实践中所表现出来的教育目的的外在化、工具化倾向，凸显教育本身的过程性，强调教育应通过受教育者对教育生活世界的感知和体验，从而保持个体鲜活而生动的生命质态。

（二）教育即生活理论视域下的教师生活世界

传统教育割裂了教育与生活的完整性和统一性，使得教育脱离生活世界，教育者处于一种自身被分裂的状态，杜威对当时脱离生活的教育进行了强烈批判。他认为，教育与生活是不容割裂的，它是一个完整的世界，生活作为教育的一种本质始终贯穿于整个教育过程中，教育是生活的一种特殊形式，教育是为了当下的生活以及未来更好的生活。有学者认为，生活在一定程度上把教育局限在现实世界之中，弱化了教育的精神性向度，但是杜威的教育思想以人们的日常生活为思考对象、以人们更好地生活为旨归，贴近生活，强调生活或经验在教育中的重要性，具有浓郁的生活色彩，对我们今天的教师教育具有较大的启发作用。

1. 教师生活世界的特性——当下性

教育源于生活，是生活的必需品，好的教育就是从当下的生活中学习到的。杜威的教育即生活，意味着学校是一个特殊的环境，学校是"一种生动的社会生活的真正形式，而不仅仅是学习功课的场所"①，教师便是生活在这个生动的环境中的人，教师所参与其中的生活世界不是主观臆想的、虚构的未来世界，脱离了当下生活的教师生活世界是空洞且无意义的。杜威指出，不通过各种生活形式，或者不通过那些本身就值得生活的生活形式来实现的教育，对于真正的现实来说

① 赵祥麟，王承绪. 杜威教育名篇[M]. 北京：教育科学出版社，2006：16.

总是贫乏的代替物，结果容易形成呆板而死气沉沉的局面。[①]教育活动必须与当下生活实践紧密结合。教育无法脱离生活，生活是当下的生活，教育是当下的教育。教师生活世界的当下性是指教师的生活世界应该是教师当下，也就是教师目前所从事的教育教学的现实场域，是教师经验其中的教育问题，是教师由于经验而应对着的日常生活、专业生活、职业生活和社会生活，也是教师为了更好地生活和经验不断学习、反思和努力的过程。

教师生活世界的当下性要求教师关注当下现实。教师的生活世界是此刻的、现实的，教师所能遵循的也只能是他所参与其中的当下现实。当你想要与当下的环境发生关系时，其实那一刻真切的体验已经成了过去。当你开始观望当下，当下却已经消失。举例来说，当教师在教育教学实践活动过程中遇到学生违反课堂纪律的情况下，教师当即便要作出应对策略，有的教师可能对此置之不理，有的教师会立刻责骂学生，无论采取何种措施都可能对学生产生或好或坏的影响。毫不夸张地说，教师的任何举动都有可能影响未成年学生的心智成长和未来发展。因此，教师应当正视当下，充分意识到当下的力量，此刻即所有。

教师生活世界的当下性还要求教师教育培养机构关注教师的当下生活感受。在教师教育实践活动中，教师教育者存在着过于急功近利的倾向，忽视教师教育中教师的主体性存在，教师被搁置在教师教育系统的角落里，教师成为培育下一代、奉献社会的工具，教师只是教育的附属品。事实上，教师本身才是教师教育最应该关注的对象。优秀的高素质教师是培养出符合新时代要求的“四有”青年的前提条件。按照杜威的理解，教育的内在目的指向人自身的发展，学校教育的目的是促进学生的发展和成长。教育的内在目的论深刻警醒教师教育者不能忘记教师的发展和成长才是教师教育的内在目的，教师教育首要关心的应该是教师当下的感受和体验，应当引导教师过好现时的生活，活得丰富，并善于应对未来。

2. 教师生活世界的实质——经验的改造与改组

经验的过程就是生活，教育是经验的不断重组与改造。经验具有一种生生不息的生命功能，人所获得的经验不是一成不变的、静止的。杜威反对静态地看待儿童某一阶段所获得的知识经验。经验是不断生长和增值的，经验的不断发展与生长是教育的旨归。教师生活的过程是一个基于经验、经过经验，并积极主动地改造经验的动态过程。经验的活用就是理性，经验的升华就是智慧。在日常生活中，教师在每日的吃穿住行中掌握各种基本生活技能，获得对于日常生活的感悟；职业生活是教师生活的主体，在职业生活中，教师通过一系列与职业相关的行为与活动，形成和重组对学生、对教师职业的态度、价值观；在社会生活中，教师

① 约翰·杜威. 学校与社会·明日之学校[M]. 赵祥麟，任钟印，吴志宏译. 北京：人民教育出版社，1994：6.

扮演着各种各样的角色，要与形形色色的人打交道，与亲戚朋友交往、与学生及家长沟通、与同事领导相处，教师置身于各种人际关系，通过积累的人际交往的经验，获得与人相处之道。

教师的日常生活、职业生活、社会生活过程都是经验的改造和改组的过程，教师的专业生活世界更是如此。教师的专业生活世界关注的是教师由新手型教师到专家型教师的成长过程，教师通过系统的理论知识学习以及教育教学实践活动，不断丰富自己的专业知识和技能，但是掌握知识技能是教师专业生活的起点，但绝非终点。随着时代的发展和科学技术的进步，每天都有大量的新的知识经验产生，教师想要掌握所有的知识显然不够现实。因此，教师的专业成长不应只停留在表层知识经验的积累，更重要的是要真正穿透知识的那层外衣，去提炼里面的精髓，积极主动地改造自己的认知和经验，并将个人经验上升为独具个人特色的教育智慧，从而指导教育实际行动。这也启示我们，教师教育应摒弃“满堂灌”式的教育理论知识传授，而应将重点放在教育思维能力的培养上，培养出一批既能独立思考又富有行动力的教师。在学校教育的真正目的是，需要的时候知道怎样寻求获得知识，而不是知识本身。杜威强调教育要透过知识抓思维，通过思维养习惯。对于教师的专业成长而言，最重要的是，通过专业知识经验的掌握获得思维能力，以良好的思维去指导教育生活中遇到的实际问题。

3. 教师生活世界的旨意——追寻内在幸福

杜威倡导教育之外无目的，教育的目的是获得内在的充盈和丰富。杜威在《哲学与教育》中明确提出，教育应该被视为达到并延续美好生活的手段，这种美好的生活对于个人来说是充分的、优雅的、丰富的，对于由个人组成的社会来说，也是美好的。①杜威把民主看作是一种美好的社会生活的理想，也是个体存在的最佳方式。杜威所说的民主蕴含着使每个人都具有人格独立性的意味，即强调人在生活世界中应有的地位，教育的生活世界是一个真正属于个人的生活世界，是个体的生命潜质得到全面展现、身心真正获得生长的世界。诚如尼尔所言，幸福是生活和教育的目的。教育能够达成人生幸福，就不枉为教育，就是真正的教育，就是好的教育。

现代社会中，人们常常被外物所累，给自己增加了许多负累，忘却了本然初心，迷失在追逐各种外在功利目的的路途中，人仿佛退化成为为生存而生存的动物，但是生活不应止于生存，自然生命过程以外的生活是一种可能生活，对这一可能生活状态的渴望，促使人学会思考与创造，并在创造的过程中体验快乐，同时在这一过程中也会经历破茧成蝶的磨砺。人通过“创造性地去生活并且创造可

① 郭元祥，胡修银. 论教育的生活意义和生活的教育意义[J]. 西北师大学报（社会科学版），2000，（6）：22-28.

能生活”[①]，赋予当下生活以意义与价值。教育即生活意味着教育要去构建个体的可能生活。杜威认为，教育必须依赖于生活并被用于改善现实生活，通过教育来使人获得更好的发展，使人具备构建美好生活的知识和能力。通过教育创造一种高于现实生活的更加美好的生活，使社会生活更加完善、美好。作为培养人的社会实践活动，教育本该和幸福相伴，接受教育不仅成为追求幸福的手段，而且是追求幸福的过程。如果教育结果与幸福生活没有较好地结合，那么教育就失去了它本身应有的意义。目的王国的一切，或者有价值，或者有尊严。一切有价值的东西都被其他东西所代替，这是等价。与此相反，超越于一切价值之上，没有等价物可代替，才是尊严。[②]教师是教育生活世界中的主体性存在，要想使教师有尊严的、幸福美好的教育生活成为可能，就必须将教师确立为学校教育中的价值主体，避免教师被物化为外在的手段和工具，应使教师摆脱被工具化支配的命运。教师也应学会在纷繁复杂的表象中，认识教育的本真，还原教育生活的真实性、生动性与丰富性，主动思考和追寻人的存在意义与价值，创造与体验幸福生活。

第二节　中国传统哲学视域下的教师生活世界

中国传统哲学源远流长、博大精深，是中华民族经过数千年积淀凝结成的智慧。其独特的思想价值观在当今人们的生活中发挥着非常重要的作用，对当代哲学研究及社会发展起到积极的引领和导向作用。当我们仔细研读中国哲学思想便不难发现其中蕴含着对生活世界的丰富理解，中国传统哲学自始至终皆置于天人合一的格局之下，与生活紧密相融。以下我们将从中国传统儒、道哲学和近代著名教育家陶行知的教育思想入手，分析中国传统哲学思维下教师生活世界的内在意蕴。

一、儒家哲学视野下的教师生活世界

儒家思想以孔子和孟子为代表，在广泛汲取古代典籍精华基础上逐步发展而出理论和思想，并逐渐形成完整的儒家思想体系。儒家思想内涵丰富，包括先秦儒家思想、孔子的仁与礼、孟子的仁政、董仲舒的新儒学等，是中国传统文化的主流，在中国文化发展史上源远流长，对中国文化的价值和价值优先观念都有着深远的影响。可以说，儒家的价值取向在总体上代表了中国传统文化的价值取向。儒家教育思想在儒家思想体系中举足轻重，对中国教育的发展有着数千年的影响，即使在瞬息万变的今天，儒家教育思想的精髓依然闪耀着光辉。许多具有现代精

① 刘晓燕. 游戏精神：教师教育生活幸福之可能[J]. 教育评论，2016（8）：98-101.

② 康德. 道德形而上学原理[M]. 苗力田译. 上海：上海人民出版社，2005：55.

神的教育思想都可以在这里找到根源。“以人为本”“因材施教”浸透着关注人的个体价值和潜能发展的思想；“学而不思则罔，思而不学则殆”，强调有学有思、学思结合；“三人行必有我师”“独学无友，则孤陋而难成”，则重视互动与合作的重要意义；等等。这些思想对教师的职业生活、专业生活、社会生活有着重要的启示意义。

（一）教师职业生活世界之“以人为本”

儒家认为，教育应从人本身出发，去发现人的价值，发展人的个性，发挥人的潜能，对“人”的研究乃是儒家之理论基础。春秋以前，天命主宰一切，天神思想至高无上。由此，孔子提出：“未能事人，焉能事鬼”，“不知生，焉知死”，把人们的思想从天拉向人，拉向现实的人生。孔子将“人”作为其关注的核心内容，“道不远人。人之为道而远人，不可以为道。……故君子以人治人，改而止”（《礼记·中庸》）。这是在强调国家由人民组成，治国理政的重心应围绕“人”来进行，治人需以人之道[①]；管仲最早以文字形式明确提出，“以人为本”，《管子》一书“霸言”篇中载：“夫霸王之所始也，以人为本。本理则国固，本乱则国危。”[①]意在强调国家稳固的根本在于人民。管仲所说的“以人为本”，就是以人民为本，把人当作社会活动的成功资本；孟子更是主张以民生为本，提出民贵君轻的思想；董仲舒提出“天地人，万物之本也。天生之，地养之，人成之”（《春秋繁露·立元神》），把人视为万物之本。

“以人为本”思想蕴含着丰富的思想内涵，如今已被广泛地运用于各个社会领域。教师的生活世界是以教师为主体的世界，研究教师的生活世界必然要将教师放在核心地位。教师的职业生活世界是一个以培育学生为己任，并以实现自我为追求的文化生活场域。[②]在教师的职业生活领域，教师首先是作为个体生命存在的，其次是职业生命。教师职业生活是教师的基本实践样态。以教师为本，关注教师的个性、挖掘教师的潜能、充分发挥教师的价值，有利于提升教师的职业认同感，使教师在职业生活中获得成就感和幸福感。教师的职业生活世界包括了教师和学生组成的教学共同体、教师和同事组成的教育共同体，以及教师和教学理论工作者组成的教研共同体。“以人为本”思想启示我们，由教师和学生组成的教学共同体要以学生为本，同时也要以教师为本；教育共同体中教育管理者必须尊重教师的个性和人格，简政放权，使教师拥有自由自主发展的机会；教研共同体中教育理论研究者要将一线教师放在平等的位置上，赋予教师一定的科研自主权，充分

① 管子[M]. 上海：商务印书馆，1933：8.

② 谌安荣，张传燧. 教师职业生活：蕴涵、异化与回归——基于文化哲学的视角[J]. 大学教育科学，2013（3）：70-75.

激发其内在动力和潜能。

1. 教学共同体——以教师和学生为本

由教师和学生组成的教学共同体是教师职业生活的基础部分，在这个共同体中，教师以教育教学实践为主要活动，以学生为教育对象。师生关系是学校里最基本、最重要以及最活跃的人际关系系统，是教师职业生活中最基本的社会关系，师生关系占据教师职业生活世界的重要位置，师生关系直接影响教育活动的背景和情境，影响教师个人职业生涯和学生的未来发展，并影响着最终的教育成效。教育“以人为本”既指向受教育者，也指向教育者本身，也就是说教育要以学生为本，同时也要以教师为本。教育本身就是师生间双向互动的活动，教师和学生在教学共同体中具有同等重要的地位，二者处于同一环境下，应该被平等审视和对待。不管过分强调教师的主导作用，从而忽视学生主体作用的教育，还是过分夸大学生主体作用，削弱教师主导作用的教育实践，都不是“以人为本”的全部内涵。任何从一个极端走向另一个极端导致师生关系不对等、不和谐的情形，都可能给教育发展造成硬伤。过去的中国一直强调“师道尊严”，我们往往片面地将对师道的尊重理解为师生之间服从与被服从的等级关系，教师主导一切，以权威者和领导者的姿态凌驾于学生之上，学生的主体地位被置于角落里，而且老师、学生、家长、社会都普遍认可这一不平等的师生关系。其结果往往是教育在许多方面成为一种压抑学生全面发展的活动。教育现代化要求教育中要形成一种民主、平等和人道的师生关系。教育“以学生为本”，是指教师要解放学生、重视学生的主体地位，并学会尊重和关爱学生。但是，以“学生为本”绝对不是儿童中心主义。教师对学生的爱和尊重，绝不是放松对学生的要求或无条件的纵容学生。如果只要求学生的解放，而忽视教师的权利，教育发展只能算是一场秀。“以学生为本”的同时，教师也要自爱、自尊、自重、自律，意识到自身在教育活动中是不可或缺的，应以正确、恰当的方式引导和教育学生朝着更好的方向发展。

2. 教育共同体——鼓励教师自由发展

教育共同体由众多一线教师组成，一线教师是学校教育的主要力量，也是教师教育研究的主要对象。我们总是在谈论什么样的教师是好教师？教师应该做什么？教育改革需要什么样的好教师？在探讨这些问题时，我们总是以高高在上的上帝视角在俯瞰和审视教师，却忽视了教师的实际情况和真实想法。儒家“以人为本”的理念启示我们，教师不仅是以薪资为生的职业群体，更是有尊严、有价值的独特生命体，“以人为本”的教育管理方式必须要尊重教师的尊严、价值和主人翁地位，最大化地发挥教师的潜能，鼓励教师自由发展和充分发挥自身才能应成为学校教师管理的终极追求。当我们在考虑教育改革和发展需要什么样的教师时，不妨先想一想教育管理部门和学校领导怎样才能为好教师的产生创造条件？

经济的快速发展造成当今社会的生存压力加剧、就业形势严峻，加之传统文化中“官本位”“出人头地”等观念根深蒂固，以及高考制度的弊端等综合因素的影响，升学成为学校教育的唯一目的，升学率一直以来是评价教师的重要指标。教育评价以短期化、功利性为特征，只看重教师的成绩，这种罔顾教师自身发展的做法会使得教师缺乏教育信念、丧失工作热情与激情，最终将影响学生的发展。这与儒家所提倡的“以人为本”完全背道而驰，违背现代社会的发展趋势。当我们用一些激进的功利主义标准来衡量、考核、评价教师时，教师就难免会舍本逐末、行违背职业精神之举，教育发展就难免会走弯路甚至误入歧途。新时期的教育管理者必须要充分认识到这一问题的重要性，升学率不是学校教育追求的唯一目的，教师不是用于追求升学率的工具。学校应该成为学生成长的摇篮和教师个性自由发挥的舞台。学校教育的成功在于让教育中的人有尊严地活着。教育管理者在制定人事政策和各类推优评比中要保障教师的主体地位，加大信息公开力度，实施“两反复、一公开”的工作模式，充分保障教师的知情权、参与权、表达权和监督权。只有充分认可教师的主人翁地位、尊重教师的价值，才能提高教师在职业生活世界中的自我效能感，从而激发教师的工作热情和潜能。

3. 科研共同体——赋予教师科研自主权

儒家“以人为本”思想启示我们，教师参与教育科研活动不是完美的形式主义和热闹的气氛烘托，任何教育科学、教研教改绝不是某个教育研究者的个案推广，教育研究一旦脱离教师这个鲜活的生命依托，任何教育方法和模式都会成为无稽之谈。“以人为本”的教育科学研究活动，应基于教师的真实需求和自觉行为，基于教师课堂中的自主思考和主动反思，基于教师对学生和自我生命的尊重。苏霍姆林斯基说过，如果你想让教师的劳动能够给教师带来乐趣，使天天上课不至于变成一种单调乏味的义务，那么你就应当引导每一位教师走上从事研究的这条幸福的道路上来。①只有让教师从繁复的教案、工作报告等繁文缛节的工作中解脱出来，鼓励教师充分参与到教科研活动中，让教师成为科研活动的主体，才能真正解放教师的思想，充分调动他们的积极性，只有这样，教师才有可能变被动为主动，使教科研成为教师的内在需求和主动自觉行为，以积极地对自身所经历的教育实践进行审视和思索，充分释放创造活力。

（二）教师专业生活世界之“学而不思则罔，思而不学则殆”

“学而不思则罔，思而不学则殆”出自《论语·为政》，这是孔子所倡导的一种读书及学习方法。“思而不学则殆”指的是若一味空想而不去实实在在地学习和钻研，则终究是沙上建塔，一无所得。“学而不思则罔”意指一味地死记硬背知识而不懂得理解和利用知识，就会陷入迷惑不解。中国儒家哲人曾多次强调过学与

① 任恩刚，张卫苹. 苏霍姆林斯基教育名篇[M]. 呼和浩特：内蒙古大学出版社，2009：171.

思的关系。子夏曰："博学而笃志，切问而近思，仁在其中矣。"韩愈反对华而不实的骈体文，主张文章写作一定要深思熟虑，优美辞藻与深刻内涵缺一不可。儒家学思结合的思想告诫我们，学固然重要，思也是必不可少的，学是为了掌握知识，而思是为了理解和有效利用知识，学与思必须相互融合才能产生好的学习效果。教师专业生活的直接目标指向自身，为的是教师自我专业发展水平的提升。在教师的专业生活世界中，教师通过持续性的学习和教育实践活动，获得教育教学感悟和经验，并通过有意识的思考，重组教育感悟和经验，逐步形成教育信念和教育智慧。专业化水平的提升是一个循序渐进的过程，这一过程离不开学与思，在学中思，在思中学，学是思之始，思是对学的总结、升华。

1. 教师专业发展的基础——学海无涯

孔子曰："吾尝终日不食，终夜不寝，以思，无益，不如学也。"(《论语·卫灵公》)"学"是教师专业发展的基础，学习是人获得知识、增长智力、明辨是非、完善逻辑思维的基础和前提。人无完人，人永远处于未完成的状态，人在每个人生阶段以不同的形式学习着不同的东西。学习不能一次完成，它跨越婴幼儿、青少年以及中老年等多个阶段，应该在人的生命中反复出现。同样，对于教师来说，学无止境。教师专业发展也是一个持续不断的过程，不能一蹴而就，教师的专业生活应贯穿其整个职业生涯。从一名新手教师成长为智慧型的专家教师，需要教师一直保持学习的状态。这与当代社会发展所提倡的终身学习思想异曲同工，1996年，联合国教科文组织出版的教育丛书《教育——财富蕴藏其中》提出了终身学习社会教育的四个关键问题：学会做人、学会认知、学会做事、学会共存。该书强调教育是一个完整的、一生的经历。①

当代社会科学技术高速发展，生活和社会随时都在发生变化，知识日新月异，信息技术已经打破了时空的界限，教师的讲授和教材不再是学生获取知识的唯一途径，很多问题通过网络便可以轻松解决。在海量的信息资源面前，学生掌握的知识有时甚至会超越老师的认知，因此，一次学校教育终身受用的时代已经一去不复返了，这样的时代背景决定了教师绝对不能停滞不前，随时随地都有学习的必要。教师是知识的重要传播者和创造者，连接着文明进步的历史、现在和未来，教师只有具备终身学习的意识和能力，不断学习，与时俱进，紧随时代步伐，为自身专业发展注入新鲜血液，在教学生涯中孜孜不倦的汲取新知识，才能满足社会发展和学生成长的需要，培育出新时代合格的青年学子与社会主义接班人。如果教师故步自封，沉浸在悠闲自得的自我世界里不去主动学习和成长，便无法满足学生对新知识的需求，无法达到社会对教师的角色期待，最终必定会被时代淘汰。

① 联合国教科文组织. 教育——财富蕴藏其中[M]. 联合国教科文组织总部中文科译. 北京：教育科学出版社，1996：36.

2. 教师专业水平的提升——“日三省吾身”

“吾日三省吾身：为人谋而不忠乎？与朋友交而不信乎？传不习乎？”（《学而》）子曰：“见贤思齐焉，见不贤而内自省也。”（《里仁》）“君子有九思：视思明，听思聪，色思温，貌思恭，言思忠，事思敬，疑思问，忿思难，见得思义。”（《季氏》）儒家教育思想反复强调思的重要性。反思是教师提高个人专业水平的一种有效手段。教师的反思包括对所学理论知识的理解、消化、吸收以及对教育教学实践活动的再认识、再思考。孟子曰：“尽信书，不如无书。”（《尽心章句下》）提倡读书者不能迷信于书本，要善于独立的思考问题。如果我们唯书本是从，轻则成为书呆子，重则形成“本本主义”“教条主义”的作风。教师应对所学习的知识进行消化，取其精华，去其糟粕。例如，教师在参加各种理论性的专业进修课程时，要结合自己的工作实际，对专家所讲授的课程内容加以思考、取舍和发挥，从中真正获得启发。教师除了要反思理论知识外，更多的是从实践中反思，把自己的教学实践作为认识对象放在历史进程中进行思考和梳理。反思在教学过程中发挥着十分重要的作用，教学反思无时不在，可以对某节课进行学前反思、教学中反思、课后反思，也可以是对一个学期、一个学年的教学进行宏观反思。教学反思是教师不断提高教学实践的合理性，不断提高教学效益和教学科研能力，促进自我专业化的过程。教师只有通过积极地反思每一堂课、每一个教学现象、每一个教学难题，反观自己的得失，汲取经验教训，才能发现教学活动的规律、提升个人教学智慧。

3. 教师专业发展的关键——学思结合

“学而不思则罔，思而不学则殆”是孔子关于学习心理的论述，其主旨是强调在学习过程中要把学与思辩证地结合起来。孔子的学生子夏提出，“博学而笃志，切问而近思，仁在其中矣”（《论语·子张》），同样强调学思结合的重要性。学与思是一个不可分割的整体，它们之间是辩证的、相融为一的关系。学是思的前提，思是学的深化；学使人丰富，而思带来深刻。学是思的基础，唯有学的广，思路才能更开阔，教师必须不断地学习再学习，一方面要在理论中不断地学习充电，另一方面在自己的教学实践中，通过每一节课的经验积累和学习，以扩充自己的专业知识广度，在广博的知识储备之后，通过不断的反思、趋利避害、取长补短，将学与思紧密结合起来，以提高自身的专业水平及教学理论水平。

（三）教师社会生活世界之“独学无友，则孤陋而难成”

明末清初“三大儒”之一的顾炎武先生有言道：“独学无友，则孤陋而难成”《与友人书》，意思是说学习如果没有伙伴，见解就会片面浅显，难成大器。“单丝不成线，独木不成林。”在社会生活中，个人的力量是有限的，谁都不可能脱离群体而单独地存在。教师是社会性的动物，教师的社会生活世界必然有同事、领导、学生等的参与。教师在与同伴、名师、领导或者校外专家的互动合作的过程，实质上是互惠互利的过程。

1. 教师合作是教师社会化的必然

个体是社会的一部分，个体自出生以来便接受了他所从属的既定社会群体，为了能够参与到社会中去，个体成员的行为举止往往会采取符合社会认可的一般态度。自我所依赖的结构性便是大家共有的反应，只有成为共同体的一员，他才能成为自我。①教师在合作互动中能够了解他人对自己的态度、评价，能够感知他人对自己的角色期望，从而获得镜中自我（looking-glass self），确定自身角色，表现出与之相匹配的被期望行为。②教师通过互动合作完成社会化，并实现自我。

2. 教师合作是教育智慧形成的过程

新课改理念要求教师由被动的学习者转变为主动的研究者，由被动的进修研习者转变为主动的专业发展者，由知识的传授者转变为学生学习的引导者。③这一系列角色的转变要求教师必须跳出专业个人主义和专业自主传统，积极主动地参与到教师、教研共同体的合作当中去。教师合作有利于最大限度地发挥集体智慧，启发思维、激发创造性。不同教师个体有各自的教育背景、工作场域和思想观点，由于“先有”“先见”“先把握”的不同，对教育现象或问题的看法、解释自然会有不同的视角，甚至会存有很大的差异，通过互动交流，“如切如磋，如琢如磨”，把冰冷的理论变成有教育意义的符号进行研讨，可以实现信息和资源的共享、经验与智慧的共振。

二、道家哲学视野下的教师生活世界

道家学派发端于春秋末而兴盛于战国，以老聃、庄周为代表人物。道家用道来探究自然、社会和人生之间的关系。道家提倡道法自然，无为而治，与自然和谐相处，具有辩证法因素和无神论倾向。德国学者尤利斯・葛尔在 1910 年曾感慨，也许老子那个时代没有人真正理解老子，或许真正认识老子的时代至今还没有到来。而今天，这个时代或许已经来到。道家哲学思想与我们今天的教育思想有着异曲同工之处，对我们今天认识和研究教师生活世界有着深刻的启示。首先，道是老子哲学思想的核心，老子主张“道法自然”“无为而治”，这种理念下，教师的生活世界应该尊重教师的发展规律，用自然的态度对待教师，而不是将教师神圣化、理想化，要求教师事事优秀，成为完人。其次，老子常用水来喻人、教人，“上善若水”是老子哲学的最高境界，这启示教师在生活世界中应该不断追求

① Strauss A. The Social Psychology of George Hebert Mead[M]. Chicago：The University of Chicago Press，1956：239.

② 杜静，王晓芳. 论基于社会互动理论的教师合作[J]. 教育研究，2016，37（11）：113-118.

③ 孙晓雪. 同伴互助：教师专业发展的有效途径[J]. 辽宁教育，2017（20）：23-26.

至高的善，做人要像水一般宽厚质朴，“见素抱朴，少私寡欲”，保持平和的心态和朴素的心性。另外，庄子主张，“乘云气，御飞龙，而游乎四海之外”，逍遥于天地之间，启示教师的生活世界应该注重劳思逸、疲思安，善于休闲，在休闲中返璞归真，在休闲中认识真正的自我。

（一）“无为而治”：顺应教师发展的自然规律

老子是道家学派的创始人，伟大的哲学家和思想家，为历代学者所尊崇。老子哲学思想的核心是道，道是一种客观实在，是天地万物的本源。正所谓“道生一，一生二，二生三，三生万物”。道的本质特征是无为，老子提出“遵道而行”“无为而治”。无为是老子教育的原则，所谓“无为”，并非无所作为，而是要顺乎自然，不拔苗助长，做到“无为而无不为”（非面面俱到）。这要求人们尊重自然、尊重规律，要以自然的态度对待自然、对待他人、对待自我，要“无为而无不为”。这种理念下，教师的生活世界，应该是尊重教师的发展规律，用自然的态度对待教师，而不是将教师“神圣化”“理想化”，不要求教师事事优秀，成为完人。

生长发育是一个复杂的、动态变化的过程，人的生理发育经历胚胎发育期、胎儿期、婴儿期、幼儿期、学龄期、青春期等六个阶段，这是人成长发育必然经历的过程，任何人也无法越过其中的某个时期。人的心智成熟也是一个循序渐进的阶段性过程，如古人所言“二十弱冠，三十而立，四十不惑，五十知天命，六十花甲子，七十古稀，八十耄耋”。与普通人的成长发育相类似，教师的成长和发展也遵循一定的阶段性和规律性。美国学者福勒（Fuller）提出教师关注阶段论，根据关注内容的不同，他将教师由师范生到专业教师的成长过程分为以下四个阶段：任教前关注（pre-teaching concerns）阶段，处于此阶段的教师只关注自我；早期生存关注（early concerns about survival）阶段，此阶段教师关注的是自己的生存问题，如班级管理、教学内容以及指导者的评价等；教学情境关注（teaching situation concerns）阶段，此阶段关注教学情境的限制和教师所遇到挫折等；关注学生（concerns about students）阶段，他们亲身体验到必须克服较繁重的工作来关注学生。瑞士学者休伯曼（Huberman）等提出教师职业生涯的生命周期理论，根据入职时间将教师的职业生涯过程归纳为五个时期：初入职时求生和发现期（1—3年）、稳定期（4—6年）、实验和歧变期（7—25年）、平静和保守期（26—33年）、退出教职期（34 年以后）。王秋绒将教师的专业化发展过程分为师范生、实习教师和合格教师三个阶段来考察。叶澜教授将教师成长和专业发展分为非关注、虚拟关注、生存关注、任务关注和自我更新关注五个阶段。由此可见，教师成长是一个阶段性的过程，处于不同阶段的教师具有不同的发展特点、需求和目标。教师教育必须遵循教师成长的阶段性规律，准确定位教师成长所处的阶段，并在此基础上制订合理的教师发展规划。教师自身也应认清自我，切忌急功近利。

（二）“上善若水”：培养教师宽宏质朴的品性

“上善若水”是老子哲学思想的最高境界，蕴含着辩证法的因素。老子提出“反者道之动”的命题，他认为在事物的发展过程中，柔弱的东西往往比刚硬的事物具有更强劲的生命力，秉承着这种思想，老子指出：“天下莫柔弱于水，而攻坚强者莫之能胜，以其无以易之。”（《道德经》七十八章）水看似柔弱，实则水最懂得顺应自然、清心寡欲、放低姿态达到以柔克刚的目的。《道德经》第八章提到：“上善若水，水善利万物而不争，处众人之所恶，故几于道。”在老子看来，水的品行最接近于道，水至善至柔，水性绵绵密密，微则无声，巨则汹涌，与人无争且又容纳万物。水清澈澄明，能包容万物，能冲洗罪恶；老子常常用水性来比喻人的高尚品德，希望人具备像水一般的宽阔胸怀，泽被万物而不争名利，处恶境而不抱怨，至柔却具有能容天下的胸襟和气度。老子的这种哲学思想启发教师在竞争激烈的现代社会中，要像水一般宽宏质朴，以退为进，以柔弱谦下的姿态为自己营造良好的生活氛围，不要过于争名夺利、好大喜功，而是应该做到虚怀若谷、宠辱不惊，内心超脱。

达到“上善若水”的至高境界并非容易之事，老子提出首先要做到“见素抱朴，少私寡欲”。老子生活在社会剧烈动荡的年代，各诸侯国纷争激烈，他看到了太多的人为了金钱、地位等身外之物而不择手段，给社会和百姓造成巨大的灾难和痛苦。他说：“五色令人目盲，五音令人耳聋，五味令人口爽，驰骋畋猎令人心发狂，难得之货令人行妨。是以圣人为腹不为目，故去彼取此。”（《老子》十二章）贪图享乐、利欲熏心或许能带来一时的快感，但是长此以往会迷乱人的心性，使心灵越发空虚，人逐渐沦为争名逐利的工具，人的生命价值和意义也将被腐蚀。因此，老子以名利和人的自身价值作对比，“名与身孰亲？身与货孰多？得与亡孰病？是故甚爱必大费，多藏必厚亡。知足不辱，知止不殆，可以长久”（《道德经》四十四章）。他强烈建议人们少一些欲望、少一些斗争，劝解人们不要太在乎名利，不要为名利所诱惑，教人万不可为了私欲，舍弃了自我精神追求，甚至生命。“知足者富”（《道德经》三十三章），欲望是没有止境的，只有知足的人，以淡泊的思想处理和解决生活工作中的问题，才能找到人生幸福的真谛。

在高速发展的现代社会，与快节奏的生活方式相伴而来的是人们欲望的无限膨胀。都市楼阁灯红酒绿，窗外风景变幻莫测，汽车、豪宅、名表、权力、利益等像一只只充满诱惑的手，牵动着人们的心，容易使人迷失本性，人的生命活力耗散于外界的诱惑及幻象中，生命的本真意义泯灭于混乱的现实中。老子说：“罪莫大于多欲，祸莫大于不知足，咎莫大于欲得。”（《道德经》四十六章）“非淡泊无以明志，非宁静无以致远。”人不去追求太多虚妄之事，是一种智慧的人生。如果欲望太多，生命要怎样承受重负，人生又如何获得真正的快乐？这启示广大教师群体要从物质的桎梏中解脱出来，过上返璞归真、超然恬淡的生活，追求生命的价值和精神的超脱。教师职业的特点决定了教师职业具有潜在的社会功效，与其他职业相比教师收入偏低，荣誉也相对较少，这决定着教师要有淡泊名利、超然脱俗的情怀，只有这样才能以坦然的心态看待自己的职业，以及以饱满的热情对待每天的教育生活。一个有道德的、脱离低级趣味的教师，定能“举世誉之而不加劝，举世非之而不加沮。定乎内外之分，辩乎荣辱之境，斯已矣”（庄子《逍遥游》），成为师之楷模。

（三）休闲观：丰富教师的日常生活世界

随着经济社会的发展，越来越多的人逐渐重视对休闲时间的利用，有人预测休闲时代即将到来，人类休闲产业将成为未来经济发展的大趋势，世界卫生组织制定的健康新标准中，明确地提出了要善于休息的要求。休闲不是毫无目的的休息和娱乐。休闲是一种业余活动，更是一种心灵的体验，指人们在工作、学习之余以各种玩的方式求得身心的调节和放松。通过休闲一方面可以消除身体的疲劳，恢复身体体能，另一方面可以获得心灵上的愉悦和精神上的慰藉。现如今，我们生活在一个快节奏的时代，人际关系纷繁复杂，生活步伐越来越快，生存状况压力较大，使人的身心始终处在持续的紧张状态中，过度的劳累对身体健康有百害而无一利，忽略健康的人等于在和自己的生命开玩笑。瑞典哲学家皮普尔认为，闲暇是文化得以产生的基础。缺乏闲暇，人类永远会是工作的奴隶，被束缚于狭隘的世界中而脱身不得；没有闲暇，人就不可能有思想活动，文化就无从产生。[①]人的精力是有限的，当一个人因为工作或琐事忙得焦头烂额时，他所关注的时空和事物必定会受到限制，又怎么会有超越的眼光和创意性思维呢？休闲能够使人超越现实的束缚和禁锢，有利于激发创意性思维。例如，在野外听到鸟儿欢快的鸣叫声，头脑中可能出现的是一首优美的乐曲；听着一首优美的乐曲时，头脑中可能出现的是一个美丽动人的故事。因此，为了人的全面而持续的发展，人需要适度的休闲，高质量的休闲能为下一阶段的工作、学习提供充足的动力和活力。

老子是中国早期休闲思想的开山鼻祖，老子认为生命源于自然，存在于自然，最终又归于自然，生命最美好纯真的状态是无智无欲的婴儿状态。人应该因循自己的本性而自由舒展地生存，心性尤其要悠然散淡。庄子坚持了老子的休闲观，庄子强调逍遥游世，游于天地，游于自然山水，表明了他所追求的是悠闲自在的逍遥人生。在《庄子》书中便随处可见到生活于山林之中、不食人间烟火、逍遥于天地的神人。《逍遥游》一篇中便描述了庄子理想中的神人形象“藐姑射之山，

① Yolton J W，Pieper J，Dru A，et al. Leisure the basis of culture. [J]. The Philosophical Review，1953，62（1）：151.

有神人居焉。肌肤若冰雪，绰约若处子；不食五谷，吸风饮露；乘云气，御飞龙，而游乎四海之外”。另外，庄子探讨了人逍遥于天地之间的方法：“天地与我并生，万物与我为一”（《庄子·齐物论》），“无始而非卒也，人与天一也”（《庄子·山木》），“上与造物者游，而下与外死生、无终始者为友”（《庄子·天下》）。也就是说，只要人的自然精神与宇宙自然精神融为一体，或生或死都无法阻碍人畅游于天地万物。庄子的《逍遥游》更注重的是精神的自由漫游，是休闲的最高境界。由此可见，庄子是一个善于休闲的人，庄子休闲的关键在于用心休闲、精神休闲，这为教师生活世界尤其是日常生活世界提供了休闲智慧，提供了心理治愈的良药。适当的休闲对于教师来说是十分必要的。休闲除了身体的休闲外，关键在于用心休闲、精神的休闲。庄子的休闲观倡导对教师日常生活世界的关注，强调教师除了职业生活和专业生活之外，要在日常生活世界中放松自我。教师的日常生活世界是教师作为一个普通人的基础性世界，教师能够在日常生活中汲取精神养料，感受和享受休闲所带来的快乐幸福。休闲并不是无意义的放纵或影响教师教育生活的洪水猛兽，而是说在日常生活世界中，教师可以摆脱必要事务的规定和要求，不受他人的干涉与打扰，放松紧绷的身体和情绪，以悠然自得的心态享受愉悦和自由；在休闲提供的自由心灵空间中，教师可以以最本真、自然的方式自在地体验、自由地想象，认识自我、发展自我，不断追求自身的解放，实现物我的内在统一与超越。

三、陶行知生活教育理论

陶行知（1891—1946）先生是中国现代教育史上一位伟大的人民教育家。他的教育思想给我们留下了宝贵的精神财富。陶行知师从杜威，受老师的实用主义教育思想的影响，他结合中国的发展国情对杜威实用主义教育思想进行了发展和改良，形成了典型的中国式生活教育理论。生活教育思想打破了与实际生活脱节的各种教育观，为当时的中国教育发展提供了改革路径，也为我们今天进行教育改革、建立合乎时代潮流的教育体系提供现实借鉴。在今天的教师教育改革浪潮中，生活世界理论仍然具有旺盛的生命力，对当今社会培养高素质的教育工作者很有现实意义，与当今社会推动教师专业化发展的战略举措在根本上是一致的。

（一）理论内涵

陶行知一生对教育倾注了极大的热情。他以“捧着一颗心来，不带半根草去”的精神，为贫苦人民和儿童的教育献出了毕生心血。陶行知生活在多灾多难、民族危亡的旧中国，当时的教育已经到了山穷水尽的地步。全国的学校教育荒芜萧条，学校数量极少，文盲遍地，广大平民及其子女迫于生活，根本无法进校求学。更严重的问题是当时中国的教育“完全走错了路”，“完全脱离农村实际”，“中国传统教育的悲哀还在于整个教育围着考试转，教育等于读书，读书等于赶考，培养出来的学生多是缺乏生活能力和创造能力的书呆子”[①]。中国实行新教育约 30 年，“不过是把‘老八股’变成‘洋八股’罢了。‘老八股’与民众生活无关，‘洋八股’依然与民众生活无关”[②]。面对这样的教育现实，陶行知深感“中国的教育应当有一个总反省，总忏悔，总自新，非来一个彻底改革不可”[③]。因此，陶行知创办晓庄师范学校，实施教育和农业生产劳动相结合、教育与社会生活相结合的教育。他在晓庄师范学校进行了一系列的演讲，如《生活工具主义之教育》《教学做合一》《生活即教育》等，系统阐述了“生活即教育”“社会即学校”“教学做合一”等生活教育思想，逐步形成了他的生活教育理论体系。陶行知一生中教育思想先进，其中生活教育理论是陶行知教育思想的精髓。陶行知一生的教育活动及教育思想的发展变化过程就是贯彻实施生活教育理论的过程。生活教育理论是贯穿陶行知教育思想的一根主线。

陶行知生活教育思想的直接来源是杜威。陶行知早年师从杜威，深受杜威实用主义教育思想的影响。杜威提出的“教育即生活”“学校即生活”“从做中学”的教育思想，陶行知经过实验后发现，杜威的“教育即生活”理论不符合中国当时的国情，无法立足。陶行知在杜威教育思想的基础上，通过对中国国情的全面考察，创造性地提出了“生活即教育”“社会即学校”“教学做合一”的生活教育理论的完整体系。从字面来看，它似乎只是简单地将杜威的词语顺序进行了颠倒，实质上两者却有着很大的差异。陶行知和杜威都是从生活与教育二者之间的关系出发研究教育现象的，都主张生活教育。但是由于两国国情的不同，杜威的生活教育更侧重于个人生活和主观经验，具有理想主义的色彩。而陶行知将杜威的主观唯心主义经验论作了唯物主义的转化，将其转化为一种基于社会生活和实践的唯物主义教育理论。陶行知的生活教育思想源于杜威，却超越了杜威，是杜威教育理论的中国化。

陶行知的生活教育理论将教育的范围扩大到生活的每一个角度，凡是生活就有教育的可能，这就将每一个国人都纳入到教育的范畴。他认为，生活教育理论的根本特质是生活的、行动的、大众的、前进的、世界的和有历史联系的。陶行知生活教育理论的基本观点包括“生活即教育”“社会即学校”“教学做合一”三大教育原理，其中“生活即教育”是陶行知生活教育理论的核心内容，“社会即学校”是“生活即教育”思想在学校与社会关系上的具体化，“教学做合一”是生活教育理论的方法论。

---

① 陶行知. 陶行知全集[M]（第 2 卷）. 长沙：湖南教育出版社，1985：676.

② 赵国权. 中国教育史[M]. 郑州：河南大学出版社，2015：505.

③ 陶行知. 陶行知全集[M]（第 2 卷）. 长沙：湖南教育出版社，1985：6.

1. “生活即教育”

“生活即教育”是生活教育理论的核心内容，在陶行知诸多论著中都对“生活即教育”的内涵作出过丰富的阐述。“生活即教育”强调教育以生活为中心，反对脱离实际生活的传统教育。他指出：生活教育是生活所原有、生活所自营、生活所必需的教育。教育的根本意义是生活之变化，生活无时不变即生活无时不含有教育的意义。[①]“生活即教育”包含这样三层含义：其一，生活是教育的源泉，生活本身具有教育的含义。教育要通过生活才能产生力量而成为真正的教育。自从有了人类生活就有了生活教育，原始社会的教育与生产劳动和社会生活融合在一起，年长者把生产、生活经验物化在工具上和记忆在头脑中，通过言传身教将之传授给下一代，如男孩随男人学狩猎、女孩随妇女学采集等。后来随着物质资料的丰富，开始出现专门的教育机构和学校，这一时期虽然教育与生产劳动相分离，但是学校教育的内容依然来源于生活，为生活所用，如西周时期的“六艺”教育（礼乐射御书数）。因此，陶行知指出，我们有吃饭的生活，便有吃饭的教育；有穿衣的生活，便有穿衣的教育；有男女的生活，便有男女的教育。[②]只要有社会生活的地方，就有教育的存在。教育源于生活，我们所过的生活及生活所必需的一切东西，便是我们的教育内容，只有在生活中获得的教育才是有用的、真的教育。其二，生活决定了教育。陶行知认为，过什么生活，便是受什么教育。过好的生活，便是受好的教育；过坏的生活，便是受坏的教育；过有目的的生活，便是受有目的的教育；过糊里糊涂的生活，便是受糊里糊涂的教育。[③]教育的目的、内容等都是为了生活的需要。其三，教育能改造生活，生活中有先进的因素也有落后的因素，向前向上的生活决定了教育要向前向上，生活中落后的因素可能将教育引向偏颇之路，真正的教育能够改造生活中的落后因素，发扬生活中的先进、合理因素，推动生活向前向上发展。其四，生活和教育共始终。“生活即教育”打破了学校教育的时空、物质、人员限制，我们每个人有生便会有生活，有生活便有教育，生活无处不在，所以教育无处不在、无时不在。教育“与生俱来，与生同去。出世便是破蒙，进棺材才算毕业”[④]。因此，“我们要对众人养成的态度是活到老，做到老，学到老”[⑤]，使人们养成持续不断地学习的习惯，这是陶行知终身教育思想的体现。

2. “社会即学校”

“社会即学校”是生活教育的范围在空间上的扩展，是“生活即教育”思想在

① 陶行知. 陶行知全集（第 5 卷）[M]. 长沙：湖南教育出版社，1985：476.
② 董宝良. 陶行知教育论著选[M]. 北京：人民教育出版社，1991：391.
③ 董宝良. 陶行知教育论著选[M]. 北京：人民教育出版社，1991：390.
④ 陶行知. 陶行知全集[M]（第 2 卷）. 长沙：湖南教育出版社，1985：634.
⑤ 陶行知. 陶行知全集[M]（第 2 卷）. 长沙：湖南教育出版社，1985：804.

学校与社会关系上的具体化。陶行知所提倡的“社会即学校”并不是要取消学校，只是反对脱离社会生活实际的“死学校”，强调学校与社会生活的密切联系，主张利用社会力量，使学校进步，同时又要动员学校力量帮助社会进步。“社会即学校”主要包括以下含义：其一，生活教育的范围是整个社会生活，而不是仅仅局限于学校生活，陶行知于1939年曾形象地将仅限于学校生活的教育比作闭塞的鸟笼，“社会即学校”意图打破学校与社会生活脱节的壁垒，扩大教育的范围、对象和学习的内容，使学校教育与生活相联系，把教育从鸟笼里解放出来，把学校的一切扩展到自然界，把笼中小鸟放回到大自然中任意翱翔。[①]其二，“社会即学校”可使学校教育从小众的教育变成大众的教育。教育的范围由学校扩展到整个社会生活，在这个社会化的大学校里，人人都是先生，人人都是学生，每个人都有了受教育的机会。这样一来教育的材料、教育的方法、教育的工具、教育的环境都可以大量增加，学生、先生都可以多起来……无论校内的人，还是校外的人，都可以做师生。[②]其三，“社会即学校”使读书的教育变成行动的教育。传统教育理论关起门来搞教育，把教育的范围局限在学校这个鸟笼内，将教育内容局限于书本和课堂，使得教育的理论和实践相脱节，教育知识与生活分家。陶行知的生活教育理论倡导“社会即学校”，把社会生活作为学校教育的中心，把社会的中心问题作为学校教育的中心问题。将教育范围扩展到学校之外的广阔社会，将教育内容从书本扩大到生活和艺术。例如，陶行知重视劳动教育、艺术教育等，将“农事教学做”、烧茶煮饭、打扫卫生、舞蹈、唱歌等作为重要的教育内容。

3. “教学做合一”

针对当时“先生只管教、学生只管受教”的教、学、做分家现象，陶行知提出了“教学做合一”理念。“教学做合一”是对教学方法的阐释，也是生活教育理论实施的方法和途径，它包含三层含义：其一，“教学做”为一体，是生活的三个方面。“教学做合一”既是对生活现象的说明，也是对教育现象的说明。在生活里，对事说是做，对己之长进说是学，对人之影响说是教。其二，做是教与学的中心，做是学的中心，也是教的中心。在教学过程中做是重要的一环，做是获得知识的源泉，只有做过事、动过手的学问才是真学问，犹如种田这件事，是要在田里做的，便需在田里学，在田里教；游泳也是如此，游水是在水里做的事，便需在水里学，水里教。[③]其三，以教人者教己，在劳力上劳心。教和学是一个整体，必须要手脑结合、思想和生活合一。教和学的过程不仅要有行动更要有思想，由行动而生思想，有了思想才有可能创造出新的价值。陶行知先生有几句著名的诗：“行

---

① 陶行知. 陶行知全集（第2卷）[M]. 长沙：湖南教育出版社，1985：187.

② 胡晓风，等. 陶行知教育文集[M]. 2版. 成都：四川教育出版社，2007：465.

③ 施久铭. “儿童是全部的秘密”——湖北省武汉市光谷第一小学“真人教育”扫描[J]. 人民教育，2009（10）：50-54.

动是老子，知识是儿子，创造是孙子。”形象地说明了行动、思想和创造三者的关系，从行动也就是实践中来的知识才是真正的知识，有了知识才能给受教育者提供产生创造性思维的基础。

（二）生活教育理论下的教师生活世界内涵

生活教育理论是陶行知借鉴吸收古今中外众多教育家的思想精华，批判传统教育和洋化教育，并对自己丰富的教育实践经验进行总结的基础上提炼出来的。生活世界理论提倡“生活即教育”，强调了生活与教育不可分割的密切关系；提倡“社会即学校”，扩大了教育活动场域，突出强调了社会对个人发展的重要意义；提倡“教学做合一”，重视做的核心地位以及教学做的内在统一，改变了当时中国整个教育的发展方向。基于陶行知的生活教育理论，我们认为教师的生活世界不能脱离日常生活，日常生活是人的本质生活，教师的生活世界与实际生活紧密相连；教师的生活世界不能脱离社会生活，社会是教师生活的重要场域，社会生活是教师发展的重要途径；教师的生活世界不能脱离实践，实践应该成为教师职业生活世界和专业生活世界的核心。

1. 日常生活世界是教师的“源”生活世界

陶行知的“生活即教育”是拿全部生活去做教育的对象，从整个生活出发，过整个生活，受整个教育，这从根本上打破了教育与生活的界限。陶行知所说的生活包含日常生活，教育离不开日常生活，教师也离不开日常生活，从某种意义上讲，日常生活世界对教师具有基础性作用，日常生活才是教师的本质的生活形式，教师通过日常生活的看、听、感、触、思等建立起对自然、人生、社会的基本看法和观点，并掌握一定的维持日常生活所必需的基本技能，为教师非日常生活顺利开展提供基础和原动力。教师日常生活世界以个人家庭、天然共同体等直接环境为基本寓所，展示着教师人生的现实形态，是教师经历和体验人生的具体形式，是丰富、生动和多样的。

陶行知的生活教育理论强调，教育应以生活为中心，没有生活做中心的教育是死教育。同样，缺乏丰富个人生活的教师生活世界，必然是虚无的、抽象的、冰冷的。在当今时代，人们所生活的世界容易被金钱和权力所支配，现实的、鲜活的人被边缘化，人的丰富全面的需求日益退化。学校教育呈现出功利化的倾向，教师迫于现实的种种压力，被动地塑造着自身的生活习惯、日常情趣、价值观念甚至行为方式，繁重的工作任务和严苛的专业要求几乎占据了教师的全部生活，日常生活常常被置于不起眼的角落。“生活即教育”启示我们，日常生活丰富着教师生活世界的内涵和外延，充盈和愉悦的日常生活体验能够助力教师成为一名人格健全、情感丰富、道德高尚的人，为教师职业发展和专业成长提供内在动力。

2. 社会生活世界是教师生活世界的扩展

陶行知在考察人类和教育发展历史的基础上，倡导“社会即学校”，主张凡是生活的场所都是教育的场所，要让整个社会都成为人民大众的学校。在实施教育的过程中，我们要充分考虑校内和校外两个同等重要的空间，学校的围墙隔离了学校和社会，因此，我们要把学校的围墙拆去，只有这样才可实现与社会的沟通。这种围墙不是真的围墙，是每个人心中的心墙。陶行知的教育观里极其重要的观点是，社会这所大学校应该在社会中，而不是社会在学校中，教师既在学校中，又在社会中，这扩大了教师生活世界的范围和内涵。教师生活世界与社会生活的高度融合是教师发展的重要途径。就教师生活的空间而言，校园只是其中之一，还有另外一个广阔的校外空间，即社会。相较于校园生活，教师的社会生活世界更为广阔，使教师的活动不再局限于校园围墙之内，教师在社会生活世界中，以一定的社会关系为纽带，获得物质生活资料和精神养料，享受政治权力和履行政治义务，并实现自我物质生活、精神生活与政治生活的统一。另外，社会生活具有复杂性，社会生活中所要面临的各种突发性的、不确定性的因素，对教师提出了更高的挑战和要求，推动教师不断地改进和完善自我。

3. 创造性实践是教师职业生活和专业生活的核心

教的法子要根据学的法子，学的法子要根据做的法子。教学过程中要重视做这个中心环节。做是获得知识的源泉，只有做过事、动过手的学问才是真学问，事情怎样做便怎样教，怎样学便怎样教，不仅自己做而且要教学生做，给学生提供自己动手做的机会。陶行知还指出，教学做在本质上是一件事，不是三件事。在生活里，对事说是做，对己之长进说是学，对人之影响说是教。教学做只是一种生活的三个方面，而不是三个各不相谋的过程。[①]简单来说，生活离不开实践，而实践是教学做的内在统一。教师的生活世界无法脱离实践，教师职业的特殊性要求教师必须进入课堂以实施教育教学实践活动；另外，教师的专业生活本来就是一个创造性实践的过程，若脱离了实践，教师的职业生活世界和专业生活世界便没有了存在的意义和价值。

有必要指出，陶行知所讲的做不是单纯的、不假思索的重复某个动作，而是必须有思想与创造参与其中。实践只是做的第一步，做的最高境界是创造。只有行动而不去思考便不会有个人的成长和创造，而没有思想性和创造性的教育也不能称之为有价值的教育活动。因此，他指出，与其把学生当鸭子填入一些零碎知识，不如给他们几把钥匙，使他们可以自动地去开发文化的金库和宇宙的宝藏。[②]教师在教育教学中既要将教学与行动相统一，又要引发学生在行动中积极的思考，

① 陶行知. 陶行知全集（第 2 卷）[M]. 成都：四川教育出版社，1991.

② 何国华. 陶行知教育学[M]. 4 版. 广州：广东高等教育出版社，2002：47.

培养学生的学习能力、独立探究能力和创新能力。另外，想要培养具有独立创新精神的学生，一个首要的前提是要有一个具有开拓精神的创造型教师。生活时时充满创造，生活时时需要开拓创新精神，陶行知先生企盼教师都能成为创造的教育家，成为创造真善美的活人的教育家。针对实施生活教育理论的新教师们，他呼吁，一定要有单枪匹马、勇往直前的气概，有如外国人传教的精神，无论什么都不怕，只怕道理传不出去。[①]

① 董宝良. 陶行知教育论著选[M]. 北京：人民教育出版社，1991：54.

第二编

羁绊与反思：教师生活世界的失落与澄明

我们生活在一个物质的世界里，但精神饥渴，总迫使我们寻求荒漠中的甘泉。在体验了过多的浮躁和张狂之后，人类会感觉到心的空旷和灵魂的疼痛。

——休谟

第三章

教师生活世界遮蔽之现状

教师生活世界既包含教师的日常生活世界和职业生活世界，又包括教师的社会生活世界和专业生活世界。然而由于各种因素的影响，教师的生活世界被不同程度地遮蔽了。教师教育是对教师培养和培训的总称，是指在终身教育思想的指导下，按照教师专业发展的阶段，对教师实施职前教育、入职和职后培训的过程。因此，教师教育是包括职前教师的培养、入职教师教育以及在职教师培训在内的连续的、一体化的过程。另外，离退休教师也是教师群体中十分重要的组成部分。为此，本章将从职前教师、新入职教师、职后教师以及离退休教师四个教师发展阶段来探讨教师生活世界被遮蔽的现状。

第一节　职前教师生活世界的湮没

职前教师教育是为基础教育输送一线教师的主要渠道，承担着为一线教育教学岗位培养合格人才的主要任务与重要责任。因此，职前教师教育直接关系到教师培养的质量，它是教师专业发展过程中具有关键意义的阶段。在职前教师教育中，教师教育课程是教师专业发展的保证，它是向未来教师传授知识、使其具有良好的科学文化素养的重要方式，是教师教育活动中影响人全面素质提高最为直接、最具稳定性的因素。[①]百年大计，教育为本；教育大计，教师为本。职前教师作为教师队伍的后备军，肩负着教书育人的重任，为此在职前教师的培养方面国家投入了大量的人力、物力和财力，但是结果却不像预期的那样成功。由于受到不同因素的影响，职前教师教育目标、内容、过程以及评价四个方面脱离了职前教师的生活世界，忽视了职前教师作

① 杨小峻. 寻求新的教师专业化发展的途径[J]. 教育与现代化，2006（4）：74-80.

为人的存在，忽视了职前教师教育对职前教师自我提升和自我发展的重要作用。就当前的现状来看，职前教师教育的目标、内容、实施过程和评价等方面仍然存在着很多问题，这些都在很大程度上导致了职前教师生活世界的湮没。

一、职前教师教育目标的形式化

教师教育目标是教师教育的出发点和落脚点，它影响并制约着教师教育的内容、过程和评价等。布鲁姆的教育目标分类理论具有两大特征。一是具有层次性。布鲁姆把认知领域的目标分为六个主要类别，依次是识记、领会、运用、分析、综合、评价。二是具有可测性。布鲁姆认为，制定教育目标是为了便于客观的评价。①因此，为了使教师教育目标更加具有针对性和指导意义，在进行目标表述时应该尽量具体和明确。但是，目前的职前教师教育目标还存在形式化的问题，体现在职前教师教育目标较为笼统和比较理想化上。

（一）职前教师教育目标较为笼统

当前国家教师教育政策文件和各个高校的教师教育专业人才培养方案的开篇部分一般都有职前教师教育目标的专门论述，这为职前教师教育专业的人才培养提出了总的要求，也指出了大的努力方向，但认真审视会发现，职前教师教育目标普遍存在的问题是表述较为笼统，不够具体和明确。

国家教师教育政策文件普遍从宏观角度对我国教师培养目标进行论述。比如，2018 年 2 月 11 日，教育部等五部门联合发布了《教师教育振兴行动计划（2018—2022 年）》，该行动计划体现了新时代我国培养高素质专业化教师队伍的诉求，对破解当前教师教育亟待解决的突出问题，培养造就党和人民满意的高素质专业化创新型教师队伍具有重要的意义。其中提出了我国未来 5 年的教师教育目标："经过 5 年左右努力，办好一批高水平、有特色的教师教育院校和师范类专业，教师培养培训体系基本健全，为我国教师教育的长期可持续发展奠定坚实基础。师德教育显著加强，教师培养培训的内容方式不断优化，教师综合素质、专业化水平和创新能力显著提升，为发展更高质量更加公平的教育提供强有力的师资保障和人才支撑。"②这一目标高屋建瓴地为我国的教师教育指明了大的发展方向，但是这一目标的表述还较为宏观和笼统，如高水平、有特色、基本健全、显著加强、不断优化、显著提升、更高质量、更加公平，这些表述还不够具体，怎样才算是实现了这些目标？这还很难界定。

---

① 应湾湾，徐滨. 基于布鲁姆知识目标理论的初中科学教学评价[J]. 中文信息，2013（06）：82.

② 教育部，国家发展改革委，财政部，等. 教育部等五部门关于印发《教师教育振兴行动计划（2018—2022 年）》的通知.（2018-02-11）[2019-09-02]. http：//www.moe.gov.cn/srcsite/A10/s7034/201803/t20180323_331063.html.

另外，对于教师培养机构而言，我国很多高校的教师培养目标也普遍存在表述不够明确的问题。下面以两所高校师范专业的培养目标为例进行说明。一所是某地方综合院校的小学教育专业本科人才培养方案中的培养目标为：本专业主要面向地方小学，培养适应国家和区域经济社会发展需要，具有良好的思想道德品质、扎实的学科知识和较高的教育教学能力以及较强的创新意识与能力，了解学科前沿及发展趋势，可到相关学科领域进一步深造，或在小学从事教育、教学和管理工作的复合型人才。①另一所是中部地区某省属重点师范院校，其学前教育专业本科培养方案中的培养目标为：培养坚持党的教育方针，具有丰富的学前教育理论知识、开阔的学前教育理论视野、较高的综合文化素质，掌握学前教育工作规范和基本理论，具有良好的职业道德、基本的专业知识和专业能力；掌握基本的舞蹈、钢琴、绘画等技能，具有较强的自主、合作、探究能力的学前教育教师、学前教育行政人员以及其他有关机构的学前教育教学和研究人才，并为高一级学校输送合格人才。②

审视这两所高校的教师教育目标，我们会发现，两所高校的教师教育培养目标均存在教师教育表达不清晰、较为笼统和模糊，缺乏明确的可操作性和可执行性等问题。比如，具有良好的思想道德品质、扎实的学科知识和较高的教育教学能力以及较强的创新意识与能力，了解学科前沿及发展趋势；具有丰富的学前教育理论知识、开阔的学前教育理论视野、较高的综合文化素质，掌握学前教育工作规范和基本理论，具有良好的职业道德、基本的专业知识和专业能力；具有较强的自主、合作、探究能力等。这些表述都比较简单笼统，其中良好的、扎实的、较高的、较强的、丰富的、开阔的、基本的、了解、掌握的标准是什么？它们的程度如何？如何对这些目标进行评价?这些问题都缺乏相应的、可操作性的规范标准。

基于此，可以发现，无论是从国家政策层面还是教师培养机构层面，当前职前教师教育培养目标普遍都存在较为笼统的问题，表达相对抽象、概括和模糊，不够明确和规范，难以实际操作和执行。这些都容易使教师教育目标流于形式而难以在实践中得到真正落实，进而使职前教师的专业生活世界因缺乏明确和具体的指引而变得模糊不清。

（二）职前教师教育目标比较理想化

国家和高校制定教师教育培养目标都是为了能够切实指导教师教育工作，使

① 某高校小学教育本科（四年制）专业人才培养方案—2017.（2018-05-21）[2019-09-01]. http：//jky.dzu.edu.cn/info/1160/1124. htm.

② 某师范院校学前教育专业本科培养方案.（2018-10-26）[2019-09-10]. http://www. htu. edu. cn/tjb/2018/1026/c2942a131111/page. htm%.

其更好地实施和推进，因此，教师教育目标必须便于贯彻执行和进行客观的评价。但是，很多教师教育培养目标只是表达了理想的愿望，而在现阶段很难得到贯彻落实。

2018 年 9 月 17 日，教育部发布《关于实施卓越教师培养计划 2.0 的意见》，自 2018 年 9 月 17 日起实施，其中提出了近 5 年和到 2035 年教师教育的培养目标："经过五年左右的努力，办好一批高水平、有特色的教师教育院校和师范专业，师德教育的针对性和实效性显著增强，课程体系和教学内容显著更新，以师范生为中心的教育教学新形态基本形成，实践教学质量显著提高，协同培养机制基本健全，教师教育师资队伍明显优化，教师教育质量文化基本建立。到 2035 年，师范生的综合素质、专业化水平和创新能力显著提升，为培养造就数以百万计的骨干教师、数以十万计的卓越教师、数以万计的教育家型教师奠定坚实基础。"①该培养计划提出的培养目标十分宏大，特别是到 2035 年，"为培养造就数以百万计的骨干教师、数以十万计的卓越教师、数以万计的教育家型教师奠定坚实基础"这一目标为我国未来的教师教育描绘了宏伟的蓝图，也是广大教师教育工作者的远大理想，但是从我国现阶段的教师教育发展状况来看，实现的难度比较大，时间紧迫，任务艰巨。

高校的教师教育专业培养目标的制定也存在同样的问题，以下以国内两所师范院校教师教育专业人才培养目标为例进行说明。其中一所师范大学的数学师范专业人才培养目标为：培养德智体美全面发展、为人师表、具有良好的数学素养和坚实的数学理论基础、富有创新和开拓意识、具有较强的自主学习能力、具有较好的教育理论和较强的教学实践能力、能适应社会发展需要、具有献身基础教育事业精神的卓越数学教师和高素质专业化教育工作者。②另外一所师范院校物理学（师范）专业本科人才培养目标为：为适应经济社会发展需要和学生成长需求，物理学专业实行分类分型人才培养模式，根据学生成才需求和发展目标来设计其成才方向、成才类型，培养拔尖的创新型人才、卓越教师人才和国际化人才。③

上述两所师范院校的教师教育目标存在的问题是目标定位过高，甚至有些夸大。职前教师教育阶段是教师成长的起始阶段，也是教师专业发展的准备阶段。通过职前教师教育，只能培养出具备未来卓越教师发展潜质的教师。教师的专业成长是在不断教学实践的磨砺下逐步完成的，而不是仅在职前教师教育阶段，通

① 教育部. 教育部关于实施卓越教师培养计划 2.0 的意见.（2018-09-30）[2019-09-03]. http://www.moe.gov.cn/srcsite/A10/s7011/201810/t20181010_350998. html.

② 郑晨. 学科理解视角下的师范院校数学学科专业课程设置研究[D]. 长春：东北师范大学，2019.

③ 物理学（师范）专业本科人才培养方案.（2018-11-14）[2019-10-03]. http://phy.xznu.edu.cn/e1/23/c5601a254243/page.htm.

过四年的学习就能够成长为一名合格乃至卓越的数学教师，这是不符合教师培养和发展规律的。而多数师范院校在对职前教师的培养定位中，普遍提出培养高素质专业化教育工作者、拔尖创新型人才、卓越教师人才、国际化人才、卓越教育工作者和优秀骨干教师等培养目标，这种培养目标的表达有些夸大，作为职前教师教育阶段教师培养的目标和任务也较难完成。

通过上述分析我们发现，职前教师教育目标存在形式化的问题，具体表现在目标的笼统化和理想化两个方面，目标表述不够具体、明确和规范，目标定位过大过高，容易导致职前教师教育目标流于形式，难以在现实中贯彻执行和真正落实，进而造成职前教师生活因缺乏具体明确和切实可行的指导而变得盲目，其生活世界特别是专业生活世界也因此而受到遮蔽。

二、职前教师教育内容的理论化

从职前教师教育内容来看，承担职前教师教育任务的高等院校往往注重在课内和校内通过书面或口头的形式对职前教师施以理论上的教育，而相对忽视在课外和校外对职前教师进行实践上的引导和培养，造成职前教师教育内容被理论化。

（一）职前教师教育内容比较偏重教育理论

2011 年，深化教师教育改革，规范和引导教师教育课程与教学，培养造就高素质专业化教师队伍，教育部特制定《教师教育课程标准（试行）》。教师教育课程标准体现国家对教师教育机构设置教师教育课程的基本要求，是制订教师教育课程方案、开发教材与课程资源、开展教学与评价，以及认定教师资格的重要依据。该文件中有关的理念是：育人为本、实践取向、终身学习。①

在我国教师教育体系中，现阶段各个高校的教师教育课程内容大致相同，基本上主要分为四大块：公共基础课程、教育专业课程、学科专业课程和综合实践课程。下面以两所高校的小学教育专业课程内容为例加以说明，其中一所是较早开设小学教育专业的某省属本科师范院校，另一所为某地方综合本科高校（表 3-1 至表 3-3）。

① 教育部. 教育部关于大力推进教师教育课程改革的意见.（2011-10-08）[2019-09-03]. http://www.moe.gov.cn/srcsite/A10/s6991/201110/t20111008_145604.html.

表 3-1　某省属师范院校小学教育专业课程具体内容设置情况[①]

课程类别	必修课	选修课
公共基础课程	大学英语、大学体育、大学信息技术基础、军事理论、大学生心理健康教育、中国近现代史纲要、形势与政策、思想道德修养与法律基础、毛泽东思想和中国特色社会主义理论体系概论、马克思主义基本原理概论、大学生职业发展与就业指导、徐特立教育思想、创业基础	未说明（包含公共艺术类课程及自然科学类课程）
教育专业课程	教师职业道德、儿童发展与教育心理学、小学教育学、小学课程与教学论、现代汉语、文学原理、高等数学、初等数论	（任选 2 门）比较教育学、学校教育发展、学校组织与管理、家庭教育学、中国教育史、外国教育史美学、科学史
学科专业课程	儿童生理与卫生学、小学生心理辅导、小学教育研究方法、小学班级管理、教师语言技能、三笔字书写、乐理与视唱、小学实用美术、现代教育技术、儿童文学、写作、小学语文教学设计、小学数学教字设计、小学综合实践活动设计	限选课：（中文与社会方向）人文社会科学概论、古代汉语、中国古代文学、中国现当代文学、外国文学、小学品德与社会教学设计、形式逻辑；（数学与科学方向）空间解析几何、现代数学思想与方法、概率与统计、大学物理、生命科学概论、地球与空间科学、小学科学实验与制作、小学科学教学设计 任选课（任选三门）：小学德育专题、传统语文教育与国际母语教育、汉字文化与语文教学、小学作文教学、科学童话创作与表演、线性代数、小学数学解题研究、演讲与口才、声乐基础、钢琴基础、儿童歌曲创编、形体训练、儿童健美操编排与训练、文体活动策划与组织、小学教师综合素质拓展、语文课程标准与教材研究、数学课程标准与教材研究、小学英语教学设计
综合实践课程	军事训练、社会实践、教育见习、教育实习、毕业论文（设计）、课外实践	未开设选修课

表 3-2　某地方综合高校小学教育专业课程具体内容设置情况[①]

课程类别	必修课	选修课
公共基础课程	大学英语、大学体育、大学计算机基础、军事理论、大学生心理健康教育与指导、中国近现代史纲要、形势与政策、思想道德修养与法律基础、毛泽东思想和中国特色社会主义理论体系概论、马克思主义基本原理概论、就业指导与创业基础	未说明（包含创新与技能课程、公共艺术类课程及自然科学类课程）
教育专业课程	高等数学基础、音乐基础与实践、普通话理论与实践、教育原理、普通心理学、社会科学基础、中国教育史、外国教育史、自然科学基础、发展心理学、美术基础与实践、教育心理学、信息技术与教育、儿童舞蹈、教育统计与测量、教育科学研究方法	未开设选修课

① 齐娅冰. 基于全科型教师培养的小学教育专业课程设置研究[D]. 长沙：湖南师范大学，2018.

续表

课程类别	必修课	选修课
学科专业课程	小学课程与教学论、三笔字与简笔画、现代汉语、学习论、写作、教育哲学、古代汉语、小学数学课程与教学论、舞蹈与形体训练、教育伦理学、教育政策与法规、小学语文课程与教学论、儿童文学、学校管理学、班级管理、小学英语课程与教学论、综合实践活动课程、基础教育改革、德育原理	（8 选 6）教育咨询与策划、游戏编排、中外文学作品选读、小学科学课程与教学论、家庭教育案例分析、中外教育名著选读、小学生心理健康教育、小学教育专题讲座
综合实践课程	入学教育、军事技能训练、教师语言集中训练、大学英语实践、教师书画技能集中训练、教育见习、社会实践、教师技能综合训练、劳动、小学教育实习、教育调研、毕业教育、毕业论文指导、小学教育毕业实践、毕业答辩	未开设选修课

表 3-3　两高校小学教育专业的课程结构、学分、学时比例①

课程类别		某省属师范院校				某地方综合高校			
		学分	比例/%	学时	比例/%	学分	比例/%	学时	比例/%
公共基础课程	必修	45	33.3	961	47.3	33	23.0	484	27.0
	选修	12		192		9.5		132	
教育专业课程	必修	16	11.7	260	13.3	47	25.5	752	33.0
	选修	4		64		0		0	
学科专业课程	必修	37	33.9	623	39.4	45	30.9	720	40.0
	选修	21		336		12		192	
综合实践课程	必修	36	21.1			38	20.6		
合计		171	100	2436	100	184.5	100	2280	100

通过表 3-1 至表 3-3 我们可以看出，高等院校教师教育类专业的课程内容设置和结构比例关系还存在以下一些问题和不足。

首先，公共基础课程比例较低且门类单一。两所高校小学教育专业的公共基础课程主要是国家规定的一些课程，以政治、计算机和英语等课程为主，而且以必修课的形式为主，学生选择的空间较小且学分较低。目前，国内高校都存在这样的问题，如往往根据学校现有条件拼凑公共基础课程，没能对国家、社会、时代和学生的需求及时作出反应，致使这类课程总体上显得过时杂乱，缺少一定的合理性和规范性。

① 齐娅冰. 基于全科型教师培养的小学教育专业课程设置研究[D]. 长沙：湖南师范大学，2018.

其次，教育专业课程比重较低，且偏重理论化，没有与教育实践密切联系起来，缺少教育教学实践的案例性课程和实用性课程。教育专业课程是为了增强职前教师的教学技能、提高职前教师教育教学能力的课程，注重提高职前教师“怎么教”的能力，这应是教师教育的重点和难点，然而高校教育专业课程大都只注重传授“教什么”的知识，而忽视“怎么教”能力的培养。

再次，学科专业课程比重偏高，缺乏系统性和融合性。两所高校占比最多的都是学科专业课程，比例分别为 33.9%和 30.9%。当前高校教师教育类专业一方面比较注重学科专业课程的开设，这有利于学生掌握更多的学科专业知识，打下扎实的专业基础；另一方面，学科专业课程缺乏系统性和融合性，没有得到有效整合，没有与教育专业课程有机结合，存在“各自为政”的现象，容易增加学生负担，降低教学效果。

最后，综合实践课程比重较小、流于形式。两高校开设综合实践课程的比例都不算高，学分分别只占总学分的 21.1%和 20.6%，且都以必修课形式开设。随着高校对于职前教师实践能力的逐渐重视，综合实践课程比例得到了提高，但是，从目前各个高校教育实践课程的安排和实施情况来看，重视度还不够，学分还不够高，仍然有待加强。

总体来说，职前教师教育课程内容比例安排还不够合理。学科专业课程的比重较大，而公共基础课程、教育专业课程和综合实践类课程的比重较小，过于注重学科专业理论知识，忽视教育教学实践。很多高校只关注职前教师是否掌握了培养方案中规定的知识，很少关心或者不关心他们能不能将所学理论知识较好的运用于实践。职前教师所学课程内容过于书本化和理论化，一定程度上与实际教育生活脱节，使得职前教师教育脱离了职前教师的生活世界，进而导致在面对真实的教学情境时，职前教师难以运用所学理论知识解决教学实践中的现实问题。

除了专业理论知识的学习，高校对于职前教师其他方面的教育相对忽视，包括生命教育、生活教育、心理健康教育、体育、社会道德和职业道德教育、社会法制教育、安全教育等，这些方面的教育对于职前教师的成长和发展也十分重要，但是往往不被重视。高校对于这些方面的教育往往只是点到为止，很少抽出专门时间，也没有投入适当的精力，即使有的话也多停留在口头或书面的形式上。

职前教师教育内容呈现出明显的局限性，重在理论知识的传授、静态技能的训练和文化的传承，而忽视生命体验的提升、自我教育能力的养成和文化的反思创新。所学课程知识的高度理论化，致使职前教师不了解基础教育课程改革的现状，不了解基础教育的课程文本，不了解基础教育的教学方式、内容和方法，不了解基础教育中的学生，使他们脱离了教师的职业生活和教育生活，导致职前教师职业生活和专业生活被遮蔽。对职前教师生命、生活、心理和社会等方面教育的缺失，使得职前教师的个体生命和社会属性受到轻视，进而导致职前教师日常生活和社会生活被湮没。

（二）职前教师教育内容较为忽视教育实践

教育见习或者实习是教学计划规定的重要实践教学环节，对未来的实际教学行为影响深远，它要求师范生在实习教师的指导下，通过教育教学实践，加深认识，并把所学到的理论知识转化为实际的教育教学能力。因此，教育见习和实习是职前教师将所获得的知识转化为实践的有效途径，对职前教师教学技能的提高与教育经验的积累至关重要。

2016 年 3 月，教育部印发《关于加强师范生教育实践的意见》。该意见指出师范生教育实践是教师教育课程的重要组成部分，是教师培养的必要环节，随着教师教育改革的持续推进，师范生的教育实践能力不断增强，但是依然存在内容不够丰富、形式相对单一、指导力量不够、管理评价和组织保障相对薄弱等问题，教育实践依然是教师教育的薄弱环节，师范生的教育教学能力尚不能完全适应学校的需要。为此，应明确教育实践的目标任务；构建全方位的教育实践内容体系，在师范生培养方案中设置足量的教育实践课程，以教育见习、实习和研习为主要模块，构建包括师德体验、教学实践、班级管理实践、教研实践等全方位的教育实践内容体系；丰富创新教育实践的形式，采取观摩见习、模拟教学、专项技能训练、集中实习等形式，丰富师范生的教育实践体验，提升教育实践效果，采取组织开展规范化的教育实习等举措增强师范生的社会责任感、创新精神和实践能力，全面提升教师培养质量。[①]该意见充分体现了教育部对职前教师教育实践工作的高度重视，为职前教师教育实践能力的培养和提高提供了政策依据与明确指导。

然而在实际的教育过程中，很多高校并不重视职前教师的教育实践。师范生的教育实习和见习往往缺乏必要的指导和监督检查，没有严格规范的评价机制，缺少必要的资金支持，使得见习和实习只是流于形式，效果低下，并不能真正帮助职前教师提高教育教学实践能力，导致职前教师难以胜任实际的教学工作。

首先，职前教师课堂教学问题解决能力不足。职前教师教学实践能力对教学相关问题的解决，需要建立在充分了解课本知识，明确教学目的和教学手段的基础上，根据学生对于知识的掌握程度和课堂的反应程度去设置相应的问题用以启迪学生升发思维。职前教师在刚刚进入课堂教学时，面对学生学业和教学的双重压力，很可能无暇顾及在教学中出现的生成性问题，很难跳出课堂看教学的模式。

① 教育部. 关于加强师范生教育实践的意见. （2016-03-21）[2019-09-03]. http://www.moe.edu.cn/srcsite/A10/s7011/201604/t20160407_237042.html.

其次，职前教师课堂调控能力较弱。当职前教师走进教室时，教室的环境与学生学习的积极性都会在一定程度上影响其教学实践能力的提高。职前教师在教学时容易忽视教学过程，忽视学生主体存在，如果教学陷入僵局而不能及时地利用其他教学手段来调动课堂教学气氛，那么整节课的教学是由教师自己牵着学生的鼻子在走，课堂气氛就会沉闷、压抑。

最后，职前教师教学创新能力不足。职前教师刚刚进入学校，刚刚站上讲台，对课堂教学还处于理论层面的认识，对于知识的认识还停留在教材当中，有时甚至害怕偏离教材，使每节课局限于当前教材的知识点，有点照本宣科，仅仅将知识作为一种生产工具传递给学生，不能启迪学生进行思维发散。有些职前教师对学生没有充足的了解，没有照顾到个体差异性，千篇一律，做不到因材施教；在课堂教学中难以调动学生学习的积极性，对于学生的实际问题，不能创造性地加以解答，往往急功近利地给出答案，导致学生在课堂里不会思考，不利于学生创造力的培养和提高。①

笔者熟识某地方本科高校历史学（师范类）专业大四的一名学生小张，他按照学校的安排，参加了学校组织的为期两个月的顶岗实习活动。2019 年 6 月，笔者通过与他的深入交流，了解到了他顶岗实习的真实情况。

> 小张参加了学校组织的为期两个月的顶岗实习活动，到某乡镇中学担任初一年级的历史老师。在没去之前，小张信心满满，觉得以自己的学识水平教初中生简直是绰绰有余，为此他对自己的教学工作充满了期待与幻想。但是当上第一堂课，真正站在讲台上时，小张傻眼了，因为是副科，小张的课被安排在下午第一节。当小张走进教室时，喧闹的班级氛围并没有因他的到来安静下来，学生依然我行我素，交头接耳，小张说了好几遍准备上课了，同学们才勉强安静，开始上课的准备，教学用的课件课前已经制作好，只需拷贝到电脑上就可以了，但是小张老师发现他制作的课件在学校的多媒体器材上根本打不开，这让小张心中一惊，顿时慌了。为了上好这堂课，小张特意找了相关的视频与图片，以便更好地引导学生的注意力，可是课件打不开让小张觉得很郁闷，同时有些还有学生在底下看热闹，这让小张心里觉得很生气，但是又不敢表现出来，无奈之下只能放弃使用多媒体，采用最原始的教学方法，小张老师先让学生自己看一下教材，然后他在黑板上列出本节课的学习思路。等到正式开始讲课时，小张发现自己除了借用课件上的视频之外不知道如何引出这节课的教学内容，只好硬着头皮说，今天我们一起来学习第一单元的第一节：中国早期人类的代表——北京人，本来在准备的课件中，有大量丰富的历史资料可以供同学们参考、学习，但是小张并没有记住

① 师玉玺. 职前教师教学实践能力现状及对策研究——以甘肃省 X 师范大学为例[D]. 兰州：西北师范大学，2018.

这些历史资料，这就导致小张在讲述这节课时只能借助教材，可是教材比较简单，只是单纯地讲教材上的内容根本讲不到下课时间。等把这节课磕磕巴巴的讲完以后，小张发现还剩下很长的时间。在讲课的过程中，小张发现很多学生并没有听自己讲课。小张意识到当自己想把在大学里学到的有关这节课的知识分享给学生们时，根本不知道如何做。

通过以上案例可以看出，在接受了 3 年多的职前教师教育后，一些职前教师依然难以胜任实际的教育教学工作。对教材把握不足、难以灵活运用教材、处理突发事件的能力差、言语表达能力差、教学效果差等是职前教师面临的主要问题。同时，如何将学到的专业知识灵活地传授给学生，也即如何将理论知识更好地转化为实践是职前教师教育应该思考的问题。职前教师教育往往被窄化为课堂教学，而相对忽视对他们进行课外教育，更较少涉及校外的教育等。另外，除了教育见习和实习等教育实践，职前教师的社会实践也往往受到轻视，高校组织的社会实践活动比较少，而且参加人数又很有限，很多职前教师没有机会参加也不愿参加社会实践活动，使得职前教师的社会实践能力也成了其发展路途中的一个短板。

职前教师教育对理论的偏重和对社会实践的相对忽视导致职前教师教学和社会实践能力的薄弱，使得职前教师远离了真实的教育教学和社会现实，难以胜任实际的教育教学工作，致使其职业生活和社会生活受到遮蔽，从而造成职前教师生活世界的不完整。

三、职前教师培养实施过程的简单化

职前教师培养实施过程的简单化主要表现在，职前教师教育模式以单向传输为主和教师实习过分流于表面。教师教育培养模式的单向化致使职前教师教育脱离了职前教师的日常和社会生活实际，职前教师教育实习流于表面使得职前教师教育湮没了职前教师的职业生活和专业生活。

（一）职前教师教育模式以单向传输为主

职前教师教育培养实施过程是借助具体教学组织方式将编制好的课程通过实际教学活动付诸实践的过程。教学组织方式是指为了完成教育任务，达到教学目标，教师与学生按照一定的要求组合起来的结构。一般而言，教学组织方式主要包括个别教学制、班级授课制、分组教学制、道尔顿制和文纳特卡制等。虽然教学组织形式随着社会的不断发展以及对人才培养要求的提高而不断发展与改进，但是，大多数教师教育机构对职前教师的培养依然主要采用班级授课制这种古老的教学组织形式。

随着社会主义市场经济的飞速发展，我国的经济实力与综合国力不断增强，面对严峻的国际形势，发展教育、培养人才和提高创新能力成为国家关注的重点，而高校承担着培养人才、提高创新能力的重要责任。同时为了经济与社会的可持续健康发展，我国加强了对高等教育的重视程度，并推动高等教育大众化的趋势。然而，高等教育大众化使得大学生的数量急剧增加，随着而来的是师生比例严重失调，面对如此多的学生数量，各个高校不得不扩大各专业的班级规模，教师教育类专业也是如此，越来越多的学生人数、越来越大的班级规模，教师的数量却很少，相关的教育资源，如教室相对缺乏。然而为了按时完成教学任务，职前教师的培养仍然沿用传统的教学方法，即“教师讲、学生听”的形式，一个高校教师就要面对几十个甚至上百个职前教师。在这样的状况下，高校教师不可能了解每个职前教师的需要以及关注他们的内心与情感，也不可能了解每个职前教师掌握知识的情况，而为了完成教学课时，高校教师根据教学的需要选择教材，然后采用满堂灌的授课方式。高校教师在讲台上依据教材讲内容，职前教师在下面听和记。当然，采用这样的教学方式固然能够在短时间内向职前教师传授大量的知识，提高教学效率。但是由于高校教师与职前教师之间的缺乏有效的沟通和交流，对他们的真实需要缺乏必要的了解，并且传递的内容对所有的职前教师几乎都是一样的，所以这种灌输式的教学方法缺乏针对性，并不能真正满足职前教师的真实需求。

在“理论决定实践”观点的支配下，目前教师教育专业的课程实施主要还是以灌输—接受为主，高校教师偏重理论的单向讲授，没有联系一线教学实际和职前教师实际需要。在访谈调查过程中，笔者发现，一些学生反映教师自身的水平不高。还有一些学生反映，在对师范生能力的培养最实用的实践环节中，教师缺乏对师范生教学实践的有效指导和反思，教师难以关照到师范生本人的经验与体验，从而导致不良后果。①

总的来看，就职前教师教育培养模式而言，无论是职前教师培养的课堂教学、课外活动还是教育实习、社会实践都存在“教师讲、师范生听”的单向灌输倾向。可以说，职前教师教育培养模式的单向化使得职前教师教育很容易脱离职前教师的生活实际，特别是很容易脱离职前教师的日常生活和社会生活实际。

（二）职前教师教育实习过分流于表面

教育见习和实习是职前教师实践能力培养的关键环节，是职前教师教育课程实施的重要组成部分。我国多数师范院校或师范专业规定，职前教师要到中小学进行一段时间的见习和实习，甚至有些学校要求师范生每学期都要参与见习或者实习活动。但从现实情况来看，职前教师在教育实习和见习过程中并不能保证都能真正进入到中小学课堂。

① 齐娅冰. 基于全科型教师培养的小学教育专业课程设置研究[D]. 长沙：湖南师范大学，2018.

以某高校学前教育（师范类）专业为例，调查发现，由于第一、二学期课程较多，学校在第一、二学期没有安排见习任务。在第三学期期末学校安排了一周的教育见习，但是仅邀请某小学高级教师为师范生作了一场报告，主要讲述这位高级教师在工作中遇到的问题以及解决的方法，并要求听报告的同学上交一篇听后感，然后就完成了这个学期的见习任务。第四个学期，师范生的培养方案中规定了有一周的见习时间，于是学校安排师范生深入到一线的小学课堂，但是只安排了三天的时间进行观摩学习，由于师范生人数较多且与学校合作的中小学数量有限，在每个班级至少安排两个师范生进行教育见习，剩下的几天时间写见习总结，这样就完成了第二学期的见习任务。第五学期没有安排师范生进行教育见习，只是邀请某小学的校长为师范生们作了一场报告，报告的内容是师范生在见习过程中的表现以及改正策略。第六学期有一周校内实习，学校只是安排各学院的老师对师范生进行备课方面的指导，同时组织师范生进行校内试讲。第七学期学校安排了六周的校外实习，并没有要求师范生进行集中定点实习，而是自己联系实习学校进行分散实习，只是要求实习证明上要有实习单位盖章和实习鉴定。但是由于面临考研或者找工作等压力，一些师范生并没有去实习而是在家或学校准备考研、考公务员或招教考试，只是托关系盖个章而并没有真正到中小学进行实习。另外，在实习的过程中缺少教师的指导，一些师范生参加实习只是为了完成学校布置的任务，对于在实习过程中遇到的问题或者困难并没有教师有针对性地予以解决。关于见习和实习后的评价，也只是依据师范生的见习和实习总结以及实习学校的鉴定评价情况划分等级，以此体现师范生的见习和实习结果，带有强烈的主观色彩。由此可以看出，师范生的教育见习和实习机会少、时间短的问题并没有真正得到解决。

总地来说，职前教师培养实施过程中，教育模式以单向传输为主和教育实习过分流于表面的倾向导致职前教师的职业生活和专业生活实际上未能真正落实，其职业能力和专业能力未能得到很好的培养和发展。与此同时，他们的日常生活和社会生活又容易受到忽视。职前教师在忙于应付各种形式化的学习任务的过程中湮灭了自身的生活世界。

四、职前教师教育评价的单一化

教育评价是指在一定教育价值观的指导下，依据确立的教育目标，通过使用一定的技术和方法，对所实施的各种教育活动、教育过程和教育结果进行科学判定的过程。[①]职前教师教育评价方面存在的主要问题是，教育评价内容的窄化和教育评价方式的简单化，致使职前教师教育评价趋于单一化，使得评价结果不能全面、客观反映出职前教师的真实生活状况。

① 全国十二所重点师范大学联合编写. 教育学基础[M]. 3 版. 北京：教育科学出版社，2014：316.

（一）职前教师教育评价内容的窄化

职前教师教育评价内容的窄化主要表现在职前教师教育评价内容缺乏情境性、教育实习评价内容趋同以及职前教师教育评价忽视个性特征的评价等方面。

（1）职前教师教育评价内容缺乏情境性。当前的职前教师能力评价主要测试职前教师陈述性知识的掌握情况，缺少诸如实践应用能力等方面的考察，未将评价融入相应的情境中去。用孤立的问题和测验作为评价内容，不注重在真实情境中对职前教师能力变化的考察，割裂了职前教师实际能力和教学情境的关系。缺乏情境的评价不能得到合理的评价结果，因此也就无法促进职前教师能力的提高。

（2）职前教师教育实习评价内容趋同。教育实习评价是一项对师范生综合素质和能力全面检查的活动，不仅侧重对职前教师专业知识技能的考察，还关注教学能力和素质的提升。现行的教育实习评价内容较为单一且严重趋同，多侧重教学知识和技能的评价，较少关注职前教师的心理素质、师生关系、品德修养、创新思维和专业发展等方面的内容。这使得不少职前教师错误地认为只要专业知识过硬、教学技能熟练，就具备了优秀教师的素质。①然而，当今社会对教师提出越来越高的要求，教师在职业生涯发展中扮演着多种不同的角色，这就要求职前教师教育实习要重视教师基本素质和综合能力的提升，满足未来教师职业发展的需要。

（3）职前教师教育评价忽视个性特征的评价。目前大部分高师院校既有师范生，也有非师范生，但综合素质评价只能对其共性约束特征进行评价，往往忽略了师范生与非师范生培养目标的不同要求以及由此造成的培养过程的区别，也忽略了对师范生个性特征的评价。②可见，职前教师教育评价偏重对师范生与非师范生共性的评价而忽视对师范生作为准教师的特有素质的评价，这是职前教师教育评价内容的一大缺失，在很大程度上窄化了职前教师教育评价内容。

从以上分析可以看出，职前教师教育评价内容还不够全面，不能涵盖职前教师综合素质的各个方面。职前教师教育评价只关注职前教师的专业生活世界，而忽视他们的职业、日常和社会生活世界。评价内容的窄化使得职前教师生活世界的空间缩小，容易造成职前教师的片面发展。

（二）职前教师教育评价方式的简单化

职前教师教育评价方式存在简单化倾向，这主要表现在职前教师教育评价普遍采用考试的方式进行，过分注重考试成绩，强调评价的甄别和选择功能，没有

① 王强. 地方院校师范生教育实习评价体系改革探究——基于发展性评价视角的思考[J]. 吉林工程技术师范学院学报，2015，31（12）：10-12.

② 曾惠芳. 普通高等师范院校师范生综合素质评价体系研究[J]. 广东水利电力职业技术学院学报，2007，5（2）：8-12.

真正采取多元的、综合的和动态的评价方式。

职前教师教育评价方式以考试为主，导致考试分数成为师范生评价体系关注的重点。教师依然把分数作为学生学习情况的第一评价指标，以分数来对学生的整体发展状况作出结论。[①]课程评价均以教师为主，采取考查和考试相结合、以考试为主的评价方式，忽视对学生的情感评价。课程的评价结果以分数为主要标准。[②]这种传统的以考试为主的单一评价方式过分注重学生的学业成绩，只能从单一维度对职前教师的学习结果进行评价，不能全面客观地反映职前教师的综合素质，不利于他们的全面发展。

不可否认，教育课程任课教师在评价方式的创新上进行了不懈努力，开始逐渐尝试并重视过程性评价的作用，平时作业与表现、学生展示与汇报、成长记录袋等评价方式被运用到课堂教学中。但课程评价方式的使用上仍存在期末考试+平时作业与日常表现占主导的现象，档案袋评价、学生展示与汇报、教育调查等过程性评价的分数占比较低。[③]虽然高校教师认识到过程性评价等其他评价方式的重要性，并尝试加以运用，但受到客观环境和条件等的限制，不得不继续采用传统的以考试为主的评价方式。

可见，职前教师教育评价方式仍较为单一，以终结性评价为主，注重对结果的评判，用量化的分数来衡量职前教师的能力，缺乏对职前教师的表现性评价、形成性评价、过程性评价和发展性评价，定量评价与定性评价未能有机结合，因此不能真实地反映职前教师的实际成长过程。这种简单的评价方式严重影响了职前教师教育评价的科学性和合理性，致使评价结果不能全面、客观地反映职前教师生活的真实情况，只能部分反映职前教师专业生活和职业生活的情况，无法体现职前教师日常生活和社会生活的现状，因此造成职前教师日常生活和社会生活被湮没。

第二节　新入职教师生活世界的迷茫

从职前教师成长为一名教师，不仅是职前教师心路上的跨越，也是其教师职业生涯中所需知识和能力的积累过程。人们在关注职前、职后教育的同时，也越来越重视新教师的入职教育。教师生涯是一个漫长而动态的职业历程，入职期是教师专业发展的关键阶段。与其他阶段比较而言，处于入职期的新任教师所遇到的专业发展问题，确实比其他阶段的教师更多、更复杂，而且解决起来更困难。[④]

① 张文. 新课程推进中学生评价存在的问题与对策[J]. 教育理论与实践，2017（2）：20- 22.

② 齐娅冰. 基于全科型教师培养的小学教育专业课程设置研究[D]. 长沙：湖南师范大学，2018.

③ 王晓岚. 教师教育课程设置与实施的问题及对策研究——以S省三所院校为例[D]. 临汾：山西师范大学，2018.

④ 陈时见. 教师教育课程论：历史透视与国际比较[M]. 北京：人民教育出版社，2011：234-235.

新任职教师是指取得国家规定的教师资格证书、走上教师岗位不足三年的教师。对于他们而言，自身尚处于专业发展的初期阶段，正确定位自我、尽快融入学校工作与生活、获得归属感、提高自己的教育教学能力、尽快适应教师身份、促进教师专业发展与成长等都显得尤为重要和迫切。然而，由于刚来到入职学校，环境和身份的变化使新入职教师感到困惑与迷茫，从而面临着身份认同危机、学校文化适应不良以及职业胜任力不足等问题。

一、新入职教师身份认同危机

关于身份认同的概念，学界有不同的界定。在对国内外身份认同的研究进行综述的基础上，张淑华等提出，身份认同是指个体对自我身份的确认和对所属群体的认知以及所伴随的情感体验和对行为模式进行整合的心路历程。①身份认同主要是人们对“我是谁”“我何以属于某个特定群体”这些问题的理解和确认。身份认同一方面寻求我与他人的区别，强调个体差异的自我（个体自我）；另一方面是明确我与他人的联系，强调具有相同特征的集体自我（社会自我）。②教师身份认同指教师自我对社会所界定的教师内涵的认知与体验，它是确认自己作为一位教师，允诺和遵从作为教师的规范准则，把教师作为自己身份的重要标志。教师身份认同是教师个体一种内在化的过程，其目的在于确立教师自己的身份，找到自己的归属，从而达到对“我是谁”的确认。③身份认同强调，个体对于个体自我以及社会自我的认同。对于教师而言，如果能正确地认识自己，给予自己准确的定位，那么将有效激发自己对教育事业的热情，提高自己的归属感和责任感。但是对于新入职教师而言，他们从学生身份刚刚过渡到教师身份，并没有实际的教育经历，对教师身份的认识还很模糊，甚至产生不确定感与迷茫，这将直接影响到他们的教师职业定位。新入职教师从学生到教师身份的转化还存在着一定的困难，容易自我认识不清，从而阻碍其专业发展的进程。

（一）角色人与自然人的冲突

教师既是承担“教书育人”这一职业功能的角色人，又是一个基于生物性而存在的自然人。也就是说，一个人在从事教师职业之后就具有了一定的社会角色，即是我们常说的教师角色，他就必须遵守教师职业道德要求，依法行使教师权利、履行教师义务。然而教师在成为“教师”这一角色之前，是和社会中大多数人一样的平凡的自然人，是有血有肉的活生生的人，有自己基本的生理需要，饥则食，渴则饮，有亲情的需要、友情的需要、爱情的需要，有自己的家庭，有自己的兴

① 张淑华，李海莹，刘芳．身份认同研究综述[J]．心理研究，2012（1）：21-27.

② 王彦明．教师身份认同：危机、原因、诉求[J]．教育导刊（上半月），2011 （3）：8-11.

③ 孙二军．教师专业发展中的身份认同与认同危机[J]．现代教育管理，2011 （2）：87-89.

趣爱好，有自己的喜怒哀乐，有自己的角色（父亲、母亲、儿子、女儿、丈夫或者妻子）。但是在成为教师之后，人们似乎只记得其教师身份，为其冠名为某老师，不论在何时何地某老师这个称呼都会紧随，从而忽视了教师自然人的身份。然而教师就是扮演着“教师”这一角色的人，在成为教师这一角色之前是自然人，在成为教师角色人之后仍然是自然人，否定这一点，教师的生活、教师的形象就只剩下单面的了，教师就成了单向度的人。①

教师是一个神圣而又伟大的职业，人们习惯于歌颂教师，“春蚕到死丝方尽，蜡炬成灰泪始干”“教师是人类灵魂的工程师”“教师是太阳底下最光辉的职业”“与天地同位、与君亲同尊”“铺路石”“太阳”“孺子牛”“园丁”“路标”“摆渡人”等，这些都是对教师的赞美和歌颂，也体现了人们对教师的期待。但是好像只有时时处处牺牲自我、奉献社会的教师才能称之为好教师。社会对教师的角色期待越来越高，这给教师带来了前所未有的挑战，对教师来说是一种无形的压力，这抑制了教师的个人利益需求，将会导致教师人性的扭曲。

现在一些对教师的社会评价有失公正，对教师的要求比较多。比如当学生不听话，教师对学生采取一定的惩罚措施时，就会出现一些对教师的负面社会评论。其实有的时候需要给予学生适当的惩罚，而不是一味的表扬。我们总是说要对学生进行奖励型教育，但是在教学中总是表扬，学生就会麻木，教师必须要采取相应的惩罚措施，让学生知道做错事是要承担后果的，是有惩罚的，但在这方面社会对教师的评价不是那么公正。不可否认，确实存在个别偏激的教师，但是教师群体整体上来说还是比较敬业的，现在的教师对职业的忠诚度和奉献精神是不缺乏的，缺乏的是别人的认可和赞同。②

> 当然，社会上那些赞美是好的。但是，教师首先是一个人，然后他也有压力，他也有一些不好的地方，是人肯定都有缺点啊、有不好的习惯。现在有些人把个别教师身上出现的一些问题无限放大到整体教师。我觉得吧，有时候大家自己都做不到的事情，还要求别人去做到，总是把老师想得那么完美，这一点对老师不太公平。出了事，说老师不好，但好的时候，特别像我们小学老师，就不会想到。比如说，以后学生要是取得什么成就了，首先想到的恐怕是自身条件，有可能会想到的是高中还有初中老师，从来不会想到小学老师。所有人大概都觉得高中或初中的环节十分重要。但是小学阶段打好的基础，养成的好习惯多重要啊，你看一般小学成绩好的到了初中、高中成绩还好。小学老师和中学老师也是有差别的。②

教师是角色人与自然人的统一体，二者不可分割。然而新手教师刚从高校毕

① 周晓静. 教师：穿行在角色人与自然人之间[J]. 教育研究与实验，2006（03）：42.

② 童冰洁. 农村新手教师身份认同问题研究[D]. 南京：南京师范大学，2015.

业进入任教学校，刚刚从学生转变为教师，就要面对教师作为角色人与自然人之间的冲突，因为新入职一方面需要不断努力满足社会对教师的角色要求，另一方面又要考虑教师个体需要，而最好的状态就是实现二者的有机统一。然而由于新入职教师所处的特殊的职业阶段，应该如何更好地处理好角色人与自然人之间的角色冲突，即如何处理好工作与生活的关系成为他们需要解决的首要问题，这一问题能够顺利解决将对新入职教师而言具有无可比拟的重要作用，否则会导致教师难以获得身份认同，造成教师过重的心理负担，使教师感到压力、疲惫，影响教师对自我的正确定位和工作的热情，有碍于自身专业成长与发展，更不利于教育教学改革的顺利进行。

（二）新入职教师职业定位的迷惘

“师者，所以传道受业解惑也。”这是我国几千年来传统社会关于教师职业的定位。人们往往把教师看作是传道者、知识传授者、解惑者、监控者、评判者或者教书匠。然而，随着时代的发展，教师职业的定位也在不断地发生着变化，教师不仅是传道者、授业者、解惑者、教书匠、监控者、评判者，而且正在逐渐转变为学生学习兴趣的激发者和学习的引导者与促进者。随着新一轮课程改革的推行，教师的角色又发生了新变化，教师应该是学生学习的合作者、引导者和陪伴者，是学生活动的参与者、组织者，学生能力的培养者。

社会、学校、家长以及学生对教师职业定位的看法是不同的。从社会的角度出发，传统社会习惯以“春蚕到死丝方尽，蜡炬成灰泪始干”的教师职业标准来定位教师，教师承担着传播人类知识的重要职责，为此教师必须具有渊博的学识，成为学生学习的引导者、启发者和促进者；同时，教师是学生德育的引导者、学生的榜样，其一言一行都要符合社会的规范，做到为人师表。对于学校而言，教师是学校的建设者，不仅要承担教育教学工作，作出成绩，保证学校的升学率，还必须承担管理学生的责任，对学生进行纪律、卫生等方面的教育与管理。对于家长而言，希望教师扮演好几乎等同于家长的角色，希望教师全部承担教育孩子的责任，成为学生“无限责任监护人”、安全的守护者、学生学习的“拐杖”和责任人等。如果教师的行为不符合某些家长的心意，那么这些家长会通过各种途径，采用各种方法向教师施加压力，这对教师造成较大的困扰。然而从学生的角度出发，由于学生自我意识的发展，当前的学生拥有强烈的民主平等观念，为此他们希望教师成为他们的朋友，成为学习的好伙伴，成为他们的知心人，而不是高高在上的所谓的“师者”。除此之外，教师还是学习者、自我发展的推动者。

现代课堂倡导以学生为主体，强调“以学生发展为本”，课堂教学关注更多的是学生。教师是教育活动的组织者、执行者和主导者，是课程改革的建设者和推动者，是课程的开发者和创造者、教材的制定者、学科设计者。教师并非高高在上的圣人，居于不可侵犯、不可置疑的神圣地位，相反教师要摆脱传统的以教师为中心定位的思维定式，把关注的焦点放在学生身上。[①]特别是新课程改革的深化，促使教师职业定位不断的多元化，这对新入职教师的职业定位提出了严峻的挑战。面对如此之多的教师职业定位，新入职教师对自我“该向何处、成为何种教师”产生了怀疑和迷茫，他们尚未形成清晰、确切而稳定的教师职业定位，对教师职业定位的认识存在模糊性、动摇性、经验性、随意性和非确定性，造成在自我身份认同方面出现危机。

身份认同危机影响着教师的自我身份建构，影响着教师身份感的获得，影响着教师的专业位置感与归属感。[②]对于新入职教师而言， 如不能正确地对自己的身份进行认知，将会影响自己对教师职业的判断，影响自己对教师工作内容的界定，进而影响到教育教学实践，造成对专业自我的迷失，从而影响自我专业发展。身份认同危机还会造成新入职教师自我归属感的一种缺失，对于新入职教师而言，尽快融入学校工作与生活显得紧急与迫切，但是身份认同危机使得教师不能明确自己的职业定位，从而不能有效地融入教师群体，影响新入职教师个体的发展动力。因此，新入职教师需要寻求合理且有效的途径化解身份认同危机，以便更好地促进自身专业发展。

二、新入职教师学校文化适应不良

每个群体都有其特定的文化。新入职教师进入任教学校，意味着该教师进入一个新的教育环境，从某种意义上讲，就是开始接受某种新的学校文化。对于新入职教师来说，要想在任教学校短时间内成长为一名合格的教师，就必须尽快适应该学校的文化，但是实际上很多新入职教师在入职期面临着严重的学校文化适应不良的问题。

文化适应是个体对文化的适应，受文化的熏陶和影响，并学会完成其身份与角色的行为的过程，是文化对个体的作用、同化的过程，因此也是个体学习文化，形成特定社会生活能力的过程。个体文化适应关系到传统文化的传承吸收、新文化的创造等重大问题，也关系到个体的发展，是关系到形成良好的自我同一性还是导致角色混乱、丧失自我的人生重大问题。[③]新入职教师的文化适应则是指新入职教师适应学校文化的过程，即特指新入职教师从原来文化环境步入任教学校后，掌握任教学校的生活规范、适应任教学校生活、形成适应于任教学校的人格的“文化化”过程。[④]新入职教师从其熟悉的场合进入到完全陌生的学校环境中，虽然从

① 杨园园. 浅论教师职业定位与教师教育[J]. 三门峡职业技术学院学报，2011，10（2）：17-19.

② 孙二军. 教师专业发展中的身份认同与认同危机[J]. 现代教育管理，2011（2）：87-89.

③ 李青云. 职业高中初任教师文化适应策略研究[D]. 郑州：河南大学，2010.

④ 刘丽娟. 初任教师文化适应研究[D]. 南京：南京师范大学，2007.

不同的途径对任教学校有所了解，但是原来的价值观念、行为方式等已经根深蒂固，并且这些价值观念、行为方式等不一定适用于任教学校，所以任教学校对新入职教师来说是完全陌生的。因此新入职教师为了适应新的教育教学环境，更好地促进其教师专业发展，必须积极主动学习该学校的各种规章制度，适应该学校的文化，而这个过程就是新入职教师的文化适应过程。而在新入职教师的文化适应过程中，新入职教师往往会遇到归属感缺失和职业认同度较低等问题。

（一）新入职教师归属感缺失

每所学校都有属于自己的文化，其中就包括个体主义文化和派别主义文化。个体主义文化是指教师拥有强烈的独立观，只为自己考虑、着想，既不愿意干涉别的教师又不同意别的教师介入到自己的工作中，在这种文化中，教师之间是彼此孤立、相互隔离的，教师花费较多的时间和精力处理与自己切身利益相关的事情，不参与群体活动，同时也排斥被别人干预，不愿意与他人对话合作，这种个体主义的文化构成了教师专业发展的主要威胁和障碍。[①]各个学校都会存在个体主义文化，只是程度上会有所不同。如果新入职学校是一所个体主义文化较为严重的学校，一些教师出于自我保护的考虑就会固守着自己的世界，小心翼翼地守护着自己的自主权，不愿去打扰别人，也不希望别的教师“踏入属于自己的领地”，那么新入职教师就很难适应和融入其中，从而找不到归属感。

派别主义文化又称小团体文化，是指在学校内部，教师群体因利益和目标不同而被分割为一系列界限鲜明的小群体。[②]教师个体分别属于不同的教师群体或者派别，这些小群体或者派别之间彼此分立，相互不联系，缺少沟通与交流，但是有时为了争取资源或者利益而相互竞争。派别主义文化反映了教师间相互联结的方式，表明了教师间合作的程度与范围。在这种文化氛围中，由于主客观方面的原因，教师有意无意地奉行派别主义的生活工作哲学，从而形成相互之间疏离、漠视甚至敌对的形形色色的教师派别。[②]新入职教师要想融入某个教师群体或者派别将是一件困难的事情。因为教师派别是教师出于共同的利益或者目的自发组织起来的，具有一定的稳定性，一般不轻易接受外来人员的加入，无形之中造成新入职教师归属感的缺失，这就导致新入职教师与其他教师的隔阂与分立，他们会产生一种陌生感，这不利于新入职教师尽快适应学校文化。

对于新入职教师而言，由于刚到一所新的学校，他们面临着新的文化适应问题。学校的个体主义文化和派别主义文化往往会阻碍新入职教师与其他教师的沟通和交流，使新入职教师很难适应和融入其中，导致他们归属感的缺失，不利于

---

① 朱玉侠. 走向自主合作的教师文化——基于文化理论的思考[D]. 上海：华东师范大学，2015.

② 辛守涛. 派别主义教师文化研究[D]. 济南：山东师范大学，2008.

新入职教师的专业成长与发展。

（二）新入职教师职业认同感较低

职业认同感（professional self-identity）是个人对其所从事职业的一种认知和体验，积极的认知和体验能够使其从内心产生较强烈的职业认同感，从而以较大热情投入教育教学工作。教师职业认同是教师对其职业及内化的职业角色的积极认知、体验和行为倾向的综合体。[①]由于缺乏对教师职业的真正理解和热爱，新入职教师对教师职业的认同度往往不高。

从其入职动机上来说，有些新入职教师并不是从内心出于对教师职业的热爱才选择成为教师的。他们刚开始并没有把教师职业作为自己的优先选择，但由于没能找到其他更理想的工作，仅将教师职业视为现阶段谋生的手段之一，或者作为留在某个城市的跳板，并没有从内心真正地理解教师这一职业，没有将教师职业作为毕生奋斗的事业的预期和打算，并不想付出足够的热情和精力。显然这些新入职的教师选择教师职业只是权宜之计，是迫不得已的选择，教师并不是他们认同的职业目标。此外，一些刚入职教师刚开始对教学任务和学生充满了热情与激情，但是在经过一年左右的新鲜期后，就对自己的工作失去了新鲜感。再加上目前教师收入相对较低、晋升机会相对较少、工作相对繁重和艰苦，使得他们对教师职业的意义与未来发展缺乏坚定的信念，容易产生职业倦怠感，开始找机会跳槽或者干兼职。

新入职教师缺乏良好的人际关系（师生关系和同事关系）也导致其较低的教师职业认同度。人际关系是工作环境的重要方面。良好的人际关系可以使新入职教师迅速消除陌生感、隔阂感，并对集体产生融入感，有利于其更好地开展工作。在学校中，最基本的人际关系不外乎师生关系和同事关系。[②]对于新入职教师来说，师生关系是他们面临的第一个问题。对待学生应以民主为主还是以严厉为主？这是困扰他们的一道难题。“尊师爱生、民主平等”被誉为最和谐的师生关系。大多数教师希望与学生保持民主型的师生关系。若以民主为主，拉近与学生的距离，就很可能会缺少威严，使学生认为这个老师“不厉害”，在课堂上破坏教学秩序，课下不认真完成作业。若是以严厉为主，则使学生认为这个老师专制而疏远，造成师生之间的隔阂，新入职教师就无法深入学生内心去了解他们的真实动态，从而影响教学效果。同事关系在新入职教师生活中也是不可忽视的。对于中学新入职教师而言，由于入职之前他们的身份也是学生和孩子，处于老师关爱和家长庇

① 韩吉珍，刘娟娟. 高中新入职教师职业认同调查与分析[J]. 太原师范学院学报（社会科学版），2015，14（06）：117-121.

② 张月皎. 中学新入职政治教师职业认同的研究[D]. 天津：天津师范大学，2016.

护之下，他们对职场中与同事相处的人际交往规则还不太了解。参加工作后，他们在面对复杂的人际交往时会感到迷茫和困惑，不知该怎样做才能处理好与同事的关系，该如何与同事和睦相处。如果处理不好，无形中会增添他们的烦恼，会影响工作的心情。

可以说，入职动机的偏离、职业信念的不坚定和人际关系的不确定性使很多新入职教师在潜意识里对教师这份职业产生迷茫和畏惧，进而降低他们的教师职业认同度，这直接造成了他们对学校的不适应。教师生活离不开学校文化，一些新入职教师往往不容易适应学校文化，无法快速适应学校生活，因此，要重视文化适应在新入职教师职业发展生涯中的作用，使新入职教师尽快适应学校的生活和文化环境，促进新入职教师的职业发展和专业成长。

三、新入职教师职业胜任力不足

新入职教师刚从高校毕业进入任教学校，处于职业发展的起始阶段，由于缺乏足够的教育教学经验，新入职教师在职业发展初期会遇到较多的问题与困难。同时职前培养过程中存在的一些问题直接影响了新入职教师在入职初期的表现。然而职业胜任力不足是新入职教师在教师专业成长与发展过程中面临的重要问题。对于新入职教师来说，职业胜任力不足主要体现在教学能力不足、反思能力薄弱以及职业规划缺失三个方面。

（一）新入职教师教学能力不足

新入职教师教学能力不足包括许多方面。比如，分析教材的能力、对教学方法的选择和对学生实施因材施教的能力等。在实际教学工作中，新入职教师往往不知道怎样根据学生已有的知识储备和心理特点备课；不知道如何激发学生的学习动机和提高学生学习的积极性；不知道如何根据学生的个性差异因材施教；等等。总的来说，许多新入职教师在进行教学设计时仅仅是备死课，只研究教材里呈现的知识，却没有考虑到学生的情况；他们对教学方法、教学手段的选择更是单一化、机械化的，这不利于调动学生学习的积极性；在教学过程中教学机智不够，对课上发生的突发情况往往手足无措，不懂如何处理；另外，对学生的评价不够多元化、深入化。许多新入职教师在课堂结束后进行自我反思时也认识到自己的不足，可不知道该怎么改进，有时候会花费很长时间改进，但效果不佳。①

对于新手教师来说，如何上好一门课程是至关重要的。很多新手教师在登上讲台前对自己能够顺利且圆满地完成授课内容充满了信心。但是初登讲台后，面对课堂上发生的偶然事件以及学生出现的各种“怪异行为”时，一些新入职教师

① 陈小倩. 初任教师入职适应现状及其对策研究[J]. 内蒙古师范大学学报（教育科学版），2011，24（12）：72-74.

常常表现得手足无措、紧张，不能较好或者灵活地处理以上问题，甚至连课程都无法继续下去，这严重阻碍了正常的教育教学活动。一些新入职教师不仅不能很好地掌握课堂教学技能，连教师所需具备的基本技能方面也存在欠缺，如教案的书写、教材的运用等，这些都使新入职教师对自己的能力产生怀疑，觉得自己并不能较好地承担教书育人的工作。结合一线新入职教师访谈可以看出：

> 虽然在大学期间，学校会组织到一些幼儿园实习或者见习，自己对真实的教育场景也有所了解，但是当面对小朋友时，我还是觉得很慌张。我很认真地备课，把所能想到的各种各样的突发状况都列举出来，并制定应对策略，但是到真正上课的时候，自己精心设计的问题不但没有得到回应，还出现了意外的状况，这时我感到手足无措，不知道该怎么办，头上开始冒冷汗，课程也无法进行下去。幸亏当时旁边还有一位经验较为丰富的老师，及时地发现了我的"不对劲"，巧妙地接着我的问题讲了下去，化解了课堂的尴尬。但是，这件事却给我留下了阴影，我觉得自己当初选择这个职业是个错误，对自己的能力陷入深深的怀疑之中。

从以上案例中可以看出，从职前教师走向任课教师，对于新入职教师而言是一个巨大的转变。由于缺少教育教学经历，当进入复杂的、不确定的、充满挑战的实际教学场景时，新入职教师会受到强烈的现实的冲击，切实感受到想象与实际的巨大差别，对自身能力表示怀疑，产生强烈的挫折感，这将直接导致新入职教师产生困惑和迷茫。

（二）新入职教师反思能力薄弱

近年来，教师的反思能力成为众多学者研究的重点。古人云"吾日三省吾身"，强调的就是反思的重要性。不可否认的是，有效的反思是提升教师教学能力的重要途径，也是促进教师专业较快发展的有效手段。反思是教师对自己以往的教育教学实践的回顾，是对自己教育教学实践的再认识、再思考，并以此为依据进行经验总结，从而使自己的教育教学专业能力获得不断发展。它是教师自觉地把自己的课堂教学实践作为认识对象进行全面而深入的冷静思考和总结，从而进入更优化的教学状态，使学生得到更充分发展的过程。①但是在实际教育教学工作中，由于新入职教师自身的缺点，其教学反思能力的现状并不尽如人意。因此，提高新入职教师的反思能力在教师教育过程中显得尤为重要与迫切。

> 据了解，李老师毕业于国内某重点师范院校，在家乡某重点学校教书。刚参加工作时，她信心满满，但是过了一段时间后她便对教师这一职业失去

① 连榕. 教师专业发展[M]. 北京：高等教育出版社，2007：212.

了信心。原来李老师上课过程中发现自己所讲的内容不能引起学生的共鸣，学生也提不起兴趣，上课的氛围总是死气沉沉的，她的教学也没有得到学生欢迎，因此在她上课时总是有学生捣乱。刚开始李老师只是认为其是新来的教师，学生可能对其有抵触心理，或许过一段时间就会好了。但是后来事态却更加严重，在课堂上捣乱的学生越来越多，甚至有一次李老师去上课时被学生关在门外，这件事对李老师的刺激比较大，她甚至开始怀疑自己是否真的适合教师这一职业。李老师任职半年后，学校某位有名的高级教师找她谈话，在谈话的过程中这位高级教师提到自己在教学的过程中非常注重反思，通过反思发现自己的不足之处，每天都会有新发现、新体会，是教学反思促进自己不断成长、不断进步，李老师震惊了，原来在她的认知中，把课上完就意味着教学活动完成了，课下也没有作好记录，更别提反思了。

结合上述真实访谈和现实情况，我们会发现，对于新入职教师而言，反思能力比较欠缺。案例中的李老师认为自己上完课就可以了，学生出现上述表现的原因并没有引起她足够的重视，也没有促使她探索深层次的原因，更没有对自己的教学理念与教学行为进行反思，甚至李老师根本没有意识到课下反思的必要性。

由于刚进入任教学校，新入职教师除自身能力不足外，还缺乏足够的经验，因此在面对复杂多变的教育教学情境时，并不能及时且灵活地解决问题。对于新手教师而言，教育教学经验不足，因此在教学中遇到问题或者困难是不可避免的，如何克服或者解决问题是新入职教师应该加以思考的问题。这就需要新入职教师加强反思，对自己教育教学实践中出现的问题进行思考，检讨自己的行为，及时发现自己的不足，并能及时更新自己的教育理念和专业知识，不断克服各种不利因素，提升自身综合素养，积极主动地提高自我发展与自我完善的能力，从而逐渐成为一名优秀的教师。[①]可见，反思能力对于新入职教师而言极其重要，反思能力不足将严重影响和制约着他们的专业成长。新入职教师只有不断提高反思能力，才能对自身的教育教学工作有更加清醒的认识，进而增强职业胜任力，促进自身的专业发展。

（三）新任职教师职业规划缺失

教师职业规划是指入职教师在入职后对自己日后的职业发展有一个详细的规划，除了制定长远目标，还要制定短期目标，并努力实践，加以完成。职业规划事关个人今后职业发展的方向和目标。[②]“凡事预则立，不预则废”，强调的是规划的重要性。教师教育强调的是教师专业发展的连续性，包括职前教育、入职和

① 连榕. 教师专业发展[M]. 北京：高等教育出版社，2007：214.

② 张月皎. 中学新入职政治教师职业认同的研究[D]. 天津：天津师范大学，2016.

职后培训三个阶段，对于新教师来说，走上任教岗位只是迈出了一小步，就新入职教师而言，要想在以上三个阶段有所发展是至关重要的，这就需要新入职教师对自己的职业生涯作好规划。

许多新入职教师刚入职时往往一方面对自己的工作怀有满腔热情，充满信心，对教育事业充满神圣感与使命感，干劲十足。另一方面由于刚走出校门、刚接触任教工作，一切都是迷茫而又无助的，面对突然变化的环境，新入职教师只看到眼前的困难，急于想在教学方面有所成就，急于证明自己，但是对于自己现在处于哪个水平、自己有什么优缺点，同时自己想要达到什么目标、通过几个阶段达到此目标并没有清晰的认识与理解，短期的规划尚且不完整，长期的发展目标往往被忽视。很多新入职教师缺乏自身专业发展规划意识，在工作中只是听从领导的安排，以完成领导安排的任务为目标，没有自己的想法，更没有自己的规划，过一天算一天。当工作出现问题时，尽量把原因归结为外部因素，对于出现的困难也不想办法解决，这类教师在工作后期很容易出现职业倦怠，导致自身专业发展遇到困境。

> 刘老师是某师范类院校小学教育专业的毕业生，毕业后经过笔试与面试进入某乡镇小学。由于刚进入任教学校，刘老师按部就班地按照学校的课程安排尽力上好属于自己的课，她很清楚自己的优势与不足，尽量发挥自己的长处，避免自己的短处，因此在很短的时间内，她的教育教学工作就得到了学校领导和同事的肯定。但是过了一段时间后，刘老师觉得教育教学工作枯燥无聊，和自己当初预想的存在较大差距，因此刘老师每天都觉得很疲惫，课也不想上，面对课堂上捣乱的学生更是大发脾气，教育质量严重下降。为了改变自己这种状态，刘老师向本校一名德高望重的马老师请教，详细描述自己出现的问题，希望马老师能帮助自己摆脱目前的困境。马老师听取刘老师的讲述后，首先对刘老师提出了表扬，表扬她能正确地认识到自己的优点与缺点，并能较好地发挥自身优势，但是对自己的教育教学工作缺乏明确的规划，包括短期目标与长期目标，因为没有明确的目标，就会缺乏动力，所以在从事教师职业一段时间后，面对重复的教育工作才会觉得疲惫，甚至是厌烦。此时刘老师才恍然大悟，明白了职业规划的重要性，表示自己会作好未来规划。

上述访谈调查我们可以看出，一些新入职教师不清楚自己的教师职业定位和目标，对当下如何转变职业角色定位，如何提高教学水平，如何促进个人的专业发展等缺乏详细的规划。在面对新的工作环境、复杂的人际关系时，一些琐事就有可能让他们焦头烂额，他们每天只是忙忙碌碌地工作，应付各种琐事，一切按照学校的规定和安排来做，没有自己的明确职业目标，更没有自己的详细职业生涯规划，“当一天和尚撞一天钟”，从而使自身的职业胜任力大打折扣，严重影响了自己的职业发展，降低了职业生活的质量和水平。

第三节　职后教师生活世界的异化

与职前教师和新入职教师相比，职后教师有了更多的教育教学实践经验，但是同时他们也在生活中面临着更多的问题和更大的压力。一些职后教师的生活世界遭遇多方面的冲击和影响进而被异化，在日常生活中教师的个体生命被忽视，在社会生活中教师形象被误解，在职业生活中教师身心受到压抑，专业生活疏离教师自我专业发展需求。

一、在日常生活中教师的个体生命被忽视

职后教师的日常生活往往被忽视，一方面由于工作繁忙，他们的休闲时间很少，而且还总被挤占；另一方面，因为经济收入不高、家庭负担重，他们的生活压力比较大。在这样的日常生活境况下，他们的个体生命往往被忽视。

（一）职后教师日常生活紧张单调

休闲时间是人们可以自由支配的时间，它不被直接的劳动所占用，而可用于娱乐、休息和个人的活动，它满足着人们精神、文化与社会的多种需要，是个性发展的空间，是衡量一个社会文明程度的重要维度，是实现人的全面发展、提高生活质量的重要条件。①但对于职后教师而言，受多方面因素的影响，很多职后教师的休闲时间很难得到保证，其整个日常生活更多处于一种紧张单调的状态。

职后教师的日常生活很多时候处于紧张、忙碌的状态，舒适的休闲时间相对有限。一方面，职后教师工作忙、工作时间过长。写教案、制作课件等备课任务占据了教师的大部分时间，要想把一节课上得更好，则需要花更多的时间。同时教师很多时间都花在完成上级规定的各项任务、应付各级各类检查上，而非对自身教育教学的钻研与反思上。教师往往疲于应付一系列的例行常规的工作。此外，多数教师从早忙到晚，早上或晚上有自习课的教师还需要去辅导学生或讲课，有时下班后还要占用自己空闲时间来批改作业、参加业务培训、开会、管理学生和班级、进行家访等。繁重且琐碎的事务性工作压缩了教师的生活空间，沉重的任务使教师不得不占用休闲时间工作。另一方面，很多教师还要为家庭生活而忙碌，这主要集中在已婚的教师，特别是有孩子的教师身上。这些教师下了班还得辅导孩子写作业、照顾孩子洗漱、哄孩子睡觉。繁重的家务也挤占了教师的休息和娱

① 杨志勇. 小学教师日常生活探析——一种质的研究[D]. 沈阳：沈阳师范大学，2011.

乐时间，使得一些教师基本上没有可以自由支配的休闲时间去享受生活。

职后教师日常生活往往比较单调。由于工作时间相对稳定，教师的日常生活几乎就是上班、下班、做家务和辅导孩子学习等。周末一般以孩子为中心展开，带孩子看望父母、上辅导班、去游乐场或给孩子购买日用品等。尽管国家规定中小学不允许补课，但补课在很多学校屡禁不止。不少老师周末还需要加班补课，休息时间被占用。还有一些老师迫于经济压力私自去校外辅导班上课挣点外快，就更没有休息的时间。[①]职后教师，特别是中小学教师的日常生活节奏几乎都是如此，周而复始，如此循环往复。这样的生活导致教师的生活空间狭小而封闭。忙碌和压力使一些教师在不知不觉中放弃了自己的兴趣爱好，精神追求也在现实生活中逐渐被消磨。

此外，职后教师的人际交往圈相对较小，交往对象较为单一，多数以同事和家人为主。教师普遍反映自己的生活和活动范围相对狭小，信息闭塞，正逐渐“与世隔绝”、与时代相脱节，视野越来越狭窄，生活激情也越来越少。较少的休闲时间、单调的日常生活模式、搁置的兴趣爱好、狭小的人际交往圈等使得教师群体逐渐与日常生活疏离，成为日常生活的边缘人。

（二）职后教师日常生活压力较大

随着国家对教育的日益重视，教师的工资待遇得到了逐步提高，但提高幅度不大，仍然没有从根本上解决教师工资待遇不高的问题。日常生活压力，特别是经济压力仍然是职后教师面临的重要现实问题。日常生活方面，一些教师的生活压力较大，经济负担较重，总体来说，生活较为拮据。一些年轻已婚教师单靠自己的工资难以实现有一套房子的愿望；一些有房贷的老师没有父母的帮衬不知道如何维持日常的生活开销。债务压力使得很多老师不得不节衣缩食。[②]由于我国教育经费的投入尚有不足，教师的物质待遇还没有达到应有的水平，一些教师的物质生活水平还处于生存阶段。大部分教师认为，工作时间过长却得不到相应的劳动报酬，付出与收获不成正比，对工资待遇、福利等不满，对经济收入的满意程度偏低，长此以往会降低教师工作的热情和积极性。

在工作量大、工作任务重、福利待遇偏低的情况下，教师的生存状态不容乐观，身心健康问题频发。教师在身心健康方面或多或少地存在问题，尤其是升学压力较大、课业更繁重的高年级教师。调查发现，教师在不同程度上有职业疾病，如颈腰椎疾病、血管疾病和呼吸道疾病，部分教师有时会出现疲劳乏力、失眠健忘、头晕耳鸣等症状，其中疲劳乏力者居多，并且这种趋势随年龄递增，老教师

① 夏英. 小学教师的日常生活与自主发展之关系研究——以成都市实验小学为例[D]. 成都：四川师范大学，2007.

② 姜琪瑞. 农村教师的日常生活——基于 D 中学的个案分析[D]. 武汉：华中科技大学，2013.

最为明显，许多教师的身体呈亚健康状态。[①]大部分教师经常会为学生成绩和升学率忧虑。工作压力增大，容易产生焦虑和烦躁情绪，出现情绪不稳定等心理问题。

日常生活是教师成长和发展的前提与基础，影响到教师生活世界的方方面面。对于职后教师而言，短缺的休闲时间、单调的日常生活模式、沉重的生活负担和压力、频发的身心健康问题等，都使得教师的日常生活受到挤压和忽视，教师的个人自由、生命成长和发展受到轻视，从而造成教师生活世界的不完整。

二、在社会生活中教师形象被误解

职后教师的社会生活面临着双重困境：一方面，他们难以在社会中找准自己的位置，导致他们容易在社会生活中迷失自己；另一方面，教师社会地位在理想和现实之间的冲突导致教师在社会生活中处于尴尬的境地。在这样的社会生活环境中，职后教师的社会形象往往遭到误解。

（一）职后教师社会角色的迷失

职后教师社会角色的迷失是多方面的，表现在职后教师社会代表者角色被架空、公共知识分子角色缺位以及对道德模范角色的迷失等。

首先，职后教师社会代表者角色被架空。国家和教师确实存在着一种契约关系，即国家付给教师报酬，作为教师，其言行应该代表国家意志、代表主流价值取向。不论是在支配阶层的期待中，还是普通大众包括学生的眼光中，教师一直被视为社会代表者。然而，在现实生活中，教师的社会地位还不够高，他们不属于社会的支配阶层，没有实际的政治权威和政治影响力。事实上，职后教师的社会代表者角色被架空了。

其次，职后教师公共知识分子角色缺位。教师工作在当代正面临着贬值危机，主要表现为教师总是教育改革针对的对象，其地位等同于高级技师，执行远离现实课堂生活的专家所确定的命令和目标。教师被动地接受管理与执行课程计划，而不是批判性地使用课程来适应具体的教学。[②]职后教师教育往往注重培养职后教师的教学能力，而忽视培养他们的社会责任感，忽视他们作为公共知识分子的社会角色。一些职后教师也仅仅关注自己的教学工作，而没有意识到教师所应发挥的公共知识分子的社会作用。很多教师将目光仅仅投向学生成绩、学校课程与教学、个人职称与利益等，没有清楚地意识到教师这一特殊社会群体所担负的社会责任和传承人类文化的重要职责，缺乏对权力、意识形态和文化等社会问题的关注。

最后，对道德模范角色的迷失。一直以来，社会对教师形象的期待是道德模

① 高田幸子. 中学教师专业生活世界调查研究[D]. 金华：浙江师范大学，2017.

② 蒋福超. 尴尬的教师：当代教师社会角色的迷失[J]. 当代教育科学，2012（5）：26-28.

范，如教师是“春蚕”“蜡烛”“火把”“人梯”“人类灵魂工程师”，教师是一个安贫乐道、无私奉献、不求回报的道德高尚的群体。历年“十大杰出教师”的评选中，媒体对教师牺牲自我、照亮别人的事迹进行宣扬，反映了社会对教师道德形象的期待，也反映了在当今市场经济社会下教师传统形象的式微。同时媒体又把一些反师德形象的教师公布于众，对教师性侵、猥亵学生和收受贿赂等事件进行大肆报道甚至炒作，这既是媒体自身的运作偏好所致，同时也折射了一种在大众文化崛起后一切权威都受到质疑的社会文化环境，在这一环境下，教师的传统道德模范角色丧失，教师要保持传统意义上的道德模范形象也变得愈加困难。

我国传统文化中有把教师当“神”看的倾向，而不把教师当“人”来认识，即便把教师当“人”来对待，教师也必须是如孔子一样的“圣人”与“完人”，是工作不知疲倦的“超人”。①这种来自社会的精神“高帽”使教师的生活失去现实的根基，忽视了教师的个体需求，使他们仅仅生活在理想化的世界，造成理想与现实的不协调，势必带来教师真实自我的迷失，也因此失去自我发展的方向。

（二）职后教师社会地位的尴尬

社会地位指在社会上所处的位置，包含经济地位，政治地位，以及所扮演的角色和对教师的评价等。对于教师而言，工资待遇、享有的权利以及社会人的评价均是教师社会地位的重要组成部分。②当前，我国教师的社会地位呈现出理想和现实的冲突，具体表现为官方承诺和民间习惯之间的差距，教师的社会地位和信息时代所赋予其的更多元、更高尚、更重要的职责使命显然是不太对称的。

在教师的社会政治地位方面，1996 年“科教兴国”基本国策的提出，以及包括《中华人民共和国教育法》《中华人民共和国教师法》《中华人民共和国义务教育法》等在内的一系列教师教育法律法规的出台，表明我国的教育事业发展逐步进入法治化轨道，教师的政治地位在新时期被提升到一个新的高度。然而，我国传统的教育体制是一种由中央到地方，再由地方到学校的自上而下的体制，教师处于这一管理体制的最底层。在教育改革过程中，由于缺乏应有的自主权，教师丧失了在专业领域的话语权和在课程设计、课程开发和课程实施中的专业自主权，致使其成为国家意志的被动执行者。

在教师的社会经济地位方面，随着知识经济的到来，从合法权益角度来看，教师作为国家工作人员，享有法律规定的一切合法权益，追求自己的正当利益更是理所当然的事情。但由于传统教师观的影响，社会大众对于教师积极追求自己

① 陈建新. 中小学教师角色定位偏差与职业倦怠[J]. 教学与管理，2012（3）：49-50.

② 苏玉彩. 我国教师社会地位的困境及其解决途径探析[J]. 新教育时代，2015（39）：219.

正当利益的行为不是给予支持和鼓励，而是报以怀疑的态度看待教师的行为，甚至对教师产生误解，使教师群体陷入困惑和矛盾。[①]经济收入上，虽然在《中华人民共和国教师法》等法律中有关于提高教师工资待遇的规定，但是由于受到地区经济发展、局部具体情况各不相同的限制，有些政策落实不到位，工资提升水平不高，很多教师并不能像法律规定的那样获得可观的报酬。教师的社会地位呈现出区域不平衡的特点，区域经济发展程度不同，教师的社会地位有一定差异，特别是在农村偏远地区的中小学教师，经济收入则更低。

在教师的社会声望方面，尽管当前我国教师的社会声望已经有了很大的提高，教师整体上受到了国家、社会、家庭的尊重和重视。但是，随着信息传播技术的快速发展，越来越多的人通过网络、电视、广播等获得知识和信息，伴随着这一变化，人们对教师的重视程度也就越来越不如从前了，教师的社会声望也随之下降。社会和家长对于教师的评价参差不齐，容易将教育问题和学生的错误简单粗暴地归结为教师的原因，对教师横加指责。学生对教师的态度未能达到期望的标准，甚至会与教师发生冲突，师生关系恶化。这些都将对教师的社会地位产生不良的影响。

三、在职业生活中教师身心受到压抑

职业生活是职后教师生活的主要内容，占据了职后教师的绝大部分时间。职后教师承担的教学任务比较重，职业压力比较大，一定程度上导致他们产生职业倦怠。异化的职业生活对职后教师的身心造成了不良影响。

（一）职后教师的职业重压和职业倦怠

在职业生活中，教师承担着繁重的工作任务，使他们承受着很大的压力。多数教师每天平均工作时间在 10 小时左右，超过了国家规定的 8 小时工作时间，整天起早贪黑。教师们普遍反映上班时间格外紧张，整体忙于备课、上课、批改作业、教研、开会、指导和参加学生课外活动、应付各级各类检查等，甚至经常得加班加点，特别是班主任和主科教师还需要占用休息时间进行家访或辅导学困生等。很多教师还会把在学校做不完的工作带回家里。

对职后教师的评价导致教师承受着巨大的职业压力。中小学对教师的评价方式基本上都是奖惩性的，将教师工作中的表现作为解聘、加薪、晋升、降级、减薪的唯一标准，这种评价模式阻碍了教师在评价中的主体地位的确立和专业成长。[②]教师为了在激烈的竞争中生存，就只能千方百计地努力提高学生的分数、班

① 许红霞. 我国教师社会地位的境况及其解决途径探析[J]. 传承，2015（4）：99-101.

② 陈建新. 中小学教师角色定位偏差与职业倦怠[J]. 教学与管理，2012（3）：49-50.

级的名次以及升学率。学校实行的末位淘汰制、下岗制、工资级别制，以及绩效制等竞争性的评价制度给教师带来了沉重的压力。例如，有些学校实行教师聘任制，对教师一年一聘，考评不合格就予以解聘。频繁的评比和激烈的竞争严重阻碍了教师之间的沟通交流和相互促进，使教师难以体验到职业的幸福和快乐。在这种愈演愈烈的竞争压力下很多教师超负荷工作，身心疲惫，长此以往，将导致教师产生职业倦怠。

职业倦怠是指在职业环境中，对长期的情绪紧张源和人际关系紧张源的应激反应，表现出一系列的心理、生理综合征。具体表现为三个方面的特征：情绪不稳、人格解体、成就感降低。职业倦怠多发生在教育、医疗护理等与人打交道的职业中。[①]教师是职业倦怠的高发人群，多数教师都会产生职业倦怠。职业倦怠不仅会直接影响教师自身的健康，而且也会间接地对学生产生负面影响。

调查发现，大部分学校对教师能力评价仍然集中在学生的成绩上，许多学校为提高升学率，给教师施加行政压力、制定升学指标、排考试名次、评优劣教师等，在这种压力面前，教师只能无可奈何地将全部精力放在学生成绩的提高上，通过增加课时、增加考试、增加作业等促进学生学习，形成片面追求升学率的不良循环。[②]教师工作的满足感全取决于学生的成绩，学生成绩成为教师的主要追求。这样一种缺乏亲和力与尊重感的价值追求，将教师引向一个无法关注自我的孤岛。长此以往，教师会产生压抑感，教师的专业生活会变得单一，工作也渐渐模式化，缺乏对工作的热情和激情，甚至许多教师会出现归属感缺乏、幸福感等不强、工作满意度不高、情感的疏离和冷漠等倦怠症状。

当前一些学校只要求教师拥有责任感，却“没收”了教师的幸福感，只强调教师的奉献精神，却忘却了教师的精神世界建设，教师也是普通人，有自然的生理、心理机能反应，并不是教育的机器，职后教师也需要情感的呵护和人文的关怀。

（二）职后教师职业生活的贫乏

随着现代民主平等的新型师生关系的提倡和严禁教师体罚、变相体罚或侮辱学生人格尊严等相关法律的颁布实施，尊师重道的传统意识在当今的中小学正在被淡化，教师越来越不敢管教学生了。一些老师表示，师道尊严对他们来说是一种奢望，学生认为自己来学校读书，教师传授知识是理所当然的，教不好就是老师的责任，学不好是老师的水平问题，对老师的传道授业缺少感恩之情。师生关系开始变得异化，教师往往以退为进。学生的无心向学加上一些家长的蛮横无理挫败了教师对其职业的认同感和优越感，教师地位随着师道尊严的逐渐消逝而逐渐

① 高萌阳. 教师职业倦怠的影响因素及干预策略[J]. 课程教育研究，2018 （51）：182-183.

② 高田幸子. 中学教师专业生活世界调查研究[D]. 金华：浙江师范大学，2017.

降低，致使一部分老师有了弃教的念头。

教师职业生活是一种理性化的生活，但是教师职业生活的过分理性化尽管将教师从自在自发的生存和发展状态逐步提升到自为自觉的生存和发展状态，但割断了教师日常生活与职业生活的内在联系，甚至将日常生活从教师职业生活中人为地驱逐出去。处于理性的绝对统治下的教师将其职业生活的内容简化为单纯的学科知识的传授，而忽略了自身生存价值的整全性与学生成长和发展的完整性。在理性化的职业生活中，教师所信奉的是理论家所确定的教条，所传授的是专家选定的知识，甚至所采用的方式方法也是固定统一的。同时，教师也更容易以一副教育者的冷面姿态出现在学生面前，从而无形之中凸显了自身的不可侵犯的绝对尊严，维护了自身的权威。这种理性化的职业生活由于缺乏日常生活的感情和温度，致使职后教师在教学工作中经常处于焦虑不安和孤独的生存状态，同时，因为忽视了个体的日常生活体验，一些职后教师难以全面理解生存的价值，进而造成其职业生活的异化。

过分理性化的职业生活使教师处于一种紧张而非自由的生存状态之中。这种紧张主要来自两个方面。一方面是来自生存压力和自身利益的获取与维护。特别是对升学率这一外在于教育本质的功利追逐使教师不敢有丝毫的松懈。另一方面是来自学科知识的外在控制。应试的传统和知识拥有者的社会角色导致获取知识、传授知识成为教师职业生活的主要内容。因为拥有知识而成为教师，又为了知识的传授而存在，部分教师成为知识控制下的工具人，这种角色使这些教师丧失了作为自由人的价值尊严。①处于这种过分理性化的职业生活中的教师，不但自身无法获得幸福感，而且还会造成学生的片面发展。

异化的师生关系以及过分理性化的、脱离教师日常生活的职业生活导致教师职业生活的贫乏和异化。这种贫乏的职业生活致使一些职后教师脱离了日常的、生动的和本真的教育生活，从而迷失于不自由的、缺乏人文关怀的生活状态之中，这些都会对职后教师的身心造成严重伤害。

四、专业生活疏离教师自我专业发展需求

职后教师的专业生活包括自主学习、自我反思、教研活动、科学研究、国内外访学、学术研讨、出国考察学习、网络远程学习以及其他各种形式的教师进修和培训等。职后教师不仅要完成自身的教学任务，还要随时作好准备重新接受继续教育，只有这样才能做到专业的可持续发展。然而在现实中，职后教师的专业生活内容还不够丰富、方式还比较单一，职后教师培训异化了教师专业生活，这主要体现在各级各类教师培训上，包括国培、省培、市培和校培等。

---

① 谌安荣，张传隧. 教师职业生活：蕴涵、异化与回归——基于文化哲学的视角[J]. 大学科学教育，2013（5）：71-76.

（一）职后教师专业生活不够丰富、方式还比较单一

从学校层面来看，一些学校缺乏对教师专业发展的支持和鼓励，由于物力财力有限，学校不愿投入大量的物力财力用在教师专业发展上。[①]一些学校更多的关注教师管理，将教师视为工作机器，忽视教师自身的发展需求，将成绩、升学率作为衡量教师的标准，在教育教学中以学生成绩为基准，将专业发展的目标局限在知识能力、备课授课能力的提升上，将教师的专业发展引导到学生的成绩和升学率的提升上，各种严苛的制度和守则也制约了教师对自身发展的追求。

教师职业是专门性职业，教师是专业人员，教师工作是一种“专业”而非一般职业，无论是教师个体还是教师职业群体，都应拥有这种意识。教师要拥有作为专业者必须具备的专业知识、专业技能和专业伦理等内在品质共同作用下形成的专业行为意识。教师专业生活，就是教师在此三个领域的专业行为。专业生活意识就是教师要有符合此三个领域规范的行为意识。[②]然而，一些职后教师的专业生活意识比较淡薄，他们认为某些专业发展政策形同虚设，或者拘泥于形式，完成专业发展的任务就是签到和挣学分；专业发展的主要途径就是职后教师培训，而目前的职后教师培训形式还比较单一、效果不佳，实际作用并不大，对其专业发展没有建设性意义。因此，部分教师以教学任务重、工作量大、时间紧为由来躲避或者拒绝专业发展的相关培训。甚至有老师认为不需要专业发展，这种淡薄的专业生活意识必然导致其对专业发展的忽视。

教师专业学习是教师专业生活的核心内容之一，应该予以重视。然而，现实中教师专业学习的时间少、系统性差。繁重的教学任务和学校事务往往会占据教师大部分的学习时间，打乱学习计划，使得教师的专业学习时间减少、效率大大降低，导致教师无法进行系统的专业学习。[③]另外，教师专业学习也缺乏自主性，学校往往把学生的成绩作为衡量教师专业能力的重要标准。成绩评比和升学压力使教师只能将时间和精力都投入到教学上，想方设法提高学生的成绩，而无暇顾及自我的专业发展。教师的专业生活意识和权利受到限制与压抑，不得不在现实面前让步，无法有效地发挥其专业生活的自主性和能动性。

科研生活是教师专业生活的重要组成部分。教师在科研生活中不仅要关注教育现象和教育问题，还要对这些现象和问题进行深入剖析和研究。然而，一些中小学教师的科研意识还不强，科研工作也缺乏深度。教师所要研究的课题来自专业生活中的真实教育现象和问题，然而教育问题和现象是外显的、散乱的、不成体系的，需要教师在自己或者他人的教学过程中去发现。仅仅发现还远远不够，

---

① 高田幸子. 中学教师专业生活世界调查研究[D]. 金华：浙江师范大学，2017.

② 张克中. 教师应有专业生活意识[N]. 江苏教育报，2013-09-27（02）.

③ 梁岩岩，崔友兴. 乡村教师专业生活、困境及走出思考[J]. 教育与教学研究，2018，32（10）：66-71+126.

如何把这些问题和现象经过深入分析形成研究课题更为重要。一些中小学教师的思考往往停留在碎片式、偶然式的层面，这样的思考无助于形成有价值和有深度的研究课题。①教师所处的科研环境和自身的科研能力也是影响其开展科研工作的重要因素。大多数中小学校可用于科研的图书和电子资源不足、科研氛围普遍不浓厚，中小学教师往往也不注重教育研究理论的学习，科研能力还比较薄弱，也缺少教育和科研专家的指导和培训，这些缺失使得中小学教师不知道该怎样进行深入研究。中小学教师往往陷入如何寻找到有价值的研究课题以及怎样进行深入研究的科研生活困境之中。

（二）职后教师培训异化了教师专业生活

职后教师培训是职后教师专业生活和职后教师教育的重要组成部分，是提高职后教师综合素质、促进职后教师专业发展的主要途径。但是，在职后教师培训中依然存在着一些亟待解决的问题，如培训内容脱离教师教育真实需要和培训评价不够合理等。

1. 职后教师培训内容脱离教师教育真实需要

我国的教师培训主要由学科专家、高校教授、优秀教师等担任培训方，培训内容多是前沿的教育理念或者教育科学知识。不可否认的是，这种教师培训形式可以在短时间内对大量的教师进行集中培训，比较经济实用。但是，人们习惯于把教师培训等同于教师知识的增长或者知识结构的更新。为此，在培训时培训方将大量的专业术语或者知识灌输给教师，或者将国外的先进教育思想以及专业知识讲授给教师听，但是他们忽略了具体的、复杂的教育教学实践，不知离开具体的教育教学情境只是空洞的理论就如催眠曲一样，上面的人讲得天花乱坠，下面的人听得昏昏欲睡，使教师变得麻木，甚至抗拒诸如此类的培训。如一位物理老师反映："一些培训内容听起来高大上，实际上就是假大空。比如请个大学物理老师给高中老师讲怎么教高中物理。大学老师对高中没有足够的了解，说的一些理论老师们都感觉很可笑，但是还要捂住嘴强迫自己不笑，憋着听下去。"一位有31 年教龄的老师说："培训内容多是前沿的教育理念、教育思维，缺乏实操性和可复制性，尤其是在乡镇或农村等教育资源薄弱的地区。"②

职后教师拥有丰富的教育教学实践经验，但是当面对复杂的教育教学情境时，仍然会有不少的困惑，因此，教师们必然是带着问题来参加培训的，他们希望培训方能够给予他们讲述自己遇到的问题的机会，如果来参加培训的教师们或者培

---

① 梁岩岩，崔友兴. 乡村教师专业生活、困境及走出思考[J]. 教育与教学研究，2018，32（10）：66-71+126.

② 田园. 教师培训有多大用？来听听 156 位一线教师的真心话.（2018-08-07）[2019-10-08]. https：//www.jiemodui.com/N/98692.html.

训方也遇到或者遇到过此类的问题，就能够更好地帮助他们解决问题。据了解，参与培训的很多教师认为，教师培训中出现的比较突出的问题是培训内容去个性化，没有从一线教师的实际需要出发，脱离他们的实际需求。

另外，职后教师的教龄存在很大差异，跨度将近 40 年。这就使得职后教师培训不能搞一刀切，而应考虑到不同教龄段的教师的不同需求。瑞士学者休伯曼等提出教师职业生活周期论把教师职业生涯划分为几个阶段。

1）入职期：第 1—3 年。

2）稳定期：第 4—6 年。该时期，教师决定投身于教学工作；教师初步掌握了教学法，由关注自己转向关注教学活动，不断提高教学基本技能，形成了自己的教学风格；自信、愉悦和幽默。

3）实验和歧变期：第 7—25 年，自此时期开始教师的发展路线表现出差异性。其原因在于随着教育知识的积累和巩固，教师试图增加对课堂的影响，在教学材料、评价方法等方面开展了个性化的实验；教师改革的愿望使他们增加了对阻碍改革的因素的认识，进一步激发了教师改革的热情，教师的职业动机强烈；对课堂的职责有了初步了解后，教师开始寻求新的突破。

4）重新估价期：第 7—25 年，在许多情况下，教师没有经过实验和歧变期，而是产生了自我怀疑，进入重新估价期。严重者可表现为职业生涯道路中的一场危机。年复一年单调、乏味的课堂生活，或者连续不断的改革却带来令人失望的结果，这些都会引发危机。

5）平静和关系疏远期：第 26—33 年，许多教师在经历了怀疑和危机之后开始平静下来，能够较为轻松地完成课堂教学，也更有自信心。随着职业预期目标的逐渐实现，志向水平开始下降，对专业投入减少，与学生的关系更加疏远，对学生行为和作业更加严格。

6）保守和抱怨期：第 26—33 年，教师在经历了实验和歧变期、重新估价期后变得较为保守，这可能是自我怀疑的进一步发展，也可能是改革失败导致的结果。多数教师会抱怨学生变得纪律性更差、缺少学习动力，抱怨公众对教育的消极态度，抱怨年轻教师不够认真、投入。

7）退休期：第 34—40 年。[①]职后教师在不同的职业生活阶段表现出完全不同的特征，具有不同的专业发展需求，这就要求在职后教师培训过程中对处于不同职业生活阶段的教师要采取差异化的教育方式。

然而，我国的教师培训大多以统一集中讲授为主，一些教师培训脱离教师教育教学实践，忽视不同教龄教师的阶段特征和个性需求。因此，这样的教师培训不利于教师对教育教学实践中存在的具体问题进行反思和分析，不利于提高教师

① 叶澜，等. 教师角色与教师发展新探[M]. 北京：教育科学出版社，2001：344-345.

将新课程的理念融入具体教学的能力，针对性比较差，并不能真正帮助教师解决实际教育教学中遇到的难题或困境。适当的培训有助于促进职后教师的专业发展，但是如果国家和学校试图一味地以各级各类培训代替教师个性化的学习，忽视教师个体专业发展需求的差异性，则会在一定程度上限制教师自主性的发挥，束缚教师的专业发展。

2. 职后教师培训评价不够合理

教师教育评价属于教育评价的范畴。教师培训评价和教育评价一样，都具有教育评价的一般逻辑过程，即明确评价的问题，指出评价的目的，确定评价内容和评价对象，决定收集哪些信息以及信息的收集、分析的方法，收集并且分析信息，得出结论及建议，用适当的方式向评价委托人报告评价的情况，依据评价的结论采取措施，再评价。①因此，教师培训评价内容具体应该包括以下三个方面：教师培训方案设计的评价、教师培训实施过程的评价和教师培训效果的评价。对教师培训方案设计的评价主要包括培训目标、培训方案是否科学、合理，是否满足了受训教师的培训需求；对教师培训实施过程的评价，即培训单位各个方面的工作，如培训内容、培训方式方法、培训师资、培训保障、培训管理等是否存在问题等；对教师培训效果的评价，主要是为了看培训是否达到了预期的目标和效果，是否满足教师培训发展的要求。②近年来，教师培训在提高教师综合素质与专业素养、促进教师专业发展、推动基础教育改革方面的重要作用日益凸显。随着国家对教师培训工作的重视，教师培训的形式与方法更加多样化，教师培训工作取得了较大进步。但是，当前我国的教师培训仍然存在一些问题，无法满足我国教育事业发展的需要。在现实中，教师培训评价并没有受到足够的重视，导致培训评价制度不科学，甚至一些培训评价制度也只是流于形式，在评价内容、评价方法、评价过程和评价结果方面都存在诸多的问题。

（1）职后教师培训评价内容比重失衡。教师培训评价的内容直接反映了职后教师培训的实际内容。虽然经过多次培训改革，职后教师培训所涉及的内容更加丰富，职后教师培训评价体系也日益完善，但是在职后教师培训评价内容中，各项目的评价比重还存在失衡的问题（表 3-4）。

表 3-4　中小学教师培训评价内容中各项目的评价比重情况　　单位：%

评价项目	教育教学技能评价	理论知识评价	师德素养评价	科研能力评价
评价比重	63.5	25.4	7.1	4.0

① 任丹. 小学教师培训评价存在的问题及对策研究[D]. 大连：辽宁师范大学，2010.

② 孔盈懿. 教师培训评价研究——以“国培计划”河南省中西部农村骨干教师培训项目为例[D]. 开封：河南大学，2016.

表3-4是中小学教师培训评价内容中各项目的评价比重情况。从表3-4可知，在教师培训评价体系中，教育教学技能评价所占比重最高，达到了63.5%，理论知识评价比重超出了整个评价的1/4，至于师德素养和科研能力的评价只占11.1%。这说明被调查的教师培训评价体系，重视对教师教育教学技能和理论知识的评价，师德素养和科研能力评价在教师培训评价体系中极易被忽视。这也表明在教师培训中，更加注重对教师的教学技能和理论知识的培养。但是教师不仅要具备扎实的教育教学技能和丰富的理论知识，还要具备较高的师德素养以及一定的科研能力，只有这样才能促进教师综合素质的提高，促进教师专业成长与发展。

（2）职后教师培训评价方法不够恰当。中小学教师培训评价方法主要有三种：教师的出勤率、学生的作业情况以及考试成绩。这三种是教师培训中最常见的评价方法，它们方便、快捷、高效、适用性强，比较容易量化，因此便于操作。①对于理论知识的考察，可以采用考试这种方式，因为考试可以直观地反映出参与培训的教师对这些知识的理解和掌握情况。但是对于技能的考察使用以上三种方法却都很难准确地检验出参与培训的教师的实际教学水平，也无法反映教师参与培训的前后变化。可见，当前教师培训评价的方法很难客观、全面、真实、有效地反映出教师培训前后的变化情况，很难真实地反映出教师的教育教学水平。

（3）职后教师培训评价主体单一。在职后教师教育评价中，一般都是由培训管理者或者授课教师对参训教师进行评价，评价主体单一。同时评价也带有强烈的主观色彩，不能完全真实地反映参训教师的培训效果。评价往往忽视中小学教师在教师培训中的主体地位，使得教师无权对自己的表现以及所掌握的理论知识或者实践能力作出评价，这样大大降低了教师反思自我和认识自我的积极性。另外，评价还缺少参训教师之间的互评，没有形成开放、宽松的评价氛围，造成评价结果缺乏客观性、可靠性和有效性。

总的来说，职后教师的专业生活不够丰富，方法还比较单一，再加上职后教师培训内容脱离教师教育真实需要、评价内容比重失衡、评价方法不够恰当和评价主体单一等都异化了职后教师的专业生活，湮没了职后教师的个性，阻碍了职后教师的专业成长与发展。

第四节 离退休教师生活世界的缺失

截至2019年，中国65岁及以上人口占比达12.6%，未富先老问题突出，人口老龄化加快。从发展趋势看，中国人口老龄化速度和规模前所未有，2022年将进入占比超过14%的深度老龄化社会，2033年左右进入占比超过20%的超级老龄

① 齐丽军. 中小学教师培训评价体系的改进与创新[J]. 课程教育研究，2018（15）：219-220.

化社会，之后持续快速上升至 2060 年的约 35%。同时，按照当前趋势，随着全面二孩政策效应的逐渐消失、受教育水平提高、城市化进程加快等，未来总和生育率将从 2019 年的 1.5%下滑至 1.0%～1.2%。以总和生育率 1.0%估计，到 2050 年、2100 年总人口将分别为 12.1 亿、5.2 亿，老年人比重分别为 31.2%、53.4%。即使以总和生育率 1.4%作稍乐观的估计，到 2050 年、2100 年总人口将分别为 12.7 亿、7.3 亿，老人比重分别为 29.6%、40.7%。若总和生育率在未来 10 年逐渐提升至 1.8%，到 2050 年、2100 年中国人口将分别为 13.6 亿人、10.0 亿人，老年人口比重将分别达 28.9%、32.5%。若未来 10 年中国总和生育率逐渐提升至 2.1%左右，到 2050 年、2100 年，中国人口将分别为 14.0 亿、12.9 亿，老年人口比重将分别达 26.8%、26.7%。①目前，中国已经成为世界上老年人口最多的国家，随着我国老龄化社会的到来，离退休教师这一群体也在迅速扩大，数量越来越庞大，高龄化现象突出。

我国的教师退休制度规定，男性教师一般年满 60 周岁退休，女性教师一般年满 55 周岁退休。1949 年 9 月 30 日前参加中国共产党所领导的革命军队、在解放区参加革命工作并脱产的享受供给制待遇、在敌占区从事地下革命工作的退休教师属于离休教师。教师到了离退休年龄要离开工作岗位、步入退休的生活。任何人都是会老的，进入老年是无法回避的自然法则和客观规律。大多数教师离退休后回归家庭，陪伴家人，而部分离退休教师选择继续工作，发挥余热。教师离退休后的生活与他们在职时的生活有很大不同，需要离退休教师重新调整和适应。总体来看，离退休教师的生活世界不如从前那么丰富了，开始转向单一，他们开始更关注日常生活，而对社会生活、职业生活和专业生活的关注逐渐减少。

一、离退休教师生活世界的转向：从丰富到单一

对于离退休教师来说，离退休之前的生活紧张忙碌，大部分的时间和精力都用在教育教学工作中，只有较少的时间和精力用来陪伴自己的家人，造成日常生活世界的缺失。离退休之后的教师拥有大把自由的时间，可以用来陪伴家人，对自己的父母尽孝，扮演好妻子或者丈夫的角色，尽做父亲或者母亲的责任，帮自己的子女带孩子，享受天伦之乐，或者发展个人兴趣爱好，和亲戚朋友外出旅游，等等。然而，现实并没有那么理想化，他们退休后，原来丰富的生活一下子变得单调了，离退休教师的生活世界面临着新的困难和烦恼。

---

① 中商产业研究院．“十四五”规划养老产业预判：5G 时代智慧养老成未来发展新方向．（2019-09-18）[2019-09-29]. http://www.askci.com/news/chanye/20190918/1737381152888.shtml.

（一）离退休教师日常生活状况不佳

离退休后，由于健康状况、社会角色、生活交往和生活状态等方面都发生了巨大变化，很多离退休教师不能很快适应离退休生活。

从生理上看，离退休教师属于老年人，进入老年阶段后，一个最为基础性的变化是各项身体机能的衰退。离退休教师在退休前，由于工作太劳累，精神压力太大，经常处于高度紧张的状态，身心已经处于亚健康状态，有的还患有多种慢性病。一旦退休，身体机能发生了变化，因此身体就容易出现问题。患病呈现职业特点，其中呼吸系统疾病、高血压、糖尿病、骨关节炎以及冠心病的患病率较高。调查研究发现，60 岁及以上离退休教师是慢性病患病的高危人群，身体质量指数（BMI）超标、高血压、血脂异常、血糖异常、心电图异常的比例分别为 45.82%，43.86%，29.15%，11.72%，25.12%。其中，身体质量指数异常和高血压患者所占比重最大的年龄段是 70—75 岁，血脂异常和血糖异常比例偏高的年龄段是 60—65 岁，而 65—70 岁，心电图异常者居多。①同时，受自然规律的影响，老年人的记忆海马体开始缩小，记忆力逐渐退化，越来越健忘。由于以前常年伏案工作，缺乏运动，离退休教师的生理防御机制和免疫力相对较弱，不免会患上各种各样的疾病，造成生理机能或组织结构的损伤，脑功能的衰弱会导致认知能力的下降。

从角色转换和生活交往来看，离退休教师曾在工作岗位上体验过自我存在的价值，感受到自己被人重视和需要，但退下来回归家庭和社会后，不再从事擅长的工作，习惯了多年的生活方式骤然改变，从职业角色过渡为家庭和社会角色，从主角变为配角，从交往范围广、活动频率高的动态型角色转变为生活交往圈子狭窄、活动趋于减少的相对静态型角色。与以前的同事的联系变少了，老年朋友离世的越来越多，也使得他们广泛的社会联系突然减少。

从生活状态来看，离退休教师的生活重心转移到日常生活和家庭琐事上，很多离退休教师对于离退休后的生活状态并不满意，觉得忙忙碌碌几十年突然闲下来很不适应。离退休教师家庭中独生子女家庭较多，他们普遍非常注重对子女的教育培养，其子女成年后大多在学业上有所成就，有相当大的比例在外地甚至国外成家立业，一年中一家人团聚的时间有限，即便留在本地的，成家以后也更倾向于自立门户，不再与父母居住在一起。儿女不在身边，且忙碌于各自工作以及小家庭而疏于对他们的关照，这也使得离退休教师独自留守家中，空巢家庭较多，空巢现象非常突出。造成很多离退休教师生活较为孤单，多有不便，日常的生活护理和身体保健康复等方面存在很多需要解决的问题。

健康状况、角色转换、生活交往和生活状态等方面存在的问题都是离退休教师不得不面对的现实问题，这些问题给他们的离退休生活带来了种种不便和困扰，

① 孙一彬. 60 岁及以上离退休教师的健康体检结果分析[J]. 医药前沿，2018，8（03）：375-376.

从而降低了他们离退休后的日常生活质量。

（二）离退休教师心理问题较为突出

离退休教师有稳定的退休金，因此物质生活上能够保证自给自足，但是由于种种原因，心理健康问题还较为突出。

生理功能衰退会诱发心理问题。记忆力的减退、免疫力的下降、脑功能的衰弱也会导致个性的改变。离退休教师退休后会发现自己能做的事情不能像以前一样可以亲力亲为了，能亲自做的事越来越少，也感觉到越来越力不从心。离退休教师在适应这种变化的过程中极易出现情绪不良现象，生理功能衰退就会导致精神状态上的变化，使他们很容易产生烦恼、紧张、苦闷、压抑、无望和孤独等心理问题，对日常生活失去积极性，对未来丧失憧憬和期望。

角色的转变会引起心理问题的产生。离退休就意味着离开原来的工作岗位回到家中，失去扮演了多年的职业角色，进入没有工作的生活。但由于没有及时转变自己原来的职业角色，他们对退休后的新角色还没有充分的准备，一些离退休教师会感到难以很快适应新角色，即便之前已略有准备，但是仍可能产生心理上的困扰，甚至导致“离退休综合征”。所谓“离退休综合征”，是指老年人由于离退休后不能适应新的角色、生活环境和生活方式的变化而出现的焦虑、抑郁、悲哀、恐惧等消极情绪，或因此产生偏离常态的行为的一种适应性的心理障碍，这种心理障碍往往还会引发其他生理疾病，进而会影响身体健康。①教师在离退休后往往得不到预期的尊重与安慰，这种落差将影响他们的自信心，使一些人认为自己对社会无用，自我价值感降低，再加上生活圈子逐步缩小，能够寻找到的社会支持也越来越少，这些都对离退休教师的心理造成压力，引起心理失衡，导致失落、自卑、怀旧、焦虑、苦恼、郁闷、空虚和惆怅等情绪的产生，严重者会诱发抑郁症、强迫症、神经衰弱、焦虑症等心理疾病。

家庭结构和情感变化也会引发心理问题。离退休之后，老年人的生活重心主要转移到家庭之上，家庭既是老年人最主要的活动场所，也是满足他们情感需求的最基本的社会群体。空巢家庭致使家庭本应起到的老年人精神寄托的作用遭受前所未有的削弱，给老年人精神上、心理上带来的压力更大，它容易给离退休教师造成一种被称为“空巢综合征”的精神危害。①当生活中出现烦恼而难以有合适的倾诉对象，难以获得及时的帮助，这使教师在退休后出现焦虑、沮丧和失落感等负面情绪。对于丧偶的离退休教师来说情况会更糟糕一些。

另外，即便离退休教师跟自己已经结婚生子的孩子住在一起，他们的孩子也

① 安志放，安志芹. 高校离退休教师精神慰藉问题探讨[J]. 河北北方学院学报（社会科学版），2014，30（5）：80-82，86.

往往因为忙于工作而忽视他们的心理问题和需求。孩子认为父母只要能保持身体健康就可以了，他们会把关注的重点投向自己的下一代，从而减少对父母的情感投入。这样也会让部分离退休教师产生受冷落的感觉，导致心理问题的产生。

对于离退休教师而言，失去了往日丰富多彩、充实的生活，生活一下子变得清闲和单调了，难免会让他们感觉生活空洞无聊、单调乏味。身心健康问题和日常生活琐事等方面的困扰都会在很大程度影响离退休教师的晚年生活，降低他们的生活满意度和生活质量，使他们不能安享晚年。

二、离退休教师社会、职业和专业生活的缺憾：从关注到渐远

离退休教师在回归家庭、关注日常生活的同时，逐渐减少了对社会生活、职业生活和专业生活的关注，越来越疏远自己的非日常生活。他们作为教师的角色和职责被逐步淡化，生活各方面的压力和动力也都大大减少，致使他们的社会生活参与度较低，职业生活和专业生活近乎停滞。

（一）离退休教师社会生活参与度较低

离退休教师的社会生活参与，主要包括文娱性社会活动参与和公益性社会活动参与等。文娱性社会参与是指离退休教师参加一些文体娱乐活动，如唱戏、跳舞和旅游等。公益性社会参与是指老年人自愿服务他人或社会，包括参加老年志愿者活动、参与社区志愿者活动、关爱高龄病残人士、为社区建设提供合理化建议等。但是，现实的情况是离退休教师的社会交往与退休前相比减少了，社会活动参与度变低了，社会活动参与方式也很单一。社会参与的方式是指退休教师参与社会活动的方式，包括个体参与和集体统一组织等。目前，离退休教师的社会活动参与主要是通过个体方式实现的，集体组织的社会活动相对较少。离退休教师社会参与的方式、渠道比较单一，还未形成普遍性的集体参与行为。

受传统观念影响，社会往往将老年人贴上弱势群体的标签，强调老年人“被照顾者”的角色，忽视老年群体老有所为的诉求，甚至对他们存有所谓的“老年歧视”。许多人认为，老教师离退休之后就应该回归家庭，对于离退休教师群体的社会参与诉求重视不足，缺乏必要的服务与管理，未形成长效机制，社会上专门针对离退休教师社会参与的渠道和平台较少，不利于离退休教师参加社会活动，造成离退休教师参与社会活动具有自发性和短暂性的特点。来自社会的支持、尊重和认同的不足，都使得离退休教师社会交往热情减少、社会交际圈萎缩，进而导致他们社会参与度的降低。

离退休教师个人的身心健康状况和对新旧角色转换的适应程度都会影响其社会参与意识和参与度。健康问题是离退休教师参与社会活动的一大挑战。许多教师在工作岗位时，因忙于工作而缺乏运动和养生，没能养成健康的生活习惯，随

着年龄的增大和身体的衰老，各种疾病开始上身，健康问题接踵而至，在离退休后往往因为身体不好而限制了社会活动参与的程度和水平，多数时间只能待在家里休养。不少离退休教师因为年老而变得清心寡欲，越来越不喜欢热闹，宁愿待在清静的环境中，也不愿意去凑热闹、参加社会活动。

离退休教师个体参与意识欠缺会直接阻碍其对社会活动的参与。虽然退休教师群体具备较高的学历，但很多人还是低估和轻视了自己的能力，认为自己“老了，不中用了”，导致社会参与意识欠缺。一些离退休教师认为自己除了会教学，别的什么事情都不会做，面对飞速发展的社会，感到自己已经完全落伍，把当今社会看成是年轻人的天下，认为自己还是不要瞎掺和自取其辱为好。这部分离退休教师抱着一种自我否定的消极心态，缺乏社会参与意识，自然不会积极主动地去参加社会活动。

离退休教师对新旧角色转换的适应程度也会影响其社会活动的参与度。随着离退休年龄的到来，突然要离开工作岗位回归家庭，角色发生了很大改变，原来在职工作时拥有的专业角色和社会角色都被淡化，而作为家庭和社会普通一员的身份角色被凸显出来。许多离退休教师未对离退休后的生活制订详细的计划，没有改变自己的生活目标，对离退休后新的家庭角色和社会角色还没有充分的心理准备，因此他们不能很快适应这些新的角色，不习惯离退休后的新生活，易引发烦躁、易怒、沮丧、失落等情绪不稳和心理失衡问题，这将大大降低他们参与社会活动的积极性，导致社会生活参与度不高。

（二）离退休教师职业和专业生活近乎停滞

在离退休后回归家庭的教师中，有一部分是自愿选择回归家庭的，另外有一部分由于身体原因、家庭或其他社会等原因而不得不回归家庭。社会传统思想认为，老教师离退休后就该回归家庭、颐养天年，因此忽视离退休教师再就业的诉求，没有形成一个系统的、专门服务离退休教师的部门或机构来管理这些离退休教师。大多数离退休教师自身也习惯性地认为工作几十年了，也该歇歇了，该把工作机会留给年轻人了。社会传统观点和自身惯性思维等因素使得社会上适合离退休教师再就业的机会和岗位较少，造成一部分离退休教师找不到合适的返聘工作。

不管是否出于自愿，很多离退休教师回归了家庭。这部分回归家庭的教师基本上中断了经营几十年的职业生活，造成他们职业生活世界的丧失，这是离退休教师人力资源的闲置和浪费。同时，他们的专业生活随着职业生活的中断而几乎停止，专业生活世界也随着职业生活世界的丧失而近乎消失。

同时，还有一部分离退休教师在离退休后选择继续工作，接受原学校返聘、受聘于其他民办学校或参加“银龄讲学计划”等。但就当前的就业现状看，离退休教师接受原学校返聘和参加“银龄讲学计划”的人数较少，多数是到民办学校从事教学工作。教师返聘是指教师到了退休年龄，从工作单位退休以后，又被原学校或其他学校聘请回去继续工作。对于离退休教师来说，返聘不仅是对教师工作能力的肯定，也是对教师的尊重与重视。

为了进一步加强农村教师队伍建设，充分利用离退休教师优势资源，调动优秀离退休教师继续投身教育的积极性，提高农村教育质量，教育部、财政部研究制定了《银龄讲学计划实施方案》并于 2018 年 7 月 4 日向社会公布。计划 2018—2020 年，面向社会公开招募 10 000 名优秀离退休校长、教研员、特级教师、高级教师等到农村义务教育学校讲学，发挥优秀离退休教师引领示范作用，为农村学校提供智力支持，帮助提升农村学校教学水平和育人管理能力，缓解农村学校优秀师资总量不足和结构不合理等矛盾，促进城乡义务教育均衡发展。受援学校为县镇和农村学校。以县为基本单位，主要是国家确定的连片特困地区县、国家扶贫开发工作重点县、省级扶贫开发工作重点县、深度贫困县，贫困的民族县、革命老区县、边境县以及新疆生产建设兵团困难团场等，重点向“三区三州”等深度贫困地区倾斜。① “银龄讲学计划”使部分优秀离退休教师能够重拾教鞭，使他们丰富的教育教学经验又有了用武之地，也因此有机会为偏远和落后地区农村教育质量的提升发挥余热，继续为中国的教育事业贡献力量。然而，参加返聘和参加“银龄讲学计划”的离退休教师的职业生活与其退休前的职业生活是不一样的，也可以说是发生了很大的变化。我们从访谈中了解到：

> 2018 年，王老师从某市一所初中退休后被学校直接返聘。他担任初二两个班的数学老师，每天有两节数学课的教学任务，只要按时来上完课就可以回家了。他不用像其他年轻教师那样坐班，晚自习可以不用到班里辅导，由班主任代其管理，作业由实习教师帮助批改，也不用参加教研室的各项活动和学校的各种会议，真正享受到了老教师的特殊待遇。其他教师，尤其是年轻教师都特别羡慕，都盼着也能尽快熬到这一天。

王老师退休后的生活反映了相当一部分选择继续工作的离退休教师的真实生活状态，他们重新回到教育教学的工作岗位，职业生活得以延续，退休生活也变得较为充实。但是因缺少职业生活的压力和动力，他们不用再参加除了上课之外的教师职业活动，如辅导学生学习、指导和参加学生课外活动等，因此他们退休后的职业生活是不完整的，存在很大缺失。

此外，就离退休教师的专业生活而言，由于离退休后同样失去了专业生活方面的压力和动力，绝大多数离退休教师在离退休后即便继续从事教学工作，也很

---

① 教育部财政部. 教育部　财政部关于印发《银龄讲学计划实施方案》的通知.（2018-07-22）[2019-09-06]. http://www.moe.gov.cn/srcsite/A10/s7151/201807/t20180719_343448.html.

少再继续参加教育教学研究、教师继续教育、专业学习、课题申报、论文发表和著书立说等方面的专业生活。即便有专业生活，也仅仅是出于个人兴趣爱好，把其当成一种生活消遣，在他们的整个生活中占极低的比例，致使离退休教师的专业生活同样近乎中断。离退休教师对职业生活和专业生活由退休前的密切关注到退休后的渐行渐远，导致离退休教师的职业生活和专业生活几乎中断，职业和专业发展近乎停滞，这些都成为离退休教师职业和专业生活世界的缺憾。

第四章

教师生活世界遮蔽之反思

随着教师教育的发展，教师的生活世界逐渐被遮蔽，教师生活世界的遮蔽模糊了教师的本质，失落了本真的教师应有的样子。对教师生活世界遮蔽的反思正是旨在理性审思当前教师生活世界异化、失落而导致的教师教育中的现实问题，进而从纷繁复杂的现实问题中透视并厘清是什么遮蔽了教师生活世界，从而重新将教师教育的关注点回归到教师、回归教师实践、回归教师生活世界。

第一节　科学主义的规约

科学主义（scientism）作为一种哲学思潮或者哲学运动，伴随着近代自然科学的兴起与发展逐渐成为人们关注的焦点，并在 19 世纪后半叶在西方成为占主导地位的哲学思潮，它对教师教育的理论与实践产生了广泛而深刻的影响。不可否认，科学主义为教师教育的发展提供了重要的思想资源，明确了教师教育的科学基础，促进了教师教育专业化发展，提高了教师教育的科学性，对教师教育的理论和实践具有重要的价值与意义。然而，尽管科学主义对教师教育的影响是显著而深刻的，但是科学主义哲学思想并不能解决教师教育的所有问题，甚至伴随着科学主义的日渐膨胀与扩张，科学主义思潮影响下的教师教育坚信“科学万能论”，逐渐疏离教师这一教师教育的主体，教师教育中“人”的形象被架空，教师鲜活而富有意义的生活世界被冷冰冰的科学世界所遮蔽。

一、科学主义的兴起

科学主义以霸权姿态全面而深刻地影响着教育领域的方方面面，教师教育身在其中，也受到科学主义的深刻影响。

事实上，科学主义思潮与近代自然科学的发展有着千丝万缕的联系。欧洲文艺复兴时期，自然科学取得的成就为科学主义教育思潮的产生奠定了坚实的基础。从文艺复兴时期至18世纪，自然科学不断取得重大成就，这些成就对中世纪传统神学世界观构成了严峻的挑战。笛卡儿构想的作为普遍数学的哲学以及培根的尝试统一知识体系为科学主义提供了思想资源，自然哲学作为一种知识本体开始尝试取代经院哲学。可以说，此时西方文化和西方教育中出现的用理性对抗神性、重视科技进步和强调科学教育的倾向催化了科学主义，使其成为一种重要的思潮。英国学者斯宾塞把物理学观点应用到社会研究之中，他认为人类社会存在于自然界中，与自然界有着类似的法则，自然界就好比一台装备精密的机器，人类社会就像机器的零部件一样在整台机器上运转。

随着科学主义思潮的兴起，科学主义又逐渐发展为科学经验主义和科学实证主义。18世纪的理性统一与百科全书运动推动了科学思想和方法多领域的渗透。主张统一科学运动的科学哲学思潮的主要代表是科学经验主义。然而科学实证主义则是一个伴随着人类自然科学和社会科学的汇合而产生的哲学流派。实证主义科学在经过笛卡儿的发展、吸收近代自然科学成果之后，逐渐发展成一门较有影响力的学科。法国哲学家奥古斯特·孔德对实证主义科学的产生和发展作出了巨大的贡献，被公认为是科学实证主义的创立者。他主张道德从属于科学，并积极倡导唯科学主义。

19世纪末期，科学主义教育思潮在近代科学的推动下，发展较为迅速。特别是，19世纪末20世纪初，相对论和量子力学的提出使整个物理学理论和自然科学体系发生了重大变革，与此同时化学、生物、通信技术领域也获得飞速发展，促使科学进入迅速发展的现代时期，为加速人类文明的进程发挥了不可估量的作用。科学主义逐渐成为西方占主导地位的哲学思潮。此时，科学技术在人们心目中的地位越来越高，并赢得了人们的普遍信任和尊重。当时人们对科学的认识发展到崇拜的境地，认为科学无所不能、无往不胜，把科学威力扩大到无以复加的程度，并将其推广到人类社会生活的各个领域。此时科学成为衡量万物的尺度，科学主义者认为，科学是探索真理和有效控制自然界以及解答个人及其所处社会中问题的一种正确方式。科学是社会发展的决定力量，是生产力发展、社会进步的标志。唯有科学的不断发展进步，人们才能有效地认识世界、改造世界。科学的成功，既带来了人们对科学的普遍信任和尊重，又带来了人们对教育的重新认识。比如，有些学者从达尔文进化论的角度去看待教育，他们认为世界万事万物都是变化发展的，既不存在不变的人性，也不存在不变的教育目的和教育本质。

从某种意义上看，我国教育现代化进程受科学主义价值取向影响较大。在科学主义的影响下，我国的教育目的、学校课程体系、教育制度以及教育教学方法论等都有所改变，如教育目的的伦理化向实用主义转变，以及建立以科学知识为主要内容的学校课程体系等。教育在科学主义影响下的转变也进一步影响了我国的教师教育。最直接的表现就是科学主义的知识观规约了教师教育的价值取向。在科学主义影响下，科学知识成了教育最主要、最核心的内容。学校教育就是要传授最有价值的科学知识。作为学校教育的主导者——教师无疑是科学知识的拥有者和传授者。因为知识是客观的，所以教学过程就是一个不断加深认识的过程，是学生在教师指导下通过学习间接经验获得自我发展的过程，具有间接性、有领导性和教育性。[①]因此，教师的培养无疑受到了来自科学知识的规约，导致教师培养中对教师的人文关怀受到了科学知识霸权的挤压。科学主义进一步张扬的一个直接后果就是，包括教师教育在内的整个教育走上了追求科学、崇尚理论的发展路径。教师教育在这个路径上“狂奔”，逐渐模糊了教师“人”的形象，教师生活世界被逐渐遮蔽。正如著名史学家柯瓦雷所说，从牛顿开始，我们有了一幅科学的世界图景，它把一个我们生活、相爱并且消亡在其中的质的可感世界，替换成了一个量的、几何实体化了的世界，在这个世界里，任何一件事情都有自己的位置，唯独人失去了位置。[②]

二、科学主义规约下教师生活世界被架空

就教师教育而言，教师生活世界被遮蔽，教师教育困境的背后亦是科学主义支配的结果，科学主义霸权下，教师丰富而有意义的生活世界被架空。

教师生活世界首先是一个“人”的世界，教师在其中能够获得对教育、对人、对生命、对生存价值与意义的正确理解。但是科学主义的方法论和知识论遮蔽了教师教育中教师作为“人”的形象，导致教师教育中“人”的缺场。实证主义认为，具体的数字、数据是最可靠的，人的主观意志和经验是最大的不确定因素，而一切不确定因素都会影响效率。在这一方法论指导下的教师教育认为，要保证科学性、专业性，就必须排除人的主观意志和经验，利用科学方法将教师教育中复杂多样的问题还原划归为统一的、可数字化的东西，从而保证其客观性、准确性、价值无涉和永恒性。同时从科学主义的知识观来看，科学主义强调知识的真理性、永恒性，因此反对那些通过纯思辨、主观推理而得到的知识，认为这些知识是主观的、不确定的、缺乏真理性的。在这一知识观影响下，教师教育研究者或实践者缺乏对关涉教师个人价值、体验、情感、信念等主观性知识和意识的认识，而将注意力更多地集中在教师知识的学习及技能的提升上。想要从事教师这一职业的人，只需要学习大量具有真理性和基础性的知识，并在考试中完美呈现

① 王策三. 教学论稿[M]. 北京：人民教育出版社，1985：114-135.

② 陈嘉映. 哲学 科学 常识[M]. 北京：东方出版社，2007：10.

这些知识，便是符合要求的教师。事实上，教师的主观意志和经验、道德素养、情感、态度和价值观等这些所谓“不易控制的因素”是教师作为“人”的本质体现。科学主义规约下的教师教育过分强调客观、准确、价值无涉，却直接忽视了教师作为“人”的主体性及“人”内在复杂的精神世界，使教师的培养简单化、程序化而不顾师生双主体的差异性、主观感受及自身经验，将教师培养过程沦为教学技能的习得、知识灌输的过程，教师作为“人”的一面被很大程度上忽略掉，整个教师培养过程只见“知识”“技能”，不见“人”。

教师的生活世界是一个多重领域共同构成的多层次、多维度世界，是由教师日常生活世界、职业生活世界、专业生活世界和社会生活世界共同构成的，它在接纳教师作为一个“人”存在的同时，还是一个区别于一般意义的人存在的，特定的生活世界，是一个建基于教师教学实践、与教师的教育实践深度交织的世界，充满了教育意蕴。然而，科学主义认识论上的基础主义遮蔽了教师生活世界与教师教育实践的丰富关联性，导致教师教育中理论与实践的断裂。我国学者孙正聿指出：基础主义是科学主义的实质，而科学主义则是基础主义的表现形式。[①]科学主义认识论的基础主义肯定人类知识有其确定的、坚实的、可靠的基础，人们在这一基础之上，可以达到对外在世界的真理性和客观性的认识。[②]这种基础是由一些不证自明、具有终极真理意义的观念或概念构成的，使用科学的、实证的研究方法和程序，可以对这些基础进行揭示，可以建立一系列关于客观的、普遍的、确定的永恒真理，进而达到对外在世界的客观性和真理性认识。在这一认识论指导下的教师教育认为，教师教育与自然科学一样，背后具有确定的、永恒的、真理性的本质，且这种本质可以借助自然科学的实证研究方法得以显现。因此，教师教育只需要对这些具有确定性、永恒性、真理性的知识进行占有，就能实现教师教育的培养目标。学术知识本身是用来培养和塑造优秀教师的最有效的工具，教育实践实习的目的也在于让教师获得关于教育主题和原则的知识。[③]教育理论成为教师教育领域具有确定性、客观性、永恒性的“真理的代言人”，教师教育中理论性知识的学习获得了优先权，中小学教师自身在实践中获得和反思的知识由于缺乏真理性、确定性而失去了合法性。教师教育遵循从理论到实践的单向应用模式，教师丰富多层次、多维度的生活世界被简单化、单一化，教师教育沦为掌握科学知识和方法的过程，教师教育的生活意义丧失。

① 孙正聿. 哲学通论[M]. 上海：复旦大学出版社，2007：150.

② 李丽. 科学主义的价值之维[J]. 北方论丛，2007（2）：114-117.

③ Lageman E C. An Elusive Science：The Troubling History of Education Research[M]. Chicago：The University of Chicago Press，2000：41-42.

第二节　工具理性的宰制

20 世纪最伟大的社会学家之一马克斯·韦伯强调，现代社会区别于传统社会有两个基本特征——世界的去魅和理性的工具化。著名政治哲学家查尔斯·泰勒也强调工具理性在现代社会占据着主导性地位，控制着我们的生活。现代社会的产生与发展是与工具理性的力量密不可分的。工具理性的力量对现代生活的冲击是深层次的，是根本性的，它在很大程度上形塑着现代社会的方方面面，左右着现代人的生活方式与生活追求。尽管现代社会需要工具理性的发展，但工具理性的发展却诱发了现代社会和现代人的生存困境或危机。就教师教育而言，在工具理性扩张和宰制下，教师这一具有生命特色的人沦为知识传播的载体，并逐渐沦为技术的附庸，教师教育被逐渐抽象的改造成为不断重复的技术操作，盲目依赖固定的教学方式、机械地累积知识，却把自己的个性、情感、创造力湮没在技术化的洪流中。

一、工具理性的流变

从历史流变的角度来看，工具理性与理性的生成和发展有着重要的联系。西方的文艺复兴运动，以复兴古希腊、罗马的文学艺术和科学文化为核心，利用希腊文化中蕴藏的民主思想、理性主义和探索精神与宗教神学中的专制主义、蒙昧主义、禁欲主义相对抗，用人文主义摧毁了神性，恢复了理性，开启了理性的曙光。17—18 世纪的启蒙运动使文艺复兴时期理性的涓涓细流变成了汹涌的波涛。“启蒙”（enlightenment）就是用光明驱散黑暗，以理性代替蒙昧的意思。启蒙运动所倡导的启蒙理性把洛克的经验论和牛顿力学奉为理性的样板，作为衡量一切的标准，更加进了激进的批判和否定精神。它的批判矛头直接指向宗教迷信和专制制度。这样，理性冲破了神话、宗教的控制，以自觉的方式获得了独立。康德认为：“启蒙运动就是人类脱离自己所加之于自己的不成熟状态。”①所谓不成熟状态，并不是人缺乏理智，而是缺乏自觉运用理智的能力，以至于不敢独立地运用自己的理性，启蒙就是要人们善于运用自己的理性。启蒙理性就是现代理性，启蒙主义的纲领就是现代主义的纲领，启蒙运动所推崇的理性、科学和进步都是有其特定模式的，如近代理性主义、经典物理学的、世俗社会的模式等，现在人们把启蒙运动开启的现代理性称之为工具理性。②

① 康德. 历史理性批判文集[M]. 何兆武译. 北京：商务印书馆，1990：22.

② 张永青，李允华. 浅析工具理性和价值理性的分野与整合[J]. 东南大学学报（哲学社会科学版），2008，10（S2）：39-41.

伴随工业化的发展，理性逐渐发生了嬗变，从普通理性走向了理性霸权，其表现形态称之为工具理性。具体来说，自19世纪中叶以来，科学技术的突飞猛进使它成为经济增长的第一推动力，而且广泛渗透到社会的各个领域，科学技术随即成了理性的代名词，传统的启蒙理性逐渐嬗变成工具理性和价值理性。工具理性的快速膨胀，严重挤压着价值理性的空间，以至吞噬着价值理性。马尔库塞认为，技术业已变成物化——处于最成熟和最有效形式的物化——的重要工具；它把世界和理性都理解为工具，注重功能和操作，关心使用目的，它已成为社会的统治工具，具有意识形态性。这种工具理性没有古典理性（希腊理性）的整体和谐，也没有近代启蒙理性的人性关爱，技术成了衡量一切的尺度，技术的进步就是文明的进步，技术的自由和满足构成了文明社会的发展目标，技术本身成了一种普遍的控制工具。①从某种意义上说，工具理性就是技术理性或者说是技术合理性。②工具理性有了崇尚功利、追求效用的倾向。它的典型特征表现为：选择有效的手段以实现社会和个人意欲达到的目的，它并不关注目的本身是否合理，不管这种目的是什么，只要手段是有效的，即被认为是合理的。社会和个体把一切都变成了用来制造其他工具的、为固定目的服务的一般工具。③这种功利和效用的追求是对古希腊哲学崇尚纯自由哲学思想的背离，也与古希腊的理性渐行渐远。

马克斯·韦伯系统深入地阐释了工具理性。韦伯提出“合理性”（rationality）的概念，并将合理性分为工具（合）理性和价值（合）理性。所谓工具理性，是指通过对外界事物的情况和其他人的举止的期待，并利用这种期待作为条件或者手段，以期实现自己合乎理性所争取和考虑的作为成果的目的。④自启蒙运动以来，工具理性的扩张蔓延到社会生活的各个领域。工具理性的扩张理论主要包括韦伯的官僚机器和铁笼理论、法兰克福学派早期思想家的工具理性扩张极限论和哈贝马斯的生活世界殖民化理论三个主要维度。⑤工具理性是人类运用概念、逻辑推理的形式认识和把握政治活动的本质与规律，用规范性、程序性、制度性、可操作性、实效性的规则体系、技术手段、途径方法来框定政治生活、实现政治目的的活动。⑥工具理性是基于目的合理性，对实现目的所运用的各种技术手段的评估，预测由此可能产生的后果，并在此基础上追求预定的目的。⑦基于此可以看

① 张永青，李允华. 浅析工具理性和价值理性的分野与整合[J]. 东南大学学报（哲学社会科学版），2008，10（S2）：39-41.

② 张春艳，郭岩峰. 霍克海默工具理性批判思想探究[J]. 理论月刊，2010（12）：59-61.

③ 方明宝. 论工具理性对我国教育的负面影响[J]. 淮北煤炭师范学院学报（哲学社会科学版），2003，24（01）：124-126.

④ 马克斯·韦伯. 经济与社会（上卷）[M]. 林荣远译. 北京：商务印书馆. 1998：56.

⑤ 李红专，陈路. 现代西方工具理性的扩张及其反思[J]. 天津社会科学，2005（1）：46-50.

⑥ 何颖. 政治学视域下工具理性的功能[J]. 政治学研究，2010（4）：91-101.

⑦ 刘荣增，崔功豪. 社区规划中工具理性与价值理性的背离与统一[J]. 城市规划，2000（4）：38-40，64.

出，工具理性的突出特点在于把目的、手段作为行为取向的依据，注重的是目的和手段，在进行行为选择时，工具理性将合目的性放在优先地位，它选择行为的依据是能否有效地实现和达到既定的目标与成就，而不是目的的终极价值，以及手段本身所带有的价值倾向及意义。工具理性是在形式合理和效率优先的基础上，运用技术的最大化效用评估，来实现目的的合理性。工具理性同时具有注重形式、程序优先和强调制度责任、忽视伦理责任的特征和非人格性特征。①可以说，工具理性是主体在认识、反映客观必然规律的过程中为达到某种实践目的而产生的，以此来探索世界及其发展规律，并运用这些规律为人类创造物质财富。

但是随着工具理性的膨胀，工具理性逐渐从解放力量的理性变成了达到实用目的的手段和奴役人的工具。它使人类在一定程度上获得解放。但同时工业文明的发展，却没有使道德价值理性得到应有的尊崇和重视，缺乏人类道德价值理性引导的科学技术，在有些情况下就成了一种盲目的力量……。②同时在科学技术的推动下，人类陷入一种无休止的物质追求之中。在盲目的物质追求中，人们忘记了对高贵人性的追求。在日益高涨的物欲推动下，经济活动成了人生意义的终极依托，追求人性神圣的目标成了过时而多余的东西。人类过多地占有了被征服的自然领地，却丢失了自己的精神家园。③正如学者马尔库塞所讲，人成为一种单向度的人，成为一种更为关注物欲与成就、工具和手段，缺乏自我生存意义的人。

二、工具理性宰制下物化的教师生活世界

哈贝马斯则认为，工具理性的扩张导致了生活世界的殖民化。生活世界的理性化，却将传播行动的空间殖民化了。其间之缘由，自然也涉及某种形式的理性，一种与物质给养有关的工具理性。④卢卡奇则认为，工具理性强调，一种数学上的可计算性、逻辑上的形式化和机械上的可操作性，是建立在被计算和能被计算基础上的合理化原则。⑤这种理性发展的必然结果就是，人类控制自然的能力大大提高，但思想情操和生活意义却处于衰落之中，真与善日益远离，知识与德性渐趋分离。因此，就教师教育领域而言，教师培养中过分重视教育成本与效益的精算、重视教育结果的实用价值，而忽视教育过程等现象的背后是工具理性的宰制，“人”被视为工具和手段，人的意义和价值丧失了。

工具理性强势扩张下“人”被剥离与挤压，成了片面化的人、被奴役的人，

① 申锦莲. 依法行政：工具理性及其超越[J]. 长白学刊，2008（5）：53-56.

② 吴国盛. 社会转型中的应用伦理[M]. 北京：华夏出版社，2004：85-86.

③ 吴国盛. 社会转型中的应用伦理[M]. 北京：华夏出版社，2004：86.

④ 汤林森. 文化帝国主义[M]. 冯建三译. 上海：上海人民出版社，1999：314.

⑤ 乔治·卢卡奇. 历史和阶级意识——马克思主义辩证法研究[M]. 张西平译. 重庆：重庆出版社，1989：147.

失去了对生活的掌控感。在教师教育中一方面表现为专家专制，“防教师”突出。[①]由于中小学教师缺乏专业、系统的科学方法训练，缺乏建构知识和理论的能力，大学中的专家学者就担任构建教育知识和理论的重要角色，他们是解释教育规律的主体，拥有着对教育教学规律的绝对权威。在某种意义上，大学专家被赋予了立法者的角色，他们创造并掌握权威性话语，中小学教师则成为专家学者研究成果的执行者和消费者。[②]教师自身丰富的实践知识、缄默知识受到压迫，教师教学实践中的领悟的知识和经验被边缘化，教师们多年来形成的教学习惯、策略、方式、经验与那些高高在上的所谓专家的知识相比是“上不了台面的”。他们在专家面前得了失语症——“无法发声，没有主体，没有自我”[③]。另一方面表现为将教师当作教书匠，教师成为教育教学知识的容器，教学过程沦为展示教学技艺的过程。这一理念下，教师成为被动的客体，被剥夺自我意识的教师无法体认到真实自我的存在，也无法体认到自己的主体性。所有被客体化了的人，都不可能有精神的自由，甚至也没有身体的自由。[④]缺乏自主意识的教师在教学过程中不能创造知识，他们只能运用教学技术将知识有效地传递给学生。教师就是运用课程教学知识进行教学的教书匠。

工具理性的基本特征就是不关注目的本身的合理性，一切以实现社会、个人目的为旨归，选择有效的手段达到目的，即为合理。同时工具理性是在技术、理性和逻辑的基础上形成的，它以自然科学的模式衡量知识，尤以定量化、形式化作为知识标准，把世界理解为工具，关心的是实用的目的。这反映在教师教育领域中，表现为教师培养中推崇实用至上、效率至上。具体而言，一是在选择教师教育模式时，以能否以最小成本获得最大效率为选择原则，从而使教师教育将教师培养过程简化为输入—输出的机械流水线过程。工具理性影响下，为达成某种崇高的目标，人们往往重视采用具有战略性、高效性的方式达到目标，甚至将人与机器一并视为战略性和程序化操作的因子，工具理性也随之演化成一种技术意识形态。由于知识被认为是永恒的真理，是客观存在的，是具有确定性的文化中最有价值的内容，因此在教师培养中，知识传授成为最高效和最直接的教师培养方式。对于教师教育的培养目标，从广义上看是教师是一名应用科学家，从狭义上看教师是一名技术员。教师培养旨在将教师培养成一名拥有深厚教育教学理论、熟练掌握教学技能，且能够按照已设定的教学规范正确操纵课堂并进行管理的教

① 王小明，吕智敏. 从工具理性到交往理性：教师专业发展研究范式转变之维[J]. 基础教育，2015，12（1）：21-29.

② 卢乃桂，操太圣. 立法者与阐释者：大学专家在“校院合作”中角色之嬗变[J]. 复旦教育论坛，2003（1）：18-21.

③ 陈向明. 实践性知识：教师专业发展的知识基础[J]. 北京大学教育评论，2003（1）：110.

④ 郭晓明. 课程知识与个体精神自由：课程知识问题的哲学审思[M]. 北京：教育科学出版社，2005：47.

学技师。二是教师培养和专业发展方法的领地完全被实证研究方法所垄断，实证主义的方法被称为提高教师教育质量的加速剂。实证主义和量化研究假设，通过在研究中祛除主观性和意识形态，就可以保证研究的客观性，并维持政治的中立性。在实证研究的影响下，教师教育中也出现了量化研究。这是把教学和教师的发展简化为可测量的一系列变量，通过对这些变量的研究及控制可以提高培养的效率和质量。科学技术把存在者之间复杂而多元的关系简化为"赋予意义的主体"与"无意义的客体"之间的单纯的一元关系，将一切存在物置于狂妄自大的主体的主宰之下，在摧毁自然的同时，也摧毁了人的本质与自由。[①]在这一逻辑下，教师的生活世界演变成一个简单、程序化的无意义世界，教师生活丰富的教育意蕴被冲淡在各类变量的数学关系中。

工具理性的内核是技术理性主义，在康德看来，相对于价值理性关乎人的终极意义和目的而言，工具理性则是一种技术理性主义。[②]教师培养中的技术化取向反映出工具理性的影响。技术化取向的教育培养就是无视人的精神存在，无视人文涵养、人文积淀、人文价值之于教师、之于教育的极端重要性，把教育降低为纯粹技术操作手段。韦伯注意到社会合理化过程中社会关系物化现象，认为这种现象背后是人的价值、尊严和规范的丧失。[③]工具理性物化概念包括了目的行为主体与外在自然的关系。主体与外在自然的关系是为了主体的自我持存，思想追求的是用技术征服自然并适应自然，因此，决定物化意识结构的是工具理性。另外，物化概念把对自然的控制和对人的控制视为一回事。同一性思想的控制逻辑被引申为对人和物的控制，工具理性使得其对内部和外部的控制成为生命的终极目标。反映在教师教育中表现为，技术属性超越教育的本质属性成为教育的决定性因素，技术规范成为教育得以存在的根据和标志，教师成为被技术支配和控制的，无自主意识、无情感需求的物体，教师的生命特色被抹去，成为知识传播的载体，沦为技术的附庸。爱因斯坦曾这样说，痛苦的经验使我们懂得，理智的思考对于解答我们社会生活的问题是不够的。透彻的研究和锐利的科学工作，对人类来说往往具有悲剧性意味。一方面，它们所产生的发明把人从精疲力竭的体力劳动中解放出来，使生活更加舒适而富裕；另一方面，给人的生活带来严重的不安，使人成为技术环境的奴隶，而最大的灾难是为自己创造了大规模毁灭的手段。这实在

① 章国锋. 关于一个公正世界的"乌托邦"构想：解读哈马斯《交往行为理论》[M]. 济南：山东人民出版社，2011：11.

② 胡美灵. 价值理性与工具理性的彰显与统一——习近平新时代中国特色社会主义法治思想的逻辑理路[J]. 湖南社会科学，2018（5）：1-9.

③ 刘光斌. 从作为物化的合理化到生活世界殖民化——哈贝马斯的物化批判理论探究[J]. 兰州学刊，2016（1）：122-126.

是难以忍受的、令人心碎的悲剧。[①]教师在培养过程中，逐渐从一个鲜活的生命体，慢慢被抽象化，并被改造成为一名技术操作者，教师具备较强的技术性，盲目依赖固定的教学模式，机械地累积知识，却把自己丰富的生活世界湮没在技术化的洪流中，教师的生活世界成为干瘪、苍白、单调的去意义世界。

第三节　功利主义的影响

功利及功利主义指最大限度地追求个人利益，着眼于眼前利益而忽视长远利益。它导致社会效用至上、物质支配的法则的盛行，导致人的价值观畸形发展。当教育领域里的功利主义也日渐扩张时，人便被工具化或手段化了。[②]同样，当教师教育领域受功利主义影响时，教师教育的目标将呈现功利化倾向，教师的培养与专业发展必然过度追求功效和利益，追求短期效应，教师的课堂教学也将在效率和功效的追逐中失去生命活力与灵性，成为教师展示其娴熟授课技巧的表演活动。可以说，功利主义导向下的教师教育将使教学活动失去教育的价值，丢失教育的关怀，遮蔽学生的心灵，放逐教育的本真，教师完满而富有意义的生活世界也将在功效和利益的追逐中被放逐。

一、功利主义的内涵

教师教育是一个帮助教师个体不断完善专业知识结构、提高专业技能、坚定专业信念、确立专业价值观、清晰专业发展意识的过程，这个动态变化的过程贯穿于教师的整个生活世界之中。但当前教师的培养和专业发展中，教师将注意力更多放置在知识技能的习得之上，教育教学被作为谋生的工具性手段，教师的优劣被学生的考试成绩和学校升学率所定义，教师在其成长中逐渐转向了功利主义的阵营，割裂了生活世界与职业发展和专业提升的关联，忽视了个人生活世界，不再将实现个人价值和教育价值作为追求的目的。可以说，功利主义成为遮蔽教师生活世界、使教师与生活世界疏离的重要原因。

功利主义是一种思想流派或者学术思潮，是跨越伦理学，牵涉古典经济学，影响实证分析法学和社会法学的精神理论。其渊源可以追溯到古希腊的快乐主义伦理学说，并依赖培根的经验主义、霍布斯之哲学论证发展，经历了从利己主义向利他主义的转向，是一次哲学激进主义运动，是一次远离先验、源于经验、远离道德规范、接近于生活的快乐与行为的功利，并诉诸道德效果的精神革命。[③]作

① 许良英，范岱年. 爱因斯坦文集（第一卷）[M]. 北京：商务印书馆，1976：26.

② 张宏喜，徐士强. 教育：跨越功利主义——复归人性关怀[J]. 当代教育论坛，2003（3）：40-44.

③ 阮玲燕. 功利主义素描[J]. 思想战线，2011，37（S1）：209-210.

为一种系统的道德形态和价值观体系，功利主义将人性定格为人之自然属性，趋乐避苦、趋利避害，追求物质享受、感官快乐和一切自然欲望的满足，以人的一切活动均以满足个人私利为前提，探讨实现个人利益和幸福的原则。[①]

早在古希腊，功利主义就已出现萌芽。在中世纪，功利思想又有所发展，经过欧洲文艺复兴运动，到近代它随着资本主义生产力的兴起而成为一种主义。通常，功利主义被理解为唯利主义，实际上，这只是功利主义在社会生活中的极端形态。功利主义讲求物质功利，但是并不否定、排斥精神价值，这一点我们不论是从作为功利主义原初形态的伊壁鸿鲁的伦理学，还是从近代功利主义创始人边沁那里都能得到认证。[②]19 世纪英国的约翰·密尔是明确提出“功利主义”概念的思想家，但是，他不赞成对行动采取极端的、狭隘的功利主义态度，而将利他主义列入自己的体系。针对人们对功利主义的误解，他强调，“功利主义以幸福为标准定行为之正当，并非指行为者自己的幸福，而是指一切相关的人们的幸福。功利主义要求人在他自己的幸福和他人幸福之间做到严格的公平”，并赞赏“献身于他人的幸福”的自我牺牲精神。即使我们对功利主义作出狭隘的理解，即理解为以边沁、詹姆斯·密尔为代表的英国功利主义，功利主义也并非像罗尔斯等所说的只为个人享乐而侵犯他人的幸福。功利主义若只讲求唯利主义和利己主义，断不可能在资本主义社会得到发展，功利主义之所以在近代能够发展成为一种颇有影响力的思想学说，成为英国走向现代化的精神支柱，并为包括美国在内的其他西方国家的现代化提供范式，在很大程度上归因于它立足于个人利益，又超脱了唯利主义和利己主义。

从 19 世纪直到 20 世纪 70 年代以前，功利主义在西方世界的思想与实践领域均占据支配性地位。功利主义成为一个被广泛地应用于伦理学、政治学、经济学与法学等诸多领域、涵盖面极广的学说体系。罗尔斯指出，功利主义是在现代无神论社会里第一个想发展出一种系统道德观念的理论传统，旨在为政治制度提供一种新的道德基础，以使它们适合于世俗的假设和现代世界的趋势。[③]这种取向表现于功利主义的基本思想当中，功利主义思想集中表现为功利论、结果论、功利最大化。

就功利论而言，功利概念是功利主义理论的基石范畴，然而不同的功利主义者对此有不同的界定，大致可以辨识出四种界定方式。[④]首先是享乐主义，这种观念认为趋乐避苦是人之本性，生活之目的在于追求幸福。幸福就是快乐的增加、

① 阮玲燕. 功利主义素描[J]. 思想战线，2011，37（S1）：209-210.

② 谷春德. 西方法律思想史[M]. 北京：中国人民大学出版社，2000：185.

③ Rawls J. Lectures on the History of Political Philosophy[M]. Cambridge：The Belknap Press of Harvard University Press，2007：395.

④ 张伟涛. 功利主义权利论的局限——以罗尔斯的批判为中心的考察[J]. 青海社会科学，2018（04）：89-96.

痛苦的减少。在此，功利与实惠、好处、快乐、利益的内涵相同。①其次，非享乐主义的心理状态，即真正感到满足的不一定是快乐的感受，而是种种有价值的心理体验。再次，偏好的满足，这是指福利就是偏好的满足，增加人们的福利也就是更好地满足他们的偏好，而不论这个偏好是什么。最后，有理据的偏好。这种观念把功利定义为对理性偏好的满足，因此功利主义的目标就是满足那些基于充分信息和正确判断的偏好，而排除错误的与非理性的偏好。比如，奴隶可以在长期奴性教育下扭曲地认为做奴隶也是一种美好的生活方式，这显然是一种被误导的错误偏好。②当代功利主义的各种形态分别与这几种功利概念相联系。

就结果论而言，依据结果论，行为正当与否的根据在于其所带来的效果而不在其本身。有德的行为是能产生好的结果的行为，只有那些增进善，即有价值的、好的事物的行为才是道德上正确的行为。因此，道德的目的就是增进有价值的东西。边沁说过，功利主义按照一项行为势必增大或者减少利益相关者的幸福的倾向来赞成或非难任何一项行为。③功利主义反对没有依据的道德义务，只有那些实实在在改善人们生活的事物，在道德上才是好的。要寻找道德上的正确答案应对相关者的利益进行功利计算。在此意义上，功利主义也是崇尚理性，破除迷信、偏见和传统力量的束缚而寻求进步的学说。

就功利最大化原理而言，它旨在解决当人们之间不同的利益或者偏好出现冲突时，我们应如何化解的问题。古典功利主义者就指出，功利主义观念简单明了，它就一条原则，即“最大幸福原则”。按照约翰·密尔的解释，最大幸福原则主张，行为按照其有助于促进幸福的程度而是正确的，按照其又处于产生不幸福的程度而是错误的，而幸福就是追求快乐和避免痛苦，不幸福就是痛苦和失去快乐。②当代功利主义在理论形态上虽有很大变化，对最大化原则也有不同的阐释，但是将其视为基本主张则是功利主义的一贯立场。

概言之，功利主义作为一种规范伦理，其实质在于将行为的后果或遵循行为规则的后果能否有助于所有当事人功利（快乐、安康、利益、益处、效用、偏好与幸福）总量的最大化视为其是否合乎道德的标准。作为一种思潮，功利主义思潮是影响中国最广泛、最深入的一种重要社会思潮，深刻影响着社会的方方面面。尤其是受当前我国以市场为导向的自主型经济体制的影响，功利主义逐渐凸显出逐利的本质，功利主义风气日益盛行，连作为特殊社会活动的教育也并未幸免，教师作为教育活动的重要参与者、组织者，其生活世界是在功利主义利益追逐的赛跑中被异化的。

---

① 边沁. 道德与立法原理导论[M]. 时殷弘译. 北京：商务印书馆，2000：58.

② 张伟涛. 功利主义权利论的局限——以罗尔斯的批判为中心的考察[J]. 青海社会科学，2018（4）：89-96.

③ 边沁. 道德与立法原理导论[M]. 时殷弘译. 北京：商务印书馆，2000：58.

二、功利主义影响下异化的教师生活世界

功利主义进入教育领域的主要特征就是教育的功利化取向。所谓功利化，指主体向功利状态或性质转移的过程。这一过程并不是说主体必然要发生全面或者整体质变，实际上，多数情况是主体部分地发生量变，并由量变积累而导致质变。换言之，只要主体的本质属性发生变化，这种变化就可称为本质属性的功利化。由此，教育功利化就是指教育依据功利的原则来完成对自身结构的重新建构的过程，其结果是教育具备了某些功利形态。功利原则是一种理性的原则，也是一种社会行为模式，我们可以将功利原则简单地表述为效益最大化、追求实用性。种种迹象表明，现代教育越来越崇尚，或者说越来越依赖这些功利原则，并将其转变为教育的基本原则，从而使得教育具备功利形态。①那么，功利主义进入到教师教育领域则主要表现为在教师培养目标、内容、方式和教师评价体系的选择、设计和实用上，追求实用性和效益最大化，教师教育沦为最大化追求“产入-产出比”的过程，教师生活世界被简单化、利益化，丧失了其丰富的教育意蕴。

功利主义对教师生活世界的遮蔽与异化，当前人的价值观念变化有着直接关系。我国是一种以市场为导向的自主型经济体制，它极大促进了我国经济社会的发展。在市场经济高速发展的大背景下，事物都在进行着商品化的蜕变，具有了商品属性，可买可卖。人们的价值观念较之改革开放前发生了很大的变化。一方面，功利因子首先来自外部，其突出表现便是各类商业行为对教育事业的侵蚀。这种利益驱动机制在教师的身上也得到了不同程度的体现，出现无利无作为、有利才行动，时刻强调自我的物质享受等不良现象。另一方面，教育中的功利主义也可能来自内部，各类教育教学活动中呈现出的功利主义问题可谓不在少数。在市场经济条件下，市场经济运行的动力是经济主体对物质利益的追求，一些教师非常注重从经济角度、效益观念来观察和分析校园里的一切现象，一些教师存在对学生重智育轻德育、对自身重证书轻素质的问题。某些中小学教师甚至出现进行有偿家教、与学生家长发生“权”与“利”交易的现象。在这种逐利本质下，某些学校沦为教师获取经济利益的场所。如“作家进校园卖书”最近引发文化界和教育界热议，即是典型事例。调查发现，现实中一些作家、图书公司屡屡把进校园卖书当生意经，有的学校或教师甚至会在利益驱动下，想方设法让学生买书。②功利主义盛行下，一些教师丧失了对学生、对教学、对教育热忱的情怀，将注意力转移到自我持存的层面，教师生活世界沦为利益的追逐场域。

另外，我国存在多种分配形式并存、贫富差距、收入明显不平衡等现象，所

---

① 张兴峰. 教育功利化现象审视：工具理性的视角[J]. 教育发展研究，2008（21）：26-28.

② 中国教育报刊社. 警惕功利主义侵蚀教育生态（2019-04-29）[2021-01-19]. https://baijiahao.baidu.com/s?id=1632140630840331422&wfr=spider&for=pc.

有这些都或直接或间接地影响着当前教师的思想和行为，引发教师的功力化心理。中国处于并将长期处于社会主义初级阶段，必须坚持公有制为主体、多种经济成分并存的基本经济制度，必须坚持按劳分配为主体、多种分配方式并存的分配制度。不同的利益主体和分配形式，为功利主义存在提供土壤。同时，中国实行社会主义市场经济。市场经济与功利主义具有一种内在的价值同构性。在这一分配体制的影响下，很容易让一些教师认为自身生存状态与社会对他们的职业要求以及为取得这一职业资格所付出的代价不相称，进而导致他们信仰的危机和错位，导致他们崇拜功利主义和个人主义，产生功利心理。比如，有的教师不安心开展教育教学工作，而热衷于下海经商，搞第二职业，对教学工作敷衍塞责，缺乏工作的热情和积极的追求，或想方设法从别处捞取利益。[①]这种功利化的心理导致他们从获取社会经济利益的角度去看待教师这一职业，从教成为达到其经济利益目的的手段，教师由此成为单纯算计和追逐欲望的工具，从而抹杀了教师这一职业的内在价值和意义，丧失了教师的育人使命，教师生活世界的价值意蕴被阉割，成为利益的追逐场域。

功利主义还导致教师评价的功利性，教师的优劣被学生的成绩及学校升学率所定义，教师作为独立个体所拥有的丰富的生活世界被简单化。社会和部分学校管理者忽视了教师作为独立个体所应拥有的丰富的生活世界，缺少对教师作为"人"的关怀。一些学校管理上产生了盲区，一切以升学率说话，"没有教不好的学生，只有不会教的老师"。这种对学校教育的片面苛求带给教师越来越大的压力，一些教师的行为出现失衡甚至失德现象，进一步导致教师产生功利主义价值取向偏差。有教师抱怨，学校的考评制度就是一个"分"字，与教师的经济利益挂钩，缺少尊重与关怀，我们作为普通教师所付出的努力，并不是分数的高低所能够代表的，这带给我们更多的是压抑和焦虑，"觉得自己整天就为分而忙碌，特别没劲"[①]。长期处于这种环境中的教师，为了能赢得家长、学校及社会的肯定，一些教师的教育观念也渐渐变得功利，"以人为本"的教育价值观念在真实的教育中被异化，教师不仅把学生当成了学习机器和自身利益的载体，而且把增强专业技能、积累专业知识看作自身发展的唯一方向。功利主义导致学校教育最重要的教育性和人文性被忽视，学校和社会把提高学生成绩当成衡量教师教学水平和教学成果的唯一标准，以此对教师施压，把教师单纯地当成了提高学生成绩的工具，不仅忽视教师了作为人的本质属性，更忽视了教师个人价值的实现以及教育价值的实现。教师多视域的生活世界沦为疲于应对学生分数和学校升学率的场域，教师的价值被功利主义简单定义，教师将注意力置于学生知识技能的习得上，在迎合社会普遍价值取向的过程中，逐渐倒向功利主义的阵营，这扭曲了教育的价

① 郑琼琼. 当前我国中小学教师的功利主义价值取向研究[D]. 重庆：西南大学，2011.

值取向，割裂了生活世界与其职业发展和专业成长的内在关联性。可以说，在功利主义的驱逐下，有些教师自身沦为学生提高分数的工具，教师自身难以获得解脱，遑论教师生活世界的丰富性和价值意蕴。

第四节　教师角色的神圣化束缚

一直以来，教师都被赋予着“人类文明的工程师”“太阳底下最光辉的职业”等较高的评价，教师是“春蚕”，是“蜡烛”，是“阶梯”，其形象深入人心。从古代“国将兴必贵师而重傅”到如今的“科教兴国”，教师成为教育学生、服务社会进步的工具，人们看到教师在治国、教化等方面的作用，将教师视为具有特殊社会功能的人。教师应无私付出，要敢于奉献，教师应具备良好的职业道德和高尚的个人品德，这成为社会对教师职业的普遍理解。然而，这种神圣化的社会舆论标准将教师高高捧起的同时，也使得教师不堪重负。如此重负下的教师，很难感受职业带给他们的满足感和骄傲感，难以展现自己真正的生命活力。作为历史传统，对教师职业工具价值的看重，深深地烙在我国教师的职业意识和形象中……它妨碍了教师及人们对这一职业内在价值和劳动本质的思考发现，“因而也谈不上这一职业的内在尊严与欢乐的发现和体验”[①]。

一、教师角色的神圣化牢笼

教师是从事有目的的培养人的活动的专业人员。他首先是一个鲜活的，有着自主意识和情感追求的人；同时从时间和空间意义上看，教师只有在学校或者从事教育活动时才是真正意义上的教师，除此之外，教师的身份不是教师，而是一名普通的公民。但在实际生活中，外界往往对教师角色作出偏颇读解，将教师束缚在神圣化的牢笼中，忽视了教师作为一个人的生命的存在和自我生活需求，压榨了教师的生命意义，遮蔽了教师丰富而多层次的教师生活世界。

回溯历史可以发现，教师角色的神圣化与国家尤其是东方文明古国尊师重教的传统有关。众所周知，东方文明古国，如中国、古埃及、古巴比伦、古印度等，都是较早产生文字、使用文字，较早产生学校和教师的地方。在古巴比伦，最早的教师身份是“僧师合一”或“以士为师”。僧侣在社会中具有较高的地位，仅在国王之下。古巴比伦推崇知识是神赐的，非僧侣莫敢享有，所以，早期的文士必为僧侣。古印度的教师是“古儒为师”。教师来源于社会最高等级的婆罗门阶层，享有祭司和教师的双重身份。古埃及则是“以士为师”。所谓的“士”都是具有一定社会地位的做官者或待官求职者。在我国，早期的教师是“官师合一”。教师的

① 叶澜，等. 教师角色与教师发展新探[M]. 北京：教育科学出版社，2001：9.

地位很高，“天地君亲师”，教师享有至高无上的威望，甚至被人们供奉，“一日为师终身为父”，师恩如山，人们对教师敬如父辈，亲如家人。

受这一传统的影响，很多对教师角色的界定都充满了神圣化色彩。我国古代对“师”有很多界定，如“师者，传道受业解惑也”；“师者，教人以道者之称也”；“师也者，教之以事，而喻诸德者也”；“师者，人之模范也”；“智如泉源，行可以为仪表者，人之师也”；等等。现代文献也对“教师”这一概念进行了界定，比较权威的两种定义分别是：一是杭州大学教育系编写的《教育辞典》（1987 年）的界定，教师是学校里承担向学生传授知识、技能，发展学生体力，肩负培养学生思想品德任务的人员；二是顾明远（1990 年）先生主编的《教育大辞典》认为，教师是学校中传递科学文化知识和技能，进行思想品德教育，把受教育者培养成社会需要的人才的专业人员。“人类进步的阶梯”是现代社会对教师的新定位，极大地赞扬了教师对于社会发展、人类文明的进步所发挥的不可磨灭的作用。因此，当提到教师时，人们脑中会浮现各种溢美之词：“春蚕到死丝方尽，蜡炬成灰泪始干”“捧着一颗心来，不带走半根草去”“教师是蜡烛，燃烧自己，点亮别人”“站三尺讲台，创四化伟业”“辛勤的园丁，培育出祖国的花朵”“德高身正的楷模”“人类灵魂的工程师”“人梯”“铺路石”“太阳底下最光辉的职业”……现代社会要求老师不仅要承担教书育人的责任，也肩负着祖国乃至人类发展的重担。

尽管关于“教师”的界定和表述看起来多种多样，但这些关乎“教师”的定义的共同点在于，他们都是基于一个共同的视角，即从教师应然的品质和工作要求进行外延的界定，蕴含着社会取向。这些界定和描述往往从社会要求的视角把教师作为一个施动者和社会的应然角色来看待，比较看重教师对知识的传授、对学生的教育和对文化的传承等方面所具有的社会功用价值，把教师当作促进学生发展、服务于社会的工具。在这一取向下，传道、授业、解惑是教师的第一重任，教师理应对在这一过程中出现的问题负责；“甘于奉献”是教师的职业道德，教师要有默默无闻，牺牲自己，只求付出、不求回报的崇高精神；“安贫乐道”是教师的传统美德，教师永远任劳任怨，两袖清风，全身心地投入教育事业，不允许有半点个人私利。在对教师的歌颂下，人们对教师、师道的认识达到了神圣的地步，教师成为“德高身正”的道德楷模，承担着教育教学的全部责任。正像日本学者岸根卓郎曾经要求的那样，教师是国家意志的传达者，因而，应遵循国家意志，教化国民。教师是现代文明的传播者，因而，应不断介绍和教授新的文明。教师是道德的规范者，因而是生活中必要的习惯和道德的指导者，自身又是其体现者。①但是，我们需要注意的是，如果只从社会角度，站在特定意识形态的立场去界定“教师”的特定含义的话，那么教师只不过是没有完全自主性和独立性的、满足培

① 岸根卓郎. 我的教育论——真·善·美的三位一体化教育[M]. 何鉴译. 南京：南京大学出版社，1999：9.

育社会需求类型的人的代言人、执行者，是维护社会公民素质不退化并且要有所提高的手段，是教育事业发展的卫护者和促进者。①

我们应当清醒地认识到，教师不仅是一个职业，还是一个生命个体，具有独特的生命价值和意义。同时教师所做的工作不仅是满足社会进步的需要，还是满足自身存在感、实现自我价值的需要。但是在对教师纷繁的溢美之词之下，教师的生命、教师的生活却不被关注，教师成为被高高架空的圣人，越来越被视为具有独一无二的、完全胜任教育教学工作并且能确保学生得以全面进步和整体提高的专业人士。人们在以“蜡烛”“园丁”等词语颂扬教师，赞扬其默默无闻、牺牲自己的崇高精神的时候，却没有意识到这种无私奉献的职业规范要求，给教师带来很大的压力，让他们背着道德的枷锁，忽视了教师的自我生命诉求。教师伴着这些神圣化修辞、隐喻，一步步地走入一个美丽的神圣牢笼，进入了一个被道德绑架的崇高殿堂。

二、教师角色神圣化束缚着教师生活世界

教师是一种崇高、神圣的职业，是一项以活生生的人为对象、以塑造人类灵魂为目标的工作；同时教师也是众多职业的一种，每一位教师都是普普通通、有血有肉的人，他们有向往美好生活和追求幸福人生的权利。教师不是神，也不是完人，我们没有权利也不可能把教师打造成完人，教师个人更没有必要成为道德的符号。人们对教师神圣化的偏颇认识，给教师套上了道德的枷锁，致使教师个人价值的消解，教师在神圣化的角色绑架中，疲于奔命，疲于应付，个人生活世界很难得到满足，也无暇将注意力置于职业发展和专业成长之上，在迎合社会大众和管理者的要求中逐渐消解了其丰富生活世界的价值意蕴。

教师角色的神圣化紧紧地束缚着教师，教师成为德高身正的道德楷模，承担着教育的全部责任。人们普遍认为，学校教育质量的改善在很大程度上取决于教师的教学质量……教学质量不高，设计再好的教材也只能束之高阁。②因此，教育的革新最终取决于全体教师的态度。在一定意义上说，教师的质量就是教育的质量，教育的差距归根结底是教师的差距。有不少人，把对教育的不满归因于教师，归罪于教师素质的欠缺和态度的不端。英国社会学家齐格蒙·鲍曼曾提出“三棱镜群体”，教师就是典型的“三棱镜群体”。“三棱镜群体”夹在中间，被对立双方互指为对方的利益代言人。比如中小学老师，一方面成为教育伪市场化的替罪羊，学生、家长和社会责难他们卖教辅读物，开高价补习班，收转学费、赞助费；另一方面学校及教育管理部门又通过各项严苛的教学、升学考核指标，对他们施加

① 叶澜，等. 教师角色与教师发展新探[M]. 北京：教育科学出版社，2001：32.

② Anderson L W. Increasing Teacher Effectiveness[M]. Paris：International Institute for Education Planning，UNESCO，1991：13-14.

压力。教育管理部门觉得他们没有完成考核指标和创收任务，社会上一些人又以为他们赚了很多“外快”。殊不知，很多时候他们连自身的基本权益都不能完全得到保障。[①]神圣化角色绑架下，教师承担着不可承受之重，在这种氛围下，教师群体很难得到社会群体的客观公正评价，教师在沉重的道德枷锁下疲于奔命，教师生活世界的丰富性和多样化也被冲淡。

同时，教师角色的神圣化也使得一些学校、社会以“高尚”“奉献”的名义堂而皇之地给教师施压，教师个体的生存空间被挤压，教师自身的基本生活需求很难得到满足和保证。全国模范教师张晓容的事迹被概括为“用生命诠释教育”，“她的工作时间被师生们称为‘5+2，白+黑’，老师们经常说：无论节假日、无论白天晚上，要找张老师在学校就一定能找得到。确实，张晓容没有节假日、没有白天与黑夜，大年初一她会带着学生在实验室做课题研究，晚上十二点，她经常还在办公室里给学生改论文”。[②]我们在赞叹张老师兢兢业业、用生命诠释教育的同时，也应当看到，其基本生存空间所剩无几。同时根据调查统计，农村中小学教师人均日劳动时间为 9.68 小时，比其他岗位的一般职工日平均劳动时间多出 1.68 小时，其中睡眠时间比一般职工平均少 1 小时，积累起来，年超额劳动时间为 420 多个小时。教师除完成日常教学之外还有其他很多工作需要完成，中小学教师还要参与教研活动、承担科研任务，其他时间还要批改学生作业、做学生工作等，需要投入大量的时间和精力，其中农村教师任教科目明显偏多，小学教师任一门、二门、三门、四门及以上科目的教师比例分别为：10.1%、30.2%、29.9%、28.8%。初中教师任一门、二门、三门、四门及以上科目的比例分别为：51.5%、37.6%、6.8%、4.2%。另外，一周有 20 节课以上的老师占 78%，10 节以下的只占 10%，剩下的 12%就在 10—20 节。[③]此外，就高校教师群体而言，高校教师处于科研与职称、待遇、工资水平相关联的境地，很多教师除了教学任务外还有繁重的科研任务、评职称的需求，这使得教师的精力极大地被工作占据，增加了教师的身体负担和精神负担，很多教师疲于应付，无暇顾及自己的生活世界。

神圣化的认识和无私奉献理念的要求，给教师造成很大的职业压力，忽视了教师自己本身的需要和自我价值的实现，生命价值很难在教育活动中实现。有研究调查发现：以教师工资收入指数作为衡量指标，从 1993—2015 年这过去的 23 年间，北京市中小学教师工资收入指数持续上升，但仍远低于全国平均水平；与其他职业的平均工资水平相比，北京市中小学教师工资水平在过去 23 年间一直徘

① 教育信息. 放纵他们今天羞辱教师，就是鼓动他们明天羞辱社会.（2014-12-20）[2019-6-15]. http://tieba.baidu. com/p/3482066684.

② 成都日报. 用生命诠释教育——记全国优秀教师、天府新区华阳中学教师 张晓容.（2014-9-22）[2019-6-15]. https://www.schyzx.com/huazhongxinwen/xinwenkuaibao/show-2862.html.

③ 张峰. 农村教师生存压力和缓解对策探析[J]. 经济研究导刊，2011（10）：58-60..

徊在本地职工平均工资的水平线上，与教师队伍的高学历特点形成鲜明对比。研究结果表明，北京市中小学教师的工资水平在当地劳动力市场上并不具有吸引力，教师的经济地位偏低。①但是面对目前昂贵的房价、偏高的消费水准以及高昂的子女教育投入，在职教师的收入难以满足日常支出，教师经济压力越来越大，为了适应社会，就必须想办法为自己增加收入。比如，部分老师不得不通过课外的有偿家教获得收入，以满足自己的生活需求。在家长望子成龙的心理和国家"一考定终身"的应试教育背景的影响下，相当一部分家长重智轻德，在一定程度上支撑了有偿家教市场。由于应试教育在短期内难以真正消除，学生进入优质学校的人数十分有限，而家长都希望自己的孩子能够进入到优质学校接受教育。为了能够获得较好的成绩，顺利进入心目中的理想学校，在职教师私下开设的辅导班就成了一些家长的选择。鉴于在职教师熟悉教材和应试模式，能够对学生进行有针对性的训练与辅导，其效果一般会好于其他非在职教师，所以，到在职教师辅导班学习，成为家长和学生的首选。②这也就导致在职教师精力的分散以及工作量的增加，他们迫于生计大大缩短了自己本应该用于休息调整和提升自我的课外时间，有些老师"皓首穷经"，花很大的心血钻研历年考试真题，以找出出题规律、压中命题、提升学生的考试成绩为目的，因为只有这样才能吸引更多的生源，获得更多的利益。同时家长对于孩子的期望越来越高，对教育、教师的要求也越来越高，教师只有教出更多学习成绩优异的学生才能在同行中有竞争力，才有一定的市场价值，也才能获取更多的利益以满足自身需求。在部分学校中，班级学生的成绩成了老师的业绩，学生的成绩直接与教师的工资奖金、任教资格、聘用许可挂钩。在物质和精神的双重压迫之下，教师的生存质量降低，使得很多教师由刚入职时的干劲满满，到之后越发疲于应付，生活世界逐渐与现实割裂，甚至不再重视自己的生活世界。相关调查表明，对于高校青年教师而言，物质生存压力跃居首位，对物质生活的满意度较低，生活压力普遍增大，幸福感有所下降，压力大、负担重、活得累成了部分青年教师越来越直观的感受。③正是由于现实生活的生存压力不断增大，很多教师对物质的需求更迫切，因此想要用高效的方式获取利益的最大化，但却忽视了自己的生活世界，转而向功利主义妥协，反而渐渐失去了更高的精神追求，甚至有些老师会为了利益违背教育原则，一味地追求如何让自己更快地获得利益，把教育当成谋取利益的工具，正是因为生存需求没有得到满足，所以难免会遮蔽教师的生活世界。

---

① 周惠，龙怡. 发达地区中小学教师工资水平及变动趋势研究：以北京市为例[J]. 教育科学研究，2019（5）：17-23.

② 顾启洲. 有偿家教现象的形成原因及治本之策[J]. 辽宁教育，2016（24）：32-34.

③ 梅萍. 高校青年教师的生存压力与人生信仰状况的调查报告[J]. 广西教育学院学报，2010（6）：17-21.

第三编

光明与自由：教师生活世界的复归与追求

画家能自如地支配创作所用的材料，而教师则像浮云一样在经验之海的波谷浪峰上浮动，画家在作品末署上自己的姓名以表示画作的完成……教师的工作中则没有这样的休止符。教学过程和生活是同一机体的不同侧面。它们却没有完全的终结。它们都在活动，有时迅疾，有时徐缓，有时猛烈，有时柔和，就像四季的交替一样，不停地流逝而去，由一个代入到另一个。

——柯伦

第五章

回归的必然：教师教育应走向教师生活世界

脱离生活世界的教师教育将始终受到工具理性的宰制，囿于专业知识、技能的获取。教师教育也将很难塑造教师完满的“人”的形象，很难帮助教师走向实践场域并在实践中丰富和深化对理论的认识，很难帮助教师生成具有独特性的个人实践智慧，很难激发教师生命、实现教师专业自我，从而真正引导学生掌握真理、净化心灵、生成智慧。可以说，回归教师生活世界是教师教育突破痼疾的必然，是解决当前教师教育现实问题的重要出路之一。

第一节　教师教育走向教师生活世界的必要性

长期以来，我国教师教育存在教师教育目标工具化取向，即将教师仅仅视为人才培养的工具，而忽视教师个性需要，课程设置强调教师学科专业基础的夯实、学术能力的获得，教育类课程占比较高、教师实践类课程占比较低，教师培养方式相对单一，重理论知识传授和教师技能习得，忽视教师个人实践知识和智慧生成等弊端。有学者指出，我国教师教育的主要矛盾已经突出地表现为提高质量的要求与提高质量的能力之间的矛盾。[①]进入新时期，随着经济全球化、人工智能等在教育领域的应用，学生的要求逐渐呈现多元化、个性化趋势，教师教育面临更多挑战。这些挑战要求教师教育帮助教师作好面对日益多样化的教学要求的准备。面对新的历史时期新的挑战，走向教师生活世界是教师教育在新时期实现新突破、走向新发展的必然选择和重要出路。

① 袁振国. 从“师范教育”向“教师教育”的转变[J]. 中国高等教育，2004（5）：29-31.

一、走向教师生活世界：高效培养教师的必要场域

教师教育走向教师生活世界的必要性在于，生活世界是培养教师的最佳场域。基于生活世界的教师教育能够有效克服教师理论与实践断裂的弊端。我国传统教师教育在培养教师时存在将教师理论与实践相割裂的现象，教师培养沦为理论知识习得的过程，教师教学沦为大量理论知识的应用过程。受这一传统教师培养模式的影响，尽管教师学习了大量的理论知识，但是其依然很难在实践中适应复杂的教学情境，承担复杂多样的教育教学任务，并满足学生日趋多样化和个性化的学习要求。实际上，教师培养理论与实践断裂的弊端由来已久，也引起了国家层面和教师教育工作者的关注。2011 年 10 月，教育部正式颁布了《教师教育课程标准（试行）》，其中“实践取向”成为教师教育课程改革的理念之一，突出强调教师是反思性实践者，教师教育课程应当强化实践意识，关注现实问题。教师教育课程理念实践取向的确立，表明走进实践、走入实践是教师教育发展的必然和必要环节。然而这一理念的落实绕不开教师的生活世界，因为实践是教师“生活世界”这一哲学概念的重要内涵之一，走进教师生活世界内在地体现出实践取向。

事实上，造成我国教师培养理论与实践断裂的原因有很多，其中将教师培养的场域囿于课堂而非真实的教学实践是其中的重要原因。我国教师培养将大量精力和时间放在教师理论课程的学习上，而相对忽视教师的实践体验。从一项针对不同教师培养模式中教育类课程的学分情况调查（表 5-1），我们可以看出，尽管在不断增加教师实践课程的比例，但是我国教师培养教育实践课程仍然占比偏低。即使是把见习实践和实习实践加在一起，各类培养模式中教育实践课程周数都不超过 12 周。在具体的教育实践过程中，准备和总结也占用一部分实践课程，而且往往多个实习生被安排在同一个班，学生有时又被要求做一些与课堂教学和班级管理无关的事情，因此，很难给学生提供足够的实践经验和实践反思及补救的机会。中学教师培养的 7 周的教育实践课程则更难保证。①

表 5-1　不同教师培养模式中教育类课程的学分情况②

项目		总学分均值/分	教育类课程学分均值/分	教育类课程中学科类必修学分均值/分	教育实践课程周数均值/周
幼儿	三年制专科	137	70	61	9
	五年制专科	260	101	89	12
	四年制本科	156	64	61	10

① 教育部教师工作司. 教师教育课程标准（试行）解读[M]. 北京：北京师范大学出版社，2013：69.

② 教育部教师工作司. 教师教育课程标准（试行）解读[M]. 北京：北京师范大学出版社，2013：68.

续表

项目		总学分均值/分	教育类课程学分均值/分	教育类课程中学科类必修学分均值/分	教育实践课程周数均值/周
小学	三年制专科	131	30	23	9
	五年制专科	260	36	30	10
	四年制本科	155	36	30	12
中学	三年制专科	127	11	8	7
	四年制本科	164	15	11	7

说明：①此处学分均不含见习、实习的学分。②教育类课程学分均为必修学分，且含教育技术、书法、口语等技能课程学分。③五年制学校的学分是按课时折算来的，故为约数。④教育实践课程周数包括教育见习、实习/研习。

客观来说，教师是需要具备一定的理论知识的。比如，杜威就非常重视理论知识在教师培养中的重要性，他曾指出，学术性知识是用来培养和塑造优秀教师的最有效工具。[①]其理由有两个：一是有了这类知识（心理学、教育史、各科教学法一类的专业知识），教师能够观察和解释儿童的心智反应，否则便易于忽略；二是懂得了别人用过的有效方法，教师能够给予儿童以正确的指导。[①]但是需要特别指出的是，教师学习理论知识的根本目的在于帮助自身认识教育教学，并经过自我同化和吸收逐渐内化为个体的实践性知识和智慧，从而指导实践。不经过教师自身的体悟和理解，教师很难真正认识那些外在于教师的、去情境的理论知识，很难准确、恰当地应用在具有即时性、情境性的课堂教学中。也就是说，不经过教师的同化和吸收，教育理论知识很难真正发挥作用。而教师的生活世界是帮助教师体悟教学理论知识，丰富和深化对理论知识的理解，最终生成具有个体性、情境性和独特性的个体实践性知识和智慧的最佳场所。因此，教师教育走进教师生活世界必须要承认教师生活世界是课堂之外培养教师的“第二场域”。教师教育突破教师培养传统痼疾的束缚绕不开教师生活世界。

进一步说，教师培养的国际性研究也表明，教师培养不是一个从理论学习到实践应用的线性过程，而是一个在实践体验的基础上结合经验进行反思的渐进过程。不少国家在教师教育课程设置、时间安排上将实践以及对实践经验的反思置于教师教育课程计划的核心。走向生活世界的教师教育亦是如此，它强调教师培养过程中教师的生成与创造，强调教师培养应基于实践，在实践中围绕实践，突出教师培养的过程价值。它遵循“在实践中发现问题—通过行动研究和学习分析问题并提出问题解决方案—在教学实践中解决问题”的逻辑思路，始终突出教师

① 杜威. 杜威全集：中期著作（第3卷）[M]. 徐陶译. 上海：华东师范大学出版社，2012：196.

教育应当立足于教师的生活世界，以教师在实践中存在的问题为出发点，教师学习的结果是为实践提供解决问题的方向。

教师生活世界为教师实践智慧的生成提供恰当的场域。当前已经基本形成共识的是，教师教育的目的不仅在于教师把在大学里所获取的理论知识应用于学校实践，教师教育的目的还在于帮助教师培养在情境中反思、选择、判断和解决问题的能力。良好的教师教育能够促进教师基于认知情境理论发展实践智慧，强调教师对课堂教学进行反思。教师的实践智慧是一种默会的知识，隐含于教学实践过程中，更多地与个体的思想和行动过程保持着一种共生关系。它同时又是情境性的和个体化的，难以形式化或通过他人的直接讲授而获得，只能在具体的教育实践中发展和完善。教师实践智慧的特性决定了教师培养过程中要关注教师的生活情境，重视教师教育理论与情境的一体化建构，从这个意义上说，教师实践智慧的生成必须要联系教师教学实践，基于教师生活世界进行。

教师生活世界在教师教育理论的内化和实践的转化中发挥着重要的作用。众所周知，教师实践是一种特殊的实践形式。从本质上讲，教师成长所依赖和面对的教育情境具有易变性、不确定性和特殊性等特征，教师教学过程也很难严格遵从某种确定性、概括性、普遍性的教育规则。丰富多彩、瞬息万变的教育情境决定了教师教育要培养教师应对多元情境的能力，教师生活世界成为教师培养应对多元情境能力的场域，这是因为教师依赖和面对的教育情境的特性与教师生活世界具有内在一致性。借助教师生活世界的中介桥梁作用，教师通过内化、再情境化将具有一定普遍性、概括性和确定性的理论知识转化为能够与实践进行沟通和衔接的话语，消除了教学中理论与实践之间的话语分歧。同时，教师对实践进一步提炼和升华，将具有理论品性的实践经验凝结为可以内化的理论话语体系。基于此，教师生活世界促进了教育理论的内化和向实践的转化。

可以说，教师生活世界是教师培养绕不开的关键场域，教师成长就是在生活世界之中的，教师生活世界是教师教育得以实施的必要场域。进一步来说，教师教育改革要想成功，绕不开教师实践，更绕不开教师生活世界。不回归教师生活世界，教师教育很难破除理论与实践割裂的枷锁，很难走向新的突破，应对新的挑战。

二、走向教师生活世界：教师专业发展范式转换的需要

教师不仅是一种职业，还是一种特殊的职业，教师教育已经成为一个专门的研究领域和学术领域，并在逐渐建立起自己的学术规范和学术标准。[①]教师专业发展作为教师教育的核心，在教师教育的发展中经历着从科学到人文的范式转换，

① 钟启泉. 教师“专业化”：理念、制度、课题[J]. 教育研究，2001（12）：12-16.

这一转换的背后是以走向教师生活世界为行动逻辑的。

科学主义霸权的影响下，现代教师专业发展表现为科学范式。科学范式下的教师专业发展具有以下几个特征：习惯于根据社会发展和学生需要等外在需求确立教师的专业发展计划，忽视教师的本体需要，教师成为社会的工具；教师专业发展以专业知识和技能为本位，强调理论的绝对性和技能的普适性，侧重教师的训练而非教育，忽视教师作为"人"的整体性；推崇现代工业化管理模式，注重效率，强调教师专业发展目标、内容、途径和方法上的一致性，忽视教师的个体性。[①]科学范式主导下的教师教育过分宣扬理性和科学，割裂了教师作为"人"的完整性，表现出工具理性取向。

随着社会的迅猛发展，科学主义主导下的教育渐渐不能适应社会发展的需要，科学的真理性被怀疑，人文主义开始彰显，现代教育逐渐走向追寻科学与人文对话和融合的进路，教师教育也随之开始从科学范式向人文范式转换。需要特别指出的是，人文范式引领下的教师专业发展并非排斥科学和理性，而是抵制教师在专业发展中被异化的倾向，突出人文之于教师专业发展的根本性和主导性，确认教师专业发展的价值旨归。教师专业发展范式从科学范式转向人文范式体现出了教师专业发展中对教师的生命关怀，表明了教师教育开始从过度刚性、规范性的科学世界转向弹性、体验性的生活世界，从某种意义上说，走进教师生活世界是教师专业发展从科学范式转向人文范式的逻辑动因。

人文范式下的教师专业发展强调对教师的教育，这一教育不只是教师专业知识的获取和专业技能的提升，更强调引导教师领悟有关"人"的意义。在传统教师专业化背景下，受科学主义的影响，教师普遍关心自己在专业知识、专业能力、专业素养方面发生的结构性变化，疏于"师之为师""人之为人"的意义探寻，教师从教目的功利化倾向严重，教师作为知识分子的普世悲悯和终极关怀式微。转向人文范式的教师专业发展，从教师作为"人"和教师培养"人"的立场出发，强调任何学科的教师专业发展，都应当拥有较好的语言、文学、艺术、美学修养，都应当学习关于"人"自身的课程。有学者指出，应当在教师教育中发挥人文课程的引领作用，因为人文课程是引导学生做人、成人、人化的课程，是使人高大的课程，是引导学生走向真善美的美好人生的课程，是避免人异化的课程，是阻挡人走向假恶丑的课程。人文课程也是促使科学创造造福于人的课程，是促使社会更能维护人的尊严、自由和幸福的课程。[②]可以说，人文范式下的教师专业发展带给教师的远不只是具体的方法和技能，更是启迪教师对"人"的思考。因为如何在具体的教育情境中，关怀人、理解人、尊重人、发展人都是教师专业发展的

① 杜静. 教师专业发展[M]. 北京：高等教育出版社，2017：73.

② 张楚廷. 课程与教学哲学[M]. 北京：人民教育出版社，2003：351.

终极之问。对这一终极之问的回答需要教师教育走进教师的生活世界，需要把教师看作一个完整的人，因为教育是“一棵树摇动另一棵树，一朵云推动另一朵云，一个灵魂唤醒另一个灵魂”[①]的事业，而不是一个物化的人（教师）引导具有丰富生命力的个体（学生）的过程，教育在本质上就是人与人的对话、生命与生命的沟通。从这个意义上说，走进教师生活世界是教师专业发展从科学范式走向人文范式的根源，也只有走进教师生活世界，教师教育才实现了“人学”的革命，才能够引领教师专业发展走出科学主义范式下遭遇的重重困境。

进一步来说，人文范式下的教师专业发展，强调教师专业发展过程既是一个个体主动吸收、内化、参悟、创造的过程，又是一个教师群体之间相互影响、相互促进、相互合作探究的过程。然而传统教师专业发展往往顾此失彼，或是过分强调个体教育理论的掌握和教学技能的习得，或是忽视教师个体的独特性，将教师专业发展视为教师群体的共同发展，教师个体的形象被湮没。真正的教师专业发展是基于认知情境理论的实践智慧的发展，它强调教师自身的课堂教学经验及其对经验的不断反思，以及学校同事间的合作与交流。[②]因此，从科学范式转向人文范式的教师专业发展表现为改变对理性规范力的过分倚重，强调人际影响力和文化濡染力。对于教师而言，理性规范力是外在的、先验的，是科学范式的表征，而人际影响力和文化濡染力则是内在的、体验式的，是人文范式的表征。[③]因此，教师专业发展需要建立教师发展与教师生活境遇之间的文化关系。教师的生活境遇是教师生活世界的表征形式，它通过形成不同的教师文化濡染着教师专业发展的目标、价值追求。人文范式下的教师专业发展重视教师个体对教育意义的体悟，教师个体在教育教学中遭遇许许多多由教育事实构成的教育故事，教师通过对那些充满教育意蕴的故事的捕捉，领悟教育的意义和价值，从而生成内在的、持续的专业发展动力。同时教师的生活世界不是孤岛，而是一个充满意义的交往的世界，因此人文范式还强调教师群体内部间的交往与互动，突出人际影响力和文化濡染力在教师专业发展中的重要作用。教育过程主要是师生之间、教师之间的交往互动、精神濡染和思想感化，具有明显的文化特性。如果说博学多识、思考交流、教学科研是教师专业提升的起点，那么通过提升教师群体的专业内涵，形成积极的教师文化，就是教师专业发展的保障。以人际交往和文化濡染来解释与促进教师专业发展更能充分体现教师专业素养的整体性、复杂性和专业发展过程的生成性。众所周知，教师专业发展并非接受教师专业标准的裁剪，而是教师应然文化的提升和规范，教师学术生活方式的现实转变；既是教师个体文化的点滴创

① 王佳佳. 遭遇的个体教育价值研究[D]. 武汉：华中师范大学，2013.

② 钟启泉. 教师“专业化”：理念、制度、课题[J]. 教育研究，2001（12）：12-16.

③ 杜静. 教师专业发展[M]. 北京：高等教育出版社，2017：73.

生，又是教师群体合作与文化的浸润；既需要教师自主内生，又需要相互影响。利用教师个体在群体文化中的同一性、顺应性特点，能够发挥教师专业发展规范文化的潜在影响，进而促进教师专业自由与自主。同时以合作、探究、交流为精神内核的行动研究，以经历、体验、反思为根本取向的教育叙事研究，着眼于教学研究共同体建设的校本教研等教师专业发展的实现方式也都突出表现出基于教师生活世界的教师合作、交往在引领教师专业发展方面的重要价值。加强教师合作文化的引导，可以将教师之间的"学会合作、学会生活"融入教学文化之中，发挥教师合作文化积极的互依性、合目的性和整合性功能，激发教师专业发展的共同愿景，促进教师形成更加自主、自由的教师专业发展愿景。

科学与人文走向对话和融合是当前教育的趋势，教师专业发展范式也遵循这一规律从科学范式走向人文范式。教师专业发展范式克服科学范式的弊端并走向与人文范式的对话交流的是以走进教师生活世界为行动动因的。缺乏对教师生活世界的关照，教师专业发展很难实现由科学范式向人文范式的转换。从这个意义上讲，教师教育走进教师生活世界是教师教育范式转型的必要选择和必然走向。

三、走向教师生活世界：教师教育改革成功的必要前提

教师教育在发展中开始关照教师生活世界，教师教育逐步走进教师生活世界是当前教师教育深化改革的必要前提。从某种意义上说，缺乏对教师生活世界关照的教师教育很难顺应当前教师教育发展的主流趋势，也很难通过教师教育变革解决当前面临的现实问题，应对各领域对教师教育的挑战，实现教师教育的新突破。简而言之，走进教师生活世界是教师教育改革成功的必要前提。

当前世界范围内对教师在全面提高教育质量尤其是基础教育质量中的关键作用获得认同，教师教育建设也得到了高度重视。1983 年，美国高质量教育委员会发表了《国家在危机中：教育改革势在必行》，该报告宣称，新聘用的数学、科学和英语老师中，有一半不能胜任工作，美国中学开设的物理学由合格教师任教的不到 1/3。[①]报告指出美国中小学教育质量低下的关键在于任用了大量不合格的教师，为此，该报告对于提高教师质量和改进教学提出了一套完整的建议。其中包括：为教师制定更高的标准，实行 11 个月的聘约制等。此后美国又陆续出台很多关于基础教育师资培养方案的报告，教师教育改革逐渐成为美国教育改革的核心内容之一。教师教育是教育事业的工作母机，是提升教育质量的动力源泉。从新的有关教师政策的制定我们可以看出，我国也高度重视教师的价值和作用，教师队伍建设被确立为国家战略发展的重要方面。2018 年 1 月 31 日《中共中央　国务院关于全面深化新时代教师队伍建设改革的意见》提出，"大力振兴教师教育，

① 肖甦. 转型与提升：教师教育的改革与发展[M]. 济南：山东教育出版社，2015：355.

不断提升教师专业素质能力"，"不断提高地位待遇，真正让教师成为令人羡慕的职业"，并将新时代教师队伍建设改革的目标确定为"造就党和人民满意的高素质专业化创新型教师队伍"①。2018 年 3 月 22 日，教育部等五部门联合印发了《教师教育振兴行动计划（2018—2022 年）》。2019 年 2 月，中共中央、国务院颁布实施《中国教育现代化 2035》，全方位制定了推进教育全面现代化、建设社会主义现代化教育强国的目标与战略，其中明确将建设高素质专业化创新型教师队伍确定为面向教育现代化的十大战略任务之一。②

新时期，建设社会主义现代化强国，对教师队伍建设提出新的更高要求，包括基础教育新课程改革对教师的素质要求，对教师适应中小学教育教学变革趋势的能力要求。一方面，以新课程改革为主线的基础教育改革对教师素质提出了更高的要求。当前，以"一切为了每一位学生的发展"为核心理念的课程改革强调要关注学生发展、重视以学定教，强调新课程下的教师角色应由传统的知识传授者向学习者、研究者、组织者、引导者、促进者、催化者、实践者、开发者转变，倡导自主、合作、探究的学习方法。③教师必须具备新的较为完备的知识结构和更为开阔的学术视野、更深厚的专业知识背景，具备更强的专业适应与整合能力、现代信息技术应用能力与创造性的课程实施能力，以及引导、组织学生开展自主性探究学习的能力，教学反思能力与研究能力。④为了培养学生的核心素养，对教师核心素养的要求集中体现在教师的理想信念、师德师风和教育教学能力上，后者包括教学设计能力、教学交往能力、教学研究创新能力、课程资源开发与利用的能力，以及以学生的学习为中心构建有利于学生学习的教学情境的能力，发现、解决教育教学实践问题的创新能力，不断更新自己的知识结构以适应教学变革趋势的能力等。⑤另一方面，随着互联网、大数据、云计算、人工智能、传感技术、机器人、虚拟现实等新技术在教育领域的应用与逐渐普及，学校教育已经在发生革命性的变革：课堂正在成为人工智能参与的智慧体验课堂，学校将会变得更加开放、类型更加多元、层次更加丰富、环境更加生态、服务范围更加广泛，数字图书馆、数字课程中心或将成为学习资源中心，对学生的学习与发展的评估或将变革为基于大数据挖掘系统和人工智能的随时、随地、随人、随事的 4A（anytime，anywhere，anybody，any event）评价与监测。⑥传统的由教师、学生、课程构成的

---

① 新华网. 中共中央　国务院关于全面深化新时代教师队伍建设改革的意见.（2018-01-31）[2019-06-03]. http://www.moe.gov.cn/jyb_xwfb/moe_1946/fj_2018/201801/t20180131_326148. html.

② 中共中央、国务院印发《中国教育现代 2035》.（2019-02-23）[2019-06-03]. http://www.moe.Gov.cn/jyb_xwfb/s6052/moe_838/201902/t20190223_370857.Html.

③ 岳海玲. 课改期待中的理性思辨——基础教育课程改革反思研究综述[J]. 教育科学论坛，2018（23）：18-22.

④ 郝志军. 基础教育课程改革反思与推进建议[J]. 西北师大学报（社会科学版），2017，54（5）：99-104.

⑤ 谭帮换. 新课程改革背景下一名合格教师的基本素养刍议[J]. 教育现代化，2016（19）：112-113，119.

⑥ 单从凯. 未来教师的角色与素养[J]. 中国远程教育，2014（1）：10-11.

三维结构将转变为新的四维结构，即学生、数字化学习环境、数字化学习资源和教学支持服务。[①]因此，教师不仅应具有崇高的师德、精湛的教学技能，而且应成为基于数字化环境、资源的学生学习活动的支持者与服务者，能够系统地支持学生的个性化、定制化的自主学习，同时通过创设教学情境来提升学生的学习体验。[②]尤其重要的是，教师必须对教育教学充满挑战心、好奇心与想象力，把教育教学看作学生主动学习、探究反思、变化更新的创新过程，把教学当作创意设计和实施的过程。同时，要在教学中为学生提供创新的时间和空间，而且要宽容学生的失败，营造教学中激励创新的氛围。

不可否认，当前我国现行的教师教育仍存在着“四重四轻”的误区，即重理论，轻实践；重传授，轻反思；重专家教授，轻生命体验；重教育机构，轻基层学校。也就是说，理论传输目前仍然是我国教师教育的主流。为解决当前教师教育的弊端，以适应社会各个层面和领域对教师教育提出的要求和挑战，2005 年，教育部启动了“教师教育改革工程”，旨在消除原有教师教育制度及课程制定中存在的弊端，确立新的教师教育发展模式，形成一套科学的教师教育标准体系。[③]2011 年 10 月，教育部正式颁布了《教师教育课程标准（试行）》，它以育人为本、实践取向、终身学习为基本理念，这是我国教育史上第一部关于教师教育课程的国家标准。2012 年 2 月 10 日，我国教育部印发了《幼儿园教师专业标准（试行）》《小学教师专业标准（试行）》和《中学教师专业标准（试行）》的通知，旨在促进教师专业发展，建设高水平、高素质的教师队伍，它强调以师德为先、学生为本、能力为重、终身学习为理念，标志着我国教师教育、教师专业发展进入了一个新阶段。

可以说，教师教育政策的颁布和制度的确立表明我国教师教育改革进入新的历史时期，教师教育改革的成败将直接影响着一定历史时期我国教师整体素质的高低，并间接影响未来人才培养水平的高低。这些政策和制度都存在共同特征，即强调对教师的人文关怀和尊重，重视教师实践的价值和教师培养的生成性，这一共同特征内在的驱动着教师教育走进教师生活世界，关注教师生活世界。基于此，在我国教师教育改革的关键时期，教师教育应当在关照教师教育社会功能的同时，从教师本体出发，对教师生活世界予以关照。尤其是随着个体理论的兴起，特别是新时代以来教师教育新的要求和变化，教师的个体性、境遇性、实践性、对话性等特征逐渐进入人们的视线，这些特征与回归生活世界的教师特性具有内在一致性。同时，人们逐渐意识到能力本位取向的教师专业发展很难涵盖教师情

① 闫华. 信息技术时代教师从教学者向助学者的转变[J]. 首都师范大学学报（社会科学版），2018（4）：184-188.

② 荀渊. 从政策转变看教师专业化的发展[J]. 教师教育研究，2004（2）：50-54.

③ 教育部教师工作司.《教师教育课程标准（试行）》解读[M]. 北京：北京师范大学出版社，2017：1.

感、意志、道德、个性等因素，而这些因素正是生活世界中的教师作为“人”的重要特质。此外，工具理性的兴盛使教师对于技术与工具的依赖程度不断增加，从而淡化了对精神文化的探寻与追求，造成了教师精神世界的匮乏。然而基于教师生活世界的教师教育则注重教师个体行为所代表的价值，强调具有主体性的教师在实践中的多向度交流，关注教师的最终归宿和终极关怀。这些教师教育演变趋势的特性与教师生活世界具有一致性，从不同层面体现了教师生活世界的内在特征。

社会变革对教师教育提出新的挑战，要求教师教育在改革中关注教师职业所面对的复杂而不可预测的教育情境，要求教师教育要培养教师的实践智慧，帮助教师形成批判性思维，具备创造性的行动和应对变化的能力；要求教师教育引导教师重视对实际教育情境的反思、探究以及教师之间的对话和交流，明晰驱动自身专业发展的动力主要来自工作本身对教师自我实现的价值。我们很难想象一个一个物化的教师能够游刃有余地适应即时性、不可预测性的教育情境，实现知识传递和育人目的。从这个层面上讲，教师教育改革的成功、教师教育培养目标的实现有必要走进教师生活世界，并以教师生活世界作为必要前提。

第二节　教师教育走向教师生活世界的必然性

教师教育走向教师生活世界，是一种必要，更是一种必然。认识教师教育走向教师生活世界的必然性需要认识到教师生活世界是教师教育的生成之域。教师生活世界是教师教育的存在形式，教师教育始终存在于生活世界之中，并指向生活世界。因此，教师教育走向教师生活世界是一种本体上的回归，是教师教育与教师生活世界统一的必然。同时走进教师生活世界是走向生成中的“人”的必然，是彰显教师作为“完满的人”的必然。在这个意义上，走进教师生活世界就是顺应教师作为“人”追求自我完满，实现专业自我和突破的必然。教师教育走进生活世界还是教育制度演化驱动的必然，是良好教育制度建构和生长的必然。基于此，教师教育走向教师生活世界的必然性是由教师教育的本质决定的，它内在地反映着教师教育发展的客观规律。

一、走向教师生活世界：教师教育本体回归的必然

教师的发展只有放在广阔的生活世界中考察，才能更好地讨论教师发展的自由度和发展程度，才能克服狭隘的将教师生活世界简单等同于教师的某一局部生活（如职业生活）所带来的局限性。只有将教师发展置于广阔、丰富而又层次的生活世界，才能深刻地理解教师、理解教师教育，才能形成教师、教师教育、教育的全面依存关系。因此，生活世界是教师教育的根基，是教师教育之所以能够

促进教师个体多种品质生成的奥妙所在，是教师实现自我成长、自我突破之所在。而走进教师生活世界就是走进教师教育的本源，走进教师教育的生成之域，这是一种本质上的回归，是教师教育内在规律的体现，反映出教师教育走向教师生活世界的必然性。

教师教育走向教师生活世界的必然性源于教师教育与教师生活世界具有内在的、紧密的关联。这种内在的、紧密的关联表现为教师生活世界构成了教师教育的动力源泉，是教师教育的出发点和归宿，同时生活世界与教师教育具有同构性。这些关联凸显了教师生活世界是教师教育的本源，是教师教育的生成之域。因此真正意义上的、优秀的教师教育是必然要走进教师生活世界，必然去关注教师周遭形形色色的问题，理解教师角色的复杂性和特殊性。

生活世界是教师教育的动力源。人的生活是人类社会一切实践活动的根基。教师教育以人为对象，意味着以人的生活为根基，从而满足个体发展和社会发展的需要。把教师的生活作为教师教育的动力源，是符合历史唯物主义的。首先，生活世界是教师个体追求的源泉。教师的个体追求是教师对在生活世界中进行活动和交往的一种理性表达，反映了教师的社会生产与社会生活的基本方面和基本要求。可以这样说，正是教师的社会生产和生活才有了教师教育的内容。表面上看，教师教育似乎是以教来培养教师的，其实教师教育本身表现的即是一种现实活动。从这个逻辑关系上看，教师教育离不开人的活动，教师教育来源于人的活动，教师教育是为了教师能够理性地从事活动和交往。同时生活作为教师教育的"基础事实"和教师教育是一体的，脱离了生活，教师教育是无法进行的，教师教育也就成了僵死的条文和抽象的原则。生活的过程就是教师学习的过程。生活在一起这个历程本身就具有教育作用，它扩大且启发经验，刺激并丰富想象，使我们负责言论和思想的准确、逼真。[①]因此教师教育是由教师活动形成的，即在生活世界中形成的。其次，生活世界是教师价值生命实现的直接原生性基础。教师生活的过程就是教师价值生命实现的过程，只不过其中可能夹杂着各种干扰价值生命实现的消极因素。尽管如此，生活世界对教师价值生命的实现来讲，依然是最生动的、最富有感染力和生命活力的。教师能够通过意识行为反思其生命过程、生存状态、生活方式以及生活质量，获得生命感悟和生活体验，并以社会历史条件为依据，不断更新个体的生活方式。教师在生活世界之中，身心的每一部位、每一侧面都充满了情感和生命固有的活力。教师教育是推进教师价值生命实现的加速器，教师教育的根本意义就是满足教师的身心发展的基本需要，促进教师价值生命的实现。最后，生活世界是教师教育建构可能生活的基础和依据。一方面，生活世界制约着教师教育对教师可能的生活方式、生存状态的追求。另一方面，

① 杜威. 民主主义与教育[M]. 林宝山译. 台北：台湾五南图书出版公司，1992：5-6.

生活世界中的物质文化、精神文化等为教师教育奠定了物质基础。教师教育不可能在真空中建构教师的可能生活，教师的现实生活空间为教师教育提供了范例。

生活世界是教师教育的出发点和归宿。一方面，生活教育是以人们生活中遭遇和体验的社会性、道德性问题为切入点的。陶行知指出，没有生活做中心的教育是死教育，没有生活做中心的学校是死学校，没有生活做中心的书本是死书本。[①]教师教育不是将教师教育消解在生活里，而是以生活为依托的。另一方面，教师教育只有通过生活世界才能判断教师的教学效果。只有教师在生活世界中不断地进行实践、反思，才能形成一个人稳定的教学特色和独特的教学智慧。教师教育的生活特性使教师教育必须保持职业生活、专业生活、社会生活与日常生活之间的必要张力，以日常生活为基础，不断创造理想的生活，把生活世界作为其探寻教育真谛的起点和基础。因此走进教师生活世界，实际上是走进教师教育的归宿。同时，教师教育与教师的存在和生活是一体的，从来没有脱离生活的教师教育。因此我们认为，教师教育的目的在培养优秀的教师之外，还应将教师生活，尤其是完满而幸福的教师生活包含在内。从这个意义上看，教师教育不应单被看作是培养教师的方式，而更应看成是通向教师美好生活的一种手段。

生活世界与教师教育具有同构性。所谓同构，就是一种保持信息的交换。[②]生活世界与教师教育的同构性，不能也不应当被理解为完全或者等同或可置换意义上的同构性，因为教师教育与生活世界具有各自不同的内涵，不能被相互归结和还原。说两者同构，是指两者在人的对象性活动中，在本质上具有相同的结构和性质，对人的本质存在来说具有一种内在相关性。同时在教师的发展中无时无刻不保持彼此的信息交换，从而使每一方都有属于自己的性质，又有着归属于对方的特征。教师的生存状态、生活方式、生活质量，都是反思的对象。通过反思，教师从原有生活或经历过的生活那里获得了启发，生活成为建构新的生活方式的原型，因此生活发展人与教育发展人具有相关性。从生活的角度看，生活世界为教师的发展提供了接受全面教育的机会，使个体全面地占有社会生活经验，生活的教育意义体现在生活的全过程及其每一要素、每一侧面中。在这种意义上，生活世界就不再仅仅是教师教育活动的场域，更是教师教育本身；不仅仅是一种静态的构成，更是一种动态的生成。教师教育包含教师主体内在尺度并反映客观对象外在固有尺度的生活存在，在教师教育过程中根据社会发展和人的发展规律去实现教育意志，使受教者符合社会需要，因而具有生活世界的意义。教师教育的结果作为教师本质力量的外化，不仅是生活世界的存在物，而且构成了生活世界最根本的内容。这样，教师教育过程在一定意义上又是一个走向生活世界的过程，

① 李大健. 生活化：高校人本性德育的真谛[J]. 教育研究，2008，（9）：76-79，92.

② 李燕. 文化释义[M]. 北京：人民出版社，1996：74.

一个生活世界生成和展开的过程。所以教师教育唯有根植于生活世界并为生活服务，才具有生命力。同构从本质上说也是一种映射关系。通过这种映射，一个系统的结构可以由另一个系统来解释和说明。教师教育与生活世界的同构关系，在一定意义上也可以说是相互解释和说明的关系，即通过对生活世界的结构与功能的把握，可以在更广泛的意义上把握教师教育自身结构，乃至教师自身。对教师教育过程及其规律的把握，有利于我们在更深刻的意义上理解教师的生活世界乃至生活世界中人的真正生成过程。

总的来说，从教师生活世界是教师教育的动力源泉，教师生活世界是教师教育的出发点和归宿，以及生活世界与教师教育具有同构性三个层面展开的分析，深刻揭示出教师生活世界与教师教育的内在统一性，这种内在统一性深刻地阐明教师教育走向教师生活世界是一种必然的走向。

二、走向教师生活世界：彰显教师作为人的必然

某种意义上，教育即人学，教育作为使人成为人的活动，比任何社会活动领域更关注人的生成过程，因此，生活世界是教育论和教育实践所必需的，是教育本质的内在要求。在此，生活世界一方面是指对人生有意义的且人生在其中的世界，生活着的心物统一的世界；另一方面是指人生的过程、人的生成与发展的过程。在这个世界中，人的地位是至高无上的，人是能动的主体，人的生成与发展不依附于自然、社会、他人，或者其他某些外在的力量。①就教师教育而言，作为教育的重要分支，作为一门培养教育者的学科，教师教育更是紧密联系有关人的一切。因此，走向教师生活世界，就是走进人的生活世界，就是走近教育的本质，这是教育本质的内在要求，体现出一种必然性。正如雅斯贝尔斯所指出的那样，人的回归才是教育改革的真正条件。②因此教师教育走进教师生活世界就是回归人本身。然而教师教育走进教师生活世界的必然性是由教育回答“人的问题”③这一教育终极问题所驱动的，是教师教育彰显人性之必然，是教师教育本质之必然。

在科学主义和技术理性的影响下，有些人习惯从技术操作亦即物的层面和功利主义的角度来看待教育和教师角色。这样导致一些学校变成了生产标准件的场所，而某些教师成为生产标准件的工具。然而，教育过程应该首先是一个精神成长的过程，然后才是科学获得知识过程的一部分。如果本末倒置，那么教育将蜕变为训练和操作。然而训练是一种心灵隔离活动，教育则是一个人与人对话的过程，是一个人与人精神相互交流和契合的过程。换而言之，教育必须要触及人的

---

① 郭元祥．“回归生活世界”的教学意蕴[J]．全球教育展望，2005，34（9）：32-37.

② 转引自：任钟印．世界教育名著通览[M]．武汉：湖北教育出版社，1994：13.

③ 赵汀阳．论可能生活：一种关于幸福和公正的理论[M]．北京：中国人民大学出版社，2004：89.

灵魂，而不仅仅是知识和认识的堆积，因为无法引起内心共鸣的知识本身并不是教育。所以我们不能把人的教育当作商品、工具或材料的生产来看待，不能湮没人在教育中的主体性角色。教师教育更是如此，我们很难想象一位被工具化的教师如何实现人与人之间的精神对话，如何实现生命体与生命体之间的精神碰撞。英国洛克就此作了生动的描述：一个人自己毫无真才实学，却填满了他人的思想和词语，可以说世界上再也没有哪一件事比这更可笑了。其结果肯定是徒然的，会使自己的空虚欲盖弥彰，内心没有一点优雅的因素。学生掌握了别人的思想与词语，不能证明实现了人的成长，同样，一位缺乏生命热情、被工具化的教师仅仅传授科学知识并不能被认为是完成了教育的真正目的。

不可否认，现代教育中“人的回归”道路是曲折的，但这是现代教育的主流，是现代教育的主旋律。[①]尤其是进入21世纪，教育突出表现出对人的关注，认为现实的人是教育的基本出发点，确定人的存在是理解教育的思想路线。所谓人是现实的存在，是指人的活动是以一定的客观现实为前提的，我们不能脱离客观现实社会生活环境谈论人的意志、欲望、理想与能力，也不能把人的需要、理想、能力与客观现实生活环境割裂开来。教育是要培养人认识现实、超越现实的意识与能力，而超越现实并不是脱离现实。换而言之，教育对人的探讨不应是“空对空”“自说自话”式的讨论一个概念化的人，而是应该围绕活生生的、真实的、有着丰富感情的人。当教师把每一个学生都理解为他是一个具有个人特点、具有自己的指向、自己的智慧和性格结构的人的时候，这样的理解才能有助于教师去热爱儿童和尊重儿童。[②]这一理念下的教育过程中的师生双方是主体间性的“我-你”关系，而不是把双方看作某种物品的“我-它”关系；这是一种互相对话、包容和共享的互动关系，它的实质在于人与人之间的彼此关切和尊重，亦即把人当作目的来对待，教育过程就成为两个生命体平等对话和交流、生成智慧的过程。

教育对人从压制到解放的过程凸显了对人的关照。人是在生活世界之中的，生活世界的中心是人，是人的生存与人的人生价值。因此现代教育对人的关注必然内在地包含对生活世界的关注。也就是说，现代教育对人的解放要回归人生活的场域之中去考察。那么对教师教育而言，教师教育走进生活世界客观反映了现代教育取向的变迁，是顺应现代教育张扬人之必然。也只有走进教师生活世界，教师才能真正从科学主义与工具理性的压制下解放出来，教师教育才能真正成为一门研究人的科学。还需要注意的是，离开了对人的生成和发展的关注，就没有生活世界，因为生活世界反映的是人与世界的关系，更明确地说，是人的生成方式与世界的关系的反映。生活世界与世界的本质区别就在于，人的存在、人的生

① 郭元祥．“回归生活世界”的教学意蕴[J]．全球教育展望，2005，34（9）：32-37．

② 杜静．教师专业发展[M]．北京：高等教育出版社，2017：69．

成、人的实践、人的地位的凸显。从这个意义上来说，教师教育走向教师生活世界的实质意味着教师教育中教师作为人的主体地位得到认可，体现了对人的尊重。

教师教育走进教师生活世界是彰显教师作为人的必然性，还源于当前对教师生存境遇的关照。教师的生存境遇是教师生活世界的现实表现形式，是教师作为人的现实生活状态。因此对教师生存境遇的关照必然内在地要求教师教育走进教师生活世界。在马克思看来，人类生存的领域就是历史，为了能够更好地创造历史，就必须从事物质生产资料的生产、精神文化的生产、人口再生产、社会交往等四个方面的生产活动，也因此构成生存的四个必要要素，即物质生活、精神生活、生育活动和社会交往活动。[①]教师作为社会一员自然摆脱不了上述四种生产活动和生存的四个基本因素。理论上来说，教师从事教育教学活动所获得的物质生活条件和工资待遇本身必须属于并为了教师更好地生活和发展，教师不只是要活着，还要活得更好，强化站起来活的维度[②]，乃至达到诗意栖居，不是离场的生活，而应该是在场的享受和发展。但是事实上，教师生存的现实境遇不容乐观。一项来自广州市教育局和广州市教育科学研究所的 1866 份问卷调查显示，大多数教师认为，自己工作时间长，任务繁重。67.2%的教师每日用于备课、上课、批改作业和组织学生活动的工作时间在 10 小时以上，班主任和高中教师的比例则超过七成，分别为 72.9%和 75.4%，另有一成教师的工作时间在 14 小时以上。不少班主任称，在学校教育工作者当中，班主任是最辛苦的一个岗位，素有“救火队”“保姆”之称。他们不但需要任课，还要做好德育工作，工作繁忙，待遇不高。[③]国家中小学心理健康教育课题组对辽宁 14 个地区 168 所中小学教师的抽样调查显示，51.23%的教师存在心理问题，其中 2.49%已构成心理疾病。[④]中国人民大学启动的“中国教师职业压力和心理健康调查”显示，82.2%的被调查者对工作不满意，逾60%表示有跳槽意向。[⑤]教师生存境遇的实然状况，要求教师教育走进教师生活世界，去认识教师面临的繁复问题，去理解教师，去尊重教师作为一个活生生的人的生存需要。

教师教育走进教师生活世界意味着教师教育对人的整个生命历程的动态把握，即关照人的过去生活、现实生活和可能生活。优秀的教师教育应该认识到，只有把一切知识的、观念的东西纳入到人的生成过程之中，才能真正对人的生成

① 中共中央马克思恩格斯列宁斯大林著作编译局. 马克思恩格斯全集（第 1 卷）[M]. 2 版. 北京：人民出版社，1995：79.

② 邹诗鹏. 转化之路：生存论续探[M]. 北京：中国社会科学出版社，2013：13.

③ 新快报. 任务繁重工作时间长,广州九成教师职业倦怠（2010-10-15）[2019-06-04]. https://teacher.eol.cn/jiao_yu_ren_cai_zi_xun_52/20101015/t20101015_529678.shtml.

④ 蒋益明. 为什么如此多的教师心理有问题？[J]. 教师之友，2000，（10）：33.

⑤ 信息时报. 中国教师心理健康调查:5 成存在心理问题,6 成想跳槽（2012-02-07）[2019-06-04]. https://teacher.eol.cn/teacher_news_10922/20120207/t20120207_737702.shtml.

有终极意义。为知识而知识、为技能而技能的教师教育，没有从根本上关照人，所谓的人文关怀也只会沦为空洞的口号。因此，教师教育作为关于“人”的教育需要回到“人”的生活世界之中才有意义。教师教育走进教师生活世界是回归教育的本真，彰显教师“人”形象的必然。

三、走向教师生活世界：学校教育制度演化的必然

学校教育制度的演化变迁内在地影响着教师教育的发展，因此教师教育走进教师生活世界在一定程度上是学校教育制度演化的必然，反映了教师教育与学校教育制度之间深刻的关联。众所周知，时代对教师教育提出了更高的要求。在这个飞速变革的时代，教育正为未来的世界培养人才，教育和教师教育要对变革的世界作出反应。时任美国国家教师教育认证协会（NCATE）主席阿瑟·怀斯认为，“我们一直在教今天的学生适应昨天的要求。我们还处在过时的认证制度之下。以前很长一段时间，教师们教授学生农业和工业社会需要的基本技能，并且很好地服务于公众。即便许多劳动力都只受过基本的技能训练，我们的社会仍然成为旺盛的工业社会”①。但是怀斯强调，当今的教师需要接受更好的训练以帮助学生在未来更复杂的后工业社会生存。②因此，“教师是教育者”的命题必须被提高到社会学的认知层面。印度学者克里希那穆提认为，“教师是建造一个新社会秩序的奠基者，教师可以超越既有文化或者某些制度的制约，独立主动底再引领人的心灵的发展中发挥改进社会的作用”。他对于通过教师的努力“引导学生掌握真理、净化心灵、生成智慧，进而在根本上终止我们这个社会的肤浅、虚伪、丑陋寄予了很大的希望”②。基于此，从某种意义上来说，教师教育关涉社会制度的变革与发展，这一关联是通过教师教育与学校制度的制约和影响实现的。然而教师教育走进教师生活世界正是当前飞速发展的时代要求下，学校教育制度变革的必然。

教师教育是围绕教师职责、职位所进行的综合教育，是在终身教育思想指导下，按照教师专业发展的不同阶段，对教师进行的职前培养、入职培养和在职培训的总称，是师范教育与教师继续教育相互联系、相互促进、统一组织的现代体制。③教师承载着教育的根本意义和价值。教师是教育改革和发展实践的主体，是一切教育改革和发展最终得以实现的最基本、最直接的基础。④然而，教育的改革和发展的核心在于教育制度的革新。所谓制度，在社会科学里又称“建制”，它泛

① Lucas C J. Teacher Education in America：Reform Agendas for the Twenty-First Century[M]. New York：St. Martin’s Press，1997：xii.

② 转引自：赵荷花. 何谓正确的教育者——印度学者克里希那穆提的教师观解读[J]. 比较教育研究，2007（6）：36.

③ 转引自：黄崴. 从“师范教育”到“教师教育”的转型[J]. 高等师范教育研究，2001（6）：14-16，7.

④ 顾明远. 关于提升我国中小学教师质量的思考——基于世界各国的政策经验[J]. 比较教育研究，2014，36（1）：1-5.

指以规则或运行模式规范个体性行动的一种社会结构。这些规则蕴含着社会价值，其运行维持着一个社会的秩序。制度是一种人们有目的的建构的存在物。在管理学中，制度也称规章制度，是国家机关、社会团体、企事业单位为了维护正常的工作、劳动、学习、生活的秩序，保证国家各项政策的顺利执行和各项工作的正常开展，依照法律、法令、政策而制定的具有法规性或指导性与约束力的应用文，是各种行政法规、章程、制度、公约的总称。规章制度的使用范围极其广泛，大至国家机关、社会团体、各行业、各系统，小至单位、部门、班组。它是国家法律、法令、政策的具体化，是人们行动的准则和依据，因此，规章制度对社会经济、科学技术、文化教育事业的发展，对社会公共秩序的维护，有着十分重要的作用。①

学校（包括课堂）作为人类传递社会知识文化，有目的、有计划、有组织地为一定社会培养所需人才的场所，它不同于日常生活世界中的私人空间，应是一种开放的公共空间、社会空间。可以说，学校是“为了社会”“在社会中”“由社会”所设置的社会机构。②众所周知，社会的发展与制度密切关联，因此学校的运转也同社会发展一样与制度的支持与演变关系密切。正如杜威在《学校与社会》中指出的，任何时候我们想要讨论教育上的一个新运动，就必须特别具有比较宽阔的社会的观点。否则，我们会把学校制度和传统的变革看成是某些教师的任意创造。最坏的是赶时髦，最好的也只是某些细节上的改善——这就是我们通常过于习惯地用来考虑学校的变革的那种观点。这好比把机车和电报机看成是个人的发明一样。教育方法和课程正在发生的变化如同工商业方式的变化一样，乃是社会情况改变的产物，是适应在形成中的新社会的需要的一种努力。③

学校教育制度的演变与近代工业文明和自然科学的持续发展关系密切。工业文明和自然科学的发展对学校制度的影响表现为知识的学科化、学校和课堂的统一化以及教师行为的规范化。伴随着工业文明和自然科学的持续发展，人逐渐实现了支配自然的神话。人类的知识观发生了根本性的变化，科学知识、客观可实证的知识被认为具有普遍的指导意义和价值。科学知识为了便于理性化操作被更进一步细化分解成科系化的知识，以知识的科系化为基础一系列标准化、科学化的学科知识由此产生。在科学知识观的影响下，学校教育以顺利、有效传递科系化学科知识为使命，教师任务被简化为忠实地向学生传授一系列学科知识，教师职业逐渐为统一的要求和模式所禁锢，教师角色被固化为训练和传授。教育教学成为师生双方配合，从而保证学生顺利掌握学科知识和技能的活动。在这种理念

① 百度百科. 制度[EB/OL].（2019-02-24）[2019-06-03]. https://baike.baidu.com/item/制度/40669?fr=aladdin.

② 罗儒国. 教学生活空间异化现象透析[J]. 教育发展研究，2010，30（10）：10-15.

③ 约翰·杜威. 学校与社会·明日之学校[M]. 赵祥麟，任钟印，吴志宏译. 北京：人民教育出版社，1994：27-28.

影响下，可观察的数量、效率成为衡量教学是否有效的唯一标准。与此同时，在现代性和科学知识的强大规训力量之下，课堂的多样性、特殊性被消解，整体划一成了现代学校之于课堂和学生的基本要求。同时，工业化精细管理的思维进入学校，学校管理强调学校和课堂的统一化，学校逐渐蜕变为学校工场，各种各样的规章或制度随之出现，学校和课堂统一化作工业化社会的产物。正如约翰·格雷所言，现代性并非始于对差异性的承认，而是始于对一致性的要求。[①]随着工业化运动的迅猛发展，与工业化相适应的效率和数量的原则日益渗透到教育领域，教育效率化和规模化变成了教育价值观的旨趣所在，追求数量、效率、模式化和标准化成为现代学校管理制度的核心。在工业化时代的大机器生产流水线上，行为的规范化成为大工业生产对人的基本要求，生产流水线上任何一个位置的微小错误都可能影响整个生产过程的顺利进行。为了满足教育收益最大化的需求，大机器生产流水线的思维随之渗透到学校教育之中，教师成为教育生产流水线上的工人，而学生则成为一个个有待加工的产品，日常的教育教学活动变成了人类生产活动，学科知识授受如同一道道生产程序，能否提高知识的传授效率，获取教育收益的最大化，就成了评价教育教学孰优孰劣的唯一标准。同时可以看到，学校制定了所谓科学的规范和制度为学校的日常教育教学活动“立法”。教师按照学校的各项制度要求规范地进行知识传授，并对各种影响教学的因素进行控制。同时为了追求课堂效率的最大化，许多教师自然而然地将教师行为的规范化视为课堂教学的前提。例如，对教学的步骤、教案中涉及的条目、作业批改的次数等提出要求，教师的教学行为规范被进一步细化，在课堂教学中诸多变化的因素被不变的规范所掩盖，许多教师套用固定模式和程序来组织自己的教育教学活动，教师个别化、情境性、实践性知识已没有了生存的土壤。[②]学校规范越来越细、越来越多，课堂被管控得越来越死，学校制度的规训性不断加强。规范化在形式上平等的制度中游刃有余，大显身手，不仅可以最终实现齐一性而且还可以通过度量间距、提供差异尺度而实现个性化。[③]

从学校教育制度的演变过程，我们可以看出，在教育领域现代性逐渐渗透并制度化地规定和分配着教师的教学任务。学校以保证大工业生产的有效性而使用的监管制度为样例，为保证教育教学的标准、划一，制定了一系列的规章制度对教师进行监管：什么不应该做，什么应该做，应该怎样做等方面的要求都被渗入到教师日常的教育教学活动之中。在模仿工厂建制的学校中，教师如同学校生产线上的工人，学生类似于生产线上的产品，所有活动都必须要围绕着这条生产线

① 格雷. 自由主义的两张面孔[M]. 顾爱彬，李瑞华译. 南京：江苏人民出版社，2002：4.

② 白亮，万明钢. 论教师有尊严的幸福教育生活何以可能[J]. 教师教育研究，2016，28（04）：8-13，48.

③ 阿兰·谢里登. 求真意志——密歇尔·福柯的心路历程[M]. 尚志英，许林译. 上海：上海人民出版社，1997：10.

运转，与此同时接受来自生产线的监督和控制。教师在服从监管的过程中，所有行为被自觉规范化，教师处在学校权力主体的全视角监控之下。生命的特质在于其独特性和丰富多样性，但是在学校工场中，我们却发现教师在教育教学过程中呈现出“劳动力的个人片面化”①。教师个人的片面化，必然造成教师全面丰富生命的存在被分割瓦解，进而被物化为工具。教师没有了个体生命的充盈和丰富多样性，个体的生命逐渐消融于社会的需要之中，教师充满生命意蕴的教育生活消失了，教师的生活世界被异化，学校教育制度逐渐演变成为控制教师的枷锁。

不可否认，学校教育制度在其演化过程中确实加速了教育的发展和繁荣，但是我们必须要承认，面对新的时代要求和挑战，现代森严、机械、缺乏人情味儿的教育制度已经逐渐走到了促进学校教育发展的对立面，已经很难满足新的历史时期对教育提出的新要求。尤其是在当代对人文关怀凸显的时代背景下，学校教育制度的演变必须走出对教育中人的压制和控制，走向解放人和关怀人。从这个意义上来讲，教师教育走进生活世界正是源于其敏感洞察到现代教育制度的弊端，敏锐捕捉到现代教育制度演变中对教师生命的窒息与压迫，反映了未来学校教育制度演变的必然趋势。受学校制度演化的驱使，未来学校制度演变的必然趋势表明，教师教育走进教师生活世界成为一种必然。

① 福柯. 规训与惩罚：监狱的诞生[M]. 刘北成，杨远婴译. 北京：生活·读书·新知三联书店，1999：165.

第六章

回归的价值：教师教育走向生活世界的意义

教育与生活的关系始终是教育学研究的永恒问题，教育的本源是生活，生活是教育的存在形式。教师教育是以提升教师专业化素质为旨归的教育生活，教师教育始终是为了生活世界，基于生活世界和在生活世界之中的。因此回归教师生活世界，即回归教师教育的本源，具有重要的价值及意义。

第一节　为了生活世界：教师教育的目的

生活是教育的起点，又是教育的终点。教育究其本质是通过有目的培养去教人追求幸福并有意义、有尊严地生活。教师教育作为关涉教师如何培养人的活动，其本质亦是指向教育中的人（包括教师和学生在内）的美好生活。因此，教师教育旨在帮助教育中的主体建构美好而完满的幸福生活。基于此，对教师生活世界的意义阐释应当在明确生活世界之于教师教育终极价值的基础上，明晰教师生活世界对教师日常生活和非日常生活的价值与意义。

一、教师生活世界直接关涉教师自身生活

教师的生活世界从自然属性和功能属性两方面规定了教师的存在，表明教师既是鲜活的、能动的普遍精神存在，又是从事有目的的培养人的教育活动的特殊精神存在。所以，教师教育直接关联着教师作为“人”的日常生活目的和教师作为“教师”这一特殊社会角色的非日常生活中的专业成长与专业追求的终极目的。这样双重目的共同构筑了教师教育的目的，而这一目的始终指向教师的生活世界，换而言之，教师教育的目的直接关涉着教师的自身生活。

现实中，教师教育在其发展中常常偏离了教师教育为了生活这一根本目的。长期以来，不少国家的教育如同爱因斯坦曾在 1951 年的《纽约时报》中抨击过的美国教育一样：在我们的教育中，往往只是为着实用目的，过分强调单纯智育的态度，已经直接导致伦理价值的损害。[①]艾略特一针见血地指出这种教育目的的功利性，个人要求更多的教育，不是为了智慧，而是为了维持下去；国家要求更多的教育，是为了要胜过其他国家；一个阶层要求更多的教育，是为了要胜过其他阶层……要不是教育意味着更多的金钱，或更大的支配人的权力，或更高的社会地位，或至少一份稳当而体面的工作，那么，费心获得教育的人便会寥寥无几了。[②]事实上，教育目的的功利性在教师教育领域表现得尤为突出。从教师个体视角来看，许多教师在功利主义和实用主义的影响下迷失方向，将教师这一职业视为一种谋生的手段和工具，教师这一职业沦为教师的一种生存策略，而不是一项投入个人生命激情的教育活动，更缺乏对自身生活意义的实现和超越。从国家和社会发展层面来看，理论专家型教师和技术员型教师是世界范围传统教师教育的培养目标，教师成为“人才生产”的工具。教师作为知识的拥有者，作为社会与政府的代理人，是一种权威，他们的职责就在于通过对客观的、普遍的、价值中立的知识的讲授与传递，使学生把外在于自己的“正确”的知识接受下来，成为自己的财富。[③]教师不管是学会教什么，即对内容知识的重视，抑或是学会怎样教，即对条件性知识或教育能力的强调，其最终目标都在于，教师掌握丰富的知识，并知道或有能力将知识传递给学生，使学生素质得到提高。这里，教师教育的出发点仅仅是教师从教的对象——学生，教师教育的实施内容仅仅是单一的学科知识，教师的生命被淹没，教师的情感被压抑，教师教学的丰富性被简化，教师自身的专业成长被忽视，教师外在于生活之外，教师的生活就变成别人的生活和替别人生活。可以说，无论是个体层面还是国家，抑或是社会发展层面来看，教师教育在其发展中更多围绕着教师这一职业的工具价值和外在价值开展，偏离了教师教育为了生活这一根本目的。

教师的生活世界包含教师的日常生活世界，这意味着走进生活世界的教师教育首先需要以满足教师群体的日常生活需要为前提。日常生活与个体的生存直接相关，是个体存在的基础及基本状态。教师的日常生活世界是教师生活世界的重要组成部分，它是教师人生意义充盈和完满的发源地，关涉教师对教师职业的认同和对教育意义的追寻。教师个体存在的基本状态包含教师的经济、健康、工作状态等关于教师基本生存的方方面面。然而，教师实然的生存境遇不容乐观。如

① 转引自贾聚林. 回归教育的本质[J]. 人民教育，2010（1）：33-34.

② 金生鈜. 理解与教育：走向哲学解释学的教育哲学导论[M]. 北京：教育科学出版社，1997：25.

③ 申仁洪，黄甫全. 小学教育专业（本科）培养目标体系的建构[J]. 高等师范教育研究，2003（1）：9-15，24.

一项来自42万份的教师生存状况的调查报告显示，六成以上教师实际工资收入集中在1001～3000元。其中，实际工资收入在1000元以下的教师占1%；1001～3000元的教师占61%；3001～5000元的教师占32%；5001～8000元的教师占5%；8000元以上的教师占1%。九成以上教师对实际工资收入不满意。其中，45%的教师很不满意；48%的教师不满意；4%的教师满意；2%的无法评估；1%的教师很满意。九成以上教师认为其工作付出与实际收入不匹配。其中，38%的教师认为非常不匹配；53%的教师认为不匹配；4%的教师认为匹配；4%的无法评估；1%的教师认为非常匹配。[①]遗憾的是，传统教师教育研究尽管注意到了教师基本生存状态的问题，但更多是应然层面的自说自话。与传统教师教育不同的是，走进教师生活世界的教师教育则将教师日常生存状态、教师日常生活世界纳入其领域之中，直面教师生活的种种问题，承认维持教师生命存在、满足教师生活存在需要的必然性与合理性，而不是一味地要求教师献身。为了生活世界，这是任何人从事职业的基本目的，我们无需回避和掩饰。教师教育作为关于研究人的活动的学科，更不能绕开教师的日常生活，漠视教师的基本生活需要。我们需要承认即便是有教师特别热爱教育事业，但这也是以在学校能获得相应的劳动报酬和生存的满足感为前提的。[②]人类生存的第一个前提，也就是一切历史的第一个前提，即人们为了能够“创造历史”，必须能够生活。[③]当教师所感知的教育无法满足个体基本需求，或者没有确定、可靠的意义时，教师的生活就变成别人的生活和替别人生活，教师没有了安全感、舒适感、熟悉感或“在家的感觉”，而这些感觉却构成了教师情感世界的基础和核心。我们认为，教师日常生活世界是教师生活原有的，教育对于教师的意义是在满足教师基本生存需求的基础上，让教师去创造、体悟。我国学者指出，在我们的世界和生活中找不到任何证据表明生活意义必须归于生活之外的更高者。假如我们相信在生活中能找到这样的证据，那么这只能证明人类生活没有意义，而既然没有意义，就根本不值得过……如果我们生活本身不能揭示价值和意义，那么在生活之外也不可能揭示它，甚至不可能设想它，因为我们不可能存在于生活之外，也不可能通过一种无价值的存在去证实另一种有价值的存在。[④]

教师教育为了生活世界是以教师的非日常生活世界为根本目的的。教师职业是为我性和为他性的辩证统一，这意味着教师不可能随心所欲地过着纯粹自主的

① 金书匠教育. 几组数字说明了教师的生存现状[EB/OL]. （2017-04-09）[2019-06-04]. http://mt.sohu.com/20170409/n487312709.shtml.

② 冯建军. 论教师生命发展的策略[J]. 当代教育科学，2006（10）：27-30.

③ 中共中央马克思恩格斯列宁斯大林著作编译局. 马克思恩格斯选集（第1卷）[M]. 2版. 北京：人民出版社，1995：79.

④ 赵汀阳. 论可能生活：一种关于幸福和公正的理论[M]. 北京：中国人民大学出版社，2004：200.

私人生活，教师必须根据学生身心发展的规律，按照一定的社会要求从事培养人的教育活动，并在教育教学中不断提升自身专业水平，实现专业突破、专业发展。教师的非日常生活包括教师的职业生活、专业生活、社会生活，它是一个多层次、多领域交织的生活世界。教师教育为了生活世界首先意味着对教师职业生活的规整。在制度化教育背景下，教师职业往往意味着经验的维系、习惯的延续和行为的重复。众所周知，教师职业生活既浸润于日常生活又超越日常生活，它依赖于教师的专业特长与行动，是以满足教师个体生存需求和价值实现为追求的文化生活场域，是教师实践的重要样态。因此走向生活世界的教师教育旨在整合教育系统的方方面面，建构一个开放的、动态的教师职业共同体，不断地批判、改造和超越当下的职业生活。威迪恩曾说，专业发展本身就是一种目的，即协助教师在受尊重的、受支持、积极的气氛中，促进个人的专业成长。①因此走向生活世界的教师教育旨在帮助教师塑造丰富又充满意义的专业生活。在专业生活中，教师不断提高和完善自我与他人的生命质量，不断提升自己的专业发展水平。教师专业生活与专业发展相互作用与影响，专业生活构成了专业发展的必要前提与基础，而专业发展则反过来影响教师专业生活的质量。教师教育走向生活世界还蕴含着对教师社会生活的关照。不可否认，专业主义教师教育思想的兴起使教师专业知识的增加和技能的增进看作是教师发展方向的同时，却遗忘了其社会维度的发展。教师的社会生活可以追溯到西周“学在官府”“官师一体”制度，当时的学校教师皆由国家的各级官员担任，他们既管政又管教，有着比较丰富的社会生活。事实上，教师从事的有目的地改造人的活动本身就是一种特殊的社会生活，教师社会生活与教师生活世界在本质上具有内在统一性。教师从生活世界中汲取重要的物质和精神材料促进自身发展，并高度融入社会生活本身，这是教师发展的重要路径。教师通过参与社会生活，可以扩大人类文明传播的深度和广度，成为社会风尚的引领者，成为时代的表征。在某种意义上，教师教育始终是基于社会生活，为了社会生活和在社会生活之中的。

生活世界视域中的教师教育具有广阔的视域，它超越了教师个体层面为了生存而从教的目的，超越了国家或社会为了发展而支持教师教育的目的，重构了教师教育的培养目标，通过回归教师教育的根本目的和基点，将教师视为存在的人、不断发展和超越的人，将教师教育目标定位为促进教师专业化的发展、提高教师的生命质量。在生活世界的视域中，传统的理论专家型教师和技术员型教师逐渐被临床专家型、反思实践型、一专多能的复合型教师所代替。衡量合格教师的标准不仅是才高八斗、学富五车，而且还要具有育才、教学的能力和自我学习与发展的能力。教师成为一个能动的、鲜活的并从事充满教育意义的活动的人。教师

① 转引自：瞿葆奎，李涵生，马立平. 教育学文集·教师[M]. 北京：人民教育出版社，1991：636.

教育的目标不再是“将人具体地塑造成某种工具，而是使人成为存在的人、不断发展和超越的人。任何具体的规定的教育目的都有沦为虚妄的危险，只有将生命导向完整和无限的教育目的才有意义”①。教师教育直接关涉教师自身的生活——有尊严、完满而幸福的生活。

二、教师生活世界终极指向学生全面发展

对于教师而言，教师职业首先是一种培养人的职业活动，教师的首要任务是更好地培养人和培养更多的人。因此，在教师的教育教学生活中，教师必须根据学生的身心发展的规律，按照一定的社会要求从事培养人的教育活动。教师教育也正是通过不断提升教师专业素养和专业水平来帮助教师更好地培养人，进而提升教育教学质量，最终促进学生身心的全面发展。走向生活世界的教师教育正是通过塑造教师丰富而有意义的生活世界来影响学生，终极指向学生的全面发展。

教师不断培养人的过程是教师个体生命实践的重要组成部分，是生命实践展开的具体方式，教师通过自身丰富、完满而有意义的生活世界引导和影响学生，帮助学生逐渐形成对世界的体认，塑造学生正确的人生观和价值观，引导学生过有意义的生活。教师的这一生存实践体现了教师职业的工具性意义。弗兰克曾指出，我们的经验生活是一个断片：它自身若不与某个整体联系在一起，就像从书上撕下来的一页纸一样不会有什么意义；如果说它有意义，那么也只有在它与人类及整个世界的共同生活联系在一起时才有可能。我们已经看到，有意义的生活必然应该服务于另一事物，而不是它自身这种自我封闭的个人生活；一个人只有在完成使命、在实现某种超个人的及独立自在的价值的过程中才能感觉到自己是一个要求有理性生活的理性的人。②

遗憾的是，在传统的教师教育中，教师生活世界被抽象意义宰制，教师丰富而有价值的生活世界被“风干”，教师以僵化而无生命意义的生活世界来影响学生。相关调查表明，我国中小学教师的平均工作时间超过 8 小时，班主任的工作时间一般都要超过 10 小时，一些寄宿制学校的农村教师白天上课，晚上还得充当保安，一天 24 小时几乎都用在了工作上。③为了不辜负社会的期待，在学校和家长们的压力下，越来越多的教师选择放弃个人权益。他们没日没夜地工作：备课、上课、批改作业、组织考试、撰写学校各项总结报告、参加教育一线研究、参加各种学科技能大赛等，使自己始终绷着一根弦。“教学活动失去了人文向度和价值属性，教师的主体性和创造性就难以得到充分的展示和张扬，最终‘被结合到机械体系

① 程红艳. 教育的起点是人的生命[J]. 现代教育论丛，2003（5）：1-6.

② 弗兰克. 社会的精神基础[M]. 王永译. 北京：生活·读书·新知三联书店，2003：219.

③ 周瑞芳. 教师职业新特征——写在第 20 个教师节[J]. 中国教师，2004（9）：15-19.

中的一个机械部分'，教学世界成了'思想赤贫'、'情感沙漠'的世界。"[①]沉重的教学工作和事务使很多教师饱受着身心疾病的困扰。一项基于我国东部、中部和西部地区 7 个省份的中小学教师问卷调查显示，34%的教师对自己的身体健康状况感到不满意，72.7%的教师反映患有胃炎、颈椎病、咽喉炎等与教师职业有关的常见病；20.6%的教师对自己的心理健康状态感到不满意；90%以上的教师感觉有压力，其中有 18.1%的教师感觉压力非常大，44.1%的教师感觉压力较大，35.6%的教师感觉有一点压力；51.3%的教师反映经常失眠或焦虑不安；63.4%的教师经常因为一些小事而烦恼。[②]这些调查直观地呈现了我国教师生活的基本状态。一切都被感觉化、肤浅化、具体化、碎片化、平面化了，精神不再沿垂直而是沿水平方向运动，深度不再，神圣感也荡然无存。人因此失去了把自己贯穿和统一起来的东西，失去了意义的支持，没有了精神寄托，再也找不到方向，生活因此变得空虚、无聊、乏味、荒唐，人也变得焦虑、痛苦、压抑和忧郁。[③]我们很难想象，那些长期面对这些事关基本生存需要问题的教师如何拥有丰富而有意义的生活世界，如何能够静心教书育人，如何去影响学生，又如何促进学生身心的全面发展呢？

在学生生命发展与完善过程中，教师具有不可替代的作用。正如雅克·德洛尔先生所说，对几乎全部学生，尤其是尚未掌握思考和学习方法的学生而言，教师仍是无法取代的。如果说个人的发展必须以具有独立的学习和研究能力为前提，那么这种能力只有在向一位或数位教师求学一段时间后才能获得。[④]在教师的教育教学生活中，教师个体对教育的理解、形成的教育理念、人生观、价值观等构成了教师教学行为的现实依据，渗透于教师个体的言行中，并让教师言行染上个性化色彩，左右着教师与学生的互动与交流。教师采用适当的方式梳理自己对人的认识、对教育的理解、自己的育人理念，以个体话语的形式融入师生共同的体验中，教师在使自己的内在世界得以外现，自我得到明晰的同时，引领学生对教学行为进行感悟与体认。在此过程中，教师以自身积极、丰富而富有意义的生活世界不断感染、影响学生，促进学生的身心发展。

走向生活世界的教师教育正是通过不断塑造、完善、丰富生活世界来影响学生，并最终促使学生全面发展的。具体而言，在教师生活世界中，教师及其教学生活实践是学生理性启蒙与接受教化的重要途径。通过课堂教学实践，教师不仅传递给学生系统的科学文化知识，其判断、推理、归纳与演绎、质疑、反驳和辩护等思维方式、教学方式也对学生理性精神启蒙、理性能力发展发挥着重要作用。

① 徐继存. 教学技术化及其批判[J]. 教育理论与实践，2004（2）：48.

② 罗儒国. 教学生活空间异化现象透析[J]. 教育发展研究，2010，30（10）：10-15.

③ 李文阁. 生活价值论[M]. 昆明：云南人民出版社，2005：187-188.

④ 联合国教科文组织. 教育——财富蕴藏其中：国际 21 世纪教育委员会报告[M]. 联合国教科文组织总部中文科译. 北京：教育科学出版社，1996：138.

我们很难想象一位缺乏批判意识和批判精神的教师能够教出富有批判精神的学生。同时，教师的生活世界不仅具有认知价值，还具有审美价值、道德价值，以及发展价值。一方面，教师与学生不断进行着正式或非正式的、合乎伦理道德的对话与交流，教师对道德的体认与感悟潜移默化地培育着学生的道德品质，进而实现道德教化的目的。换而言之，借助课堂教学生活，教师不仅仅传授着知识，也将自身对道德、意义的认识渗透到教学中，有意或无意地对学生进行德性教化和培育，如仁爱、善良、宽容等，这些德性品质是与学生的人生幸福息息相关的。另一方面，教师将对美的理解渗透进教学目的、教学内容、教学手段、教学环境等，不断提高学生发现美、识别美、鉴别美、创造美的能力，形成学生正确的审美意识、培养其高尚的审美情趣。在这种审美化教学生活实践中，学生陶冶和升华情感、激发生命活力、发展创造性、开启心智、养育性情，不断体验和感受到学习生活带来的快乐与幸福。

苏霍姆林斯基认为，只有人格才能够影响到人格的发展和规定，只有性格才能养成性格。[①]因此只有拥有丰富、完满而有意义的生活世界的教师才能够更好地成为激荡学生生命成长的人师，才能更好地引导学生身心全面发展，引导学生过丰富而有意义的生活。正如雅斯贝尔斯所言，所谓教育，不过是人对人的主体间的灵肉交流活动（尤其是老一代对年轻一代），包括知识内容的传授、生命内涵的领悟、意志行为的规范，并通过文化传递功能，将文化遗产教给年轻一代，使他们自由地生成，并启迪其自由天性。[②]

第二节　基于生活世界：教师教育的起点

生活世界构成了教师教育的逻辑起点，教师教育建基于教师生活世界，这是一个基于教师生活世界不断动态生成的过程。对教师教育起点的追溯明晰了教师教育走向生活世界的必然性，与此同时教师教育基于生活世界有利于关注教师生活，有利于聚焦教师实践问题，从而充分发挥生活世界在教师教育中的价值和作用。

一、教师生活世界是教师教育的逻辑起点

教师教育基于生活世界突出了生活世界的逻辑起点价值。事实上，在人类社会教育发展史上，教育与生活的关系经历了由融合到分离的过程，教育与生活的逐渐分离导致教育逐渐脱离人、脱离生活、脱离社会现实，学校教育内容逐渐难

① B. A. 苏霍姆林斯基. 给教师的一百条建议[M]. 周蕖，王义高，刘启娴，等译. 天津：天津人民出版社，1981：55.

② 雅斯贝尔斯. 什么是教育[M]. 邹进译. 北京：生活·读书·新知三联书店，1991：39.

以适应人的真正发展需要。从教育的历时性发展中我们发现，教育的意义、价值、功能、内容、形式、制度天然地建基于人类生活之中，生活与教育具有某种深刻的、内在的同一性和一致性，生活与教育经历着统一过程，教育不能脱离生活，生活也离不开教育。陶行知认为，“教育的根本意义是生活之变化。生活无时不变即生活无时不含有教育的意义。因此，我们可以说：‘教育即生活’”[①]。在陶行知那里，生活总体上包含两个基本含义：第一，泛指一切生物的生存和发展的活动（“有生命的东西，在一个环境里生生不已的就是生活”）[②]；第二，特指构成社会历史的主体——人类的全部生活实践（“生活主义包含万状，凡人生一切所需皆属之”[③]，“所谓‘做’是包涵广泛意味的生活实践的意思”[④]。）

同教育一样，教师教育与生活也具有某种深刻的、内在的同一性和一致性。陶行知指出，从生活与教育的关系来说，生活决定教育[⑤]，教育就是生活的改造。[⑥]因此，从生活与教育的关系说，生活决定教育，教育改造生活，两者相互推促、共同前进。就教师教育而言，生活决定教师教育体现为教师教育的起源、目的、原则、方法都为生活所决定。众多周知，教育起源于人类社会生活的需要。人类要生存和发展下去就需要不断向下一代传授人类生产劳动的经验、技能，传授社会生活经验，教师教育承担着延续人类文明的重任，是为了满足人类生活的需要而产生的。在这个意义上，教师生活世界具有重要的教育意义和作用，教师教育应以教师生活为中心，基于教师在教育生活中存在的问题开展。

走向生活世界的教师教育旨在强调以教师生活世界为教师教育的逻辑起点，凸显了生活世界在教师教育中的价值，教师教育的目标、原则、方法和评价等一切关乎教师培养的活动，都应该从这一基本的逻辑起点出发，并围绕教师生活世界展开。因为教师不仅是有生命的自然存在、精神存在、文化存在和社会存在，而且从事着改变人未来生活境遇的事业，是在用自己的生活点燃、引导另一个或另一群人的生活。受过某种教育的生活与没有受过某种教育的生活，摩擦起来，便发出生活的火花，即教育的火花，使生活发生变化，即教育的变化。[⑦]因此对教师教育逻辑起点的追溯离不开对教师生活世界的关照，也离不开对教师生活世界的了解和发掘。基于教师生活世界的教师教育应该立足教师生活世界，依据教师专业发展的不同阶段，通过教师生活世界对教师实施职前培养、入职训练和在职

① 陶行知. 陶行知全集（第 2 卷）[M]. 长沙：湖南教育出版社，1985：633.
② 陶行知. 陶行知全集（第 2 卷）[M]. 长沙：湖南教育出版社，1985：180.
③ 陶行知. 陶行知全集（第 1 卷）[M]. 长沙：湖南教育出版社，1984：78.
④ 陶行知. 陶行知全集（第 3 卷）[M]. 长沙：湖南教育出版社，1985：623.
⑤ 陶行知. 陶行知全集（第 5 卷）[M]. 长沙：湖南教育出版社，1985：477.
⑥ 陶行知. 陶行知全集（第 2 卷）[M]. 长沙：湖南教育出版社，1985：128.
⑦ 陶行知. 陶行知全集（第 3 卷）[M]. 长沙：湖南教育出版社，1985：25.

培训等连续的、可发展的、一体化的教育，从而使教师在其生活世界中得到全面、自由、有效的发展。概言之，在教师教育过程中，无论是职前培养、入职训练还是在职培训，都要先从教师的生活世界出发，尊重教师、了解教师，通过连续的、可发展的、一体化的过程丰富教师生活、生命的内涵，提升教师专业发展水平，而后引导教师学会关注自身和学生生活，让教师与学生过一种幸福完整的教育生活。

二、基于教师生活世界有利于发掘教师生活的价值

教师教育基于生活世界是为了弥补传统的以知识传授、理论学习为主的理智取向的教师教育遗忘生活世界的弊端。胡塞尔曾深刻地指出了遗忘生活世界带来的人类文化危机，他认为教育源于生活，教育本应与生活世界紧密相连，但人们在构建教育科学世界的过程中，逐渐以科学世界取代生活世界并遗忘生活世界。生活世界的丢失不仅带来教育科学的危机，还带来了人类文化的危机。他指出，消除危机的方式就是回到事情本身，并提出了回归生活世界的建设性方案。这是因为在胡塞尔看来，生活世界同科学世界相比具有优先性。因为在生活世界中，人和环境是互为条件、互为意义与价值的，而科学世界是从这一前科学的、直观的生活世界中分化出来的。它把生活世界的一部分抽取出来加以形式化和片面化，结果把人从统一的世界图景中作为对象抽象出来置于一个理性的教育科学空间当中，按照外在的逻辑对之加以塑造、规训，结果形成了口头上的以培养人为目的、但实际上人处于缺位状态的教育，以致出现了理性上有意义与价值、实际上正在失去意义和价值的教育科学样态。

教育如此，教师教育更是如此。自 19 世纪实证主义知识观规约了教师教育价值取向以来，教师教育便走向“科学化”“知识化”的冰冷世界，迷失了自己的精神家园，使得本应促进教师直面生活、解决教学问题，促进教师专业发展的教育变成了压抑教师生命个性、无视教师教学实践的一种训练。教师教育中的知识霸权也随之凸显。教师的实践智慧在知识的殿堂中失去了应有的地位，鲜活的实践在教师教育中被挤向了边缘。恰如有论者所批驳的那样：长期以来，在我们热衷于将各种理论引入、移植到课堂，并要求接受时，忽视了教师基于自身体验、感悟、反思、实践而形成的教育智慧的作用，甚至压抑了这种作用的发挥。[①]教师教育成为“用枯燥无味的讲课来告诉教师如何在课堂上避免枯燥无味的讲课”的工具，导致教师生活世界的可感性和可体验性慢慢消失，使得教师教育与教师的生活世界和生活实践越来越远。

其实，教师生活是教师教育得以实施的第一手资源。据不完全统计，教师获

① 田慧生. 时代呼唤教育智慧及智慧型教师[J]. 教育研究，2005（2）：50-57.

得课程知识和技能的途径7.6%得益于专家讲座，11.8%来自高等院校进修，19.7%是自学的结果，60.9%则靠在实践中的学习和体会。可见，源自生活世界的教师教学实践中蕴含着促使教师不断前行的巨大潜能和丰富养料。[①]教师生活是教师培养的教育资源库，是教师教育走向生活世界的立足点。进一步而言，事实证明一个人由其生活经历所形成的经验对他的影响远远大于抽象的说教，因此从某种程度上讲，教师的生活意识，教师过完满生活的能力关乎教育的各个方面，特别是在引导学生实现自我、走向美好人生方面发挥着重要的引领作用。一个有着丰盈的生活状态、有着丰富生活世界的教师必然愿意尽力做好本职工作，会不断学习、充实相关知识，促进专业发展。因此，好的教师教育不会把目光聚焦在枯涩的理论展现之上，不是仅仅把教师视为适应社会发展、符合教学需要的工具，而是扎根于教育实践，诉诸教师生活。教师生活将全面地塑造教师的形象，内在地回答着教师是谁，教师怎么教等教师教育的基本问题，成为建构教师生活世界的基础。同时所有教师教育基本问题的出发点都是教师生活，它旨在把教师看作是一个活生生的、能动的、有情感、有个性的，拥有着丰富生活世界的人，从而从教师生活世界的丰富意蕴中不断解读教师专业发展的内涵，引导教师专业发展的方向，指导教师的专业实践，发掘教师教育的潜能，从而促进教师的专业成长和内在专业结构的不断更新与丰富。

教师教育基于教师生活，是对教师教育起点的进一步追溯和挖掘，反映出教师教育发展的重要逻辑脉络。建基于教师生活世界的教师教育浸润着以人为本、终身学习和实践取向的价值理念，涌动着教师反思和智慧的灵性，并引导着教师正确认识生活与教育、体悟教育的生活意蕴、实现专业突破与专业自我。

三、基于教师生活世界有利于解决教育实践问题

在人类历史发展的长河中，理论研究主要展现为两种导向，即概念导向和实践导向，而问题导向本质上属于后者。[②]善于提出问题对于学科的发展起着至关重要的作用，以学科为依托提出问题、分析问题和解决问题，是现代学术研究的基本形态。然而问题源自生活实践，是事物发展的一种重要显现。在这个意义上，基于教师生活世界能够直抵教育实践问题的本源，更有利于发掘实践问题、聚焦实践问题、解决实践问题。

一般而言，人们对问题的理解是，在认识活动过程中，因对认识对象缺乏认知而感到疑问或疑惑的一种状况，其实质就是对事物的不知或知之甚少。[③]有学者指出，问题是指某种给定过程的初始状态与智能主体（人或机器）所要求的目标

① 沈兰. 浅析教师参与校本课程开发的困惑和问题[J]. 当代教育科学，2003（3）：15-17.

② 魏传光. 理论研究中的“问题导向”：实质属性、生成空间与基本诉求[J]. 学术论坛，2016，39（12）：1-6.

③ 晏辉. 哲学问题与问题哲学——论一种可能的哲学观[J]. 学术研究，2003（10）：24-29.

状态之间存在的差距。[①]可见问题与人类的认识活动是紧密相连的，是人类进入新的认识领域的钥匙。英国科学哲学家波普尔曾指出，科学研究的第一个特征，就是它始于问题，始于实践及理论的问题。[②]他甚至强调，科学只能从问题开始，科学的发展和知识的增长永远始于问题，终于问题——越来越深化的问题，越来越能启发新问题的问题。[③]显然，问题是人类探索科学的宝库，不管是哪门学科都在回答着人们实践中的一个个问题，也正是一个个问题构成了人类的文明发展史，事物在矛盾中前进，社会在不断解决问题中发展。因而，问题导向的实质则是研究人的生存实践中的矛盾，这是从属性方面对问题导向的回答。

就教师教育而言，教师教育的目的是认识一切与教师培养相关的矛盾、探索教师培养规律、解决教师教育中的重重问题，促进教师教育的健康、持续和有序发展。这一切的实现都要源于在现实中而不是理论中对教师教育中一个个问题的解决。这一切的达成也要从抽象转向具象，从超感性、超经验的领域转向现实生活世界，从彼岸转向此岸。[④]马克思认为，问题只有与人的生存实践活动相关联才能成为问题。因为问题是人和对象活动在一定的境遇中生成的，是人和对象共同参与并在其中相互设定、相互创造的。思想、观念、意识的产生最初是直接与人们的物质活动、与人们的物质交往、与现实生活的语言交织在一起的。人们的想象、思维、精神交往是人们物质行动的直接产物。[⑤]现实就是人的生存实践活动。从这个视角来看，教师实践问题与教师教育的生活世界有着内在的统一性，因为问题源于生活、源于实践，而走向生活世界的教师教育也正是强调教师生存实践活动与教师成长之间的内在关联性，强调教师教育不应单纯以理论导向为纲领，而忽视了教师实践在教师教育中的重要价值。

教师教育基于生活世界，有利于解决教育实践问题，是因为走向生活世界的教师教育不再关注所谓形而上学的对象性，而是关注现实活动的、交互主体性的对象性。也就是说，走向教师生活世界的教师教育以在一定境遇中生成的具有交互主体性的事物、现实、感性为研究对象，遵循的是一切将成的生活世界观，旨在突破教师教育中的主、客体二元对立。事物、现实、感性即对象，是教师和对象活动在一定的境遇中生成的，具有能动性，共同构成教师生活世界。事物、现实和感性不再是单纯静观认识的、被表象的、被动的、形式的客体存在，而是教师和对象共同参与的存在。

① 林定夷. 问题学之探究与“问题”的定义——兼答魏发辰先生[J]. 哲学研究，1990（4）：92-101.

② 卡尔·波普尔. 通过知识获得解放[M]. 范景中，李本正译. 北京：中国美术学院出版社，1996：10.

③ 波普尔. 猜想与反驳[M]. 傅季重，等译. 上海：上海译文出版社，2005：318.

④ 张有奎. 马克思哲学变革的精神实质及其当代意义[J]. 厦门大学学报（哲学社会科学版），2012（2）：25-31.

⑤ 中共中央马克思恩格斯列宁斯大林著作编译局. 马克思恩格斯文集（第1卷）[M]. 北京：人民出版社，2009：524.

教师教育基于生活世界有利于解决教育实践问题还在于，走向生活世界的教师教育重视现象化而非抽象化思考，它反对将去情境化、去过程化地抽取事物的本质和共性作为思考方式，而是以“事物总是历史具体的”为理念，特别强调思想、观念应回到现实的人和现实世界的真实生成之中，回到实践本身，认为思想、观念应从现实的前提出发，它一刻也不离开这种前提[①]，而问题恰恰在教师教育现象化的思考方式中扮演着重要的角色，它是走向生活世界的教师教育审思教育问题的起点。

同时，教师教育基于生活世界有利于解决教师实践问题，与走向生活世界的教师教育偏重动态化理解对象有关。传统理论导向的教师教育侧重静态化理解教师教育，容易导致机械、标签式框定教师，僵化地评判教师生活，将丰富多彩的生活世界简单化。基于生活世界的教师教育则偏重存在者的本质规定不能靠列举关乎实事的“是什么”来进行理解，而把对象置于历史性的生成过程之中动态化地去认识。它认为，问题是一种可能性的筹划，是向未来的展开，它的本质总是体现为动态性质的“有待去是”，而不是现成的存在者。正如美籍犹太哲学家赫舍尔所指出的，提出问题（question）是一种理智的活动，而面对难题（problem）则涉及整个人身的一种处境。一个问题是渴求知识的产物，而一个难题则反映了困惑甚至苦恼的状态。一个问题寻求的是答案，一个难题寻求的是解决方案。[②]因此，基于生活世界的教师教育聚焦教育实践问题是对教师实践的回应，也是教师教育理论获得新的突破的必然，是在问题研究中开辟理论与实践相结合的新路。

对于教师来说，对于教什么、如何教，只能在教学实践中逐渐获得正确的认识。教师的教学就是学习，教师的教学应该以实践中的问题为出发点，学习的结果是为实践提供解决问题的方向。缺乏实践机会以及缺少教师的现场指导是以往专业发展收效不大的重要原因。同时就教师专业发展过程而言，教师在不同的发展阶段需要解决不同的问题。只有解决了相应阶段的问题，才能顺利过渡到下一个阶段，不然会有某些障碍对后一阶段的发展产生消极影响。基于生活世界有利于聚焦和解决教育实践问题，正是因为其基于教师教育中的问题，并指向解决问题。这一思路指引下的教师培养不是按照实证主义主导下的从教师教育者那里接收教育理论，而是解决一个或一系列的问题，这些用来解决问题的知识和由问题衍生出来的相关信息构成了教师的实践知识体系。同时，教师教育聚焦教育实践问题强调以真实教学情境中的问题作为学习的基础，而不是所谓的高度概括的、结构化的、去情境化的书本知识材料。如果师范生能够有机会参与到真实情境的学习中，他们对复杂任务的学习会更深入，表现得会更为优秀。可以说，基于教

① 中共中央马克思恩格斯列宁斯大林著作编译局. 马克思恩格斯文集（第1卷）[M]. 北京：人民出版社，2009：525.

② A. J. 赫舍尔. 人是谁[M]. 隗仁莲译. 贵阳：贵州人民出版社，1994：2-3.

师生活世界的教师教育正是突出强调教师教学实践中的问题的价值性，有助于聚焦教师所面临的现实问题，从而帮助教师实现知识或技能的情境化学习，真正从教师成长的内部激发其专业发展的持续动力。

第三节　在生活世界中：教师教育的实践场域

既然教师教育的逻辑起点和目的都指向教师，都指向丰富的生活世界，那么教师教育的过程不管采用何种路径和方法都要围绕“教师”这一主题，都离不开对教师生活世界的关照。实质上，教师教育是基于教育实践场动态生成的，教师教育始终是在生活世界之中的，生活世界为教师教育提供了实施场域。优秀的教师教育不是把目光聚焦在干瘪的理论呈现之上，不是仅仅将教师视为社会发展、人才培养的工具，而是建基于教育生活，扎根于教学实践，诉诸教师生活。这样的教师教育激荡着教师的自我实现，并推动着教育最终走向学生生活世界。

一、教师生活世界构成教师教育的实施场域

教师教育走进教师生活世界，不是否定传播系统科学理论知识在教师教育中的地位，而是要求在教师教育中应关注教师在现实生活中的处境，以教师的全面发展为目标，在其明晰教什么、如何教等基本问题的基础上，能够拥有自主进行专业发展的能力和过完满而幸福生活的能力。正是在此意义上，教师教育的实施需要在教师生活世界之中展开，强调教师应深入教学实践，到学生中间去，以平常人的身份与学生相处，了解学生的所思、所想、所愿，强调在教育情境之中提升教育教学能力，使教育活动更科学、更规范，实现理想的教育效果。因此，教师生活世界构成了开展教师教育的基本场域，是教师教育实施的良好基地。

众所周知，教育理论本质上是一种实践性理论，它通过阐释和论证一系列实践活动的行动准则为教育实践制定理性原则，从而改进和指导实践。教育研究随着“质的研究方法”的逐渐兴起开始回归生活世界，直面教育实践本身，逐渐凸显出其实践性特质。教师教育研究亦是如此，教师生活越来越受到重视和关注，教师发展的研究也已经从实体性思维范式，逐渐转变为实践思维范式，教师生活研究成为教师教育研究的一个重要领域。教师研究生活取向实际上就是把教师教育问题植入实践的土壤，把教师教育还给它本该存在的地方——教育的生活世界，即把教师教育放到实践场域当中来研究。

对于教师教育而言，走进教师生活世界其实质就是强调教师教育应当密切联系教育实践。人生活在现实社会世界，教师教育属于人的一种社会实践方式，具有客观现实性，它不是抽象的理性或抽象的思辨活动。受传统教育观把理性因素

理解成是人的本质特征的影响，教师教育也将理性因素视为影响教师培养的关键，把寻求超验的教师教育理念作为教师教育的目的。这一传统教师教育观点实质上预设了理论与教师日常生活世界的分界，强调理性是人的本质的基本立场，并因此认为教师教育活动是通过传授理论知识使未来教师的成长得到推动的。这样理解教师教育，只能停留在理性层面。我们需要清楚地认识到，教师成长需要学习与掌握科学理论知识，但教师的成长又不能仅仅依靠科学理论知识，科学理论知识未必能使教师变得懂教、善教，因为教师的成长是实践的，抽象理论的灌输只是为教师的成长提供了条件，而教师的成长与成才必须是在现实社会生活中实现的。教师现实的实践生活是展示教师个性、能力的场所。由此我们至少可以从两个方面理解教师教育在生活世界中的意义：一是揭示教师教育活动的现实依据，促进教师培养中理论与实践的融合，使教师教育避免成为空想与浪漫的幻想。二是强调教师教育活动受客观现实的制约性，不能脱离社会现实谈论教师教育活动，以免把教育变成主观的智力活动。

从第一个层面理解教师教育在生活世界中的意义，侧重教师培养中理论与实践的融合。传统的教师教育强调教师专业的学术性，表现出对理论知识的偏爱。美国哥伦比亚大学名誉教授费尼克斯就这样主张，一切课程内容都应当从学问中引申出来，唯有学问中所包含的知识才是课程的适当内容。未被学问化的知识，无论对于教授还是学习来说，都是不适宜的。①这反映在教师教育中则表现为，为了丰富教师的理论知识，为教师的教学作准备，教师教育的实施过多地增加了抽象知识的比重，突出了教师专业学术性的特征，主管“教什么”的任教学科知识偏多。在这一教师教育取向之下，作为教育实践者的教师主要以学习掌握应用型和技术型的知识为主，教师的教育实践成为应用理论研究者建构的教育理论与思想的过程。教师教育成为传播普适性客观真理的、纯粹的理性工具，教师的培养过程成为验证价值无涉的客观真理的过程，教师生活世界中原本相互渗透、不可分割和相互交融的感觉经验与理性思维分割开来，脱离了人的生活世界，脱离了人的生活体验，走向了与人的现实存在相分离的抽象化的理论思辨，个体丰富多彩的生活实践受到忽视，人与现实生活世界之间的有机联系被割裂，造成了教师生活世界的简单化、理性化，进而湮没了教师对教育情境的真切感知，对教育问题的敏锐把握，以及自我反思的思想历程。

不可否认，传统理智取向的教师教育在教师队伍培养上发挥了重要作用，但如果将它作为教师教育的唯一培养取向，就不难发现教育活动的丰富性、教师生活的多样性和价值性难以呈现。因此，强调在生活世界中实施教师教育可以弥补对教师培养的理智取向的偏差，突出教师生活实践在教师培养中的重要价值。有

① 梁忠义. 比较教育专题[M]. 长春：东北师范大学出版社，2002：31-32.

学者指出，理论可能走向死胡同，教学实践却从来不会走向绝路，它总以某种方式将问题化解，或将问题转化，继续向前走。同时人文科学研究范式主张，我们所面对的世界不仅是一个纯粹事实的世界，而且是一个广义的价值世界，是一个有意义的人的世界，生活和实践构成了事实与价值之间的桥梁。[①]因此从这个意义上来看，教师复杂而鲜活的教育实践，微观的、具体的、看似无意义但却真实的教师生活，实际上是教师生活世界的表现形式，为教师教育走向生活世界搭建桥梁，为教师教育走向生活世界提供了可能性和必备条件。

从第二个层面理解教师教育在生活世界中的意义，突出教师教育对现实生活世界的依存关系。人是一种现实存在，教育教师教育归根结底面对的是人的生活世界。然而实践是人现实存在的表现形式。生活与实践工作会发展演变，并朝着充实生活的方向前进，生活的意义是表现在实践工作中的，是人们努力践行自己的价值时的所作所为，而这些价值的意义也是要由存在于和显现于实践工作中的表现来加以澄清的。[②]这意味着教师教育应当从日常教育生活中发现和界定问题，从日常教育行为中吸取经验，从课堂实践活动中总结规律，从而在对复杂教育活动的追问中挖掘教师生活世界的丰富内涵，完善教师生活世界，而不是将焦点仅仅聚焦于理性知识的传授之上。事实上，实践拉近了教师与教师教育的距离，一旦教师在培养中通过实践体会到教师职业与生活之间的关联，体验到职业的乐趣和专业提升的快乐，就会把原本是陌生的、外在的世界转换成个人的生活世界，在自身与教学之间建立一种活泼、丰富的生活联系，教学就会成为教师生活世界不可分割的一部分，就能彰显教育生活的意义。

可以说，教师教育在教师生活世界中实施能够打破过去实证主义支配下教师教育中的理性分析模式，教师教育开始真正关注教育工作者急需解决的实践问题，而不单单聚焦于教育教学中的一般知识或普遍规律。需要指出的是，教师教育在生活世界中并不排斥对一般知识与普遍规律的发现与探寻，但它始终以人的生活世界为对象，根植于人的生活世界，发现生活世界中的问题，并把解决实际问题放在首位，从而传达出教师教育背后的真实生活经验历程。

二、生活世界有利于教师自我发展

教师作为社会知识的精英，有着更丰富的个人情感和强烈的专业发展意向，但传统知识本位和能力本位的教师教育究其实质，就是把教师作为教书育人的工具，在教师专业发展中反映的只是现代意义上的技术性专业观，离教师情境化、人格化、个性化、文化化的专业发展相去甚远。走向生活世界的教师教育不再将

① 陈向明. 质的研究方法与社会科学研究[M]. 北京：教育科学出版社，2000：30.

② 姚文峰. 生活理论行动视域下的教师专业发展[M]. 北京：科学出版社，2018：43.

教师视为一种工具，教师专业发展也不再是外在于教师的东西，而成为教师的内在需要。因此，20 世纪 80 年代以来，教师专业化发展成为教育领域的强势话语。确认教师职业的专业性、推进教师专业化历程，一直是有关国际组织和各国政府努力的目标，也是世界先进国家提高教师质量的共同战略。①因此走向生活世界的教师教育有利于教师自我发展，可以帮助教师建构丰富而又充满意义的教育生活。

走向生活世界的教师教育立足教师生活世界，是扎根于教师教学情境中的系统化探究，是对教师教学实践的深刻反思，能够对个人学习以及组织学习产生影响，能够有效促进教师的全面成长。教师把自我投入教学、经验和背景的程度形成了教学实践。②教学实践则为教师自我成长提供了土壤，两者存在一定的张力。众所周知，教师是教育界的智者和行动者，他在日常教学中每分每秒都在作着抉择。教学问题层出不穷，解决这些问题则需要教师观察具体情境，根据教育理念，收集和分析资料，在此过程中，不断地作出有待确认的评估和决策。然而走向生活世界的教师教育的实践逻辑也重视教师运用理论知识对自身实践情境和具体问题进行分析和反思，强调以问题解决为导向实现对教学实践的改进。这两者之间有着相似的逻辑脉络，尽管与后者相比，前者没有认识到自身在实践中的主体作用，仅将其视为教育中的“例行公事”，而忽视了其对自身成长的重要价值与意义。可以说，一位自我对缺乏清晰认识的教师很难准确判断教学的特定教学情境进展的真实情况，也不能准确地运用自身储备的个人实践性理论和知识调整教学。但不可否认，由生活经历和生活背景等形成的个人生活世界显然是我们之所以成为我们自己，认识自我行动的关键因素。走向生活世界的教师教育能够纠正传统教师教育中教师错位的问题，承认教师生活的自我发展价值，以积极主动的态度不断监测、反思自身教学生活的方方面面，不断改进自己的工作，以反思的姿态实现个人实践知识的合法化、概念化和理性化，教师个人实践智慧也在此过程中得以产生和发展，从而反过来革新和改进教师的教育行动，塑造新的教师生活世界。

众所周知，教师这一职业具有一定的重复性和封闭性，很多教师在从教以后将面对漫长的、日复一日波澜不惊的职业生涯，遭遇职业生活中的挫败与倦怠在所难免。然而一些人对教师专业发展的关注大都聚焦于其专业道德理想的培养、专业知识的丰富和专业能力的提升等方面，恰恰忽略了教师的心理感受，以及专业实践中个人化的人格特征与价值追求。这些被忽略的内容恰恰是教师作为一个人区别于物的特质，是教师生活世界的微观构成，体现了教师生活世界的个性化和动态化特征。有研究者进一步指出，传统意义上的中小学教师失落了自主的精神，丧失了否定自我的勇气，只是扮演着教材、教案、制度和权威思想的执行者

① 教育部师范司. 教师专业化的理论与实践（代序一）[M]. 北京：人民教育出版社，2001：3.

② 姚文峰. 生活理论行动视域下的教师专业发展[M]. 北京：科学出版社，2018：17.

的角色。①可以想象，在教育教学上迷失和抛弃自我的教师个体，必然在教育生活中缺乏自在与安适，最终换来的是事业的庸碌与麻木。教师教育走向生活世界旨在在教师教育中确立教师有血有肉、有理智、有情感的“人”的形象，消解教师被视为“教书匠”“技术操作者”“政策执行者”的被动局势，还原教师在专业发展中本真的职业面目和价值追求。康德说过，人只有受过教育才能成为人，人只有通过受教育的人才能接受教育。②这凸显了对教育中“人”主体地位的尊重与肯定，无论是教师还是学生，他们首先是个体的“人”。作为“人”的教师往往面临着繁复的生活，面临喜怒哀乐、生活压力等。承认教师作为“人”的形象可以以包容的态度去看待教师，去感受和理解教师生活世界带给教师的喜怒哀乐，感受教师职业压力可能带给教师的困惑和倦怠，感受教师如何认识自己的过去、现在和将来。借由这样一种对教师的理解，有利于教师在紧张劳碌的职业生活中对自身发展保持一种清醒的审察与反思。他们不断地对职业行为给予认知、评价、体验与监控，从而在接受教育活动中所有可能性的同时，也赋予职业生涯一种日日常新的动力，内驱式地塑造着教师生活世界。可以说，只有在生活世界中的教师教育才能够为教师自我成长提供重要前提，才能促使教师有持续追求专业突破的意愿和动力，才可能拥有美好而完满的生活世界。在这个意义上，教学实践不再只是单纯的传递知识的一种形式、手段，更是教育意义和教育目的的载体，是教师生活世界的重要表现形式。教师教育也成为以教师生活世界为载体动态生成的教育过程。

三、教师生活世界有利于教育走向学生生活世界

教师从事的是有目的地培养人的活动，教师通过个体教育教学生活实践，提高教育质量，促进学生发展。教师与学生共同建构了教育生活，是教育生活的主体即建构者，两者的教育活动共同构成了具体可感的教育生活过程。在整个教育生活中，教师立足教育教学场域，根据真实的教育教学实际，去认识和了解学生，从而将知识内容的传授、生命内涵的领悟、意志行为的规范等传递给学生，学生在教师的引导下逐步建立起自身对生命、对世界的认知，建构自身生活世界的意义。可以说，走向教师生活世界，能够更好地促使教师认识学生，在教师生活世界中也更有利于教师了解学生，进而走向学生的生活世界。

走进教师生活世界能够利于教师走出抽象意义的宰制，走出封闭压抑的自我，从而有利于教师走向学生、走近学生，去了解和认识学生，进而走向学生的生活世界。传统教师教育中，教师在纯粹认知和抽象逻辑的知识传递，讲求经济、效

① 王珏. “执行者”的塑造——中小学教师专业自我的社会学反思[J]. 当代教育科学，2006（01）：48-50.

② 康德. 论教育学[M]. 赵鹏，何兆武，译. 上海：上海人民出版社，2005：5.

率、秩序的技术理性规训的遮蔽下，个人的自然需要、对自我和社会意义的理解与感受等渐渐被排斥于主流的教育理论话语之外，加之政治、经济、社会等外在于教育自身的场域逻辑的强行介入，教育为“人”而存在，并作为个体生命自然的舒展、生命的动感和勃发生机与活力的具体展现形式，就更加难以寻觅其踪了。[①]“红烛”“春蚕”“人梯”“铺路石”“德高”“身正”等一道道光环像紧箍咒一样限制了教师追求个性幸福的自由。然而在生活世界中的教师教育就是旨在回归教师作为鲜活而又具生命力的“人”，引导教师实现对职业生涯中自我存在的体认与呼应，鼓励而不是压抑教师专业成长中对幸福的追求，为教师完满而有意义的生活世界提供更加广袤的发展空间，使教师走出封闭、压抑的自我，获得开放的自我。当教师走出封闭的自我，获得开放的自我后，教师心理的防御戒备和僵化态度往往会消失，教师不再是高高在上、严肃死板的教书匠，而是会以更加开放的态度看待和接纳学生，也将变得更易于洞察学生的情感和态度的变化，更能认识到学生个体的个性特征的价值意义，并在教育教学中以和蔼可亲的态度了解学生需求，以平等、尊重的方式与学生对话交流，从而建立起民主、和谐的师生关系，进而帮助学生不断发掘个体潜力和创造力，为学生个体成长注入持久而鲜活的动力。

走进学生生活世界就是要促进学生个体主体性、能动性充分发挥，帮助学生不断自我突破、自我实现。然而这需要教师一改以往套用他人模式、按部就班的流水线生产状态，创新教育教学方法，以此实现教师教育生活的重建目标。然而，传统教师教育往往将教师视为人才培养的工具，教师教学实践往往只是被视为促进学生生命发展、为社会培养人才的工具和手段，注重的是教师生存实践的外在意义与价值。如此一来，教师生存实践的内在意义、目的价值被遮蔽，乃至被遗忘。在这一传统认识下，教师培养学生的过程就形成了流水线式的生产模式，教师的创造性和创新性被压抑，进而学生的主体性和能动性也处于教师的压制之下，学生丰富、有趣而有意义的生活世界沦为科学知识的堆砌，学习过程沦为干巴巴的知识的记忆和背诵过程。走向生活世界的教师教育正是强调学生主体性的回归与学生能动性的发挥，从而帮助学生塑造充满意义的生活世界。走向生活世界的教师教育始终立足教师生活世界，教师一方面通过充分释放个人的情感、态度与价值观，在教育教学方法上形成个性鲜明的风格；另一方面形成应对教育事件的智慧，在千变万化的教育生活中用个体智慧实现情境中的即时行动，以此冲破固有模式的束缚，摆脱对程序化教育生活的依赖。通过回归真实的教学情境，教师能够基于学生身心发展规律和个性特点，创造性地组织教育教学活动。只有创造才能开拓某种崭新的、有活力的、激动人心的可能的生活，建构真正属于自

① 闫光才. 教育的生命意识——由荒野文化与园艺文化的悖论谈起[J]. 清华大学教育研究，2002（2）：49-54.

己的、与众不同的生活。[1]在这样的充满着个性和创造性的教育教学活动中，学生的主体性得以确立，学生能动地了解和认识世界，并逐步塑造自身充满意义的生活世界。

① 赵士果. 论幸福的教育生活[J]. 天津市教科院学报，2008（4）：10-11.

第四编

探索与实践：建构走向生活世界的教师教育

教育绝非单纯的文化传递，教育之为教育，正在它是一个人格心灵的“唤醒”，这是教育的核心所在。教育最终目的不是传授已有的东西，而是把人的创造力量诱导出来，将生命感、价值感“唤醒”，“一直到精神生活运动的根”。

——爱德华·斯普朗格

第七章

走向生活世界的教师教育构想

国际 21 世纪教育委员会向联合国教科文组织提交的报告《教育——财富蕴藏其中》中说："教育不仅仅是为了给经济界提供人才：它不是把人作为经济工具，而是作为发展的目的加以对待的。使每个人的潜在的才干和能力得到充分发展。"① 教师教育作为教育的一个重要领域，它的构建与实施需从育人的视角出发，即将教师发展作为目的，使教师的潜能得到充分地发展，这也使得走向生活世界的教师教育的建构必须站立在"教师首先是一个人，而后才是教师"的基础上，重新审视当前教师教育对教师个人或整体的异化，探寻生活世界中的教师应该是什么样的人、怎样使教师成为这样的人，从而复归教师的本真与价值。

第一节　明确走向生活世界的教师教育的培养目标

培养目标有助于教育活动朝着应然的方向发展，是整个培养过程的指导方向。因此走向生活世界的教师教育应该培养什么样的教师成为我们必须思考的首要问题，否则只会成为纸上谈兵的幌子。当今时代是一个全球化、信息化、多元化、科技化的时代，各种新的价值观念充斥着人们的大脑、各种新的科技层出不穷、各类信息知识正以秒为单位在全球传播着……功利主义、科技至上、物欲至上的负面价值观一遍又一遍地刷新着世人的底线，教师作为真正的人的事实也逐渐隐藏在负面的价值观念之下。面对这样的社会背景，什么样的教师能够在这个纷繁复杂的社会中立住脚跟？走向生活世界的教师教育应该培养什么样的教师才能面对真实的个体和生命的意义，避免落入社会的负面漩涡呢？通过对国家政策文件

① 联合国教科文组织. 教育——财富蕴藏其中[M]. 联合国教科文组织总部中文科译. 北京：教育科学出版社，2014：45.

的梳理以及对教师生活世界的解读，根据“教师专业标准”的要求，我们认为走向生活世界的教师教育目标应该是培养师德为先、实践导向、终身学习、以人为本的教师，并以此培养目标对整体的教师教育体系进行价值引领。

一、师德为先：在生活世界中重视教师的道德培养

师德是教师在长期的教育教学实践中形成的比较稳定的道德观念、行为规范和道德品质的综合表现。[①]师德是教师教育走向生活世界的价值引领，它在教师的生活世界的形塑中起着重要的作用，有利于塑造教师正向、积极健康的生活世界。在2018年出台的《中共中央　国务院关于全面深化新时代教师队伍建设改革的意见》中特别强调突出师德，“把提高教师思想政治素质和职业道德水平摆在首要位置，把社会主义核心价值观贯穿教书育人全过程，突出全员全方位全过程师德养成，推动教师成为先进思想文化的传播者、党执政的坚定支持者、学生健康成长的指导者”[②]。但师德并不是停留在政策文件上的文字，也不是人们脑子中的抽象概念，它是每个教师必须落实在教育实践中的行动。教师对生活的态度、对职业的态度、对学生的态度、对社会的态度都会有意识或无意识地传达给学生，所以教师道德水平的高低与人才培养质量的高低有很大的关系，也与学生的人生观、价值观、世界观的形成具有内在密切联系，教师的道德素养影响学生善恶观的养成。此外，作为社会人的教师生活在由人构成的关系世界中，受到各种关系、文化、习俗、环境等的制约，因此教师要在生活中遵守社会行为规范，否则教师的不当行为也会使学生在进行道德选择时陷入自我矛盾的泥潭。所以，走向生活世界的教师首先是师德高尚、有道德情操的教师。

（一）热爱教育事业，具有职业认同和职业理想

教师丰富且完满的职业生活世界离不开教师对职业的热爱及兴趣，兴趣是最好的教师，一个师德高尚的教师必定对教育事业抱有兴趣，满怀热情，进而积极地投入到教育事业中。此外，教师专业生活世界的形成与塑造，教师专业自我的超越、持续发展也离不开教师对职业本身的认同及其职业理想。教师的职业认同是教师通过正在从事着的教育事业来回答“我是谁”的问题。[③]“我是谁”的问题引领教师回归到人的本质的价值追求上，教师不再是空有躯壳的骷髅，而是有血

① 牛蒙刚，庞云凤. 合格小学教师的标准是什么——《小学教师专业标准（试行）》初步解读[J]. 淄博师专学报，2012（4）：3-8.

② 新华社. 中共中央　国务院关于全面深化新时代教师队伍建设改革的意见[EB/OL].（2018-01-31）[2019-09-07]. http://www.gov.cn/zhengce/2018-01/31/content_5262659.htm.

③ 杨春茂. 师德修养培训教材——师德修养与师德建设理论与实践[M]. 北京：首都师范大学出版社，2014：109.

有泪的肉体，他会对工作投入极大的热情，并在职业当中寻求生命的本真。当教师形成职业认同时，他的身体会蕴藏着巨大能量，并感受到工作带给他的幸福感和成就感。正如李镇西老师所言，如果把从事教师职业所带来的烦躁、苦恼都看成生活的组成部分而不是职业本身所带来的，就会从容很多。因为你会觉得是“为自己而活，而不是为别人”[①]。同时，热爱教育事业、具有职业认同和职业理想的教师始终积极地塑造着教师的正面形象，创造丰富且完满的社会生活。他在与外界交流沟通时能够时刻保持对身份的自豪感，传递自身的正能量，从而引领社会风尚。因此，强烈的职业认同感、高尚的职业理想是一个拥有完满而富有意义的生活世界的教师从教的必然追求，这一职业已经不是其谋生的主要手段，而是自我价值实现的手段。走向生活世界的教师教育就是要培养这种具有强烈的职业认同感、崇高的职业理想的教师，即能够将教师职业的崇高使命与个人的生命价值结合在一起，不断追求职业的卓越发展和自我的完美超越。

（二）严谨治学，精心施教

走向生活世界的教师教育重视教师的治学态度和施教能力，这是走向生活世界的根本和源头。作为教师，他的职业生活世界以教学为重心，教学关乎教师职业生活世界的发展走向。教师的职业生活世界并不是单纯重复的机械操作组成的空间，而是教学经验的不断升华，是作为“人”的教师和作为“教师”的人的统一。教学是教师的本职工作之一，教学水平的高低能够检验教师是否合格，也是教师职业道德水平高低的直接体现。教师的专业生活世界也需要教师不断扩展专业知识、升华专业理念、提升专业能力，持续关注自我价值的实现，以提高自我和他人的生命质量，这都离不开教师严谨治学的态度和尽心施教的行为。严谨治学的教师能够求真务实、活在当下，并能够尊重科学，按照科学的规律教育教学；对待自己的教学和科研认真负责、一毫不苟。精心施教的教师能够以教学为己任，不断探求新的教学方法，激发学生们的求知欲，引导学生崇尚真理、热爱科学。只有严谨治学、精心施教的教师才不会把教学当作是重复的、无意义的操练，不会固守已有的知识和教学水平，这样的教师致力于自身专业水平的提升，促进自我教学水平的提升。当然，严谨治学、精心施教并不意味着将教师置于唯科学主义和机械化生产的泥潭，而是生命本身自发地对于真理的渴求与敬仰，这样的教师恰恰是走向生活世界的教师教育所培养的人才，这样的教师是真实的、可爱的。

（三）关爱学生，尊重学生的人格

走向生活世界的教师教育强调教师对学生的无限关爱，这是走向生活世界的

① 杨春茂. 师德修养培训教材——师德修养与师德建设理论与实践[M]. 北京：首都师范大学出版社，2014：109.

教师教育蕴含的生命关怀意识的重要体现。与学生的交往在一定程度上属于社会生活的范畴，教师通过与学生的交往可以展示自己的文化价值和生命关怀意识。同时，关爱学生也是教师的本性所致。孟子曰："爱人者，人恒爱之。"很难想象，一个对学生缺乏爱的教师能够触动学生的灵魂。著名教育家陶行知说过，真正的教育是心心相印的活动，唯独从心里发出来，才能到达心灵深处。[①]教师对学生的爱反过来也会激发学生对教师的爱，教师在这一过程中收获的不仅仅是金钱，更多的是教师内心和生活的不断充盈。所以关爱学生、尊重学生的人格能够驱逐外界社会不良因素对教育的玷污，这也是一个拥有充满意义的生活世界的教师的内在秉性。走向生活世界的教师教育意味着引导教师尊重学生的人格，以平等的眼光对待学生，也意味着教师要尊重学生的自尊心和个性，更意味着教师要用慈母般的耐心去滋养学生的心田。

（四）为人师表，生活中自尊自律

教师为人师表，是教师将人类文明的永恒价值充盈于内心，使自身的生命拥有意义和价值，并通过弘扬人类文明的价值，照亮和唤醒学生的生命意义感和价值感。[②]它体现了教师生活世界的真实性和一致性，是走向生活世界的教师教育所应达到的必然要求。教师的本职工作不只是教给学生知识，更是培养学生正确价值观的重要影响因素。教师在日常生活世界和社会生活世界、职业生活世界、专业生活世界中表现出来的价值观、处事原则等必须是统一的，否则教师的伪善和不一致会导致学生产生认知错乱。学生具有强烈的向师性，无论教师的一言一行是否有意为之，映射出的教师的性格特点、为人处事及生活方式、道德品质等都会成为学生潜意识效仿的对象，这种影响最终会落实于学生的行动中，具有不可逆性。课堂上正人君子、课后衣冠禽兽的"两面派"教师对学生的负面影响是巨大的，这样的教师脱离了人的本质，不是教师教育所要培养的对象。培养为人师表、生活中各个方面都能够做到自尊自律的教师是走向生活世界的教师教育的必然路径，因而走向生活世界的教师教育必须要规约教师的行为，使其做到以身作则、为人师表，以教师良好的行为规范为学生正确价值观的形成保驾护航。

二、实践导向：关注生活世界中教师实践能力的提升

以实践为导向是走向生活世界的教师教育的主线，它是教师生活世界不断完满的基础。教育是一项实践活动，教师的专业理念、师德修养、专业知识最终要

① 杨春茂. 师德修养培训教材——师德修养与师德建设理论与实践[M]. 北京：首都师范大学出版社，2014：92.

② 刘红，张权力. 超越职业道德：大学教师"为人师表"的历史意蕴和时代建构[J]. 现代教育论丛，2017（3）：44-49.

通过教育教学能力体现出来，并直接作用于学生。[①]教师的教育教学能力的提高并不是一蹴而就的，而是需要通过大量的实践才能不断提升。实践不等于简单的活动，培养实践导向型的教师不仅仅意味着每天站在讲台上讲课，还意味着能够在实践中思考。实践导向型的教师既有扎实的理论基础，又有丰富的实践经验，更重要的是能够在每天的讲课中不断反思、成长，从而完善、充盈自己的生活世界。然而在当前的教师教育体系中，无论是职前教师的课程设置中，还是职后教师的培训课程中都以理论知识为主，忽视了教学实践能力的培养。走向生活世界的教师教育的重要内涵就是重视教师的生活实践，这是教师职业发展的根本需求，也是教师生活世界的重要组成部分。这并不意味着理论知识在教师的生活世界中无足轻重，而是需要保持理论知识和实践知识的动态平衡，以理论知识滋养实践活动，以实践活动提升理念知识。因此，走向生活世界的教师教育应回归教师的实践场域，以培养既具有理论储备又有实践关照的实践导向型教师为目标，关注教师教学能力的提升。

（一）拥有扎实的理论基础

扎实的理论基础是走向生活世界的教师教育的方向指导，它为走向生活世界的教师教育的开展奠定了基础。教师的教育教学活动是教师以其专业特长为基础，以专业行动为手段，以特定的专业知识、专业理念和专业能力作为支撑而开展的一项活动，这项活动的开展离不开教师扎实的理论基础。无论是职前教师所学习的教育学、心理学知识，还是职后教师的新理念的培训，这些规律和规则都是经过前人无数次的实践和研究才获得的，具有一定的科学性和可操作性。教师通过一定的方式进行理论的学习，可以在短时间内、高效率地拥有系统性的知识基础。这些理论知识可以指导教师的实践，为教师的实践提供支撑，使教师的生活世界获得持续发展。比如，经过心理学学科的长期发展，科学家发现了儿童生长的心理和身体发育特点，不同阶段的学生拥有不同的发育特性，所以教育需要遵循学生的成长规律。这就需要教师学习心理学的知识，在短时间内掌握学生的身心发展特点，并在具体的实践当中关注学生的发展阶段，按照学生发展规律进行教学。没有理论支撑的教师专业发展等同于无源之水、无本之木，会逐渐倒退到机械化的技能操练阶段。走向生活世界的教师教育应培养教师扎实的理论基础和理论涵养，不断借助理论来思考和改造实践，从而能够立足生活世界、充盈生活世界。

（二）具有高超的教育教学能力与沟通能力

教育教学能力和沟通能力是教师这一职业所要具备的基本能力，也是教师走向生活世界的重要着力点。在教师的教育教学生活中，教育教学能力是教师最基

---

① 杨春茂. 师德修养培训教材——师德修养与师德建设理论与实践[M]. 北京：首都师范大学出版社，2014：31.

本的能力之一。教师为了满足自己的生存需要与谋求人生的发展、人生价值的实现，他必定要以自己的专业特长为基础，将教学常识、教育理论、教学智慧等融汇成自己的教学行为来开展教学活动。这些方面都与教师的教育教学能力息息相关。教师的教育教学能力的提升对于教师生活世界的发展来说是很重要的，一个优秀的教师必定是教育教学能力高超的教师，他组织的教学活动必定会受到学生的喜欢，并能够促进学生的发展。同时他们的教学能力会通过不断地批判、改造和超越当下的教学生活而提升，最终在满足生存需求的同时实现自我的超越。教育教学能力不仅是教师必备的基本能力，还是教师实现育人功能的最重要的能力之一。赫尔巴特提出“教学具有教育性”，教师的教学过程实则可作为教师育人的过程，教师教学能力的提升能够使教学内容更易于学生接受，让学生在无形当中接受教师所传递的正确的价值观和人生观，改善学生的生命状态。因此，教师高超的教学能力在一定层面能够增强教学的育人效果，从而以此为抓手促进学生生命质量的提升。

由于教师具有社会性，具备高超的沟通能力在教师的生活世界中也是必不可少的。教师不管是在教书的过程中，还是在育人的过程中，他都处在不断地与学生的沟通当中。教师只有不断地与学生沟通并相互了解，他才能够熟知学生的知识掌握程度、家庭背景、性格特征、心理问题等，从而实现教学的育人功能，否则他只会被异化为教学工具，从而脱离教师真实且完满的生活世界。除了与学生进行沟通交流外，教师还需要与其他群体进行沟通交流。比如，教师需要和家长进行沟通，这样才能全面了解学生的情况、争取家长对学校活动的配合、处理家长与学校之间的矛盾，协调好家校关系，达到家校联合育人的目标。教师还需要与同事沟通交流，分享各自的经验并反思自我，从而提高教育教学水平、加深情感的交流与升华。另外，教师与所在社区成员也应该形成长效的沟通机制。社区不仅与师生的生活息息相关，它也是学生发展成长的重要资源，教师高超的沟通能力有利于最大限度地开发社区资源，为师生发展注入力量。可以说，教师的生活世界应该是通过教学能力和沟通能力的提升来升华自身和他人的生命质量的场域，因而，走向生活世界的教师教育应致力于培养具备高超教学能力和沟通能力的教师。

（三）积极投入实践，持续反思教学

走向生活世界的教师教育体现出对教师实践的关照，强调教师教育应回归实践。很难想象，一个脱离实践的教师能够有效地组织教学，并促进自身和学生的发展。教师唯有通过实践思维的锻造，才能正确地理解教学知识的基础、教学知识的

源泉以及教学过程的复杂性，才能真正“从技术熟练者走向反思性实践家”[①]。教学是一项实践性很强的活动，教学对象的无限发展性、教学活动的生成性、教学情境的多变性、教学空间的延展性等方面都决定了教师必须投入实践，投入实际的教学情境，在实践中寻求教育规律。即使某个教师拥有丰硕的理论成果、吸收了国内外的最新的理论成果，如果他不投入实践，这些理论成果也不过是纸上谈兵的幌子，从而导致职业生活的空洞无味及专业生活的止步不前。实践是检验真理的唯一标准，不投入实践的教师没有办法检验自己的教学理念是否符合学生的发展需要、自己的教学方式是否与教学内容匹配、自己的理论成果是否经得起历史的考验。积极开展实践是走向生活世界的教师教育的内在要求，是教师教育走向生活世界的必然，因此走向生活世界的教师教育应树立实践导向的目标，引导教师积极参加实践活动。

走向生活世界的教师教育强调回归实践的同时，也体现出教师持续进行反思的重要性，强调反思对教师实践的推动作用。反思能够促进教师不断改进自己的教学行为，总结教学中的经验和教训，从而丰富和形塑教师的生活世界。叶澜教授曾指出，一个教师写一辈子教案不一定能成为名师，但如果一个教师写三年的反思，就有可能成为名师。[②]教师的生活世界每天都在上演着各种各样的生动的故事，如果教师能够对这些生动的故事进行反思，那么这些看似繁杂的事情就会具有教育意义，将引导教师不断改进行为、获得成长。如果培养的教师没有反思的能力与意识，无论他具有多么深厚的理论功底与教学经验，终究不是时代所需要的教师，他会逐渐远离自己真实的生活世界而成为教学机器，他会被飞速发展的科学技术所取代。持续反思教学所蕴含的价值和时代特征成为走向生活世界的教师教育的关键术语和内在规约。因此走向生活世界的教师教育关注教师的自我反思与自我实现，并培养不断反思、不断成长的教师。

（四）具有创新思维和研究能力

卡西尔认为，人具有创造理想世界的能力，人的本质就是人的无限的创造性活动。[③]创新能够为走向生活世界的教师教育注入新的动力，推动教师的生活世界不断更新完善。创新既是教师专业发展的必要因素，也是教师作为“人”不断认识世界、改造世界的重要手段。教师的任何实践活动都需要创新，没有创新意识的教师会陷入日常生活世界中的琐碎的、单调的、繁杂的衣食住行之中，进而影响教师整个生活世界的发展；一个没有创新意识的教师只能做一名教书匠，他的

① 钟启泉. 教学实践模式与教师的实践思维——兼评“特殊教学认识论”[J]. 教育研究，2012，33（10）：108.

② 吴振利. 论中小学教师教学反思的问题、特征与种类[J]. 河北师范大学学报（教育科学版），2014，16（4）：101-105.

③ 卡西尔. 人论：人类文化哲学导引[M]. 甘阳译. 上海：上海译文出版社，2013：96.

职业生活世界和专业生活世界的发展进程缓慢，甚至止步不前，甚至缺少创新意识和能力的教师也会逐步地被社会淘汰。对于教师而言，具有创新意识能够使教师处于不断探索的状态，保持对生活和工作的热情。他的教学活动会因此变得更具有设计感、更与时代接轨，他的生活也会更富有生机和活力。对于学生而言，具有创新意识的教师富有吸引力，他会通过教学活动的设计激发学生的积极性和主动性，使得整个课堂呈现动态生成的画面，使学生具有无限发展的可能性。教师从知识的传输工具转变为与学生一起学习的同行者，教师的个体价值与社会价值都在课堂中得到完美展现。培养创新型教师是走向生活世界的教师教育的重要途径之一，在具体推进过程中，走向生活世界的教师教育应引导教师探索课堂、探索学生，不断创新自己的教学活动。

按照特质模式理论，一个专业化的职业应具备系统的理论知识并有不断的研究作为支持，专业主体应该是一个研究者。只有专业主体具备研究意识和研究能力，专业人员才能不断扩充专业知识并且保有在专业领域的垄断地位。[①]教师职业的专业化离不开教师研究能力的提高，同时教师专业生活的完满和丰富也离不开研究能力的提高。一个没有研究能力的教师进入工作岗位，很难说他会获得职业的长足进步，他的生活世界将会是枯燥、闭锁的，教师也很难在其中享受到职业所带来的满足感。教师只有不断研究自身的教学活动，以教育教学实践为研究对象，才能使得自己的教学理念、教学方式、实践样态得到升华，从而带来教师自我的专业发展。对于教师而言，研究不再是专家或学者的特权，教师自身就可以成为研究者，进而催生教师的教学热情和信心。对于学生而言，具有研究能力的教师的课堂具有无限的生机和活力，更有利于促进学生对知识的吸收。对于社会而言，教师研究能力的提高相应地会带来教师社会威望和地位的提高，可以增加社会对教师群体的认同感，加快其专业化进程。因此，走向生活世界的教师教育需要培养的是能够不断研究自身、研究学生、研究课堂的创新型教师，既能够培养自己的探索创新精神，也能够培养出具有创新意识和能力的社会人才。

三、终身学习：在生活世界中促进教师的可持续发展

无论在东方还是西方，终身学习的思想都具有悠久的发展历史，它既是走向生活世界的教师教育所遵循的原则之一，也是教师教育所培养的目标之一。随着社会的发展，人们对教育事业的关注程度越来越高，作为教育的承载者——教师被社会赋予了很高的社会期望，但同时，教师也处在一个众口难调的位置。“教师会不会被人工智能技术取代？”“既然学生可以从网络上获取想要的知识和信息，那么我们还需要教师做什么？”“教师的止步不前对学生的伤害有多大？”这一系

① 申卫革. “教师即研究者”：一个需要审思的命题[J]. 教育科学研究，2017（6）：79-84.

列的问题使得教师原来的职业角色受到冲击，教师应该对自己的定位有清晰的认识，并且作出相应的改变。传统意义上，人们常用这样的话语描述教师："春蚕到死丝方尽，蜡炬成灰泪始干。""捧着一颗心来，不带半棵草去。"这种诗句虽然赞扬了教师的无私奉献，但却为教师勾画了一个虚无缥缈的理想世界。它过分谈及教师的输出，而忽视了教师在这个过程中的回报。但其实，教师在促进社会发展和学生发展时也在不断地学习，完善自身，在这个过程中教师也在获得知识和能力，并非吐丝至死的春蚕和燃烧成灰的蜡烛。基于此，作为培养教师的教育应该把焦点汇聚于此，培养具有终身学习意识的教师，扭转教师一味输出的传统定位，关注教师持续的职业发展和专业成长，塑造教师丰富而有意义的生活世界，使教师在从教过程中发现自身的价值与意义。

（一）保持对时代发展的热情和敏感性

具有终身学习意识的教师往往会保持对时代发展的热情和敏感性，它体现了走向生活世界的教师教育的时代必然性，这既是教师作为教师的必备素质，也是教师作为人的必要条件。在教学中，只有对时代发展具有热情和敏感性的教师才能缩小与学生的差距，也才更容易亲近学生，走进学生们的内心。小到社交手段中表情包的内涵、手机 APP 的新功能、某款玩具的更新，大到国家的某项科研技术、政策的制定及国际上发生的事件等，这些都是作为教师所应该了解的，这些生活中的大大小小的事情可以作为教育素材应用于课堂当中，只有这样才不会与学生脱钩。同时，在生活中，作为人的教师，了解时代发展的进程、关注最新的科学技术、知晓最新的政治经济政策等是教师更好地生活的助推器。生活世界处在不断变化的过程中，它关注教师的此在，即教师当下的生存状态，因此教师紧跟时代发展的步伐也是在关注自己的生存环境，关注自身生存的基础性结构，以更好地建立教师个体的生活观、生命价值观。基于教师生活世界的独特性和真实性，走向生活世界的教师教育必须培养对时代有热情和具有敏感性的教师，以指引教师跟随时代的发展进步。

（二）洞察教育理论与实践改革的前沿

先进的教育理论和教育实践改革不断地帮助教师审视教育教学，形塑教师的生活世界。只有吸收和掌握先进的教育理论与实践改革的教师才能不断地改进自己的教学行为，更新和充实自己的生活世界，推动学生和自身生命的不断完善。教育前沿理论是某一时代教育发展潮流中的闪光点，它是由很多实践总结出来的结晶，蕴含了前人的智慧和时代的价值，能够为教师的教育理念和教学行为提供思想和行为的引领。教师处于多变的教育情境当中，知识的快速膨胀和学生身心特点的发掘迫切需要教师吸纳新的教育理论来指导自身的教学活动。掌握前沿教育理论的教师能够持续性地根据学生的特点和时代更新变化的需要及时调整教学行为，这对学生的发展也是极为有利且有效的。洞察教育前沿理论是教师与时代同步发展的核心引领，是走向生活世界的教师教育的时代要求和内在规约。因此，走向生活世界的教师教育需要加强教师对前沿理论的学习与掌握，保持教师思想的先进性。

先进的教育改革实践与教师的教育教学息息相关，它可以为教学提供效仿和创新的例子，使教师不断更新自己的教学行为和教学方式，抛弃维系经验、延续习惯、重复行为的乏味的生活世界，寻求创新活泼、动态生成的生活场域。先进的教育改革实践以某一种先进的理念为指导，经过实践和时代的检验，融合了专家和一线教师的智慧结晶，具有独特的价值和意义。教师关注国内外先进的教育教学改革实践，吸收改革实践中的经验与教训，借鉴改革当中的闪光点并将之应用到自己的教学当中，使自己的教学行为焕发时代的光芒。对于教师而言，借鉴新的教育改革实践不仅有助于激发教师对教学的热情，还有助于自身的职业发展和专业提升。对于学生而言，积极吸取先进改革经验的教师能够促进学生的成长，因为这样的教师能够不断寻求适合学生发展的教学模式和教学方法。总之，借鉴先进的教育改革实践能够不断塑造和完善教师的生活世界，它是教师教育走向生活世界的必然路径。因此走向生活世界的教师教育必须引导教师持续关注国内外的最新科研成果，关注教育学界的新动态，汲取各种教育改革中的精华，并将之投入到自己的教学工作中，使之对教学工作持续保持探索的热情和信心。

（三）能够立足传统，不断提升文化素养

教师教育是一项既脚踩大地，又能仰望星空的事业。只有根基稳固，才能在变化莫测的社会中站稳脚跟。教师处在历史与现实、科学与人文的交叉点上，所以终身学习型的教师不仅要了解当前的、未来的教育事件与教育动态，而且能够立足优秀的传统文化，为持续的发展提供源源不断的动力。这不仅是教师生活世界的重要组成部分，还为教师教育走向生活世界提供了良好的路径。

教师的日常生活世界和社会生活世界富含传统文化的精华和特色，以此为着力点不仅能促进教师的职业发展及专业提升，还能够推动教师教育回归生活世界。教师作为传统文化的传播者，应该加深对自己国家文化的认识，增强文化自信。"'腹有诗书气自华'，作为一名教师，多读优秀的经典诗词，多学习传统文化技艺，可以快速有效地提升教师的修养。"[①]另外，古代文学典籍中富含古人的教育教学智慧，如孔子的"有教无类"、韩愈的"弟子不必不如师"、朱熹的"如目无足不行，足无目不见"、王阳明批判"鞭挞绳缚，若待拘囚"的童蒙教育，等等，在当

① 张美如. 以学习传统文化提升教师职业素养的实践研究[J]. 华夏教师，2019（3）：94.

今看来也是同时代发展相适应的。如果教师能够立足自己的日常生活世界和社会生活世界，吸取传统文化中的智慧与经验，摒弃错误的观念和时代局限性，融入现代文化的元素，那么教师日常生活世界中的繁杂的事物也会因此具有教育意义和价值，他的生活和教学也会变得更加完美。这就要求走向生活世界的教师教育注重优秀传统文化对教师的熏陶和提升，培养博古通今的终身学习型教师。

四、以生为本：在生活世界中激发教师教育情感

"以生为本"是"以人为本"的理念在教育中的具体表现。"'以生为本'就是学校在办学过程中，以学生的培养和教育，以学生的成才、全面发展为根本。这就是学校办学的根本指导方针，其直接指向'为什么办学，如何办学和为谁办学'的根本问题。"[①]但"以生为本"并不意味着教师的价值和地位被否定，相反真正的"以生为本"是"一朵云推动一朵云，一个灵魂唤起另一个灵魂"的过程，教师不再机械地将学生视为接受知识的容器，而是主动建构知识的个体，整个教学过程是师生生命共同绽放的过程。我们常常批判教育过于功利化，抹杀了学生们的创造性和独特性，在应试教育的背景下，分数至上的理念使得生命意识、生活意识黯然失色。学生像是没有灵魂的机器，只要通电就能一直运转。虽然"以生为本"的理念已经提倡多年，但在中小学课堂中落地实施并不容易。"教师在讲台上挥汗如雨，学生在座位上哈欠连片"，"一把尺子筛选掉无数个'坏学生'"的现象并没有得到很大的改善。其实，除了考试评价体系、课程体系的落后外，教师才是真正的"以生为本"实现的关键。因此走向生活世界的教师教育必须培养"以生为本"的教师，只有这样，教育才能称得上"教育"。

（一）因材施教，为学生提供适切的教育

因材施教不仅是我国古代教育思想所提倡的教育理念，还是当前回归生活世界的教师教育所应提倡的重要理念。《国家中长期教育改革和发展规划纲要（2010—2020年）》明确指出要通过"遵循教育规律和人才成长规律，深化教育教学改革，创新教育教学方法，探索多种培养方式，形成各类人才辈出、拔尖创新人才不断涌现的局面"[②]。因材施教的教师能够将学生看作是一个个独立的生命体，每个生命体都有其独特性，具有不可重复和不可取代的唯一性。[③]因材施教的教师不会沉溺于日复一日的机械"制造"的工作中，相反这样的教师能够找到教育的真谛和乐趣，发现教育中的美好与希望。在培养多元性格的学生的过程中，教师的生活

---

① 谢树浩．"以生为本"的理论与实践问题[J]．高教探索，2009（3）：133.

② 教育部．国家中长期教育改革和发展规划纲要（2010—2020 年）[EB/OL]．（2010-07-29）[2019-09-04]. http://www.moe.gov.cn/srcsite/A01/s7048/201007/t20100729_171904.html.

③ 韩庆祥，邹诗鹏．人学：人的问题的当代阐释[M]．昆明：云南人民出版社，2001：290.

世界也不再是单调的模具制造“车间”，它将是一场场生动的生命碰撞的动态话剧。在这一空间中，教师和学生的生活世界都是多彩绚丽的场域，教师秉持因材施教的理念根本目的是要保证每一个受教育者在自身基础上成为卓越的人，成为具有高尚品质的真正的人，使每一个学生通过教育获得创造幸福生活的能力[①]，也唤醒每一个教师对生命的敬畏和对生活的希冀。所以，走向生活世界的教师教育要秉持“以生为本”的理念，培养能够因材施教的教师，为学生提供适切的教育，激发教师教学和生活的兴趣。他们能够尊重学生身心发展的规律，根据学生身心发展的特点，为不同的学生提供不同的合适的教育，这也是探索新的教学方式的过程。

（二）维护学生的合法权益

维护学生的合法权益强调了生命关怀意识对走向生活世界的教师教育的关照，可以积极地助推教师塑造有意义的生活世界。维护学生的合法权益要求教师更加注重师生的互动并倾注更多的情感关怀，“提倡对话交流、合作共享，最终要上升到生命自觉，剖析个体生命的意义，明白人为何而活，又将成为什么样的人”[②]。相对于教师和学校而言，学生是弱势群体，他们的主动性和话语权往往湮没在各种条条框框和规章制度中。特别是处在正在成长时期的中小学生，他们本身缺乏法律意识和自我保护意识，在自己的权益受到侵害时，没有意识和能力去维护自身权益。教师作为学生的在校监护人，理应在学生的姓名权、肖像权、人身自由权、隐私权等受到侵犯时保护他们，在他们主动性和话语权消解之时维护他们。这并不是一个单向输送的过程，这对教师而言也是一次亲近学生和树立威信的机会，也是教师自我升华的过程。学生是一个个富有感情和活力的生命体，他们能够感受到教师对自己的爱，享受着教师给他们带来的安全感和幸福感，并在心灵和行动上贴近教师。在遇到困难和问题时，他们也会积极地寻求教师的帮助。在这个情感建立的过程中，教师感觉到被需要，这种被需要不再是传输知识的需要，更多的是情感上的被需要，教师的生活世界将不再是冰冷的教学工具和教学内容，它是一个充满关怀、爱心、体谅的“人”的世界。它是人与人之间的真情流露，是生命体与生命体之间的相互信任与依赖，是教师的生命意义和生命价值得以实现的另一条路径，教师的生活世界也由此成为一个富有意义与价值的世界。这就要求走向生活世界的教师教育帮助教师关爱学生，维护学生合法权益，与学生建立亲密的关系。

① 何菊玲. 因材施教原则的教育正义之意蕴[J]. 华东师范大学学报（教育科学版），2018，36（02）：110-116，157.

② 蒋明宏，胡佳新. 从情感关怀到生命自觉的教师自我升华——基于关怀理论的探析[J]. 教育理论与实践，2016，36（1）：36-40.

（三）接纳包容，促进学生的全面发展

促进学生全面发展的教师能够驱除工具理性、技术至上思想带给学生的负面影响，帮助学生在纷繁复杂的社会中寻求生命的本真，同时这也是教师走向生活世界的内在要求和价值取向。在当前的社会发展潮流中，学生受教育的目的逐渐被异化为考高分、找好工作、得高工资，如果教师任由学生向此方向发展，那么教师本身的生活世界就会简化为实现学生目的的工具。“它将人塑造成一个具体的模型，使人得以生，使人获知，使人有技术，使生活获得更多的物质保障和享受，但是它却使人陷入物质与自我的牢笼，遗失了生命的本原和意义。”①学生的智育在这一过程中得到迅速提升，他们的道德、审美、创新、表达、关心等各方面的能力却节节败退，像一个畸形的怪物被学校生产出来。人之为人、人之高于动物就在于人有道德、有理想、有怜悯之心和关爱之情。而当人们失去这一维度时，他和动物又有什么区别呢？②教师真实的生活世界不只是需要知识和技能，它还需要真善美的扩散，如果培养出来的学生是没有感情的高智商机器，那么教师的生活世界也会因此黯然失色。教育本不该如此，教师教育更不该如此，教育的目的是人的全面发展，是学生各项能力共同提升的过程，寻找教育遗落的真谛成为教师责无旁贷的重任，也是回归教师真实温暖的生活世界的必要路径。所以，走向生活世界的教师教育要引导教师找回学生失落的生命本源和意义，促进学生的全面发展。

第二节　走向生活世界的教师教育的原则

走向生活世界的教师教育力求回归教师的生活，寻求教育与生活的衔接点，以生活滋养教育，以教育促进生活。走向生活世界的教师教育远不是单纯的教育问题或是社会问题，不仅关乎教育秩序的稳定及社会发展的稳定，它还是一个关乎教师个体生存与发展的问题，它对于阐明教师作为人的意义和价值具有重要的作用。如前所述，每个教师都处在历史和现实、科学与人文的交叉点上，各自带有独特的生活印迹，所以教师教育必定要把教师个人的生活考虑在内，为教师个体的发展提供支持力量，而不是折断教师发展的臂膀。为此，走向生活世界的教师教育应围绕相关原则展开，阐明开展教师教育的过程中所要遵循的要求，以期在中观层面对教师教育走向生活世界提供一定的指导。

① 程红艳. 教育的起点是人的生命[J]. 教育理论与实践，2002（8）：20.

② 刘济良. 生命教育论[M]. 北京：中国社会科学出版社，2004：86.

一、人本化原则

所谓人本化原则即“以人为本”，将人作为一切教育的出发点和落脚点，肯定人的地位和价值，使得生命本体成为真正的人。无论是在中国还是在西方，人本思想都有着悠久的历史。《尚书·泰誓》提出，“惟天地万物父母，惟人万物之灵”，《尚书·五子之歌》“民惟邦本，本固邦宁”，都充分肯定了人的价值。“春秋时期，《管子》指出，‘夫霸王之所始也，以人为本，本现则国固’，非常明确地提出了以人为本的思想。”[①]在西方，从古希腊时期的普罗泰戈拉提出“人是万物的尺度”到 14 世纪的解放人性的文艺复兴，再到 17 世纪的启蒙运动，每一次的思想运动都将人本放在前端。可见，人才是一切事物的出发点和落脚点。教育也不例外，人是教育的起点和归宿，教育最终要解决的是人的发展的问题。走向生活世界的教师教育的对象是教师，教师是活生生的生命，有其独特的生命意义与价值。然而教师教育要解决的核心问题之一，就是如何使教师展示并发展其独特的生命意义与价值。因此教师教育只有关注教师，根植于教师的生活世界，“以人为本”，尊重教师作为人的尊严和地位，才能重新焕发教师生命的生机，找回失落的教师价值。

然而反观现实，由于社会的发展，受工具理性与科学主义影响，人的地位似乎逐渐让位于其他更能创造经济价值的事物，“金钱”“效率”“科技”成为社会发展的主体名词，随之而来的是高速发展的经济、日新月异的科技、较为冷漠的人情关系和空虚的生活世界，这种本末倒置的现状使得教师不是在生活，而是为了未来生活而活着，教师当下的生活并不是目的，未来生活才是最终的目的。教师教育在这种背景下逐渐被异化，教师成为达成整个教育目的的手段和工具，神化教师、妖化教师的现象屡见不鲜。教师教育遮蔽了自己塑造人的灵魂的真谛，取而代之的是纯粹知识的追求、实用技术的向往、经济效率的迷恋和工具理性的规训。[②]教师教育成为一种教学训练，教师作为人的主体地位受到践踏，教育为人而存在，作为个体生命自然的舒展、生命的动感和勃发的生机与活力的具体展现形式，就更加难以寻觅其踪了。[③]我国学者冯建军认为，无论是用物的观点把人归于动物族类，还是用超越的观点把人归为神性本质，都是对人的抽象化，人都不会是“人”。[④]因此基于教师教育本质的失落，走向生活世界的教师教育必须遵循人本化原则，反对物化或神化教师，回归教师真切的生活世界，展现其主体价值。

此外，教师的生活世界是由日常生活世界、职业生活世界、专业生活世界、

① 杨豹. 从历史的角度探讨以人为本的科学发展观[J]. 文化与传播，2015，4（2）：62-66.

② 刘济良. 生命教育论[M]. 北京：中国社会科学出版社，2004：73.

③ 阎光才. 教育的生命意识——由荒野文化与园艺文化的悖论谈起[J]. 清华大学教育研究，2002（2）：49-54.

④ 冯建军. 当代主体教育论[M]. 南京：江苏教育出版社，2001：1-2.

社会生活世界等多重领域建构的，不同领域的发展都离不开“以人为本”。教师的日常生活与教师的个人生存息息相关，如前所述，它是以个人的家庭、天然共同体等直接环境为基本寓所，旨在维持个体生存和再生产的日常消费活动、日常交往活动和日常观念活动。“以人为本”能够让教师在琐碎而又重复的事情中体会到生命的平凡可贵，并能够在日常生活世界中保持对生活的敏感度和兴趣。在教师的职业生活中，“以人为本”多偏向于“以生为本”，尊重学生的主体地位，促进学生的全面发展，“以师为本”多被忽视，这样的“以生为本”多属无源之水、无本之木。教育中的“以人为本”不仅要“以生为本”，还要“以师为本”，尤其是教师教育，其目的就是促进教师的专业发展，所以教师既是教师教育的出发点，又是教师教育的归属和目的。只有让教师在职业生活当中体会到人性关怀与人的尊严和地位，他们才会将人本化的理念应用到自己的职业生活中，才能真正实现“以生为本”。教师的专业发展同样离不开人本化的规约。教师的专业发展更加关注教师个人对于教师的职业认知与职业信念，教师的职业信念和身份认同来源于教师主体的感受，来源于教师所从事工作带给教师的幸福感和满足感，这些情感会激发教师教学热情，从而实现自己的专业理想。社会是由人组成的，一切社会的发展都要以人为最终指向。在教师的社会生活世界中，教师作为公民参与社会生活，拥有其他公民应有的权利，他们拥有表达自己意愿的权利，拥有跟随思想作出相应行为的权利，拥有维护尊严和利益的权利。在教师整个生活世界中，无论是从教师个体利益出发，还是从社会发展的角度出发，“以人为本”都是必不可少的指导原则。

鉴于社会背景和教师主体生活的内在需要，走向生活世界的教师教育必须要遵循人本化的原则，使教师意识到个体存在的意义和教师职业的“人”性，体会到作为人的尊严和价值以及作为教师的充实与幸福。为此，遵循人本化原则需要做到：

（1）提高教师个体生命意识。“以人为本”原则贯彻落实的源头在于教师，教师对于人的价值实现的追求会形成一股内发力量，从而对教师教育体系产生冲击。但在教师集体失语的社会背景下，不少教师的个体生命意识正在淡化。他们的潜意识已经将自己的职业视为一种重复、机械的操作，生命的价值和意义也逐步消解在日复一日的操作中。因此，走向生活世界的教师教育要围绕教师所处的现实境况开展，倾听教师内心的诉求，培养教师对生活的热情与信心，提高教师对生命的感知能力，塑造个性丰富、见解独特、思想深刻的生命个体。[①]

（2）正视教师的角色与地位。在旧有的教育观念中，社会把教师作为孔子般的圣人对待，用严格的道德伦理与规则约束着教师的行为。管理者把教师作为被

① 刘济良，等. 价值观教育[M]. 北京：教育科学出版社，2007：128.

管理者和不知疲倦的超人，命令教师完成要求完成的教学任务。这种过度解读教师角色的观念迫使教师离开真实的生活情境，披上神圣的光环，这会加重教师的心理压力和负担。因此，“以人为本”原则的重中之重是要建立对教师合理的角色期望，正视教师所处的社会地位，深化社会对教师完整的“人”的形象的理解。

（3）给予教师足够的信任和人文关怀。2018年出台的《中共中央　国务院关于全面深化新时代教师队伍建设改革的意见》提到，“提升教师的政治地位、社会地位、职业地位”，“确保中小学教师平均工资收入水平不低于或高于当地公务员平均工资收入水平”[①]，真正让教师成为令人羡慕的职业。教师是拥有七情六欲和喜怒哀乐的常人，某些方面教师的情感因素会在教师的工作和生活中处于支配地位。不管教师多么理性，他都会带着或多或少的感情色彩走进课堂。但在工具主义的支配下，教师逐渐被异化为工具，作为人的七情六欲和喜怒哀乐却被忽视。很难想象，一个情感淡漠、消极避世的工具型教师进入教育领域会是怎样的后果。因此走向生活世界的教师教育要释放教师的人性，相信教师的能力，给予教师足够的人文关怀，开展多种尊师活动，营造信任、理解、宽容、友爱的教育氛围及尊师重教的良好社会风尚，实现“以生气唤醒生气，以激情感动激情，以理想鼓舞理想，以生命点燃生命”[②]。

二、实践化原则

实践化原则是走向生活世界的教师教育的根本原则。这既体现于教师生而为人的本质特点上，也蕴含于教师职业的特殊性上。实践是人的本质特征，脱离了实践，人将永远不会成为“人”。有学者指出，人不是天生为人的，他必须通过自己的实践活动而成长为人。[③]马克思主义哲学认为，实践是主观见之于客观的能动的活动，是人类社会发展的普遍基础和动力，也是认识产生和发展的基础与动力……实践具有客观性、能动性和社会历史性。人类的全部历史由人们的实践活动构成。[④]人也在不断的实践中得到发展和完善。人通过生成的实践活动同世界融为一体，实践活动使人成为现实的人，使自然成为现实的自然，成为人的“身体”，人在世界中生存，世界在人的生存中展现。[⑤]教师作为“人”，他的生存和发展离不开实践。教师通过自己的实践活动改造客观世界的同时，也在改造自己的主观世界。教师的每一次实践会产生对世界新的看法和观念，生成新的成长机会和发

① 新华社. 中共中央　国务院关于全面深化新时代教师队伍建设改革的意见[EB/OL].（2018-01-31）[2019-09-07]. http://www.gov.cn/zhengce/2018-01/31/content_5262659.htm.

② 明庆华，程斯辉. 论作为“人”的教师[J]. 课程·教材·教法，2004（11）：83-86.

③ 韩震. 生成的存在：人类实践本体论[J]. 江海学刊，2002（4）：40-43.

④ 王鹤岩，李学丽. 实践概念内涵的人学意义探析[J]. 学习与探索，2006（6）：46-49.

⑤ 干成俊. 生存实践本体论及其当代意义[J]. 淮北煤炭师范学院学报（哲学社会科学版），2004（5）：24-29.

展空间，并不断实现自己的生命价值、感悟生活的美好与希望，不断建构新的物质世界和新的精神世界。因此实践性是教师作为“人”的本质特点，这就要求走向生活世界的教师教育必须遵循这一原则。

遵循实践化原则源于教师职业所具有的很强的实践性，这与教育情境具有生成性和多变性特点有关。看似每天同样的教室、同一批学生，甚至是一成不变的课本教材，它们也在流逝的时空中随机组合、碰撞，从而生成新的教学情境。教学情境几乎没有一个恒定的表现形式，在此时此地适用的行为，在彼时彼地就不见得适用。事先精心策划的行为，在实际的课堂教学中并不见得能够“畅通无阻”①，可谓“教无定法”，面对种种新的教学情境，很难要求教师掌握几种教学技能技巧就能应对。这需要教师不断实践，在实践当中找到教学规律，灵活地处理随时而来的一切教学事件。教师职业本身的实践性要求教师的培养过程也必须是实践性的。有学者指出，教师的成长过程不是一般意义上的知识积累的过程，而是一种临床的、场域的、生成的、交往的、践行的专业实践。②对教师的培养也绝不是把教育理论强塞给教师的过程，教师对于理论知识的接受程度不等于教师实际的教学水平，具有高超教学水平的教师必定是实践型教师。在面对复杂的教学情境时，这些教师会通过自我理解、自我反思和自我变革，提高自己的教育实践智慧。③教师本身就处于实践当中，教师职业的价值和意义也在实践中得到体现，实践既是教师专业成长的手段，也是教师专业成长的目的。因此，走向生活世界的教师教育不可能凭空在脑海中实施，它实际上是教师教育者与教师以生活世界为依托，不断参与、体验和反思的实践过程。

可是，当前教师教育体系中，无论是职前培养还是职后培养都缺少对教师实践能力的关注，甚至对“实践”一词存在误读。当前的教师培养非常重视教师理论知识体系的建构，为教师准备一场又一场的专家讲座、开设一科又一科的课程，似乎只有这样做才能培养出好教师。但实际上，这样的教师教育导致培养出的教师因缺乏理论知识转化为实践的临场智慧，对于突如其来的课堂事件常常束手无策。近年来为迎合对实践型教师的发展趋势，一些中小学校和教师培养单位纷纷加强了对教学实践环节的重视，但有些做法只是虚伪的形式化，并未真正参透实践的内涵与价值。比如，某些高校延长了师范生实习和见习的时间，这样的做法看似增加了师范生实践的机会，实则实习内容和形势依然未作出有益调整，对实习当中出现的问题视而不见，所以盲目延长实习与见习的时间不过是换汤不换药的虚假形式。当然还存在一些过度解读实践的现象。学校大肆吹捧实践的重要性，

① 郑金洲. 中国教育理论研究的世纪走向[J]. 华东师范大学学报（教育科学版），2003（2）：2-10.

② 朱桂琴. 教师的实践性格[D]. 武汉：华中师范大学，2009.

③ 陈威. 教师教育“实践取向”的理论前提[J]. 黑龙江高教研究，2017（12）：112-116.

甚至不惜牺牲理论基础的夯实，理论素养在实践面前变得不值一提。有学者指出，这种只执一端的做法，在本质上仍是一种技术性和实用性的价值取向，很容易在教师教育中催生“精致”的实践工作者[①]，当然也就谈不上从生活中汲取实践智慧了。

为此，走向生活世界的教师教育必须基于客观、真实的情境，依托教师的本性与生活，紧跟时代的发展，避免空洞无味的说教，在实践中实现教师的专业成长和自我完善。走向生活世界的教师教育应为教师提供大量的社会实践机会。这里的实践机会不是单纯地为教师提供教学场地和指导教师，而是为教师提供真实的教学情境和生活情境。在职前培养中，根据基础教育改革发展需要，教师教育应以实践为导向优化教师教育课程体系，强化钢笔字、毛笔字、粉笔字和普通话等教学基本功和教学技能训练，并且师范生教育实践不少于半年。在职后培养中，走向生活世界的教师教育不仅需要教师参加教学实践及基本功训练，更需要督促教师参与其他社会生产活动，“积极为青年教师开展社会实践搭建平台，保证每名青年教师每年至少参加 1 次社会实践活动”[②]。因为教育总是处于一定的情境中，教师的职业生活与日常生活、社会生活相互联系、密不可分，在教师参与实践的同时，应积极引导教师将生活事件与教学事件结合，找到教师职业与社会的结合点，以日常生活和社会生活实践促进教学实践。

走向生活世界的教师教育要在实践中引导教师进行反思。唐纳德·舍恩（D.Schon）于 1983 年提出“反思性实践者”的概念。他认为，教师不是单纯地应用科学，由外在的技术与原理武装的忠实执行者，而是在实践中并通过对实践情境的不断反思，建构和升华自身经验的反思性实践者。[③]有效的教学实践是一个能够从实践中反思，以反思促进实践的过程。教师一味进行重复的实践是不能帮助其获得成长的，教师只有不断反思、升华自身的经验，才能不断推动实践进行螺旋式的改进。走向生活世界的教师教育应帮助教师发现自己实践的价值，并培养教师发现实践价值的能力，利用教育叙事、成长档案袋、反思日记等手段，发现自己所处情境的教育价值，依据已有的理论基础形成可以反馈到实践活动中的成果。

走向生活世界的教师教育还需要教师教育者要树立正确的实践观。过度解读或解读不够的观念都会对教师教育的实施造成危害，走向生活世界的教师教育要真正地理解实践的深刻内涵及其重要性，并深入实践当中，发现教师实践中存在的问题，对症解决实践问题。总之，走向生活世界的教师教育不是一个强行灌输理论知识的过程，也不是一个单纯操练的过程，它是将教师的知情意行诉诸实践的过程。教师教育必须基于生活世界，创设教育情境，不断引导教师参与实践、

① 冯永刚，高斐. 实践取向的教师教育困境及突围[J]. 中国教育学刊，2017（11）：7-12.

② 中共中央组织部　中共中央宣传部　中共教育部党组. 关于加强和改进高校青年教师思想政治工作的若干意见[EB/OL].（2013-05-04）[2019-09-16]. http://old.moe.gov.cn/publicfiles/business/htmlfiles/moe/s7060/201305/152333.html.

③ 陈威. 教师教育“实践取向”的理论前提[J]. 黑龙江高教研究，2017（12）：112-116.

反思实践、改进实践。

三、终身化原则

“终身”顾名思义，即整个生命的全过程，从出生到死亡的跨度。终身化原则包括终身教育和终身学习，这是一个事物的两个方面。走向生活世界的教师教育的终身化原则，即教师的整个生命过程都在接受教育，教师一直处在学习的过程当中。虽然终身化的思想已经盛行多年，但人们对于终身教育和终身学习的定义至今没有达成共识，目前被广泛认同和接受的是保罗·朗格让对于终身教育的定义。他指出，我们所使用的终身教育意指一系列非常具体的思想、实验和成就，换句话说，终身教育即教育这个词所包含的所有意义，它包括了教育的各个方面、各种范围，包括从生命的一开始到最后结束这段时间的不断发展，也包括了教育发展过程中的各个点与连续的各个阶段之间的紧密而有机的内在联系。①在终身教育思想的影响下，教师教育代替了原来的师范教育，将教师的职前教育、入职教育、职后教育连接起来，教师的整个专业发展过程形成了一个整体。教师的终身教育打破了职业生活世界、学习生活世界、日常生活世界的围墙，使得整个工作活动、学习活动都统一于生活之中。走向生活世界的教师教育遵循终身化原则既有其一定的现实背景，又有其内在运行机制。

走向生活世界的教师教育遵循终身化原则有其必要的现实背景。美国文化人类学家玛格丽特·米德在《文化与承诺》一书中提出“后喻文化”的概念，后喻文化是指“学习发生在晚辈与长辈之间，并且学习带有‘自下而上’的特征，出现了文化的‘反哺现象’”②。伴随后喻文化时代的到来，教师知识权威者和来源者的角色受到了很大的冲击。“要给学生一碗水，教师要有一桶水”的时代已经逐渐消逝，要想滋养一棵棵小树苗，需要的是源源不断的活水。教师的活水来源于不断接受教育、不断学习。因此单靠教师职前接受的理论培训和知识积累，很难支撑教师的专业化发展。如果教师无意识或有意识地将学习和工作割裂，那么教师的发展就失去了强有力的动力，这样的教师最终会被社会淘汰。

反观现实，教师的终身学习意识仍然比较淡薄。先进的技术和先进的理论进入学校后，有些教师并没有采取积极的态度应对，而是把学习新的技术和理论视为附加的重担。有效的教学方法进入到中小学后，某些教师甚至无动于衷，仍然固守旧有的、老套的教学方法。不管是中小学还是大学，教师使用多年前的教案和课件并不是新鲜的事情。在学生可以通过网络自主获得新知识的同时，教师对知识的学习却止步不前，这样的事态不仅无益于学生，而且会使教师自身陷入不

---

① 保罗·朗格让. 终身教育导论[M]. 滕星，滕复，王箭译. 北京：华夏出版社，1988：16.

② 林佩云. “后喻文化”视野下导师与研究生关系的重构[J]. 中国成人教育，2017（17）：45-47.

思进取的囹圄当中。为顺应社会潮流，走向生活世界的教师教育必须遵循终身化原则，终身教育、终身学习的理念必须落实到每个教师的实践当中。

遵循终身化原则是教师的生活世界发展的内在要求。终身化生活始于人的出生，止于人的死亡，人在生与死的整个过程中都在构造自己的生活世界，因此生活世界本身就蕴含着终身化的思想。与此相对应的是，教育是生活的一种特殊状态，人从出生开始就接受着或正式的或非正式的教育，教育的内容、形式、目标等都与生活相关，生活没有结束，教育也就没有终点。生活既是教育的起点，也是教育的终点。正如陶行知所说，生活教育与生俱来，与生同去。出世便是破蒙，进棺材才算毕业。[①]教育伴随人的整个生活过程，人的一生都处在生活当中，并通过与周围环境的相互改造与适应向前发展。这就决定了人的一生都离不开教育与学习，只有不断地学习和接受教育，人才能不断地改造生活、适应生活。可以这样说，生活需要终身教育，生活世界需要终身教育来不断完善，从而找寻生命的意义与价值。终身教育活动的展开以人的生活为背景，并时刻指向个人当下生活质量的改善和提高。[②]它注重人的生活的完整性，既包括教师的日常生活和社会生活，也涵盖教师的职业生活和专业生活，它为教师创造丰富多彩的生活提供了可能性。因此教师的终身教育与教师的生活世界具有内在统一性。生活世界离不开终身教育，终身教育也需依托生活世界开展，所以走向生活世界的教师教育必须以终身化原则为指导，使教师在生活中不断接受教育、不断学习、不断完善与发展自我，以实现教师的生命意义。

走向生活世界的教师教育以终身化原则为指导促进教师不断成长发展，塑造完满而有意义的生活世界，这需要从多方面着手。其中，最重要的是培养教师终身学习的意识和能力。走向生活世界的教师教育要使教师意识到终身学习的重要性，就要从教师的立场出发，与教师建立平等对话体系，了解教师的日常生活世界，关注教师的生存状态和个人需要，帮助教师建立生活与学习的联系，并注意从生活事件中帮助教师意识到终身学习的重要性。另外，为确保教师走上工作岗位后仍然具有学习的能力，并保证学习效果，教师教育还必须引导教师学会独立思考，培养教师的创造力和对生活的热情，增强其学习动机。

遵循终身化原则需要为教师树立阶段性目标，帮助教师制定职业发展的规划。目标具有强大的牵引力量，能够为教师终身学习提供源源不断的动力。教师专业发展分为不同的阶段，每一个阶段都面临不同的挑战和机遇，教师在不同的阶段需要的素养和解决的问题各不相同。在每个专业发展阶段，教师都需要通过不断学习来实现目标。因此，走向生活世界的教师教育需要了解教师的阶段定位，

① 方明. 陶行知教育名篇[M]. 北京：教育科学出版社，2005：238.

② 刘海燕. 终身教育的召唤——回归生活世界[J]. 教育发展研究，2006（20）：76-79.

了解教师在该阶段面临的问题和困境，为教师制定相应的发展目标，并进行合理的规划。

为教师创造终身学习的环境和氛围也是遵循终身化原则不可缺少的外部环境。环境和氛围对教师的思维与行动的影响是无形的、深刻的、长远的。教师教育在整个教师专业发展的阶段应弱化职前教育和在职教育的功能界限，营造轻松活泼的学习氛围。以教师的日常生活为切入点，加大对终身学习的舆论宣传，并以教师的生活需要作为生长点，激发教师对学习的兴趣。教师教育应通过网络等新兴技术，建构教师终身学习共同体，使得教师学有所疑、疑有所答。终身学习既是教师专业发展的利器，也是时代发展的迫切要求。一个教师只有做到终身学习，才能在复杂多变的未来社会中立于不败之地。

四、个性化原则

个性是指个体处于周围的组织或社会中，立足自身特点结合外部需要和内部需求，从而形成的、不同于其他个体的特质。①个性化是指人形成的一种稳定的个性化的存在方式。世界上没有两片完全相同的叶子，也没有两个完全相同的人。每个人从出生之日起就开始积累独特的经验，这些独特的经验会形成每个人不同的闪光点和优势，如何利用这些闪光点和优势帮助个体获得幸福是教育的应有之义。在教育学、心理学等相关学科的影响下，教师教育逐渐意识到个体生命的独特性，培养个性化的学生成为教育追求的理想目标之一。但值得深思的是，教师才是学生个性能否得到释放的关键力量，没有个性化的教师，也就没有个性化的学生，所以这一理想目标的实现需要培养具有个性化的教师。著名教育家乌申斯基认为，学生个性得到滋养的前提条件是，教师个性得到充分而完全的释放和张扬。②具体来说，富有魅力的教师能以独特的教育风格，使学生迷恋他的教诲，他的理想、信仰、世界观，对他人、对社会的态度，能给学生作出表率。学生在课堂里得到的不只是知识，更重要的还有个性的完善、发展。③作为人的教师是个性的存在，他们拥有不同于他人的性格、理想、情感和喜好，拥有各自丰富多彩的生活。基于此，走向生活世界的教师教育必须了解教师的个性、促进教师的个性发展，抓住教师的优势，绽放出每个教师独特的生命意义。

然而，在当前的教师培养过程中，教师的个性逐渐地被抹杀。我们总在抨击学校像工厂一样，生产出一批又一批相同的学生，但其实教师作为生产学生的工人，又何尝不是一批又一批相同的人呢？教师作为独立的生命个体，其独特的思想、性格和特点与主体性和自主性都消弭于日复一日的机械操练中。在职前培养

① 石青群. 中学教师个性化专业发展研究：生涯的视角[D]. 上海：华东师范大学，2016.

② 袁丹. 基于学校文化的教师教学个性研究[D]. 重庆：西南大学，2014.

③ 王国强. 个性化教育需要个性化教师[J]. 北京教育（普教版），2007（4）：13.

模式中，师范生的发展过程有着严重的同质化倾向。从开设的课程来看，虽然不同学校之间存在差异，但整体上都以教育学、心理学、学科知识与实习为主，课程的考核方式也以传统的纸笔测试为主，师范生的“个性化教学观、知识结构、能力结构、教学艺术和管理艺术等”[①]并没有在职前培养阶段形成良好的开端。在教师进入到真实的教学领域后，一样的教材、一样的教具、固定的时空，以及早已安排好的课程计划、课程表使得教师囿于传统的授课模式当中。学生的成绩与教师的工资、职称紧密挂钩，有些教师甚至不敢轻易地尝试新的讲授方法，以避免新方法的失败带来学生成绩的下降。甚至为了便于管理、追求效率的最大化，即使是教师培训也同传统授课一样，采用固定的方式进行。统一的听课、追课、磨课导致教师独特的教学风格与特点并没有在相互碰撞中得到释放，教师反而在这个过程中失去了个性和特色。教师像是上了发条的机器，创新、个性、主体性没有发挥的空间。

这不禁让我们反思，教师独特的生活世界在哪？教师丰富多彩的情感世界和个体经验又被埋没在哪个角落？教师的教学风格单一、教学特点消逝，这样下去，教师离成为整齐划一的机器还有多远？加德纳的多元智能理论指出，人的智能是多元的，每个人的智能结构也是不同的，但都至少具备七种智能，即语言智能、数理逻辑智能、音乐智能、空间智能、身体运动智能、人际智能和自我认知智能。[①]不同的教师，其智能结构发展水平不同，有的教师在语言方面拥有极高的天赋，有的教师在数理逻辑方面有很高的造诣，有的教师拥有良好的人际沟通能力……教师本身就是一个带有无限可能的个体，均等化的发展无益于教师，更无益于学生。均等化、模板化地培养教师看似规范了管理，俨然井井有条，实则却是在逐渐地否定教师真实的生活世界、否定教师的生命个体性。一些教师失去了生机和活力，呆板乏味，固守一套多年来奉行的教学模式，重复性地复制一批又一批的产品，从而使教育走向唯科学主义的极端。早在春秋时期，孔子就提出“因材施教”的思想，“因材施教”意味着遵循每个人的个性天赋实施教育，这一思想不仅适用于对学生的教育，也适用于对教师的培养。

走向生活世界的教师教育遵循个性化原则需要发现教师的优势，挖掘教师自身的潜能。教师投入实践的过程中会积累很多个性化的实践智慧，也会在实践中展示出隐藏的闪光点。但由于一些教师在长时间的被管理中逐渐失去对自身的合理定位，他们看到的只是自己重复性的操练，个人的闪光点被埋没在纷繁复杂的事务当中。所以教师教育要引导教师发现自己的优势，培养教师的自信心和热情。教师教育者需要在教师的个体实践中观察教师的优势和兴趣点，勇于突破传统教学模式的束缚，为教师创造激发潜能的机会，从而促进教师的专业成长。

① 李佺宁. 试论个性化教学原则[J]. 基础教育研究，2012（11）：20-21.

同时，遵循个性化原则离不开实行个性化的培养方案。应改变模式化、统一化的职前培养课程，加入带有生活气息的内容。比如，加入当地的风土人情、社会习俗文化等内容，这些既能引发教师的共鸣，点燃教师从教的热情，也能够凸显教师独特的个性特点。教师教育要改变传统的授课模式，提倡问题式教育。传统的授课模式忽视了教师个体主动性的发挥，教师的个性没有发展的时间和场所，教师富有创造性的教学方法也被压制在课堂中。因此，遵循个性化原则必须给予教师个性释放的空间，教师可以采取多样化的教学方式，再由教师教育者进行适当指导和指正，从而形成教师独有的教学智慧和教学风格。在教师的职后培养中，推行培训自主选学，实行培训学分管理、建立培训学分银行，搭建教师培训与学历教育相衔接的立交桥。

建立与教师平等的对话关系是遵循个性化原则的关键。真正的对话实际上是一种民主的生命意识，是一种致力于生命之间相互理解、相互合作、共生共存、致力于和睦相处和共同创造的生命精神与生命意识。[①]与教师建立平等的对话关系意味着尊重教师的个性发展、教学风格、思想价值体系。这需要走向生活世界的教师教育为教师的发展创造宽松和谐的受教育环境，鼓励教师发展自己的爱好和兴趣，减轻教师的教学负担和心理负担，不必因为出格而受到人格的抨击。只有这样，教师才会具有个体性、选择性、创造性等特点，也才能表现出一个自由而真实的“人”所应有的特点。当然，追求教师的个性发展并不意味着教师可以各行其是，而是在社会共性的背景下寻求教师个性发展的契机，实现教师生命的绽放。

概而言之，人本化是教师教育走向生活世界的最高价值引领，实践化是教师教育走向生活世界的根本途径，终身化是教师教育走向生活世界的内涵要求，个性化为教师教育走向生活世界保驾护航。走向生活世界的教师教育需要在人本化、实践化、终身化、个性化的规约下进行，这样才能够促进教师的生命个体意义实现，也才能促进教师的专业发展，从而使教师的整个生活世界得到完善和圆满。

第三节　确立走向生活世界的教师教育的内容

教师教育的内容所要解决的问题就是要教给教师什么、教师要学什么的问题。离开了具体内容的支撑，教师教育的目标就会流于形式，变成空洞的支架，从而不能承担起培养师德为先、实践导向、终身学习、以生为本的任务。此外，走向生活世界的教师教育具有鲜明的现实意义和生命关怀意识，它能够在瞬息万变的时代背景下引导教育关注教师的生命意义和价值，使教育不致跌落世俗功利的泥沼。生命教育力求从根本上使教师的教学活动和研究活动成为一种生活方式，成

① 刘济良，等. 价值观教育[M]. 北京：教育科学出版社，2007：123.

为生命的存在形式。[①]因此，实质性的内容对于走向生活世界的教师教育来说是必不可少的。面对这个浮躁的、变幻莫测的社会，回应教师生命对于本真的呼唤，道德教育、知识教育、技能教育、情感教育成为走向生活世界的教师教育必不可少的内容。

一、走向生活世界的教师道德教育

一般来说，教师的道德教育就是指在道德教育过程中所要传递或使教师掌握、形成的道德规范和价值观念等。道德是基于生命而存在的，人的生命始终是道德的生命主体。道德不仅指向生命的现在发展，而且指向生命的未来发展。道德不仅是为了保证生命个体的发展，而且是为了确保各个生命体的共同发展。[②]对教师进行道德教育，不仅是立足于教师个体当前的发展，而且是放眼教师个体未来的发展；不仅保证了教师个体的生命发展，而且保证了教师与学生、与亲人、与朋友、与其他社会成员的共同的生命发展。

早在先秦时期，关于教师的道德就随着人类的实践活动逐步发展起来。不同时代的教育家和思想家在阐述自己的教育思想的同时，也各自归纳了教师道德的内涵与范围。一代宗师孔子将教师的职业道德规范确定为五个方面：学而不厌，诲人不倦；以身作则，言传身教；热爱学生，有教无类；不耻下问，知错就改；因材施教，循循善诱。他较为全面地总结和概括了我国教育史上的首个教师职业道德体系。孟子特别强调教师的以身作则、知过而改的道德品质。荀子将教师放在很高的地位，同时也对教师提出了很高的要求：严于律己、以身作则、热爱学生但严格要求学生、知错就改。理学大师朱熹提出了较为完善的教师道德理论：教师要知行合一、“言忠信，行笃敬”、因材施教、关爱学生。近代著名教育家陶行知认为教师应具有四种精神：大爱精神、奉献精神、创新精神、求真精神。他既强调教师不断学习的能力，也强调教师的民主作风。综观我国教师的道德规范内容的演变，丰富的师德教育内容为当前我国进行师德教育提供了很多可资借鉴之处，具有划时代的意义。

但是在古代、近代，甚至是现代，我们在对教师进行道德教育时，教育内容多停留在对教师的外在价值的关注上，单纯地强调教师的无私奉献和精神富足，忽视教师的个人需要和价值判断，甚至把教师当成“美德袋”，一味地将社会和教育赋予教师的期望与预设形象强加给教师。“人梯”“红烛”“一贫如洗的最美乡村教师”“道德圣人”等一系列的道德教育目标倒像是在培养虚无的世外之人，而不是生活在社会中的教师。这种极具奉献精神的道德教育不仅令职前教师望而却步，

① 刘志军，等. 生命的律动：生命教育实践探索[M]. 北京：中国社会科学出版社，2004：5.

② 刘志军，等. 生命的律动：生命教育实践探索[M]. 北京：中国社会科学出版社，2004：191.

而且让在职教师感觉高不可及。正如张远山教授所言，如果一种道德让大多数人感到不道德，不愿意去做有德之人，那么，这种道德就是失败的；如果一种道德不让善良而杰出的大多数人感到自己有希望做个好人，人们就会失去道德进取心而自暴自弃，这种道德就是虚假的。[①]因此，走向生活世界的教师道德教育的内容应既注重社会发展和学生身心发展的特点，也尊重和维护教师的生命，在一定程度上尊重教师作为社会人的合理需求。教师道德不仅包括教师作为“教师”所应遵守的职业道德，还包括教师作为一个“人”所应遵守的私德，更应该包括教师作为“社会人”所应遵守的公德。

（一）职业道德：走向生活世界的价值引领

职业道德作为教师教学行为的规范，为教师教育走向生活世界起到了重要的价值引领作用。正如恩格斯所说，实际上，每个阶级，甚至每个行业，都各有各的道德。[②]在教师的教学中，这种道德就表现为教师职业道德，简称“师德”。师德是包括教师在内的一切教育工作者在从事教育活动时必须遵守的道德规范和行为规则，以及与之相适应的道德观念、情操和品质。[③]

关于教师职业道德的问题，我国出台了一系列的政策。1993 年颁布的《中华人民共和国教师法》明确提出教师应履行的“六大义务”；2006 年《中华人民共和国义务教育法》对教师本身及其教育教学提出了具体要求；2008 年修订的《中小学教师职业道德规范》提到教师需要遵守爱国守法、爱岗敬业、关爱学生、教书育人、为人师表、终身学习等规范；2012 年颁发的“中小学教师专业标准”中突出强调了“师德为先”；2013 年公布的《中小学教师违反职业道德行为处理办法》(征求意见稿)以给予处分的严厉形式，向教师失德行为亮起了红灯“红十条”；2014 年 9 月教育部出台《教育部关于建立健全高校师德建设长效机制的意见》，划出针对高校教师具有警示教育意义的师德禁行行为“红七条”，“对学生实施性骚扰或与学生发生不正当关系”首次列入其中。可见，教师的职业道德对于整个教育体系来说是重要的。

对于教师的生活世界而言，教师的职业道德也显得尤为必要。教师的职业生活世界是“既以培育学生为己任又以实现自我为追求的文化生活场域”[④]，以培育学生为己任和以实现自我为追求都要求教师在从事教育教学活动时不能随心所

① 张远山. 反道德的道德高标——子贡赎人[J]. 教师博览，2004（12）：4-5.

② 马克思恩格斯全集（第 26 卷）[M]. 中共中央马克思恩格斯列宁斯大林著作编译局译. 北京：人民出版社，1972：236.

③ 檀传宝，等. 走向新师德——师德现状与教师专业道德建设研究[M]. 北京：北京师范大学出版社，2009：21.

④ 谌安荣，张传燧. 教师职业生活：蕴涵、异化与回归——基于文化哲学的视角[J]. 大学教育科学，2013（3）：70-75.

欲，教师必须遵守职业道德，对学生和教学工作负责。教师的专业生活世界指向教师自我的发展，这离不开教师职业道德规范对于教师的引领和规范作用。只有在职业道德规范的规约下，教师的职业生活和专业生活才能够得到巩固，也才能不断完善自己和他人的生命质量。

因此，针对我国教师教育发展现状及走向生活世界的教师教育的要求，教师的职业道德可以分为以下几个部分：教师作为社会职业分工的一种，爱岗敬业是教师职业的本质要求，也是教师在生活世界中必须遵守的首要规则。教师在认真踏实、创造性地完成教育教学任务的过程中，体验成功的快乐，享受收获的幸福，进而提高对教育教学工作的热情，加深对教育事业的热爱；反之，对教育教学的热爱又会使教师更加珍惜工作，更加认真地对待工作，更加细心地呵护学生。[①]爱岗敬业不是停留在口头上的标语，它是教师对职业发自内心所产生的内在动力源泉。它既是社会对教师的职业道德要求，也是教师职业生活世界和专业生活世界发展的根基，是教师社会价值和自我价值实现的路径。

以身作则、为人师表是教师职业的内在要求，它为教师教育回归生活世界提供了较为有效的路径。立德树人作为新时代中国特色社会主义教育的宏伟蓝图已经绘就，关键在落实，难点也在落实。[②]作为学生健康成长的指导者和引路人，教师是学校落实立德树人目标的关键人物。教师落实以德树人的目标，必须“打铁还需自身硬”，规范自身的行为。如果教师想要学生养成不迟到早退的习惯，教师自身就应该具有时间观念。如果教师要使学生遵守课堂纪律，教师自身就应该遵守纪律。如果教师想让学生形成保护环境的意识，他必须要时刻督促自己做一名环保人士。学生强烈的向师性要求走向生活世界的教师教育必须重视教师的日常行为规范。

关爱学生是教师职业道德规范的核心，也是教师教学与生活的重心。为他性是教师职业生活世界的重要特点，自古以来，关爱学生是教师所必须遵守的职业规范。走向生活世界的教师教育要帮助教师了解学生发展的不同阶段和特点，了解面对不同学生应采用的不同策略，了解如何走进学生的心灵和生活，等等，更重要的是教师教育者要以同等的关怀和尊重对待接受教育的教师，让教师在潜移默化过程中爱上自己的学生，实现为我性和为他性的统一。

教书育人是教师的本职工作，教师的职业生活世界中大部分的内容都是由教书育人构成的，教师的专业生活世界中的自我实现及自我超越也离不开教书育人这一手段。教书和育人是一个相互联系、辩证统一的过程。教师的育人需通过教书来实现，育人是教书的目的。走向生活世界的教师教育要让教师明白他所教的

① 王海. 教师爱岗敬业之我见[J]. 当代教育科学，2006（16）：62-63.

② 冯建军. 构建立德树人的系统化落实机制[J]. 国家教育行政学院学报，2019（4）：8-18，46.

内容是什么，这些内容如何加入育人的要素，育人的目标如何通过教书来实现，只有让教师明白“为什么”“教什么”“怎么教”，教师在投入实际的教学中才能灵活把握课堂，将教书与育人完美结合，促进学生的发展。这些方面是教师职业道德所包含的最基本的内容，是教师在其职业生活世界和专业生活世界必须做到的职业行为规范，同时也是走向生活世界的教师教育对教师进行职业道德教育最核心的部分。

（二）个人私德：走向生活世界的内在约束

个人私德对教师的日常生活世界起着重要的规约作用，它使教师的日常生活世界井然有序，也为其他领域的生活世界的有序发展奠定了良好的基础。我国著名的教育家陶行知先生指出，私德不讲究的人，每每就是成为妨碍公德的人，所以一个人私德最为要紧，私德更是公德的要本，因此，一定要把自己的私德建立起来，建筑起人格长城来。①人无私德则不能立身。②同样地，教师的私德对于其职业道德和公德的养成具有不可忽视的作用。很难说，一个私德败坏、生活混乱的教师是一个师德高尚、遵守社会公德的教师。教师的私德是教师个人生活和个人交往时所应遵守的道德规范。即使教师的日常生活世界是教师个人的时空，但如果教师在处理各种烦琐的日常事件时为所欲为，那么教师的日常生活世界也将会是一团乱麻。每个教师在其成长过程中都会伴随复杂的社会关系。他们有自己的家庭、朋友、亲人、邻居以及自己的独立生活空间，在处理这些私人关系时，教师必须在一定的规范内活动，否则将会受到道德伦理的谴责。比如，一个教师兢兢业业地上课，从来不迟到早退，并且能够按照学校的要求完成教学任务，可工作之外却是一个不赡养自己的父母、与邻居形同陌路、对待朋友钩心斗角、经常失信的人，那么这样的教师只能是“经师”，做不得“人师”。“其身正，不令而行；其身不正，虽令不从。”对于这样的教师，学生慢慢地会对其产生抵触心理，对于教师的言语和布置的任务置之不理。更严重的是，如果被某些学生效仿，那么将产生深远持久并且不可逆的伤害。因此，由于教师职业的特殊性，我们必须把教师的私德纳入教师道德教育的范畴当中，这既是教师日常生活世界与社会生活世界所必须遵守的规范，也是作为学生榜样的教师应该树立的形象。

教师的私德与教师个人的日常生活世界密切相关，教师日常生活的状态在很大程度上反映了教师的私德水平。教师的私德包括诚信友善、孝敬父母、关爱儿童、处世正派、爱护邻里等，这些都是教师日常生活中所要遵循的基本规则。因此，在对教师进行私德培养的过程中，我们可以从教师的日常生活中选取私德教

① 马建省，杨红娟. 公德、私德及其对高校师德建设的启示[J]. 法制与社会，2010（10）：231-232.

② 宛诗平. 守公德先要严私德[N]. 中国审计报，2018-09-19（005）.

育的内容，这样既易于教师接受，也能够较好地达到教育目标。但值得注意的是，从教师的生活中选取教育的内容，不意味着用神人、圣人的道德理想要求教师，也不是使用各种“带有泛政治化色彩的规训和教条”①来规约教师，而是选取富有生命活力和充满生活气息的案例、富有教育意义的道德事件、具有道德榜样引领作用的标语等来引发教师的生活体验和对生命的感悟，促使其积极地进行道德思考，从而改善教师的行为。比如，北京师范大学的校训“学为人师、行为世范”、华东师范大学的校训“求实创造，为人师表”、首都师范大学的校训“为学为师、求实求新”等，这些都为职前教师私德的培养提供了很好的道德榜样。这些校训就可以作为道德教育的内容，激发教师对于真善美的向往，从而达到教育的目的。相反，对于社会上出现的教师私德败坏事件也可以作为提高教师私德水平的反面教材。比如，某大学博士生导师陆××嫖娼事件，2008年四川汶川大地震不顾学生逃跑的某教师，某高校教授利用职务之便性侵女学生，等等。也许这些教师兢兢业业对待自己的工作，但在私德方面，他们并不是合格的教师，应该受到道德和法律的惩罚。这些案例可以为教师敲醒警钟，在遵守职业道德的同时应不断加强自身修养，提高自己的个人私德水平。

（三）社会公德：走向生活世界的外在规约

社会公德是作为公民的道德底线而存在的，最基本的行为规范是社会活动最起码的道德要求。②由于教师职业的特殊性，教师的社会公德与教师的社会生活息息相关，他对社会的发展和文化引领具有不可忽视的作用。《中共中央　国务院关于全面深化新时代教师队伍建设改革的意见》指出，教师承担着传播知识、传播思想、传播真理的历史使命，肩负着塑造灵魂、塑造生命、塑造人的时代重任。③由于儒家伦理在传统文化中长期占据主导地位，人们在形成高度重视慈孝友悌等家庭私德的伦理传统的同时，往往又流露出相对轻视社会公德的倾向，以致一些基本的公德规范，如诚实守信、公正守法、遵守公共秩序、讲究公共卫生、爱护公共财物等，时常受到漠视。④梁启超曾说道：“试观《论语》、《孟子》诸书，吾国民之木铎，而道德所从出者也。其中所教，私德居十之九，而公德不及其一焉……若中国之五论，则惟于家族伦理稍为完整，至社会、国家伦理，不备滋多。此缺憾之必当补者也，皆由重私德轻公德所生之结果也。”⑤一些教师在私人生活方面能够做到孝敬父母、关心爱护自己的孩子、与朋友能够和睦共处，但是在公共生

① 唐汉卫. 生活道德教育论[M]. 北京：教育科学出版社，2005：139.

② 刘欢. 责任、选择与道德——“范跑跑”事件的道德启示[J]. 教育教学论坛，2014（33）：248-249.

③ 新华社. 中共中央　国务院关于全面深化新时代教师队伍建设改革的意见[EB/OL].（2018-01-31）[2019-09-07]. http://www.gov.cn/zhengce/2018-01/31/content_5262659.htm.

④ 刘清平. 儒家伦理与社会公德——论儒家伦理的深度悖论[J]. 哲学研究，2004（1）：37-41.

⑤ 李华兴，吴嘉勋. 梁启超选集[M]. 上海：上海人民出版社，1984：213-214.

活领域却存在各种问题。比如，随地吐痰、乱扔垃圾、在公共场合大喊大骂、在景区乱涂乱画等，这些行为虽然与教师私德的关系不密切，但是却严重影响了公共生活秩序。教师在社会公共生活领域出现的道德问题可能会通过其无意识或有意识的行为影响学生。因此，为了教师更好地参与社会生活，走向生活世界的教师教育必须将社会公德纳入道德教育的范围中。另外，社会公德教育的内容要既立足于中国传统的社会公德，又要跟随时代的变化增添新的内容。以走向生活世界为逻辑起点，从三个视角分析教师社会公德教育所包含的内容：教师与其他社会成员；教师与社会；教师与自然。①

教师在与其他社会成员共同生活时，要注重与人为善、以礼待人。这不仅使得教师的生活世界变得和谐美满，还会使整个社会朝着积极向上的方向发展。随着社会的发展，有些教师的道德冷漠问题表现得日益突出，与自己没有利益关系的事情，有些教师会选择冷眼旁观，缺少了人与人之间的相互关爱，拉大了教师与其他社会成员的心理距离。同时，礼不仅是中国传统社会道德的核心，还是现代公民所应内化的道德。“通过学习、了解和掌握人际交往的礼节、礼仪，能够避免愚昧无知和粗野鄙俗，提高其仪态和言谈举止。”②即使是日常生活中的小事情也能折射出一个人的社会公德水平，教师作为传统文化的传播者，应该时刻注重自己的文明礼仪，举止言谈合乎规范。

从教师与社会的关系视角来看，教师的社会生活世界应是和谐、美好的场域。在公园或者图书馆、博物馆等公共场所中，物品的归属权属于社会，公民个人只具有使用权，如果教师肆无忌惮地破坏和浪费资源，那么很难说这个教师与社会建立了良好的联系。教师属于社会的一个成员，教师所处的环境与教师的发展息息相关、密不可分。教师应遵守社会规则、保护公共物品，大到遵守国家的各项法律法规，小到按交通指示灯通过马路等都应该成为其要遵守的社会规则，这些规则保证了公民的正常生活和公共秩序，理应被包括教师在内的所有社会成员遵守。因此教师在社会生活中应承担起维护和珍惜社会公共物品的责任和义务，并不断形塑有规则、有秩序的生活世界。

最后在教师与自然相处的过程中，教师应具有生态意识和环保理念。与环境和谐共处既关乎教师的生命健康，也与整个人类生存息息相关，同时它也是规范教师有意义生活世界的重要策略。但是某些教师却利用职务之便，肆意挥霍公共资源，这种行为应该被制止。环保理念可以通过教师道德教育渗透到教师的日常生活当中，如垃圾分类、不随手丢垃圾等。同时教师在与学生交往的过程中，教师可以利用自己的职业优势将此理念传播给学生。教师的社会公德水平与学生的

① 李源. 我国公民公德意识研究[D]. 郑州：郑州大学，2016.

② 杨霄. 基于现代文化下大学生社会公德教育研究[J]. 理论观察，2017（2）：149-151.

社会公德水平有着很大的关联性，在这个过程中，教师生活世界得到完善的同时也在提升着学生的生活世界。

教师的职业道德、个人私德、社会公德是走向生活世界的教师道德教育的最重要的内容，由于教师的日常生活世界、社会生活世界、职业生活世界、专业生活世界是一个相互关联、相互交叉的整体，因此教师的职业道德、个人私德与社会公德也是一个相互制约、不可分割的整体，它们对教师的整个生活世界进行规约，从而使教师更好地生活。但值得我们深思的是，教师是一个具有公共性质的职业，因此教师的职业道德一定程度上属于社会公德。也就是说，教师的道德分为私德和公德，公德中又包括作为教师的公德和作为公民的公德。在教师教育的过程中，应注意区分教师私德和社会公德的界线、职业道德和社会公德的界线，否则容易使教师陷入道德二元论的漩涡，使教师成为道德的化身和圣人。

一个很典型的案例①：一个教师由于工作调动，请一个车夫运送行李，到新单位相隔 5 里②地，说好付费 50 元。但那车夫到达目的地后，却向他索要 80 元。他不同意，于是争吵起来，引来许多人围观。围观者和车夫一起，都责骂他小气，说“一个堂堂的人民教师，原来是个吝啬鬼”。由于教师社会地位的特殊性与人们赋予其的过高期望，师德私德化成为普遍现象，它把教师的职业道德引申到教师私人生活领域。我们可以将私德、师德都完美的教师作为榜样，但如果用此标准要求每一个教师，则会产生很大的破坏性。一旦某个教师私德出现问题，社会对教师整个群体的期望落差会骤增。道德的重负使教师面临着道德困难，他们承受着生命不能承受之重。③虽然教师私德对教师整体的道德水平具有重要的作用，但不能忽略教师具有一个普通人的本性，不应远离教师真切的生活世界，过高地提高教师的道德标准。

此外，一个教师先是公民，而后才是教师。人的道德本性是平等的，无所谓专家，也无所谓业余爱好者。④这就意味着教师和普通人一样，都是行进在道德路途中的常人和学习者，并非已经到达道德至境的完人。因此，绝大多数教师与普通人相比并不具备道德上的优越性和崇高性，无法承载常人不能企及的道德圣贤角色和道德示范功能。期望教师职业具有完美的德性只能是一种理想化的、带有乌托邦色彩的信仰和美好的想象。⑤可见，只有处理好这些关系，道德教育才能真正走向生活世界，使教师成为“人”，才能驱除悬浮在教师头上的光环。

---

① 梁丰年. 教师道德的辩证思考[J]. 安庆师范学院学报（社会科学版），2011，30（9）：117-121.

② 1 里=0.5 千米。

③ 周晓静. 师德私德化之流弊[J]. 教育探索，2005（2）：108-109.

④ 黄向阳. 道德原理[M]. 上海：华东师范大学出版社，2000：71.

⑤ 黄坤琦，郑晓齐，刘杰. 偶像的黄昏：教师职业“道德赋值”“去道德化”及其伦理困境[J]. 江苏高教，2019（4）：58-63.

二、走向生活世界的教师知识教育

知识与教育之间有着紧密的关系。知识是进行教育活动的前提，它是教育过程中所传递的主要内容，有了知识才使教育不至于成为无米之炊。[①]在教师教育领域中，知识是教师个体生活和职业发展必不可少的元素，它也是教师教育所传递的重要内容之一。不管是教师的日常生活、社会生活还是教师的职业生活、专业生活都需要知识的支撑，各个生活领域的知识相互联系，作为一个整体，它们在教师的成长过程中起着重要的作用。教师只有拥有完善、广博的知识体系，才能够更好地生活，更有效地组织教育教学，实现自身价值和学生的全面发展。

对于教师知识的内容，不同流派和不同的学者具有不同的观点。国内学者林崇德、申继亮认为，教师知识是指教师在特定的教育教学情境中解决问题时所具备的科学文化知识，它是教师从事教育、教学工作的前提条件。[②]陈向明教授将教师的知识分为两类：一类是理论性知识，包括学科知识、学科教学法、教育学、心理学等方面的知识；另一类是实践性知识，包括教师的教育信念、教师的自我知识、教师的人际知识、教师的情境知识、教师的策略性知识、教师的批判反思性知识等。[③]叶澜教授将教师的知识结构分为三个层面：处于基础层面的是有关当代科学和人文两方面的基本知识，以及工具性学科的扎实基础和熟练运用的能力与技巧；第二个层面是具备 1—2 门学科的专门性知识；第三个层面是教育学科类知识。[④]钟启泉教授认为，教师是教育的承担者，是知识的传播者，因此教师应该掌握三类知识：一是实质性知识，指的是种认识事物和现象，并透过现象看本质的知识；二是方法论知识，指掌握信息与方法的知识；三是价值性知识，如人们为什么而学习等价值观方面的知识。[⑤]

国外学者 Elbaz 认为，教师需要拥有广博的知识，如此才能满足教育需要，这些知识涉及范围广泛，主要包括五类，分别是学科知识、课程知识、教学知识、教学环境的知识以及自身的知识。[⑥]Shulman 教授将教师的知识分为七种：学科知识、一般教学法知识、课程知识、教学的内容知识、学习者及学习特点的知识、教育情形的知识、其他相关知识。[⑦]美国学者 Reynolods 认为，教师应具备的基本

---

① 李珂. 农村中小学非师范类教师知识发展现状调查研究[D]. 长春：东北师范大学，2018.

② 辛涛，申继亮，林崇德. 从教师的知识结构看师范教育的改革高等师范教育[J]. 高等师范教育研究，1999（6）：12-17.

③ 陈向明. 实践性知识：教师专业发展的知识基础[J]. 北京大学教育评论，2003（1）：104-112.

④ 叶澜. 新世纪教师专业素养初探[J]. 教育研究与实验，1998（1）：41-46，72.

⑤ 钟启泉. “学校知识”与课程标准[J]. 教育研究，2000（11）：50-54.

⑥ Elbaz F. The teacher's “practical knowledge”：Report of a case study[J]. Curriculum Inquiry，11（1）：43-72.

⑦ Shulman L S. Knowledge and teaching：Foundations of the new reform[J]. Harvard Educational Review，1987，57（1）：1-22.

知识应包括：任教学科的知识，教学理念的知识，学生与学习的知识，教师组织与管理的知识，与教学有关的社会、政治、文化背景等知识，特殊儿童的知识，课程的知识，评价的知识，各学科特有的教学知识，阅读及写作的教学知识，人际沟通、协调合作方面的知识，教师的法定权利与义务的知识，教学的道德与伦理的知识。①

国内外学者从不同的取向和不同视角对教师知识的内涵和外延进行了详细说明，描述了教师应该具备的知识结构，也基本勾勒出教师教育走向生活世界所需要的教育内容。有些学者将教师作为一般人所具有的知识也归纳为教师所应具备的知识，有些学者只把教师作为“教师”应该具备的知识进行总结。立足前人的肩膀，结合教师生活世界的真实性和丰富性，本书认为走向生活世界的教师知识教育的内容应该包括以下四个方面：关于教师日常生活的知识、关于教学的知识、关于社会生活的知识、关于专业成长的知识。

（一）日常生活知识：维系教师生活世界的基础

个人生活知识是从教师一出生便开始积累的，与教师的现实生活息息相关，它是其他三种知识的起点。如果缺少日常生活知识的支撑，教师所接受的其他理论知识会与教师的现实生活存在沟壑，那些相对来说较为科学的知识就不能立即地被教师所使用。也就是说，如果没有日常生活知识的桥梁作用，其他三类知识无法直接作用于教师的现实生活，也无法推动教师的生活走向完满。

从教师面对的对象——学生的角度来看，教师的日常生活知识对于学生接受自然地理和人文社科知识来说具有助推器的作用，它能够使学生掌握的知识渗透进生活世界，连接科学与生活两大领域，促使学生的生命意义的实现。以生物学科为例，教师可以引导学生用生物知识分析生活中的所见所闻。因为在学生的日常生活中，存在很多有趣的生物现象，它们背后都隐藏着丰富的生物知识。比如，为什么树叶到秋天会落下来？为什么公鸡每天清晨要打鸣？为什么从菜窖里取菜，要先将菜窖口敞开一会儿？如何有效避免蚊子的叮咬，等等。②再比如地理学科，利用师生日常生活的环境，教师可以带领学生探究本地土特产及形成原因、本地房屋建筑特点、服饰文化特点，观赏本地的旅游景点类型、参观本地博物馆和科技馆，等等。③如果教师想要学生建立科学与生活的联系，首先自身必须了解自己和学生的日常生活，了解科学知识与日常生活的关系。这些日常生活中的知识不仅可以帮助教师更好地了解周围的世界，而且有助于学生更好地理解教师所

① 周海华. 高校教师知识结构研究[D]. 南京：河海大学，2006.

② 金解敏. 走进生活，走进大千生物世界——浅析如何引导学生感知并运用生活中的生物知识[J]. 才智，2016（21）：56-57.

③ 黄秀莲. 略谈高中地理课堂与生活知识的融合[J]. 才智，2012（28）：84.

讲授的内容，促进师生共同发展。但在当前教师教育过程中，不管是职前教师培养，还是职后教师培训，教师的日常生活知识总是被忽视，造成教师的职业生活逐步与个体生活脱离。因此，走向生活世界的教师知识教育必须将日常生活知识纳入其中，展现教师个体经验与独特经历的价值和魅力。

教师的日常生活知识包括当地传统文化知识、基本生活知识、安全健康知识等，这三部分作为教师生活世界的本源，对教师的发展具有不可忽视的功能。当地传统文化知识是教师日常生活的背景，其中当地的民俗文化可以为教师的生活和教学提供源源不断的动力与素材。这也可以称为“地方性知识”，主要有以下几种形态：观念形态，即一个地方的人们关于客观世界的总的看法、惯常的思维方式和价值观念，如信仰、价值、审美、思维等；文本形态，有以书面方式留存的、各种载体形式的典籍，以及以口头方式传播的笑话、传说、神话、歌谣、谜语、俗语、谚语、歌舞、戏曲等；文化传统形态，如地区历史、古代文物、传统习俗、节日、传统建筑等；物质具象形态，包括生态、采集、渔业、农耕、工匠等物质生产方面，商贸、交通运输等物质流通方面和服饰、饮食、居住、医药等物质消费等三个方面；活动形态，包括家族、乡村、行帮、交际等活动方面；仪式形态，包括生育、成长、婚姻、丧葬以及各种崇拜等。[①]地方性知识涵盖教师日常生活的方方面面，它内化为教师的隐性知识，对教师参与社会生活和职业生活的思维、行动等产生潜在的影响。

教师的基本生活知识是教师赖以生存的根基，这是推动教师教育走向生活世界的基础性内容。教师的基本生活知识包括构成教师生命活动永恒基础的衣食住行用等方面，如如何做饭、如何购买生活用品、如何选择出行工具、如何搭配着装等生活事件。虽然关于衣食住行用方面的知识较为琐碎和繁杂，但却是教师知识结构中必不可少的部分，它为教师的职业生活积累了大量实践智慧，不断生成着教学经验和教学机智，同时这也是教师教学素材的来源。

除了基本的生命活动外，教师还必须有基本的健康护理知识和维护安全的知识，健康护理知识和维护安全知识与教师的生命安全息息相关。健康护理知识包括了解自身的身体状况、了解基本的医疗卫生知识、心理健康知识，保持良好的作息和生活习惯等；维护安全知识包括紧急避险常识、安全用电用气常识、防火防盗常识等。这些知识间接地作用于教师的基本生命活动，为教师基本的生命活动构筑防护罩。教师注重自身健康和安全，也能够成为学生保持身体健康和自我防护的重要标杆。在学生遭遇不可预测的危险时，教师可以利用个人的日常生活经验和生活常识将危险指数降到最低或避免危险。因此，教师的日常生活知识对

---

① 李小鲁，傅薇. 用“地方性知识”促进高校思想政治教育的生活化创新[J]. 思想理论教育导刊，2014（2）：107-110.

于教师和学生来说都具有重要作用，走向生活世界的教师知识教育应关注教师的日常生活，帮助教师升华日常生活经验和积累的知识，帮助教师更圆满地生活和教学。

（二）教学知识：塑造教师生活世界的关键

Shulman 指出，倘若要推进教师专业化，就必须要证明存在着保障教师专业属性的知识，就要阐明教师职域里发挥作用的专业知识与结构。[①]教学知识与教师职业密切关联，一个教师如果没有关于教学的知识，就不可能从事教师这份职业，这部分是教师职业所具有的独特知识。教师满足学生对知识的需求，完成教学任务，实现专业发展都离不开教学知识。但一个能胜任教育教学工作的教师应该具备什么样的知识，学术界仍然没有统一的定论。结合生活世界的内涵及教师专业发展的已有研究，本书认为教师教学知识应该包括教育学与心理学相关知识、学科知识、学科教学法知识、通识性知识、实践性知识。

教育学与心理学相关知识是学科知识被学生接受的根本保障，它有助于教师发现学生的优点，推动教师和学生生活世界的不断丰富。苏霍姆林斯基曾说过，不掌握教育学、心理学知识，在教育工作中就会像在黑暗中行走。[②]教师只有学科知识，而没有教育学和心理学相关知识，则会变成机械化的教书匠。教育学与心理学知识能够为教师的教学和育人提供帮助，使得教师的教育教学行为更符合科学原理，更适合学生的发展特点。这部分知识包括课程论知识、教学方法知识、中外教育史、国内外学者的教育思想流派、各种关于教育教学的基本原理、教育科学研究方法、现代教育技术、教育心理学知识、学生成长规律与特点、班级管理与团队建设的原则与方法等。针对不同的学科，教师还需要掌握关于学科教学的原理知识，包括学科课程标准及教材的研究、学科的教学特点、学科的教育研究方法等，即教师应如何把学科知识传递给学生、学生如何能更好地理解原理的知识。教育学与心理学知识作为教师教学的辅助性工具，有利于在教学过程中教师对学生心理特点的把握，从而激发教师教学的兴趣和自信心。但在教师的生活世界中，这部分内容常常被教师忽视。有些教师甚至把学科内容作为学习的重心，把教育学、心理学知识悬置在空中，真实的教书匠的形象便显现出来。因而，教育学、心理学知识是走向生活世界的教师教学知识的重要构成部分。

学科知识是教师教学中不可缺少的内容，它是教师职业生活世界中的必备要素，也是提升教师专业生活世界的基础。学科知识是教师从事某一学科教学所应具备的基本的与学科相关的知识，主要包括学科内容知识、学科发展史知识、学

① 邵光华. 教师专业知识发展研究[M]. 杭州：浙江大学出版社，2011：8.

② 杨婵. 农村初中英语教师知识结构的案例研究[D]. 西安：陕西师范大学，2015.

科前沿知识等。[①]以物理学科为例，物理教师的学科知识至少应包括以下四类：第一类是物理学学科内容知识，包括物理学科领域内的知识体系，基本思想与方法，某些概念、原理、关系，物理实验相关操作知识，等等。第二类是物理学科发展史方面的知识。了解物理学科中具体理论的产生、发展和成熟的过程。第三类是目前物理学科发展中最前沿、最新提出的理论。第四类是与物理学科相关的学科知识，如物理教师需要理解数学学科的基本知识原理。学科知识丰富的教师能够帮助学生建立概念间的联系，提供恰当且多样的表征，与学生建立起积极的和有意义的对话。而学科知识贫乏的教师把学科知识表征为一系列静态的事实，他们的学科表征平淡无味，并常常给出不恰当的举例和类比。[②]

走向生活世界的教师知识体系中，学科教学法知识是一个特殊的存在，它对于教师生活世界中整体的知识结构串联起着不可忽视的作用。学科教学法是一般教学法知识和学科内容知识交互作用的结果[③]，这是教师与学科专家之间最本质的区别。学科教学知识包括所教学科课程标准、所教学科课程资源开发与校本课程开发的主要方法与策略、学生在学习具体学科内容时的认知特点、针对具体学科内容进行教学和研究性学习的方法与策略等。学科教学法知识既是一种知识，也是一种理念。学科教学法知识融合其他知识内容，帮助教师促进知识更好地被学生吸收和掌握。学科教学法知识的发展能够使教师更深刻地理解教学的专业性，引领教师的专业实践和专业发展，促进教师的职业生活世界和专业生活世界的不断完善。

通识性知识为教师的生活完善和专业发展提供了源源不断的动力。著名作家秦牧谈到专与博的关系时曾说过，使用某种专业知识，常常需要更多的一般知识来做它的后盾，像冰山一样，浮出海平面的一部分，需要一个巨大的基座来支持它。[④]巨大的基座是指教师拥有的广博的通识性文化知识。教师仅具备学科知识是远远不能满足学生对知识的需求的，他还需要具备人文类知识、科技类知识、工具类知识、艺体类知识[⑤]，并对中国教育基本情况有较为清晰的了解等。这些方面的掌握对于教师的精神和物质层面都有很大的提升作用，更重要的是能够促进学生核心素养的全面发展。因此，教师必须开拓知识视野，冲破学科知识的桎梏，建构广博、合理的文化知识结构。

实践性知识依存于教育情境的经验型知识，对教师的日常教学活动起着支配

---

① 李珂. 农村中小学非师范类教师知识发展现状调查研究[D]. 长春：东北师范大学，2018.

② 刘兰. 新课程背景下地理教师知识结构及发展问题研究[D]. 上海：华东师范大学，2006.

③ Shulman L S. Paradigms and Research Programs for the Study of Teaching：A Contemporary Perspective[M]. New York：Macmillan，1986：78.

④ 顾兴义，陈运森. 教师的知识结构[M]. 广州：广东教育出版社，1993：63.

⑤ 李珂. 农村中小学非师范类教师知识发展现状调查研究[D]. 长春：东北师范大学，2018.

作用，并且在很大程度上决定着教师教学水平。[①]教师的实践性知识其实是教师通过教学实践获得的，是个人对教学的总结和反思。[②]因而实践性知识具有很强的灵活性和个体性，它不像理论性知识具有严密性和适用性，教师的实践性知识是教师个人在实践中的感悟与反思，蕴含着教师的教育理念，是其他教师不可复制的教育智慧。实践性知识包括：学科教学知识的积累，如重难点的把握、疑难点的讲解等；教学机制，如快速化解教学突发事件的策略等；教学情境知识，利用对课堂的熟识程度选择合适的教学方法和技巧；学生的知识，凭借对学生知识水平和学习能力的把控，适当调整教学进程和教学模式。[③]实践性知识需要教师通过反思自己的实践活动慢慢积累，走向生活世界的教师教育要不断引导教师积累实践性知识，提高教师对课堂的驾驭和把握能力。

总之，教育学与心理学知识解决的是如何教的问题，学科知识解决的是学什么的问题，二者建立在教师广博的文化知识基础之上，融入并升华为教师的学科教学法知识和实践性知识。五者构成了教师的教学知识，有利于促进教师职业生活的长足进步。

（三）社会生活知识：走向教师生活世界的保障

社会生活是教师生活世界中不可或缺的一部分，为教师的日常生活和职业生活提供了巨大的机遇和挑战，如果教师没有一定的社会生活知识，他将会逐渐迷失在纷繁复杂的社会生活中；相反，如果教师具备了社会生活所需要的知识，那么他的日常生活会井然有序，并为职业发展提供源源不断的动力。更重要的是，学生可以通过教师在社会中更好地生活，了解到社会生活中所需要的基本知识。在社会生活中，教师需要与人相处、与社会相处、与自然共处，因此教师需要具备人际交往知识，对社会和大自然都有所了解。

随着社会的不断进步，人与人之间的交往趋于频繁、深入，人际关系也随之变得更为复杂，因此和谐亲密的人际关系成为人人想要追求的理想。教师也不例外，和学生、家长、管理人员、其他的社会成员建立稳固、和谐的人际关系是教师社会生活的保障，它可以带给教师精神上的富足和愉悦，使教师更富激情地投入到社会活动和教育教学工作当中。为使教师在社会生活中不被庞杂的人际关系牵绊，教师教育需要让教师懂得人际交往的基本常识，包括人际交往的艺术、类型、原则，以及影响人际交往的因素，等等，还需要了解关于人际关系知识的分支，包括人际关系语言学、人际关系心理学、交际美学等。[④]

---

① 朱益明，秦卫东，张俐蓉. 中小学教师素质及其评价[M]. 南宁：广西教育出版社，2000：89.

② 辛涛，申继亮，林崇德. 从教师的知识结构看师范教育的改革[J]. 高等师范教育研究，1999（6）：12-17.

③ 杨婵. 农村初中英语教师知识结构的案例研究[D]. 西安：陕西师范大学，2015.

④ 邵光华. 教师专业知识发展研究[M]. 杭州：浙江大学出版社，2011：87.

同样地，社会生活复杂多样，教师会面对很多突如其来的事情，在培养教师时应关注教师处理各种紧急事件的能力，教会教师处理紧急事件的办法，以备不时之需，特别是面对教学事故、学生安全事故、学校突发事件等的处理方法。再者教师生活在社会上，只有对社会有所了解，才能在社会生活中游刃有余。常言道，“知己知彼，方能百战百胜”。社会的基本知识包括了解所处社会的政治制度、经济制度、文化制度、宗教制度、人口制度，了解与个体生活相关的政策法规、社会热点等。这些都与教师的生活世界息息相关，有助于教师参与社会生活。

教师应了解所处的自然环境，这是教师教学和生活的基础。教师需要了解所处的自然环境，包括基本的自然现象、自然灾害、自然资源、环保等相关的知识，只有具备这样的知识基础，教师的社会生活才有强大保障。当前在提倡“人与自然和谐共处”的理念下，了解自然、保护自然成为社会中每个人不可推卸的责任，教师作为学生的效仿对象，理应成为与自然和谐共处的先行者。如果教师懂得与自然和谐相处，那么他的学生也会在潜移默化中了解如何与自然和谐相处。这也是践行环保理念的重要体现。

（四）专业成长知识：助力教师生活世界的发展

教师专业成长是指教师的生成、长成过程，也就是成教师的过程。通过现象学还原，教师专业成长摒弃了人们对教师专业成长已有的主观印象和预设，注重教师教育智慧的创生、丰富、拓展与深化。[①]专业成长不是教师熟练地使用教学技能技巧，成为一名熟练的技术工人。它应该是教师不断完善自我，努力成为在生活情境中恰当地、真实地和正当地行动的人的过程。[②]它不仅包括教师精神上的不断超脱，还包括教师专业发展水平的逐渐提升。基于此，走向生活世界的教师教育促进教师专业发展时，需要教师获得专业自我认知的知识、教师专业发展的知识、职业生涯规划的知识、终身学习的知识，以此促进教师专业生活的不断完善。

专业自我认知的知识帮助教师加深自我了解，使教师在生活世界中找到自己的优势。教师对自己的合理认知和定位是教师专业自我发展的基础，包括自己的性格特点、优势和劣势、兴趣和爱好、职业理想与信念等。教师对自己状况的接纳程度影响教师对工作的积极性，教师只有了解自身的状况，才能够在此基础上接纳自己。走向生活世界的教师教育应引导教师学会审视自己、发现自身的优缺点，学会自我接纳和自我尊重。另外，教师教育还应该培养教师的兴趣和理想信念，激发其工作热情和自信心，提高其对工作的满意度，让教师逐步对自我发展有一个清晰的定位，促进教师专业自我的形成。

① 何菊玲. 教师专业成长的现象学旨趣[J]. 教育研究，2010，31（11）：88-94.

② 张建雷. 回归生活世界的教师专业成长[J]. 教育评论，2018，（6）：119-122.

专业发展的知识助推教师专业成长，推动着教师生活世界的不断圆满与丰富。教师专业发展是一个教师个体逐渐成为专业工作者的过程，它使教师的教学工作成为受人尊敬的专业，它会影响教师专业生活的质量和水平。教师专业发展的知识包括教师专业发展的历史进程、教师专业发展的相关概念；教师专业发展的相关政策，如教师资格制度、教师教育机构认可制度、课程的鉴定制度；促进教师专业发展的模式和机构、各国教师专业发展的经验；等等。专业发展的知识能够帮助教师了解整个教师专业发展体系，帮助教师逐步了解有利于生活世界发展的制度政策，并不断内化于教师的专业生活。

职业生涯规划为教师的专业发展指明了方向，并为教师的发展提供了目标指引和充足的动力，这是教师的职业生活世界持续进步的动力。作为教师，了解职业生涯规划的内容不仅有助于自己的专业成长，还为学生的职业生涯发展提供了良好的平台。职业生涯规划的重点在于了解教师职业。了解教师职业包括对教师职业的认识，如学科教师的类型及特点、教师职业发展的前景、教师职业的相关信息、教师职业与生活的关系。除此之外，教师还需要具备职业规划的理论知识，如教师的职业发展阶段以及不同阶段所具有的特点。走向生活世界的教师教育需要帮助教师认清自己所处的阶段，自己面对什么样的机遇与挑战，以及如何顺利地向更高层次提升，等等。管理人员也可以用职业生涯规划的相关理论对教师的生存状态进行分析，关注不同阶段教师的困境与需求，以此促进教师的职业发展。

终身学习为教师生活世界的发展保驾护航。前文已述及终身学习对于教师职业的重要性，并将终身学习作为走向生活世界的教师教育的重要原则和目标之一，终身学习对于教师专业发展和自我成长的重要性是不言而喻的，走向生活世界的教师教学知识不仅需要让教师明白终身学习的重要性，让教师树立终身学习的理念，更重要的是让教师明白如何终身学习。它包括终身学习的基本理论，如终身学习的发展历程、提出背景等；终身学习的策略和方法，引导教师将理念落实到教学上；终身学习的相关政策，这是终身学习的社会背景，教师可以利用政策的福利督促自己不断学习。

教师的专业生活和专业发展离不开以上四种知识的相互作用，专业自我知识是其他三者的基础，终身学习是专业生活和发展的手段，职业生涯规划知识是目标引领，三者最终融入教师专业知识。当然对于教师的整个生活世界来说，教师掌握的知识不只是上文所述及的四种知识，所有的知识对于教师发展来说都具有不可忽视的作用，它们共同促进教师专业生活的完善。

三、走向生活世界的教师技能教育

随着社会的快速发展和各种技术的层出不穷，教师生活世界已有的技能已经不能满足社会、学生以及个人发展的需要。“互联网+”的诞生对教师的技能提出了新的更高的要求，教师传统的“粉笔+黑板”的教学方式已经落后于时代的发展。教师不仅需要更新自己的教学理念，更应该不断提高教学技能，能够利用教育信息化带来的便利对教学资源进行整合，以适应教育的发展潮流。另外，基础教育改革也对教师技能提出了更高的要求。基础教育改革不仅关注学生对知识的掌握程度，更注重培养学生的探究和创新能力，即如何使用知识的能力，这就要求教师不能局限于知识的传授，还需要拥有更扎实的教学技能。有学者指出，进入21世纪以来，我国基础教育环境发生了翻天覆地的变化，正推动传统教育模式转型，对教师技能提出了更高的要求，应对教师教育专业教师技能训练体系进行重构，提升教师教育专业人才的综合素质。①最重要的是，教师专业化发展需要教师技能的不断提升。教师专业化发展不仅是整个教师群体的职业诉求，还是教师个人实现专业发展的必然要求。在教师专业化越来越受到重视的情况下，教师应以促进学生发展为目标，关注的内容不仅仅是教学内容，更重要的是如何将学生培养成为全面发展的人，这就对教师技能训练提出了更高的要求。教师原有的技能已经不能满足社会快速发展的需要。②面对这样的时代背景，技能教育成为走向生活世界的教师教育的必要构成部分。

对于“技能”一词的界定，中西方的观点基本一致。在中国，“技能”一词在《现代汉语词典（第6版）》的解释为“掌握和应用专门技术的能力”③。在西方，权威的《韦氏国际英语词典》把“技能”解释为来自培训、经验和实践的做某事的能力。④然而对于教师技能的定义，不同的学者有不同的看法。有些学者认为教师技能，从字面上解释就是教师在课堂中所利用的方法和能力。这种技巧和能力不是与生俱来的，而是以教师所掌握的教学知识为基石，结合多次的模拟教学练习或丰富的实际教学经验而产生的技能。⑤有些学者从狭义和广义的角度来解释教师技能。广义的教师技能是教师所具备的与课堂教学相关以及与其他教学活动相关的综合能力。狭义的教师技能特指教师在课堂教学活动中所展示出来的素质和能力。⑥

由于每个学者对于教师技能的理解不一样，学界对于教师技能涵盖的内容也

① 刘宝，李翠林，陈艳圆. 教师技能学科竞赛体系研究[J]. 广西民族大学学报（自然科学版），2017（2）：97-101.

② 洪早清. 师范生教师职业技能训练的探索与思考——以华中师范大学为例[J]. 高等教育研究，2012（10）：42-45.

③ 中国社会科学院语言研究所词典编辑室. 现代汉语词典（第6版）[Z]. 北京：商务印书馆，2012：613.

④ 转引自刘磊. 知识迁移和技能养成：对现代职业教育中知识与技能关系的思考[J]. 中国职业技术教育，2015（12）：80-83.

⑤ 张波，季素月. 课改背景下师范生教学技能的内涵探究及培训模式建构[J]. 扬州大学学报（高教研究版），2010，14（3）：82-85.

⑥ 刘艳. 面向师范生教师技能培养的微视频资源平台开发研究[D]. 金华：浙江师范大学，2014.

存在分歧。有学者把教师职业技能分为基本技能和复合技能两类，其中基本技能包括教育输出技能和教育信息输入技能，复合技能包括教学工作技能和课外教育工作技能。①杨望成把中学教师职业技能分为教学技能、人际技能和发展技能三大类。②彭永明把教师技能分为语言交际技能、掌握现代教育理论的技能、发展工作的技能、掌握现代教学媒体的技能、与人交往的技能五个方面。③有些学者单纯地把与教师职业相关的技能列出来，即把教师技能窄化为教学技能，并没有关照教师日常生活世界和社会生活世界所需要的技能。其实，教师个人的生存发展也需要不断获取新技能、学习现代的生存技能，否则会逐渐被现代生活所淘汰。基于此，笔者认为，走向生活世界的教师教育应把教师技能分为三部分：教学技能、生活技能和自我发展技能。

（一）教学技能是教师生活世界的关键

教学技能是教师职业所独有的技能，它是丰富、生动的职业生活的重要内容，也是教师专业生活提升的基点和着力点，它在走向生活世界的教师教育中起着关键作用。教学技能是指教师运用已有的教学理论知识，通过练习而形成的稳固的、复杂的教学动作系统，它既包括在教学理论基础上按照一定方式进行反复练习或由于模仿而形成的初级教学技能，也包括在教学理论基础上按一定方式经多次练习，使教学活动方式的基本成分达到自动化水平的高级教学技能，即教学技巧。④教师在反反复复的教学活动中会逐渐找到教学的特点和规律，在未来的教学活动中可以直接组织某些教学活动，从而形成教师个人独特的实践智慧，也创造了教师丰富的生活世界。因此，教学技能对教师教学能力的提升具有很重要的推动作用，对教师生活世界的丰富也起着不可估量的作用。综合来看，教师的教学技能包括教师的教学设计能力、教学操作能力和教学研究能力。

虽然教学设计能力仅仅是教师教学能力的一个部分，但它需要教师投入极大的热情和精力，展示了教师生活世界的精神状态和教学态度，它是助推教师走向完满生活世界的重要构成部分。教学设计能力是教师开展教学活动的前期准备工作，对教学效果起着重要作用，它能直接影响教师运用的教学方法与手段，也影响学生对教学内容的接受程度，进而影响教学质量。⑤教师在上课前都会进行教学设计，但是某些教师的教学设计的质量却令人叹息。由于繁重的教学任务，一些教师表示没有足够的时间精心准备教学设计，甚至会沿用多年前的教案和教学参

---

① 毕天璋. 教师职业技能述要[J]. 河南教育学院学报（哲学社会科学版），1995（1）：5-10.

② 杨望成，朱贤，徐继超，等. 中学教师职业技能分类学[M]. 广州：广东高等教育出版社，1998：21.

③ 彭永明. 现代教师应具备的职业技能[J]. 教育导刊，2002（1）：45.

④ 李晓伟. 小学英语实习教师课堂教学技能的研究[D]. 北京：首都师范大学，2014.

⑤ 张宇庆. 高校青年教师教学能力提升的策略研究[D]. 北京：北京工业大学，2014.

考书，设计的教学活动也很陈旧且古板；还有一部分教师对教材解读不够或者过分解读，导致其教学设计过于浅显或过于复杂，偏离学生合理的接受范围。这与丰富多彩的生活世界的理念是相违背的，对教师的职业发展也极为不利。优秀的教学设计必定体现了教师的良苦用心，体现出教师对教学的基本态度。这包括使教师学会明晰教学的目标、熟知教学的内容、遵循教材的编排顺序、熟悉教学对象的年龄特点、设计创新大胆的教学活动并规划好每一节课的时间等。在走向生活世界的教师教育过程中，教师教育者要考虑到哪些方面对教师教学设计有推动作用，帮助教师树立对教学、对生活的积极态度，让教师能够从分散的教学设计走向系统的教学设计，以提高其教学设计的能力。

教学操作能力是教师教学的重中之重，教师专业精神的提升、专业信念的养成、专业行为的塑造离不开教学操作能力，它是教师教育走向生活世界的起跑器和助推器。教学操作能力是指教师在一定教学目标的引领下，依据教学设计，完成教学任务所需的综合能力。教学操作能力是教师教学技能的重要构成部分，它关乎着教学设计的落实、教学目标的达成，这也是教师教学水平的重要体现。它包括教学基本能力、运用教学媒体能力和课堂组织能力。

在教学操作能力中，教学基本能力包括教师的普通话、口语表达能力、“三笔字”、书面表达、教学工作、班主任工作[①]，涉及教师具体上课时的导入、板书、讲解、提问、结束等方面的技能。随着教育与人工智能技术的日益融合，教师运用教学媒体的能力也需要不断地提高。它包括制作精美的教学课件、利用网络资源寻找教学素材、操作基本的教学设备、利用教学媒体提高课堂教学效率等。学会熟练使用教学媒体有助于教师的生活世界充满时代元素和科学元素，极大地提升了教学的效果。课堂组织管理能力是教学过程中教师的强化与激励能力、目标导向能力、营造课堂气氛及维持课堂秩序的管理能力。[②]有效的课堂教学离不开教师良好的课堂组织管理能力，太严肃的课堂不利于学生创造性和探究能力的发挥；相反，过于活泼的课堂容易偏离教学轨道，难以控制课堂的走向。有高超的课堂组织管理能力的教师既能够把握课堂的进度，又能够激发学生的积极性，在教学中提升师生的生命质量。教学操作的这三种技能都是保障教师教学活动顺利开展必不可少的部分，走向生活世界的教师技能教育必须考虑到教师教学操作技能的各个环节，有针对性地对教师的教学水平进行提升。

教学评价立足教师教学活动的得与失、成与败，针对教学活动中学生、教师的表现为下一步教学活动的开展提供方向，教学评价能力使得教师的生活世界处

① 王焱. 教师教育专业教师技能训练体系思考与探索——以小学教育本科专业为例[J]. 汉江师范学院学报，2018（6）：132-135.

② 王留美. 高中物理名师教学操作能力调查研究——以贵阳市为例[D]. 贵阳：贵州师范大学，2016.

于良性循环之中，使教师在生活世界中不断更新自我、超越自我。教学评价能力是指能成功完成教学评价活动所具备的个性心理特征，包括运用定性和定量手段实施对自己和其他教师进行教学效率评价的能力，以及在教学活动开展过程中对学生学习成效评价的能力，还包括个体评价学校课程设计与实施的能力。[①]但是当前教师的教学评价多聚焦在学生的成绩上，学生成绩的高低直接决定了学生表现和教师表现的好坏。另外，教师的教学评价能力缺乏系统性、全面性、即时性，并没有完全释放教学评价应有的价值和功能，也使得教师的职业发展和专业发展受到阻碍。教师教学评价能力的提升对于教师改进教学行为具有督促作用，能够以评促改。教师作为教学评价的主体，其教学评价能力的提升对于提高教学质量、促进学生发展起着不可替代的作用。在“中小学教师专业标准”中，教师的教学评价能力包括利用评价工具，掌握多元评价方法，多视角、全过程评价学生发展的能力；引导学生进行自我评价的能力；自我评价教育教学效果的能力。基于此，走向生活世界的教师技能教育需要不断培养教师的教学评价能力，培养教师多元评价的能力以及关于评价工具的使用方法，提升教师自评与互评能力，等等，这有利于充分发挥教学评价在教师专业发展中的作用。

教学研究能力是教师塑造生动有趣的职业生活的根本路径，也是教师专业生活中不断提升自身的价值和超越自我的有效策略。教学研究是指教师运用科学的理论和方法，有目的、有计划、有组织地对教学中的问题进行研究，以解决教学问题，揭示教学规律，为提高教学质量提供理论依据和实践指导的活动。[②]教学研究能力是教师与教书匠的根本区别，拥有较高教学研究能力的教师具有反思能力和问题意识，他们往往以个人在教学活动中出现的问题为研究对象，通过不断的实践验证来解决教学问题。这是一个教师教学技能呈螺旋式上升的过程，教师是一个不断成长与发展的个体，而不是一个只会重复性操作的教书匠。当前，不管是年轻教师还是年老教师都存在严重的职业倦怠现象，加之过重的工作负担，很多教师表示自己并没有时间和精力研究自己的教学，把学校交付的教学任务顺利完成就已经很疲惫了。因而，一线教师的教学研究能力普遍不足，使得很多教学智慧被埋葬在流水线式的教学流程中。搜集信息的能力是教师研究能力提升的基础，教师应学会搜集教学过程中出现的问题，并从教学活动中找到有利于解决问题的信息。跨学科素养能力不仅要求教师掌握本学科的知识技能，还要求其融合其他学科教学和生活中涉及的技能技巧，对问题全面把控。教学研究方法是教师进行研究的工具，教师只有熟练掌握各类研究方法，才能对自己的研究活动进行精准分析，通过质性或量化的统计，将自己碎片化的实践经验上升到科学理论层

① 覃兵，彭华. 试论师范生教学评价能力实践培养途径的构建[J]. 高教学刊，2015（21）：59-60.

② 金胜利. 高校教师教学研究能力初探[J]. 黑龙江教育（高教研究与评估），2008（10）：6-7.

面。创新素养能力是教师进行研究的动力源泉，如果教师不具有创新素养能力，那么他眼中所有的教学活动只是一堆无用事件的重复堆积，他将看不到自己实践中的闪光点。因此走向生活世界的教师教育要提升教师的教学研究能力，培养教师对问题的敏感性，培养教师搜集信息的能力、跨学科素养能力、教学研究方法的运用能力以及创新素养能力等，这是走向生活世界的教师必须具备的技能。

教师的教学设计能力、教学操作能力、教学研究能力构成了教师教学技能提升的基础，教学设计能力是引领，教师操作能力是主体，教学研究能力是动力来源，只有三者共同提升才能使教师的教学水平发展到更高的层次，从而获得教师职业生活的充盈和专业生活的提升。

（二）生活技能是教师生活世界的根基

未来社会瞬息万变，教师成长的环境也在不断地变换，教师每天都在生活，每天都在更新发展着自己的生活世界，所以生活技能的提升对于教师来说仍然起着不可忽视的作用。教师不仅要面对日常生活的压力，还要面对自我认知的迷失、职业发展的压力、人际交往的压力等。在多重压力下，教师出现了不同程度的职业倦怠感和焦虑感。熟练掌握生活技能有利于满足教师基本的生存需要，也有利于教师更好地面对生活世界中出现的问题和困境。但值得关注的是，以往的教师技能教育几乎把教师的生活技能搁置在边缘化的地位，甚至默认教师已经掌握了纯熟的生活技能，只是凸显了职业技能。如果我们仍然单纯地重视教师的教学技能，忽视教师生活技能的培养，那么教师的生活世界则是畸形的、异化的，教师将会出现更多的心理问题和行为问题，这些行为和心理问题会间接地影响教育质量，造成不可控的危害。庆幸的是，越来越多的学者关注到教师生活技能的重要性，但是关于生活技能的定义，学界还没有达成统一的认识。

马迎华等认为，生活技能是一个人心理素质的重要体现，是一个人表现出适应和积极行为的能力，具备这些能力使个体能有效处理和对待生活中的各种需求和挑战，能够作出成熟的决定，有效解决问题、有效地与他人沟通，建立健康的人际关系，与他人友好相处，并能够以一种健康、有益的方式对待自己的人生。① 李瑛认为，生活技能是人们在环境中运用已有的生活经验，顺利地解决与人的生存有关的生活问题所需要的动作机能和心理品质。②世界卫生组织将生活技能定义为：个体采取适当和积极的行为，有效地处理日常生活中的各种挑战的能力，是个体保持良好的心理状态，并且在与他人、社会和环境的相互关系中，表现出适

① 马迎华，王凤清，胡佩瑾，等.《生活技能教育与心理健康促进》课程教学模式研究与效果评估[J]. 中国学校卫生，2007（11）：961-965.

② 李瑛. 生活课与生活技能培养的思考[J]. 学科教育，2000（5）：13-16.

应和积极的行为的能力。[①]从各个学者对生活技能的论述中可以得知，生活技能的提升离不开思维、认知、社交等三个方面。因此，本书认为，生活技能包括自我认知能力、人际交往的能力、调节情绪和缓解压力的能力、解决问题的能力。

自我认知主要体现在教师审视自我、发现自我的过程中，它对教师的生命认知能力和生命觉察意识都具有关键性作用，它引导着教师走向生活世界，促进生命的发展和完善。自我认知是一个复杂的心理过程，在这个过程中，人们既是认知的主体也是认知的对象。自我认知能力是人们对自我存在的觉察，对有关自我一切方面的观察、认识和评价的能力，包括对自己的生理状况、心理特征及自己与他人的关系等方面的认知能力。[②]教师的自我认知能力与工作和生活息息相关，它对教师的自我效能感、自我接纳倾向都会产生影响。对自己的生理状况、心理特征、与他人的关系等方面有清晰的定位，这更有利于教师采取积极的策略应对。教师学会认识自己，了解自己的个性特点和优劣势，有利于对自己的心理和行为进行评价，从而在生活和教学过程中正确处理自我与周围事物的关系，自觉调控自己的心理和行为，不断接纳自己、完善自己，以促进自我效能感的提升。因而走向生活世界的教师教育应纠正教师自我认知的偏差，给予正确的方向引导，增强教师的自信心和自尊心，促进教师自我认知能力的提升。

由于教师职业的特殊性，人际沟通能力在教师的日常生活和教学中显得尤为重要，它是教师教育走向生活世界的基本路径。人际交往能力是指人在顺利完成人际交往活动时，影响人际交往活动的效率和保证人际交往顺利进行的个性心理特征。[③]在日常生活和社会生活中，教师需要与亲人、朋友、社会其他人员进行沟通；在职业生活和专业生活中，教师需要与学生、学校管理人员、同事、家长等进行沟通。教师是否能与他人和睦共处、是否可以维持良好的人际关系、是否能够理解他人的想法、是否可以在与他人的交往中获得满足感等构成了教师人际关系的基础，其中任何一个方面出现问题都有可能影响教师正常的生活和教学，帮助教师建立有效、和谐的人际关系是走向生活世界的教师教育的应有之义，走向生活世界的教师教育应注重教师沟通能力的提高，帮助教师掌握沟通技巧和沟通方式，促进教师在生活世界建立良好的人际关系。

教师的情绪调节能力对教书育人起着关键性作用，提升教师调节情绪和缓解压力的能力也是走向生活世界的教师教育的必然道路。一个带有消极情绪的教师会给学生产生很大的负面影响，特别是当教师面对课堂突发事件时，如果教师情绪失控，那么课堂也将失去控制。一般来说，教师的目标需求、工作需求或自我

① 转引自赵丽红. 初中生生活技能的问题研究——以 X 校为例[D]. 长春：吉林华桥外国语学院，2018.

② 陈希. 网络对当代大学生自我认知的影响及对策研究[D]. 成都：成都理工大学，2012.

③ 袁丽林. 社会工作介入农民工随迁子女人际交往能力提升的实务研究——以宜春市 S 小学为例[D]. 吉安：井冈山大学，2017.

实现的需求没有得到满足就容易产生较大的压力。尤其是近几年来，社会对教师期望日益增加，加之社会竞争激烈，教师的心理压力与日俱增，这拉低了教师的生活质量和职业幸福感。因此，教师必须学会合理调控自己的情绪，对学生和课堂负责。基于此，走向生活世界的教师教育需要培养教师疏解不良情绪和有效缓解压力的能力，帮助教师重拾信心与激情。

教师解决问题的能力在当前的社会发展和教师生活世界的塑造中起着举足轻重的作用，有利于推动社会和教师的长足进步。教师解决问题是利用已有知识和经验，通过一系列的探索与研究，最终使问题得到解决。不管是在日常生活中还是在工作当中，教师总会面临各种问题，如家里的冰箱坏了、热水器不供水了、和家人发生冲突等，或者班级学生打架事件、班级的学习氛围不浓厚、与同事发生矛盾等。这些问题是否得到有效解决是教师是否顺利生活和开展工作的关键要素。同时，教师的生活技能和教学技能也会在解决问题的过程中得到锻炼和提高，为未来更复杂困难问题的解决奠定良好的基础。因此，走向生活世界的教师教育要注重引导教师主动面对问题、积极寻求解决问题的办法、能够作出成熟和有效的决定，提高教师解决问题的能力。

（三）自我发展技能是教师生活世界的引擎

库姆斯在 20 世纪 60 年代出版的《教师的专业教育》一书指出，一个好的教师首先是一个人，是一个有独特的人格的人，是一个知道运用自我作为有效的工具进行教学的人。[①]教师的自我发展是指教师具有自我发展的意识和动力，自觉承担专业发展的主要责任，通过不断的学习、实践、反思、探索，使自己的教育教学能力不断提高，并不断地向高层次的方向发展。[②]教师的自我发展注重教师内在的自觉自动，具有强大的内在驱动力，能够为教师持续的专业发展提供内隐力量。同时教师的自我发展注重教师的主观能动性，能够发挥教师的积极性，利用周边可利用的资源和已有的文化知识以实现个人的发展。自我发展能力还具有超强的持续性。教师的自我发展就是教师个体在较长时期内不断完善自己、发展自己的过程，具有良好自我发展能力的教师在每个阶段都会制定合理的发展目标。这一过程没有终点，因而能够长久地保持教师对生活的热情和促进教师专业的不断发展。

由于时代对教师角色的呼唤和教师自身发展的需要，教师的自我发展能力成为新时期教师必备技能之一。教师只有具有卓越的自我发展能力，才能接受新的知识和技能，扮演学习者、研究者的角色，这对教师专业发展、学生核心素养的提升、生活质量的提高、教育质量的提高起着重要作用。因此走向生活世界的教

① 尹明芝. 中学历史教师专业化自我发展的理论与实践探索[D]. 长春：东北师范大学，2006.
② 吕东梅. 河南省 X 市学前班教师自主发展现状研究[D]. 淮北：淮北师范大学，2017.

师教育除了关注教师教学技能和生活技能外，还应该重视教师的自我发展能力，它包括教师的自我学习能力、自我反思能力和自我规划能力三个方面。

自我学习能力是教师自我发展技能的基础性条件，是教师塑造有意义的生活世界的关键能力。教师的自我学习能力是教师从自身的需求出发，自己确定学习目标、选择学习内容、制订学习计划，选择合适的学习方法，并对自己学习的效果进行评价的能力。当前社会的知识和信息正以爆炸式的速度在我们周围传播，如果教师仅靠职前教育和职后培训所习得的内容与知识获得教师的专业发展，无异于天方夜谭。通过短期的培训获得的知识和技能很快便失去时代性和适用性，因而教师必须主动地找到自己知识的薄弱和欠缺之处，然后寻求外界资源的帮助，获得知识和技能的提升。值得庆贺的是，随着现代教育技术的发展、网络资源更多丰富，教师可以随时查找所要获取的资源，这为教师自我能力的提升提供了很好的平台。在此背景下，走向生活世界的教师教育所要做的就是激发教师自主学习的动机、提供学习的平台和有效的学习策略，引导教师对自己的学习结果进行检测，从而不断提高教师的自我学习能力。

自我反思能力是教师自我发展技能提升的助推器，同时它也是教师走向生活世界的重要抓手。从历史上看，“反思”一词受到很多教育学家和哲学家的关注，比较有代表性的有洛克、斯宾诺莎、黑格尔、杜威等著名的人士，可见反思对于人类行为的改进具有很重要的作用。对于教师而言，自我反思能力是指教师在生活和教学实践中，教师批判性地看待自己的行为，从而对自己的行为作出肯定性意见或否定性意见的能力。自我反思能力可以帮助教师解析日常生活中的行为和思想，对其中存在的问题及形成原因进行批判性思考，并探究其中有益的实践智慧，从而提高生活质量。在教学实践中，教师的自我反思能力对于教师的创新能力和探究能力十分有益，它能够促进教师创新教学行为从而形成独特的教学风格，促进教师教学能力的提高。同时，自我反思能力有助于教师成为终身学习者，适应学生和社会发展的需要，塑造具有时代性、发展性、前瞻性的生活世界。因此走向生活世界的教师教育应帮助教师养成反思的习惯，从而内化为一种能力，促进教师的可持续发展。

自我规划能力是指教师根据自身实际与潜能、外部机遇与挑战及未来趋势，确定自身发展的目标，确定自身发展的策略以及落实自身发展目标等一系列过程所需要的能力。[①]自我规划能力使教师的整个发展过程有计划、有推动力、有时代性，它是教师走向生活世界的必备能力。自我规划能力是教师自我发展、自主发展的重要环节，也是教师对自己生活和教学负责的重要标志。教师不仅要有自我规划的知识，还要有自我规划的能力。拥有自我规划能力的教师会制订高效的行

① 郭俊. 高中地理教师专业核心能力培养研究[D]. 武汉：华中师范大学，2016.

动方案，为自己的活动提供方向性的指引，更重要的是可以使教师的活动朝着目标有序进行。教师的自我规划能力不仅包括工作上的规划能力，还包括学习和生活上的规划能力，所以应规划好三者之间的关系，使这三部分版块相互促进。然而现在很多教师都缺少此项能力，有些教师能够规划好自己的职业生涯，但是关于生活方面的计划却乱作一团，甚至有些教师对职业、学习、生活都没有明确的规划，他们也没有能力去进行规划，过着“做一天和尚撞一天钟”的迷茫日子，他们的生活充满了重复、无趣的要素。对于这样的教师，走向生活世界的教师教育应该帮助他们制定长期目标和短期目标，挖掘教师的闪光点并规避其弱点，为教师设计科学、合理和可执行的方案，并逐步培养教师自我规划的能力，使其养成自我规划的习惯。

四、走向生活世界的教师情感教育

情感，也可叫作感情，是人类的各种情绪表现，情感的表现是伴随着个人的立场、观点和生活经历的变化而转移的。[①]在王焕勋主编的《实用教育大辞典》中，情感是一个用来描述感情和情绪方面体验的术语。情感反映的是客观事物与个体需要之间的关系。这些需要的满足涉及家庭、社会、政治、经济、教育等诸多条件。[②]朱小蔓和梅仲荪认为，情感是人类精神生命中的主体力量，它是主体以自身的精神需求和人生价值体现为主要对象的一种自我感受、内心体验、情境评价、移情共鸣和反应选择。[③]根据学者们对“情感”一词的定义可以看出，情感是比较内隐的事物，依托于人们的精神世界，与人的主观感受密切相关。情感对动机、兴趣、信念、内驱力、想象、思维、创造力等因素的影响与调节功能，也已为现代心理学，特别是人格理论的发展所证实。[④]在此基础上，情感教育逐步在实践和理论中受到学者的关注。所谓情感教育，即情感领域的教育，就是关注人的情感如何在教育的影响下，不断产生新质，走向新的高度，也是关注作为人的生命机制之一的情绪机制，如何与生理机制、思维机制一道协调发挥作用，以达到最佳的功能状态。[⑤]

对于教师的生活而言，丰富而真实的情感能够使生活多姿多彩；匮乏而虚假的情感会使生活平凡无味。对于教师的教学来说，教师丰富的情感会激发其教学热情和教学信念，对学生的身心发展也具有重要的促进作用。因而情感教育是走向生活世界的教师教育的一部分，它关注教育过程中教师的态度、情绪、信念及

---

① 程媛. 情感教育本源研究[J]. 继续教育研究，2006（4）：116-117.

② 王焕勋. 实用教育大辞典[M]. 北京：北京师范大学出版社，1995：9.

③ 朱小蔓，梅仲荪. 儿童情感发展与教育[M]. 南京：江苏教育出版社，1998：14.

④ 欧阳雪茹. 中职语文教材中的情感教育研究[D]. 成都：四川师范大学，2018.

⑤ 朱小蔓. 情感教育论纲[M]. 北京：人民出版社，2007：4.

归属感、道义感、责任感、使命感。它不仅引导教师感受和体验生命，更不断引导教师追求生活的价值和生活的意义。情感教育植根于生活，离开了生活的情感教育如无根之木，生活就是教师情感激发的基础。同样的，热爱生活、热爱生命是情感教育的应有之义，是情感教育不断追求的目标。

遗憾的是，教师的情感教育在我国发展的历程很短，教师的情感教育并没有获得应有的关注。一方面，传统的教师教育以知识教育和技能教育为主，忽视了教师情感方面的培养，造成教师普遍缺乏教育的人文情怀和精神。[①]传统的教师教育认为，掌握足够多的知识和教学技能就可以教好书，殊不知这只是教师天职的一方面，它并没有把教师育人的职责考虑在内，这样的教师教出的学生有可能变成“知识的巨人，冷漠的冰块”。同时技术理性教育忽视教师隐性的情感维度的发展，这容易使教师失去对周围一切的热爱，教师个体的精神面貌会受到影响，生命质量会严重下降。另一方面，人们对于教师情感教育本身存在较多的误解。有些人认为，情感是人类行为中最为特别的和难以琢磨的[②]，因而教师的情感教育是虚无的，并没有可以把握的规律。还有一些人认为，情感教育无非是提倡尊师爱生、寓教于乐，降低师生的焦虑感和倦怠感，将情感体验等同于基本情绪。[②]这种虚无论和简单论逐渐将情感教育放置在教师教育的边缘化位置，导致师生关系淡漠、师生生命异化、生活幸福指数下降、偏离生活的本质和教育的最初轨道。

有鉴于此，走向生活世界的教师教育将情感教育作为重要内容，以此激发教师的情感，保持教师对生活和生命的热情。只有这样，教师才能够有耐心、爱心、同理心对待自己的工作，唤醒每个学生的人格心灵，实现师生教学相长。所有的情感激发都离不开教师对其的热爱，因而我们把教师的情感教育归结为培养教师的爱，有爱才生出各种各样的积极情感，这包括教师对生命、对生活、对职业、对学生的热爱，涵盖教师的整个生活世界。

（一）对生命的热爱是走向生活世界的本源

没有生命，就没有生活。热爱生活的前提就是热爱生命。“‘生命’本身就意味着人的感觉、享受、激情以及甜酸苦辣、悲喜爱恨、束缚舒展、自在自由。”[③]生命的过程充满着各种复杂的情感，有无奈、有感动、有悲痛、有欣喜……无论哪一种情感状态，都是生命独特的价值和意义的体现，都是每个人生命长河中不可抹去的印迹。教师的一生中会遇到很多的事情，或好或坏，都会给教师带来不同的情感和生命体验，每一次的情感体验都会促使教师对生命重新定义和重新解读，每一次对生命的重新定义和重新解读也会带来新的情感体验。情感教育与生命存

① 马多秀. 论教师专业发展的情感维度[J]. 教育理论与实践，2013，33（4）：37-40.

② 赵鑫. 国外情感教育研究的进展与趋势述评[J]. 比较教育研究，2013，35（8）：54-59.

③ 张曙光. 生存哲学：走向本真的存在[M]. 昆明：云南人民出版社，2001：190.

在本就息息相关、相互依存。因此，对教师的情感教育必须培养教师对生命的热爱和对生命的敬仰，以生命的力量激发教师对生活、对职业、对学生的热爱。关于生命的情感教育包括两个方面的内容，一是引导教师热爱自身的生命，二是热爱他人的生命。

热爱自身的生命是教师充盈生活世界的内在力量。教师个体生命只有一次，且不可重复，走向生活世界的教师情感教育能够使教师充分认识到生命的可贵，感悟自己生命的美丽，这可以通过对教师人文素养、审美素养的培养达到教育的目的。教师的人文素养和审美素养使教师懂得生命的意义和价值，学会欣赏生命的独特性，接受生命的苟且和远方。有些教师日常生活混乱，熬夜、抽烟、喝酒等不良的生活习惯不断地蚕食着他们的生命，但他们并没有意识到自己生命的消逝，反而习以为常。面对这样的教师，情感教育要帮助他们克服消极颓废的负面影响，引导教师关爱自己的生命，引导其向高雅的、高层次的习惯和爱好跃进，培养他们对生命的敏感性和敬仰心。

热爱他人的生命是教师完满生活世界的必然要求。情感教育不仅要引导教师热爱自己的生命，还要引导教师热爱他人的生命，包括亲人、朋友、同事、学生的生命，甚至包括自然界中弱小的动物和社会上弱势群体的生命。这并不是要求教师做拯救人类的上帝，而是要让教师在这个过程中体悟到生命的有限性和珍贵。如果一些教师不珍视生命，甚至残忍地掐死小鸟、攻击路边的小狗，那么他就不是一个情感充沛而真挚的人。一个拿别人的生命当作儿戏的教师不配做教师，也不配做人，因为他已经变成了一个没有感情的躯壳。众所周知，2018 年汶川大地震的“范跑跑”事件在当时引起热议。对于这件事情，“范跑跑”也发表了所谓自由的言论以论证自己行为的正当性。虽然“范跑跑”看似对自己的生命充满了热爱，但是他却置整个班级学生的生命于不顾，这是违背人性的。学生在灾害面前没有自我保护的能力，需要成人的引导和关照，“范跑跑”作为成人和教师并没有对学生的生命负责，这是缺乏生命意识的重要体现。当然这也就谈不上“范跑跑”是否具有同情心和善心了。因而，教师的情感教育要突出人性当中的善，不仅善己，更要善人，教师只有对他人生命充满热爱，才能成为一个有关怀意识和生命意识的人。

（二）对生活的热爱是走向生活世界的推力

世界充盈着意义，生活展示着意义，人有喜、怒、哀、乐，源于人与世界、与生活发生着意义关联。①教师的情感教育与教师的生活世界互通互融，所以对教师进行情感教育必须植根于生活，用情感教育促进教师的生活。

植根生活来开展情感教育的必要性体现在，教师的情感是以现实生活为基础

① 毛豪明. 论指向生活意义的情感教育[J]. 教育研究，2006（8）：67-70.

的。教师情感来源于生活、在生活中被激发，割裂教师与生活的关系进行情感教育是不合乎人性的行为，因而情感教育的实施必须面向生活世界，培养教师对生活的热爱。此外，教师的生活也为情感教育提供了大量的素材。教师在同周围环境互动的过程中产生什么样的情感问题，情感教育就要解决什么样的问题。情感教育的内容只有来源于教师的生活，情感教育才能得到维持和发展。值得关注的是，情感教育的目的与教师生活的本质具有内在统一性。在一定程度上，情感教育的目的是使教师的情感获得理智感，这种理智感能够使教师发现自身的价值和意义，从而产生幸福感。生活的本质也是让教师不断地寻求自身的意义，这与情感教育有共通之处。因此，对教师进行情感教育首先要从教师的生活入手，拂去蒙蔽在教师心灵上的尘土，使其用真挚的情感面对自己的生活、热爱自己的生活。一个不热爱自己生活的教师，也就不会热爱自己的职业、热爱自己的学生。

由于社会快速的生活节奏和激烈的竞争，很多教师出现不良的情绪和心理问题。他们忙忙碌碌，奔波于家庭和学校之间，没有时间去感悟生活的美好。他们眼中的生活充斥着柴米油盐的压力、不服管教的学生、日复一日的琐事、没有希望的未来。与人谈起生活时，这些老师的话语体系中暴露了各种的不尽如人意和怨声载道，或关于工资，或关于繁忙。这些教师关于生活的消极态度不仅无助于个体的身心发展，也对教学产生不利影响。相反，另外一些教师就能够从生活的鸡毛蒜皮当中发现生活的美好。复旦大学的陈果是一名哲学博士，她始终传递着爱与能量，她热爱生活，对生活充满激情。她以独特的人格魅力感染着学生，很多同学喜欢上她的哲学课，因为教师对生活的热爱展现在各个方面，如日常生活中精致的妆容和穿衣打扮、办公室或家里阳台上的一簇簇鲜花、积极乐观进取的生活态度等。培养教师对生活的热爱就要引导教师接受生活中的鸡毛蒜皮，勇敢面对并将它作为生活的点缀和装饰。此外，要引导教师发现生活中隐藏的美好，如来自学生送的手工礼物、学校墙角的月季花绽放了等，用生活中的小事情激发教师对生活的热爱，帮助教师获得一双发现美的眼睛。最重要的是，教师的情感教育要深入到教师的生活，找到教师情感产生的根源，帮助教师调节不良情绪，使教师不断追求生活的意义。

（三）对职业的热爱是走向生活世界的要旨

职业生活是教师整个生活世界的重要组成部分，教师在处理工作时产生各种各样的情绪和情感体验。如果教师不能热爱自己的职业，就不能从职业生活中产生积极的情感体验，进而影响教学工作的顺利进行，也会对学生的身心发展产生不良影响，因为不热爱自己职业的教师很难谈及热爱自己的学生。因此，对教师的情感教育可以将教师的职业生活作为切入点，培养教师对职业的热情和认同感，以此帮助教师催生更多的积极的情感体验。这包括提升教师的职业效能感和提升教师职业的幸福感两个方面。

职业效能感能够为走向生活世界的教师教育提供重要的着力点，教师的职业效能感是指教师在开展某种教育教学活动之前对自己能够在什么水平上完成教学所具有的信念、判断或主体的自我把握与感受。①职业效能感高的教师通常对自己的职业有较高的期待和满足感，他们将自己的职业看作是一项有意义和有价值的事业。所以他们不会在乎职业之外的影响因素，更多的是享受职业本身所带来的满足感，他们通常会以热情、积极的态度对待自己的工作，并在整个过程中拥有很多正面的情感体验。相反，职业效能感低的教师通常感觉自己不能够胜任自己的工作，常常会产生抵触、消极、被动的负面情绪，他们将教师这份职业当作谋生的手段，看不到职业内在的价值和意义。根据调查，效能感低的教师最可能离开教育行业，而且如果必须全部重新来过，他们也将不再选择教师职业。②可见，教师职业效能感与教师的职业身份认同有着很强的相关性，提高教师职业效能感能够增强教师对自己身份的认同，这是教师专业发展的内在动力，也是教师热爱自己职业的最根本的因子，也是教师从职业中获得幸福感的源泉。鉴于教师职业效能感的重要性，走向生活世界的教师情感教育应注重教师积极情绪的唤醒，给予教师足够耐心和信心，促进教师职业效能感的提升。

幸福是对人生具有重要意义的需要、欲望、目的得到实现的心理体验。③幸福作为一种积极的情感体验，是人生的终极目标。教师的幸福就是教师在自己的教育工作中，基于对幸福的正确认识，通过自己不懈的努力，自由实现自己的职业理想、实现自身和谐发展而产生的一种自我满足、自我愉悦的生存状态。④对于教师而言，拥有职业幸福感的教师比情绪低落、郁郁寡欢的教师更容易实现专业发展和自我实现，幸福感强烈的教师会比没有幸福感的教师更热爱自己的职业。职业幸福感是教师做好教育工作的精神支柱，还是学生体会到学习幸福的重要途径。更重要的是，教师强烈的职业幸福感能够在一定程度上缓解职业压力带给教师的职业倦怠。职业倦怠是教师在面对职业压力时，呈现出来的情绪、态度和行为方面的衰竭状态。其中，情绪方面主要包括教师常常感到压抑、哀痛、悲观、紧张、多愁善感、郁郁寡欢等，这严重摧残着教师的身心健康，也不利于教师教学工作的高质量开展。因而，教师情感教育应注重教师职业幸福感的提升，给教师正面的心理暗示，缓解教师的职业倦怠，使得教师从内心深处热爱自己的职业，感受到职业的内在价值。

---

① 杨翠娥. 走向生命关怀的教师专业发展[M]. 北京：知识产权出版社，2015：184.

② 班杜拉. 自我效能：控制的实施[M]. 缪小春，等译. 上海：华东师范大学出版社，2003：341-343.

③ 孙英. 幸福论[M]. 北京：人民出版社，2004：18.

④ 陈艳华. 谈教师的幸福[J]. 济南大学学报，2003（1）：78-81.

（四）对学生的热爱是走向生活世界的枢纽

爱学生既是教师道德教育和情感教育的重要内容，也是走向生活世界所强调的要领。道德教育强调道德对于教师的内在行为的规约，情感教育在于教师由内而外生发出的对学生的关怀之情，后者更强调教师情感的激发。由于教师职业的特殊性和学生身心发展的不完全性，热爱学生不仅是教师情感教育的重要内容，还是教师热爱生命、热爱生活、热爱职业的落脚点。教师作为学生的“重要他人”，教师的情感状态，包括教师在教育过程中流露出的价值趣味、对工作的热爱和投入的程度，以及对学生情感的反应方式等都会对学生感受生活、认识自我以及学生价值观、人生观的形成产生影响。[①]因而，情感教育要激发教师对学生的热爱之情，给予学生心灵的呵护和唤醒，“以一个灵魂推动另一个灵魂”。这包括开发教师的“父母性”和建立亲密的师生关系。

开发教师的“父母性”并不是要求教师全方位、无死角地为学生做一切事情，而是教师对学生父母般的情感态度，这是塑造温情、充满关爱的生活世界的关键要求。如果教师对学生的爱仅仅是出自职业道德的规范，那么这种爱就太过于局限。一旦缺少道德的约束，教师的这种有条件的爱就失去了存在的意义。因此，开发教师的“父母性”，培养教师对学生的无条件的爱就显得尤为重要。这种爱来自对生命的敬畏，来自对职业的认同，来自人性当中的真善美。当面对智力发育迟缓的学生时，教师是该冷嘲热讽还是耐心引导？面对犯错误的学生时，教师是拳打脚踢以示惩戒还是动之以情、晓之以理？当学生受到欺凌时，教师是置若罔闻还是勇敢维护弱者的权益？当然一个真正热爱自己学生的教师都会选择后者。热爱学生的教师会受到学生的喜欢，会让学生感受到春风化雨般的关爱，从而达到良好的教育效果。这就需要情感教育引导教师善于表达个人情感，创造和谐的氛围，引导教师用父母之心对待学生，促使学生“信其道”。正如某学者所说，恰如其分地运用面部表情、姿势、言语等方式，把自己的喜、怒、哀、乐等情绪直接传递给学生，感染学生，使学生爱其所爱、憎其所憎。[②]

热爱学生离不开与学生建立亲密的师生关系，这是走向生活世界的本质回归。教师在师生关系构建中起着主导作用，教师的关爱、鼓励、信任、宽容等积极的情感反应能够获得学生的信赖，不仅有助于构筑和谐的师生关系，更有助于学生身心的健康成长。[③]和谐的师生关系能够使教师产生更多的积极的情感体验，感受到职业所带来的价值和意义。冷漠的师生关系没有爱的成分，只有冷冰冰的知识传输，教师不仅没有激情进行教学，学生也没有热情继续学习。因而走向生活世

---

① 马多秀. 论教师专业发展的情感维度[J]. 教育理论与实践，2013，33（4）：37-40.

② 刘庆华. 试述教师的情感与教学[J]. 课程教育研究，2019（15）：208-209.

③ 马多秀. 论教师专业发展的情感维度[J]. 教育理论与实践，2013，33（4）：37-40.

界的教师情感教育要培养教师的同情心和同理心，促进教师了解学生，走进学生的内心，呵护学生幼小的心灵，倾听学生的心声，发现学生身上的闪光点，并展示出真实、热情、诚恳的态度，使学生乐于与教师成为朋友，从而建立亲密的师生关系，让教师和学生的无限可能性在爱中获得发展的空间。

情感教育带有浓厚的理想主义和浪漫主义色彩，不求功利，注重和谐，关注教师生活和生命的意义。[①]这既会对原有教师教育只重视知识和技能教育造成冲击，也是走向教师生活世界的本源回归。

走向生活世界的教师教育从目标、原则、内容等三大部分进行构想，为走向生活世界的教师教育提供方向，确定了“培养什么样的教师”；原则作为中观层面的规范约束，为走向生活世界的教师教育在合理的范围内顺利开展提供了基本准则和要求，阐明了“如何科学地培养教师”；内容作为走向生活世界的教师教育最重要的部分，是教师教育的重要载体，论述了“教给教师什么”。三部分的内容勾勒出走向生活世界的教师教育的基本样态，即重视教师的生活世界，并通过教师教育实现教师生活世界的不断完善与发展。

① 佟雪峰. 情感教育的追求及其对教师的期许[J]. 教育科学研究，2015（5）：57-62.

第八章

走向生活世界的教师教育的实施策略

教师教育如何走向教师生活世界？厘清这一问题的关键在于，明晰走向生活世界的教师教育旨在促进教育实践中教师的专业发展。就其实质而言，教师专业发展包括增长理论知识和实践能力的培养，而知识是内嵌于社会的，能力是“情境行动”（situated action）的外显。有鉴于此，只有立足鲜活的教育教学实践，走向生活世界的教师教育才能够有效促进教师成长。

第一节　教 育 会 诊

教育会诊源于对医院会诊制度的借鉴。“会，聚也”（《广雅·释诂三》），即几个人聚在一起之意；“诊，验也”（《通俗文》），即解决、诊断、验证之意。两个字合起来在《现代汉语词典（第7版）》解释为“几个医生共同诊断疑难病症”[①]。最早提出教育会诊法的是苏联教育学家巴班斯基和波塔什尼克，他们在《教育过程最优化问答》中把教育会诊法定义为：教育会诊是教师为了更深入地研究学生，并制定下一步工作的正确措施，以克服他们的教学、教育和发展方面所暴露出来的缺点的一种协商和咨询会议。[②]起初，我国对教育会诊的研究主要是将其作为解决教学问题的一种教育策略，随后有学者将其引入到教师培训，以促进教师专业发展，如杜静将其应用于幼儿园教师园本培训，提出教育会诊就是对幼儿教育过程中存在的问题进行共同诊断或集体研讨，帮助幼儿园教师解决问题、提升教育

① 中国社会科学院语言研究所词典编辑室. 现代汉语词典（第7版）[Z]. 北京：商务印书馆，2016：585.

② 巴班斯基，波塔什尼克. 教育过程最优化问答[M]. 利兰译. 北京：北京师范大学出版社，1985：30.

智慧的培训模式。①教育会诊指具有不同生活经历和教育经验的教师对教育场域中的实际问题共同进行诊断与研判，以专家引领为核心，在共同体对话交往中引发教师思想的共振，生成解决教育问题的最优策略，提升教师生活世界中的实践智慧。教育会诊以教师生活世界中的实践问题为导向，与教师教育复归教师生活世界的吁求相契合，使教师教育切入教师生活世界，敦促教师走出自己设定的舒适地带，使教师坦然面对纷繁复杂、问题丛生的生活世界，在实践问题的廓清中提升专业素养。

一、研判教师教学生活中的实践问题

教育场域是教师生活世界的主阵地，教师的职业生活、专业生活植根于教育场域中，且社会生活在一定程度上也以教育场域为中心辐射扩散，教育场域中教师生活深刻影响着教师日常生活世界的感知与体验，因此，教师教育走向生活世界必然要明晰教育场域中教师生存的实然样态。

我们对教育场域中教师的存在方式、存在状态进行审视就不难发现，教师生活世界问题丛生，有学者指出，教师的物化、教学技术化、教学日常化与教学剧场化等问题长期存在。②维特根斯坦说过，洞见或透视隐藏于深处的棘手问题是难的，因为只是把握这一棘手问题的表层，它就会维持原状，仍然得不到解决。因此，必须把它连根拔起，使它彻底暴露出来。这就需要我们始终以一种新的方式来思考。教育会诊置身生动鲜活的教育现场，从外部以旁观者的身份介入，身临其境地感知教师的生存状态，祛除“春蚕”“蜡烛”“灵魂的工程师”等圣人形象，将教师看作一个实实在在的人，打破教师所处的假性平衡状态，全方位扫描教育场域中存在的实践问题，使潜隐在教学中的问题显现出来，使教师从自我蒙昧、自我遮蔽、自我困顿的迷雾中解放出来。走向生活世界的教师教育会诊，立足教育场域中教师切实面临的问题，对问题的剖析具有真实性、整合性、个性与情境性等特征。

教育会诊注重真实性。教师是教师教育的本体，只有走进教师日常活动的生活场域，才能准确把握教学事件发生的缘由、教学过程的详细推演及教学活动衍生的结果；只有观察其日常教学生活的常态，才能真切了解教师的实际需求，才能规避教师教育与教育实践各行其是、相互疏离的状态。教育会诊最显著的特点在于真实性，抛却高大上、晦涩难懂的高谈阔论，摒弃空洞乏味的理论知识讲解，走进教育场域中生动淋漓的教学事件，通过对具体教学事件的分析、诊断，解决教师真实面临的教学困境，为教师提供科学合理、切实可行的指导性处方和建议。

① 杜静. 教育会诊：一种高效的园本培训模式[J]. 学前教育研究，2005（Z1）：84-85.
② 罗儒国. 反思教师的教学生活[J]. 当代教育科学，2005（20）：33-36，53.

成人学习的目的在于，直接运用所学的知识来解决当前的现实问题，是一个明确的学以致用的过程，他们有通过学习来解决现实中问题的强烈愿望。[①]教育会诊不是闭门造车，也不是做书斋学问，而是共同在场的情况下，以实践问题为中介，在分析问题、解决问题的对象化活动中，提升教师对实践问题的感知力与理解力，促进教师经验体系的优化重组；教育会诊不是在大脑中勾勒出高高在上的理论，更不是想当然的问题，而是使理论从实践的沃土中摄取营养，在实践的真实写照中还原教育本真场景，透视教育现场中的问题。

（1）教育会诊具有整合性。生活世界是一个囊括多重意义与多重结构的复合型系统，它立足具体的现实生活，包含人类劳动、生产和交往行为等感性实践活动，容纳了情感体验、科学认识、价值诉求与道德关怀，是一个事实与价值、理性与情感、规范与道德、科学与人文能够相互通融的世界。[②]教育会诊形塑教师的整合能力，将教师从教育场域中单面人的藩篱中救赎出来，使教师体察到生活世界的多元性，体悟到教育场域中的生活并不是一个孤立的存在，将教师个体与外界环境、心灵与身体、日常生活与非日常生活等多方面因素进行整合、凝练与升华，使不同场域教师的生活体验走向融合，从日常生活世界中提取丰富的教育资源，将抽象的科学知识理论与生动鲜活的生活世界相联系，从肥沃的生活土壤中汲取现实养分，开拓教师的思维视域，使其对教育问题的解决富有成效。在这个过程中，知识不再游离于生活之外，也不是与生活毫不相干的它在，而是生活不可缺少的组成部分；生活不再是色彩单调的按部就班，而是融入了激情活力的欢声笑语；世界也不再是理性抽象的客观世界，而是敞亮了知性、理性、灵性、感性的主客体相统一的世界，是生命意义不断绽放、生命价值不断实现的世界。[③]

（2）教育会诊尊重个性。生活世界是教师存在的母体，教育场域打上了教师不同的生活印记，异样的生活经历赋予教师独特的认知及思维方式，且教师的人格特质也存在较大差异。因此，教育场域中每个教师面临的困难是不同的，就不同发展阶段的教师而言，新手教师、发展型教师、成熟型教师关注的侧重点不同，其教学的实际需求必然存在较大差异；同一发展阶段的教师面对不同的学生群体，对课程内容的加工处理受个人教学风格及教学理念的影响，其教学中存在的问题也截然不同。教育会诊尊重教师个性，对教师教学中存在的问题“因材施诊”、溯本追源，根据教师依存的具体课堂语境，使隐匿已久的问题浮现出来，推断问题出现的缘由并对症下药，澄明问题的症结所在，具有明确的目标性与指向性。教育场域是教师的另一个生活场，这个生活场与日常生活世界的重复、琐碎不同，

① 余新. 教师培训师专业修炼[M]. 北京：教育科学出版社，2012：69-71.

② 潘斌. 论教育回归生活世界[J]. 高等教育研究，2006（5）：7-12.

③ 张培. 生命的背离：现代教师的生存状态透视[J]. 教师教育研究，2009（1）：50-55.

有其特殊的属性与指向，这意味着尊重个性不是一味的迁就，而是在会诊过程中对不适宜的个性给予改造，使教师的个性与教师所处的教学空间更完美的融合，缔造教育场域中的教学个性，并反向提升教师生活个性的内在意蕴。

教育会诊关注情境性。教师生活世界由不同的教育情境汇集而成，情境性使得教师生活世界不是静态重复的，而是在动态变换中不断更新与生成。教育会诊关注教师生活世界中实践问题依存的情境，为生活世界中教师的专业发展保驾护航，一方面，教育情境是生活世界中教师专业发展的土壤。教师并不是生存在脱离教育情境的真空地带，而是生活在鲜活的教育教学情境中，教育会诊研判教师在教育情境中遇到的难题，感知教师生活世界中的真实生存境遇，对教师在教育场景中难以解决的问题给予指导，拨开生活世界中教师专业发展的层层迷雾。另一方面，教师生活世界中的实践问题衍生于具体的教育情境中，受到多重因素的交互作用。问题解决方式的截然不同正是源于实践问题所依赖的教育情境皆不可复制，只有将教育问题搁置于具体的教育情境中，才能避免问题的解决成为大而化之的理论口号。教育会诊在具体的教育情境中诊断、分析问题出现的前因后果、来龙去脉，在相互切磋、共同协商中统筹、综合分析教育情境中实践问题的多个影响因素，以多向思维分析具体情境中教育问题的表征形式，使教师意识到教育场域中充斥着复杂动态的情境，学会用全面的视角对待生活世界中出现的问题，对教育场景中遇到的问题进行正确归因，明晰具体教育情境中问题解决的方式方法。

二、立足教师实践共同体的交往互动

教师在日常教学活动中缺乏与其他教师以及教师群体的必要沟通和相互交流，这种普遍存在的隔阂与排斥现象势必影响教师的专业成长。有学者形容道，一些学校中目前弥漫着的专业孤立、个人主义、技术心态及专业意识模糊等现象，皆可谓教师专业成长之基本障碍。[①]因此，教师专业发展的研究重点开始渐次从关注教师个体专业化转向专业学习共同体（PLC）的研究。恰如托马斯所说，教师专业发展思想的一个重要转向就是将关注的重心从专业个人主义转向专业学习共同体。随着教育实践的发展变化，教师教育研究视角日趋多元，共同体的内涵日渐丰富，如罗格夫（Rogoff）提出的学习者共同体，库伯（Copper）与博伊德（Boyd）提出的合作学习共同体，莱夫（Leav）与温格（Wenger）提出的实践共同体。实质上，教育会诊就是实践共同体的一种具体表现形式，弥合了教师教育与教育实践之间的隔阂，由各自为营走向彼此关照。同时，实践共同体为教育会诊的开展提供了理论依据与实践参照，丰富了走向生活世界教育会诊的意蕴，化解了教师教育中存在的知行脱节问题。

① 钱旭升，靳玉乐. 教师个体专业发展与教师群体专业发展[J]. 教育科学，2007（4）：29-33.

（一）由边缘性参与走向相互介入

从形式上，教育会诊打破了以往专家与一线教师画地为牢的尴尬局面，为生活世界中彼此的现实相遇创造空间；从内涵上，教育会诊具有共同体的一般特质，即共同的愿景、共享的决策、协作式学习等，为来自不同生活场域、具有不同生活经历的主体间精神的相遇创设文化氛围，以生发主体间的互惠共生作用。我不仅仅是自我的时态化展开，更是在这样一种自我展开中发现，主体性唯有在交互主体性中才是其所是。[①]

走向生活世界的教育会诊注重吸纳具有不同教育经验的教师，专家引领是会诊的关键所在。一般而言，实践共同体可大可小，存在形式多样，成员构成多元化，同质性与异质性并存，可以是几个兴趣相同的教师围绕某个主题学习而存在，也可以是同一学科教师形成的专业发展小组，或是由知识或生活背景具有明显差异的成员组成，如大学专家、校长、骨干教师、新手教师，围绕项目或问题开展协作学习。[②]但教育会诊强调教师构成的异质性，专家引领是核心。一线教师群体长期浸染在封闭性教育场域中，面对跌宕起伏、纵横交错的教育情境，已变成“装在套子里的人”，对生活世界中问题解决的见解往往局限于自身经验层面，无法破除教师自身固化的思维桎梏、无法触发教师思维智慧的生成。“仅有同事间的横向支援，没有纵向的专业引领，没有先进理念的引导，就会造成低水平的重复甚至倒退。”[③]专家参与为教育会诊注入新鲜血液，为教师的学习提供专业上的支持，当整个实践共同体活动陷入困境时，可以起到一个脚手架的作用[④]，推动教师在实践中持续不断地获得专业发展，使教师从问题累积的囚笼中逃离出来，摆脱生活世界中专业发展的倦怠、迷失状态，由专业荒芜逐渐走向专业自觉。

教育会诊为具有不同生活经历、教育经验的教师创造彼此边缘性参与的机会。人类学家莱夫和温格在《情境学习：合法的边缘性参与》一书中提出，学习即是在实践共同体中合法的边缘性参与[⑤]，合法性表明共同体对成员的认可，是个体学习活动发生的一个必要条件。个体在此基础上获得共同体成员的资格，在共同体中拥有相应的地位，[⑥]边缘表明了共同体与外部之间并非有明显的壁垒，它为个体

① 张建雷. 回归生活世界的教师专业成长[J]. 教育评论，2018（6）：119-122.

② 张平，朱鹏. 教师实践共同体：教师专业发展的新视角[J]. 教师教育研究，2009，21（2）：56-60.

③ 徐丽华，吴文胜. 教师的专业成长组织：教师协作学习共同体[J]. 教师教育研究，2005（5）：15，41-44.

④ 张平，朱鹏. 教师实践共同体：教师专业发展的新视角[J]. 教师教育研究，2009，21（2）：56-60.

⑤ Lave J，Wenger E. Situated Learning：Legitimate Peripheral Participation[M]. London：Cambridge University Press，1991：1-27.

⑥ 张兰. 教师实践共同体建构研究[D]. 重庆：西南大学，2010.

创造了一个特殊地带，成为共同体成员之间意义协商的起始点。[①]教育会诊立足教师生活世界，建立了教师教育与教师实践在场域、文化、话语等方面的联结，使置身不同时空场域的教师与专家从非共同在场到实践共同体中的共同在场。但专家与一线教师身上表征着截然不同的文化气息与话语表达方式，大学文化是一种理论性和研究性文化，而中小学文化是一种实践性和日常性的文化，大学教师有着他们独有的话语系统，习惯使用专业术语，而中小学教师作为实践工作者，也有自己的话语系统。[②]因此，在教育会诊中，一线教师与专家皆需要通过合法的边缘性参与促进异质文化、话语的接壤与调和，进而在不同生活表征方式的对接中共同走向充分性参与，为生活世界中教育会诊的开展提供对话交流的平台。边缘性参与表明，教师的生活世界是异常复杂的，情境性与动态性交织，在生活世界中教师的成长也是一个持续不断、循序渐进的过程，为教师教育走向教师生活世界提供了实践理路。

教育会诊使教师个体不断从边缘性走向相互介入，在彼此接纳中形成共同的愿景。边缘性参与为不同教师主体的相互介入奠定基础，相互介入促进了不同生活世界境脉中教师个体关系的联结。相互介入意味着在会诊中教师主体间彼此敞开心扉、具有共同的价值愿景、共享精神相遇的充盈，表明教育会诊已顺利度过了磨合期，由边缘性参与中的冲突走向调和、从适应走向融合。具体而言，在教育会诊过程中，理论研究者融入教师的生活世界。融入需保持适当的主体性，二者是有限交叉状态，并非分离或重合状态，应避免陷入游移于教师生活世界的过度理性与缺失主体性的过分贴近两个极端。只有这样，才能使教师教育趋真，才能指导教师从实践到认识，发现教师实践中存在的问题，使其更新教学理念、开阔思维视域，使教师从游移理论的外圈、理解理论的偏颇、运用理论的“有体无魂”到体悟教学理论的内核、运用理论的游刃有余，在发现问题、梳理问题、探明缘由、寻求解决之道的过程中促进教师专业发展。教育会诊也是理论研究者自我诊断、自我发展的一面镜子，使其从认识到实践，从形而上的理论自证到形而下的实践关怀，从学院围墙中的坐而论道到教育实践中的践而行之，逐渐从理论的生活场、话语场、文化场进入教师生活实践的相应场域，找寻恰当的定位、适当的时机、合理的方式，优化生活世界中教育会诊的效能。

教育会诊以实践共同体为载体，填充了教师教育与教师生活实践分而隔之、隔岸遥望的空缺，使教师教育在教师生活世界中切身体察教育实践的本真面貌，使教师在钝化的生活世界中重新领略教育的灵性与价值，在实践问题的聚焦中共

① Wenger E. Communities of Practice: Learning, Meaning, and Identity[M]. London: Cambridge University Press, 1998: 23-65.

② 肖正德. 冲突与共融：大学与中小学伙伴合作的文化理路[J]. 社会科学战线，2011（7）：216-220.

享智慧，在尊重个性的精神相遇中共同追寻教师生活世界的真实意蕴。生活世界的意义不仅属于纯粹主观的存在，而且是具有共性的，是通过体验对体验的相互作用而显现的意义。[①]

（二）由前理解走向视域融合

生活世界是个体交往互动的现实背景，也是个体产生交互作用的媒介，不同的生活经验、文化诉求为教育会诊提供了现实空间。教育会诊立足实践问题，共同体成员各抒己见、集思广益，在思维碰撞中创生新知识，在异中求同、同中求异的交往互动中进行意义协商、达成共识。正如有学者所指出的，真正的共同体代表着不一样的认知，犹如真实的生活如果没有纯粹的知识客体，就没有绝对的权威，与专家和普通教师的层级差别无关，与教育理论与实践的分歧对立无关，而颇像“一个热闹的集市”，是圆形的、互动的、动态的。其中，争论是共同体成员公开挑战彼此想法的动力，是彼此考验、更好地认识教育世界的群体努力，可以把共同体成员从偏见和自欺中拯救出来。[②]协商不是妥协的代名词，而是从问题的深度剖析中选取最有效的解决方式，问题的开放性并不是漫无边际的，它其实包含了由问题视域所划定的某种边界。没有这种边界的问题乃是空的问题[③]。意义协商在教师的交往互动中衍生，更重要的是，意义协商促进了生活世界中教师的交往。

教育会诊使具有不同教育经历的教师在对话交往中由前理解走向视域融合，引发教育思想的共鸣。教育会诊是教师教育走向教师生活世界的有效路径，帮助教师教育不断逼近教师生活世界。走向生活世界不是浮于表层的回归与贴近，而是在教师教育理论与教育实践的对话中彼此吸纳、相互借鉴、取长补短，消除教师教育的独白与教师生活世界的失语，由单一的前理解走向相互理解，在相互理解中促进教师的螺旋式发展。概而言之，教育会诊中的对话式交往是教师教育走向生活世界的关键和前提。正如滕守尧先生所说，对话既是一种最接近哲学的人类实践，也是一种与实践最为接近的哲学。[④]在这里，对话主要包括两层意思：一是作为一种态度，二是作为一种关系。[⑤]作为态度，首先是平等的态度。教师在职业生活世界、专业生活世界、社会生活世界中存在专业生活方式、学校文化特质、个体思维范式等方面的差异，但就日常生活世界而言，每个人都是人格平等意义

① 梅洛-庞蒂. 知觉现象学·前言[M]. 姜志辉译. 北京：商务印书馆，2001.

② 徐恩秀. 建立真诚、真切、真实的教育共同体：教师临场培训之可能[J]. 集美大学学报，2011，12（1）：8-10.

③ 伽达默尔. 真理与方法：哲学诠释学的基本特征[M]. 洪汉鼎译. 上海：上海译文出版社，2004：471.

④ 滕守尧. 文化的边缘[M]. 北京：作家出版社，1997：2.

⑤ 张增田，孙凯. 触动心灵的教育及其实践形态[J]. 首都师范大学学报（社会科学版），2011（4）：75-78.

上的完整个体，在教育会诊中享有平等的言说与思想的权利。[①]其次是积极参与、互动协商的态度。教育会诊中不存在旁观者与权威者，每个人都是生活世界中去主体化的存在，以解决教师生活世界中的问题、促进教师在生活世界中的成长为意向。作为关系，对话消弭了不同生活时间、空间下的矛盾对立关系，构筑平等尊重、理解信任、民主协商的交往关系，这种关系不是指导与被指导、领导与被领导、帮助与被帮助的事务关系，而是在生活世界中相互尊重、相互分享、共生共长的协同发展，在对话中消除不同教师前理解的分歧，在协商交流中达成视域融合，使未被任何一方掌握的教师生活世界的问题与意义得以显现。对话就是对话双方在一起相互参与以获取真理。[②]

教育会诊中倾听是对话的应有之义，二者相辅相成、相得益彰。不存在无倾听的对话，也不存在无对话的倾听，倾听与对话是相辅相成的。教育会诊面向鲜活的教师生活世界，在对话中分析实践问题的来龙去脉，感知实践中教师的整体精神面貌，在对话中解开教师的谜团，使其领悟理论思想的实质。但教师的生活世界不像话语中呈现的那般风平浪静，教师的需求有时并不是在对话中直接表达出来的。因此，教育会诊中学会倾听也是必不可少的，借助倾听可以捕捉到教师显性话语中暗含的意蕴，既能听到其言说之意，借助表情、语气、音调的细微变化，又能体会其未言说的话外之意，避免交往中伪对话的产生，对生活世界中教师的生存状态、情感动向及价值诉求作出准确的判断，为教师面临的境遇提供合理有效的解决方案。会诊时研究者以同理心贴近教师，在对话中渗入倾听的意识，营造和谐的氛围，感悟教师所感悟，体验教师所体验，使教师卸下心理防备的面具，在深度对话中吐露自己的真实心声，逐渐展现自己的真实生活样态，以正确的心态面对教学实践中潜伏已久的积弊，在检视问题的过程中修补专业发展中存在的漏洞，提升教师专业发展的积极性与主动性。

三、基于教学生活催生教师发展内驱力

外因通过内因起作用，教师是教学现场的亲历者，在教师生活世界中激活教师专业发展的内驱力，使教师真切体会到教学实践的丰盈，在流动的生活世界中心有所属，这是教师教育走向生活世界最本真的愿景。世界上最重要的事情就是认识自我，认识自我被称为人的基本职责。[③]教育会诊以实践问题为导向，以共同体为载体，帮助教师在生活之境中正确审视自己，此语境中内驱力驱动下的专业发展是一种持续性的发展、自主性的发展与真发展。

① 张增田，赵庆来. 教师教育共同体：内涵、意蕴与策略[J]. 首都师范大学学报（社会科学版），2012（6）：132-135.

② 伽达默尔. 赞美理论：伽达默尔文集[M]. 夏镇平译. 北京：生活·读书·新知三联书店，1988：69.

③ 恩斯特·卡西尔. 人论[M]. 甘阳译. 上海：上海译文出版社，2004：3-6.

（一）促进教师持续性发展

教育会诊的持续性发展指以会诊的方式解决教师生活世界中蓄积的教育问题，使教师生活世界中潜藏的矛盾、心存的疑惑得到适时解决，清除生活世界中教师专业发展存在的盲区，使其在连续不断的生活世界中获得持续性发展的动力，在实践问题的澄清中实现不同专业阶段的发展目标，最终达成预期的职业生涯发展规划。教师生活世界中的专业发展并不是畅通无阻的，在解决实践问题的披荆斩棘中才能看到发展的曙光，教育会诊帮助教师摆脱实践中遭遇的困境，使生活世界中教师的专业发展摆脱原地徘徊、停滞不前的窠臼，使教师在生活世界中保持专业发展的笃定信念，使每个时期、每个阶段教师都能获得应有的发展，在过程性的发展中连点成面，催生生活世界中教师持续发展的原动力。

教师生活世界是一个历时性的存在，每个阶段生活世界的外在表征与内在韵味都有其独属的特质。教育会诊与生活世界中教师的发展相伴相随，具体而言，第一，教育会诊面对教师生活世界中不同的实践问题，需要进行持续不断的探讨和学习。在这个过程中，教师固有的前理解或一己之见不断受到冲击，教师思维理念不断得到更新与优化。第二，教育会诊以鲜活的教育教学实践问题为对象，教育教学是一个连续不断的动态的发展过程。因此，教育会诊需要面对教师教育实践中源源不断的教育问题，这是一个“问题—会诊—反思—提升—新问题”螺旋上升、不断递进发展的过程。第三，教师生活世界处在一个持续发展、绵延不断的过程中，特别是教师的职业生活和专业生活要经过职前、入职、职后的发展历程，教师入职后还要经历新手期、发展期、成熟期等专业发展过程，只有处理好每个时期教师生活世界中面临的困厄，才能把握教师专业发展的契机，为教师的持续性发展奠定基础。因此，生活世界中教师的发展应该是持续的，教育会诊作为提升教师实践智慧的重要策略理应伴随在教师持续发展的过程中，疏通每个阶段教师专业生活成长存在的阻隔，在贴合教师生活世界的过程中明晰教师发展的内在需求，促进教师技能不断提升。

（二）促进教师自主性发展

一直以来，教师教育关注教师群体，集体受训的培养模式忽略了教师个体的发展愿望和实际状况。因此，这种外烁型的发展日益受到人们的质疑和批评。意大利瑞吉欧教育家马拉古兹认为，教师发展必须从其自身的教育实践活动中去找寻，除此之外我们别无良方。[①]波特的研究表明，教学更好的秘诀是教师有更强烈的自主性。[②]卫·杰弗里史密斯指出，教师的教学工作就是要不断回到自己，走一

① 姜勇. 论教师的个人知识：教师专业发展的新转向[J]. 教育理论与实践，2004（6）：56-60.

② Porter A. A curriculum out of balance：The case of elementary school mathematics[J]. Educational Researcher，1989，18（5）：9.

圈再回归自己，即反身性（reflexivity），这是教师专业化的关键词之一。为此，有研究者指出，既然教师之所以成为教师，更多的是“自造”（self-made），而不是“被造”（be made）的，那么，教师专业发展也就不可能只是仰仗学科知识的学习或正规的教育理论的学习，而更大程度上要依赖于自助了。①教育会诊从外部介入，诊断教师生活世界中存在的问题，在问题透析中促进教师自主发展，改善生活世界中教师迷茫、无助的生存现状，为促进教师专业发展提供福祉。教师是生活世界中的主宰者，教育会诊一旦唤起教师的自主发展意识，教师生活世界中面临的一切实践问题都将迎刃而解，教育问题凌驾于教师主体的异化现象也将得到规避。

教师的发展在很大程度上是自我启动与自我完成的，自主性的诱发需要借助外力辅助，教育会诊是激发教师专业发展自主性的催化剂。具体而言，一方面，教育会诊在实践问题的澄清中催生教师反思意识。教育会诊立足当下特定生活场域，分析教师生活世界中存在的诸多流弊，使生活世界中积存的问题暴露出来，在阐明问题的过程中冲击教师固化的教育理念，唤醒生活世界中沉睡的教师，引导教师在厘清生活世界问题的过程中对自己进行合理的定位，在解决问题中反思自我、发展自我；使其对自身专业发展产生清醒的认识，摆脱慵懒却不自知的生活状态，洞悉生活世界中自我成长、提升专业能力的必要性与紧迫性。另一方面，教育会诊能够在交往互动中激发教师专业发展的愿景。教育会诊将教师从问题堆砌的生活之中拯救出来，使教师在对话协商中体认到解决问题的支持性交往的重要性，在前理解的交汇碰撞中引发教师关于实践问题的思考，使教师从茫然无措中获得顿悟、获得专业发展的能量源，重拾生活世界中自主发展的动力与信心，由自在的发展走向自觉、自为的发展。

（三）促进教师真发展

真发展是一种由表及里、从外到内、从形式到内容的变化，是一种真正意义上的变化。当前教师教育中，教师的专业发展常常会被假发展所掩盖，教师看似获得新的发展，但这种变化与发展更多的仅是形式上的推陈出新、表面上的变化，教师并未获得真正意义上内在本质的变化与发展。新课改提出要尊重学生主体地位，由教师的教走向学生的学，促进学生个性的发展。在这股浪潮中，教师貌似转变教学理念，上课时学生举手回答问题的声音此起彼伏，但在异彩纷呈的表象下教师与学生、学生与学生之间依旧是孤独的存在。事实上，在这股浪潮下，教师的教育教学更多的是一种形式上的变化，教师体验到的成长与发展是有限的。然而，教师置身于复杂性与情境性交织的生活世界，无法仅凭一已之力准确分辨

① 姜勇. 论教师专业发展的后现代转向[J]. 比较教育研究，2005（11）：52-55.

出自身的发展状态。教育会诊则为教师的成长与发展提供了指引，它立足于教师生活世界，发现教师教学中的真实问题与困境，帮助教师明晰问题、困境的本质与解决路径，促使教师从假发展的迷境中走出来，催生教师发展的内驱力。这种发展是明晰生活世界问题归因所在的真发展，是教师将理论与实践融会贯通中生发的教师内在本质变化的真发展，是生活世界中教师发展的一种超越性异变。

教育会诊促进生活世界中教师的真发展具体表现在两个方面：一方面，指出教师在教学中运用教育理论的误区，促进教师的真发展。教师是教师教育的本体，教师对教育理论理解的适切性关系着教师教育真正走进教师生活世界的程度。教育会诊洞察生活世界中教师对教育理论“误读”“误判”“误用”的具体表现形式，通过对话交流、集体诊断对偏颇现象进行分析，探明其现象背后的本质原因，并通过归纳总结，使之形成系列化的案例主题，在案例的对比分析中灵活运用教育理论，使教师切实体会到理论思想的精髓所在，并引导其在生活世界中将教育理论与教育实践不断融合。另一方面，提升教师实践智慧，促进教师真发展。教育会诊使教育智慧不再是教师个人的囊中之物，而是在共享中成为可再深入开发的公共产品，在实践问题的诊断、研判、协商中教师个体智慧不断流动，刷新教师对于教育教学问题的固有认知，使其对教育实践问题形成全新的认识，在真实的教育场域中不断进行印证，真切体悟到实践智慧的真正意蕴，并在教育实践中不断思考、不断摸索、不断总结，最终在生活世界中孕育具有个人教育风格的实践智慧。实践智慧的生成使生活世界中的教师不再一蹶不振、患得患失，而是在知晓是什么、如何做的真发展中获得澄明感与释然感。

第二节　师　徒　制

师徒制源于古代的学徒制，师徒制在国内教师教育领域的盛行开始于20世纪90年代，以经验传承为主。在国外，20世纪80年代师徒制早已盛行于英美等国且已形成制度化和体系化。[①]许多学者对师徒制进行探讨，较为典型和具有代表性的定义有：师徒制是一种养育的过程、一种角色示范性行为以及一种持续的关怀关系[②]；师徒制是指在一种工作环境中，一位资深置业专家和一位同领域的新手间发生的一种具有动态性和互惠性的关系，其目的是促进和提高参与双方的职业发展[③]；师徒制是指一位资深老教师对新手教师所提供的一种个人引导或帮助。[④]不同的定义

① 杜静. 教师专业发展[M]. 北京：高等教育出版社，2017：263.

② 转引自黄广芳. 教师教育视阈中的国外师徒制研究[J]. 黑龙江高教研究，2012，30（7）：105-108.

③ Anderson E M，Shannon A L. Toward a conceptualization of mentoring[J]. Journal of Teacher Education，1988，39（01）：38-42.

④ Ingersoll R M. Do teacher induction and mentoring matter? [J]. NASSP Bulletin，2004，88（638）：28-40.

侧重点不同，但这些定义的共同点在于突出资深教师对新手教师专业成长的价值与作用，强调资深教师对新手教师专业生活和职业生活的引领作用。然而，需要关注的是，资深教师与新手教师都是生活世界中的存在者，专业生活或职业生活仅是教师生活世界的一个领域，资深教师对新手教师的引领并不限于其专业生活和职业生活，而是一种多方位的协助与互动。因此，师徒制是教师教育走向生活世界的有效策略，是促进教师专业成长与发展的重要路径，其意蕴不再局限于对教师职业生活和专业生活的塑造，还包含对教师日常生活和社会生活的引领，能够促进教师生活世界全方位的生成。

一、给予教师成长的人文关怀

在我国新课程改革过程中，教师作为专业工作者被赋予了诸多角色，如教师是课程开发者、教师是反思性实践者、教师是教学研究者等。[①]但教师的众多角色中，教师首先应该是一个活生生的人，是生活世界中实实在在的人。因此，教师教育应该首先关注教师作为人的基本问题。教师生活世界中充满了鲜活的教育事实，而教师是教育事实中不可或缺的核心因素。教育事实是纯客观的存在，但教师是理性与非理性、个性与社会性、精神性与物质性、日常与非日常相统一的复合体。一直以来，在科学主义、理性主义的侵蚀下，教师成为单向度的人，教师的职业角色被无限放大，教师作为人的一面被挤压，教师作为人应获得的人文关怀形同幻象。然而师徒制则弥补了当前教师教育中教师“人”的一面被挤压、教师被工具化的弊端，它将教师视为一个不断成长发展的鲜活个体，正视教师尤其是新手教师职业、专业、情感发展的需要，给予教师成长所需要的人文关怀。

在生活世界中，资深教师与新手教师进行教育经验的传承，但这种传承并非仅囿于知识、技能层面，还包含价值、情感方面的引领，体现了对教师的人文关怀，彰显出教师教育的人文意蕴。人文意蕴彰显了教师专业发展的本体价值，即对作为教师的“人”这一基本属性的承纳；消解了教师被边缘化的生存境遇，使教师在人文的沃土中汲取营养，彰显自我存在的意义感、提升专业发展的幸福感。师徒制在新手教师与资深教师共同的生活场域中运作，以师徒结对为形式，在资深教师与新手教师结对过程中，资深教师不仅为新手教师提供专业发展上的支持，还以优质的教育素养及人格魅力潜移默化地塑造着新手教师在生活世界中的一言一行，帮助新手教师在生活世界中成长，消解新手教师生活世界中的倦怠感，使其在生活世界中寻觅到归属感与愉悦感。

通过师徒制，资深教师帮助新手教师形塑全新的生活世界，帮助新手教师不断适应丰富、复杂的生活世界。资深教师在与新手教师的互动中，从价值引导、

① 康晓伟. 教师教育者：内涵、身份认同及其角色研究[J]. 教师教育研究，2012，24（1）：13-17.

情感关怀、生命关怀等方面帮助新手教师认识、接纳教师这一职业的本质，帮助新手教师形成内在稳固的职业认同感，从而拥有完满而富有意义的生活世界。

（一）价值引导

新手教师处于教育教学理念、教育思想形成的关键时期。该阶段是决定一位教师日后专业发展方向与品质的关键期。尤其是新任教师的第一年，其在专业上的教与学的经验，以及个人的专业实践理论发展的样貌，会强而有力地反映在教师职业态度及专业行为上。①但这一时期教师从教意愿不稳定，特别容易跳槽。调查结果显示：入职之后，只有 41%的新手教师选择坚持自己的理想；32%的新手教师向现实妥协，放弃理想；15%的人平淡地面对这一冲突，认为这是必然的，不必纠结；10%的新手教师感到很苦恼，不知所措，毫无办法。②因此，对新手教师成长中的价值引导极为重要，通过师徒结对，资深教师可以潜移默化地影响新手教师，帮助其提升专业素养，形成专业思想，拥有稳固的专业精神，并不断强化新手教师热爱工作、热爱教育事业、热爱学生的信心。

新手教师入职前对教育事业满怀热忱之心，对职业充满了向往之情，当其转换身份真正进入教学岗位，亲身体验到教师生活世界的复杂性时，他们会在理想与现实的巨大落差中滋生挫败感与焦虑感，甚至易在生活世界中自我沉沦，忘却坚定的教育信念与崇高的教育情怀，长此以往，新手教师的初心将被纷繁复杂的各类问题消磨得荡然无存。新手教师初涉教师生活世界场域，只有秉承正确的价值理念，才能避免被生活世界的不良之风裹挟；只有在正向价值理念的牵引下，才能形塑良好的教育素养并在不断发展中一以贯之，为职业生涯的后续发展奠定坚实的基础，而这有赖于资深教师的不断提醒与帮助。

资深教师是师徒制运作的关键，是引领新手教师成长的指向标。资深教师在生活世界中已经历过适应期的考验，对新手教师在生活世界中如何有效发展这一问题已形成了自己的认知，且其发展也是从生活世界的经验累积中修炼而成，对新手教师面临的诸多茫然感同身受，更能设身处地从新手教师的角度为其提供专业发展上的价值引导。师徒制中的价值引导不是大而化之的理论标语，而是镶嵌在教师生活世界的交往之中的，这种交往包含显性的话语引导，也涵盖潜移默化的榜样示范作用。生活世界中资深教师的价值影射使新手教师从内心深处意识到教师不仅是一种谋生的职业，还是一门自我发展的专业，体认到教师不断学习、不断专业发展的价值与意义，将促进新手教师在生活世界中恰当的定位自己，并以科学的价值理念规划自身职业生涯，在职业生涯开始阶段就形成良好的教育习

① 陈美玉. 教师个人知识管理与专业发展[M]. 台北：学富文化事业有限公司，2002：196.

② 李玉霞. 小学新手教师专业适应困境与成长途径的研究[D]. 南京：南京师范大学，2014.

惯，并在不断发展中形成具有个人风格的教育理念，体验到在生活世界中渐次成长的充盈感与成就感。

（二）情感关怀

情感是情的感受，是人对客观事物的态度体验，是人的需要是否得到满足而产生的一种内心感受、心理反应。[①]新手教师是教师队伍中的一个特殊群体，他们的需求有其自身特征，他们初来乍到，处在陌生复杂的环境中，其日常生活、职业生活、专业生活、社会生活皆发生了重大变化，经济上开始独立，面临新的工作、新的环境，由学生转变为教师，教学上不熟练、离开了志同道合的同学，极易滋生焦虑、怀疑和无助等消极情绪。克鲁伊克和卡兰翰曾说，一个师范生的书桌与一位教师的书桌之间的距离，虽然在直线跨度上很短，但是它却是这些年轻人在那么短的时间内所要跨越的一段最长的、心理上的历程。[②]借助师徒制，资深教师可以给新手教师从情感上带来慰藉，为其提供内隐性的情感关怀。无论作为教师的人还是作为人的教师，都不是纯粹逻辑-理智的机械存在，都具有内源性的情感需求，情感需求是新手教师获得成长的重要支撑，在孔德看来，感情是人类的灵魂、行为的动力。推动力只能来自情感，才智永远只是一个指挥的手段或控制的手段。[③]情感关怀使新手教师在生活世界中感受到归属感与幸福感，在归属感中生发对职业的认同感及内心深层的热爱与尊重，并增强其自我发展的意愿，在生活世界中寻找各种途径自觉提升专业素养。生活世界交往中情感关怀的渗入将助推新手教师加速实现预期设定的专业发展目标，因为目标的实现需要理性的思考和行动，同时也需要情感的支撑，事实上，情感经常与理性行动保持一致并支持理性行动。[④]

资深教师对新手教师的情感关怀内隐于专业发展的支持之中，渗透到新手教师生活世界的细微之处，在细微之中为新手教师的成长供给情感能量源，丰富其在生活世界中的情感体验。情感的流动在于沟通，在于碰撞，只有心与心的交流、情与情的互动，才能使情感世界长久地碧波荡漾，孤立与封闭则是情感衰亡的先兆。[⑤]当新手教师在教学中遇到棘手问题时，只有在交流沟通中疏解其负面情绪，使其从心理上增强自我认同感，才能在生活之旅中重建专业成长的自信心；当其在繁杂的生活事务中心猿意马、脱离专业发展轨道时，如果在诱导中使其感受到

① 张意忠. 论教师职业情感的生成与培育[J]. 高等教育研究，2010，31（5）：56-61.

② Fessler R, Christensen J C. The Teacher Career Cycle: Understanding and Guiding the Professional Development of Teachers[M]. Enschede：Center for Higher Education Policy Studies（CHEPS），2006：60.

③ 阿隆. 社会学主要思潮[M]. 葛智强，等译. 北京：华夏出版社，1999：67-68.

④ 郭景萍. 情感社会学：理论·历史·现实[M]. 上海：上海三联书店，2008：139.

⑤ 杨继利. 关注教师作为一个完整的人的生存与发展[J]. 中国教育学刊，2015（12）：86-92.

关怀的力量，那么他将从懒散的生活状态中抽离出来，意识到自己在生活世界中并不是单打独斗的独行者，深切感受到被支持与被信任的存在感。资深教师及时了解新手教师的心理变化状况，适时化解其生活世界中潜在的负面、懈怠情感，避免消极情绪吞噬新手教师自设的心理防线，在积极的情绪中培育新手教师的发展潜能，使新手教师的专业发展成为一个有灵魂参与的、充满情感关怀、有意义的生活体验过程。没有情感性，日常生活将是一种毫无生气、缺乏内在价值、缺少道德意义、空虚乏味而又充满无穷无尽交易的生活，因为一个真正的人，必须是一个具有丰富情感的人。①

（三）生命关怀

教育具有鲜明的生命性，在一定意义上，教育是直面人的生命、通过人的生命、为了人的生命质量的提高而进行的社会活动，是一项在以人为本的社会中最能体现生命关怀的事业。②生命是教育的原点，教育是为了满足个体生命发展的需要，教师与学生都是完整生命个体的存在，他们共同在教育的生命场中释放发展能量。因此，教育不仅应呼吁对学生生命的重视，更应给予教师生命关怀，因为这关涉教师生命存在的价值。如果没有教师生命质量的提升，就很难有较高的教学质量；如果没有教师精神的解放，就很难有学生精神的解放。③师徒制规避了教师教育与教师生命体相疏离的状态，帮助教师不断走向生活世界。同时，师徒互动根植于教师生活世界，在生命与生命的相互触动、对话中，新手教师由“工作体”走向“生命体”，资深教师对新手教师的生命关怀，不断激发新手教师潜藏的生命能量，使其专业发展的生命品性与生命价值获得提升、生命精神获得充盈与丰满。

教师的成长过程不仅是一个专业化的过程，还记录了其作为一个事业追求者的生命历程。④师徒制中，资深教师对新手教师发展的生命关怀不再是空洞乏味的纸上谈兵，而是贯穿于资深教师与新手教师交往的始终，在这个过程中，也会反向激发资深教师对生命存在与生命意义的重新思考，在相伴而生中共同赋予生活世界中的教师专业发展更多意蕴。陶行知指出，人生就是要“活”——要“生活”。⑤生活的根本内涵是生生不息的生命的展现……所以，承担生命展现的空间即为生活世界，也是生活的内容。⑥师徒制在真实的生活世界中的实施，使新手教师在专业成长过程中体验到生命存在的价值，在生命焕发活力的过程中实现自我专业发

① 诺尔曼·丹森. 情感论[M]. 魏中军，孙安迹译. 沈阳：辽宁人民出版社，1989：15.

② 叶澜. 教育理论与学校实践[M]. 北京：高等教育出版社，2000：136.

③ 叶澜，等. 教师角色与教师发展新探[M]. 北京教育科学出版社，2007：3.

④ 岳欣云. 教师研究的反思与再探究[D]. 上海：华东师范大学，2005.

⑤ 郭元祥. 生活与教育——回归生活世界的基础教育论纲[M]. 武汉：华中师范大学出版社，2002：99.

⑥ 冯建军. 生命与教育[M]. 北京：教育科学出版社，2004：47.

展，在流动的生活世界中寻求一片净化心灵的绿洲，使其在生活世界中的生存走向诗意栖居的生命本真状态，在专业生活世界之旅中走向教育的“自成目的”。

二、引领教师专业生活的生成

教师生活世界中职业生活与专业生活是两个紧密相关的概念，二者都是教师生活世界的一个分支，职业生活是专业生活的基础，专业生活是对职业生活的超越，对职业生活具有统摄作用。教师生活世界中，专业成长不仅体现了教师“为人之师”这一身份的发展要求，而且反向提升教师职业生活的质量与意义，因此，教师专业生活的塑造与生成对教师的发展影响深远。师徒制中资深教师对新手教师的专业成长具有重要的引领作用，资深教师拥有丰富的教学经验与实践智慧，能将教育理论熟练运用到教学实践中，并在生活世界中升华、扩充教育理论，其在生活世界中体悟而成的教育素养仅靠空泛的理论传授无法获得。通过师徒之间的交往互动，资深教授将自身积累的丰富教学经验、实践智慧不断传授给新手教师，促进新手教师的专业成长，塑造新手教师的专业生活世界。

（一）专业知识的优化

专业知识是专业生活世界中教师不断自我更新的基础，是教师专业生活成长的一个重要方面，是教师专业生活世界的外在表征。长期以来传统的教师教育，秉承的是一种“知而后行”的教育观，即职前教育进行理论学习，走向工作岗位后才将理论运用于实践。[①]这种教育观使得新手教师应然的理论知识结构与实然的实践知识间存在巨大的差距。新手教师在生活世界中虽有许多需要充实、完善的知识，但实践知识的丰富是新手教师专业发展中一个至关重要的方面。岳亚平指出，新手教师专业知识体系中各类知识分布不均匀，总体而言，专业基础知识数量最丰富，比例较大，个人实践知识奇缺，急需尽快补足，且其专业知识主要来源于书本上的理论知识，对知识的把握往往处于表面的、抽象的、缺乏实例支撑的理解水平[②]，新手教师无法在专业生活世界中依据具体的教学情境灵活地运用专业知识。实践性知识的缺乏使新手教师在专业生活世界中备受“理论知识派不上用场”的困扰，在专业发展中产生诸多无效行为、低效行为，深刻影响了其专业生活世界中发展的效能感。与新手教师相比，资深教师长期活跃在教育教学实践工作的第一线，其专业知识结构的显著特点在于个人实践知识丰富，能够灵活自如地开展教学活动。[②]实践性知识是依存于有限情境中的、作为案例知识积累并传承的、以实践性问题的解决为中心的、以隐性知识的形态发挥作用的、拥有

① 杜静. 教师入职教育的理论动因、价值取向与实施模式[J]. 教育科学研究，2008（11）：54-57.

② 岳亚平. 不同专业发展阶段幼儿教师知识结构的特征比较[J]. 学前教育研究，2011（9）：43-46.

个性性格的个体性知识①，是资深教师在专业生活世界中真正信奉的、在鲜活的教育实践中能实际运用、具有可操作性的知识。

师徒制中资深教师与新手教师的专业知识结构具有互补性，新手教师在跟随资深教师听课、磨课的过程中，可以有效促进新手教师专业理论知识的实践化、本土化与情境化，使其在学院围墙中学习到的“死”的理论知识有效转化为生活世界中“活”的实践性知识。实践性知识是一种隐性知识，有“不可言传之意”，但新教师在长期观摩中会有心领神会之感。资深教师丰富的实践性经验为新手教师专业知识结构中贫乏的实践性知识注入活力，引导其在专业生活世界中有意识地将专业理论与教学实践相结合，在反复实践中逐渐促进理论知识向实践性知识的转化，进而建立、丰富自身实践知识体系。与此同时，新手教师丰富的专业学科知识有助于更新资深教师陈旧的专业学科知识和普通文化知识，使其平静的专业知识结构泛起涟漪，进一步优化资深教师陈旧的专业知识体系。

因此，师徒制促进新手教师专业知识的提升不是盲目的“一刀切”，而是通过分析新手教师已有各类知识的分布特征，有的放矢地补充其短板，有指向性地提升其专业知识；不是所谓的专业知识数量的扩充，而是提升其已有专业知识的质量，即如何将大脑中存储的零散、不成体系的专业知识在真实、复杂的专业生活情境中提取出来，并将其娴熟地运用到专业生活世界问题的解决之中，洞悉“纸上得来终觉浅”的澄明感。

（二）专业能力的提升

专业能力是教师专业生活世界中不可或缺的一个方面，教师专业生活世界是一个复杂的存在，因此，教师只有在专业生活世界中具有多方面的能力，才能对专业生活世界中的各种情况应变自如。新手教师刚踏入专业生活世界的场域，其专业能力有诸多欠缺，在流变的生活世界中经常陷入自顾不暇的境地，虽然教师专业能力的发展不是一蹴而就的，需要在专业生活实践中久经历练，但有价值的指导在一定程度上会缩短教师专业能力提升的时间，消解教师自我专业发展中的漫无目的。师徒制不仅是优化教师专业知识的重要方式，也是提升教师专业能力的重要途径。资深教师在专业生活世界中已经具有了娴熟的专业技能，对专业生活世界中的诸多事务已司空见惯，可以在专业生活世界的交往中帮助新手教师有效提升其专业水平，加速其在专业生活世界中的成长。走向生活世界的师徒制提升新手教师专业能力包括促进学生发展的专业能力、提升教育教学的专业能力以及提升自我发展的专业能力。

（1）促进学生发展的专业能力。教师生活世界是“成己”与“成人”的双重

① 钟启泉. 教师“专业化”：理念、制度、课题[J]. 教育研究，2001（12）：12-16.

统一体，其身上承载着教育学生的使命，教师的专业能力必然与学生息息相关。学生是教育的出发点和最终归宿，促进学生发展是教师最核心的专业能力，也是教师专业属性最本质的体现。促进学生发展的专业能力主要包括对学生的个性特征、心理特征、身体状态等的分析能力与沟通交往能力两个方面。新手教师对学生个性特征、心理特征等的认知停留于理论水平，缺乏在专业生活世界中的实战经验，在面对具体的教学情境时往往手足无措。资深教师可以为其提供有效经验，如怎样在各种角色间自由转换，在专业生活场景中“恰如其分”地扮演不同的角色；如何在“朋友”与“老师”间保持适当的度；与学生沟通交往时如何兼顾学生的主体性与知识的客观性，避免陷入“知识”与“学生”二元对立的泥沼，即尊重学生时忽视了教学内容的传授，讲授知识时忽视了学生的主体性。师徒制为新手教师与学生形成良好的师生关系提供了有效经验，使其在专业生活中有所依循，有利于新手教师在教育教学生活中将自身专业发展与学生的发展紧密联系在一起。

（2）提升教育教学的专业能力。教育教学的专业能力是教师专业生活世界中最基本的专业能力，主要包括组织、开发和利用课程资源的能力，教学设计能力，教学实施能力与教学评价能力等方面。①师徒制是提升新手教师教育教学专业能力的重要途径，使其从孤军奋战的摸索走向师傅引领的有效成长。新手教师教育教学的专业能力存在一定的缺陷，资深教师在观摩课堂的过程中，可以对其存在的问题进行适时反馈，使新手教师在问题解决中不断优化教育教学的专业能力，同时，新手教师在观摩资深教师课堂的过程中，可以深度感知如何对每节课进行精心设计、如何在课堂中处理预设与生成的关系、观察每个教学环节的过渡与衔接及其如何进行课堂教学管理，并记下心存疑惑之处，在与资深教师沟通交流中体悟其设计理念，提升自身对教育教学专业能力的深层理解。师徒制提升教师教育教学的专业能力的突出之处不仅在于真实专业生活情境中的亲身观摩，还在于交往中可与资深教师随时探讨，领悟其教学设计理念及每个环节背后的出发点。设计理念是教育教学的灵魂所在、贯穿于每个教学过程之中，教师教育教学的专业能力的呈现方式之所以千差万别，皆源于设计理念的不同。

（3）提升自我发展的专业能力。自我发展的专业能力是教师专业生活世界永葆青春、实现自身专业理想的动力源，主要指教育教学研究能力、终身学习能力、反思能力与教育创新能力。师徒制提升教师自我发展的专业能力主要侧重于方法的引领，新手教师是教师队伍中的活力源泉，其身上并不缺乏研究意识、学习意识、反思意识与创新意识，其问题在于不知如何将上述意识转化为自身的专业能

① 黄正夫，郭平. 教师专业能力体系研究——基于国家教师教育课程标准[J]. 内蒙古师范大学学报（教育科学版），2013，26（4）：64-66.

力，即“心有余而力不足”。在长期交往中，资深教师对新手教师的人格特质、个性特征、认知风格等已有详尽的了解，有利于启发新手教师在专业生活世界中将潜在的发展意识运用到教学实践中，帮助其在专业生活世界中分析、总结自身的发展情况，使其从浅层次的内在意识转变为一种稳定的自我发展专业能力，由专业生活世界中的“浅尝辄止”走向持之以恒的自我发展。

（三）专业精神的充盈

关于专业精神，目前学界还没有统一的定义，代表性观点有：杨小峻认为，专业精神是指教师对于从事的教育专业所抱有的态度、价值观、理想和道德等倾向性系统，是指导教师从事专业工作的精神动力。[①]蒋俊和蒋小敏则认为，教师专业精神是指教师在教育信念追求上的风范与活力，具有服务性、专门性、长期性、创新性、自律性等多方面特点。[②]张华军和朱旭东从教师专业认同、教师美德和教师使命三个层次建构教师专业精神内涵。[③]基于此，教师专业精神是教师专业发展的一种内在动力及呈现出的精神面貌，对生活世界中教师的生存状态及专业发展有着潜在的影响。

专业精神虽是一种隐性的内在修养，没有专业知识、专业技能那般引人注目，但一旦生成，则会对教师的专业发展产生持久而深远的影响。就如维特根斯坦所说，对我们的生活最最重要的事物，往往因为它的简单和普通而为我们所忽略，但是这些事物往往最有力量、最让人震撼。[③]师徒制引领教师专业精神的生成，为新手教师专业精神的生发提供了现实参照，使新手教师的专业生活在精神充盈中不断适应与超越，从内心深处认可教师专业生活世界，使其在专业生活世界的体验中不断提升专业精神的高度；使专业精神立足于生活世界，避免专业精神成为虚无的存在；使教师的专业精神不再停留于文字语言的阐释之中，由静态的文字渲染到生动真实的专业生活世界，由个体拥有到专业生活世界中的传承与分享，净化了专业生活世界中浮躁、功利、慵懒、机械的不良之风，为新手教师的专业成长供给精神养料，使其在专业生活世界中保持初心，不断自我解构与重构，用激情化解专业生活成长中的困境。

新手教师处于专业精神养成的关键期，其内心暗含着某种信念与情怀的精神情愫，但这种精神是一种冲动性的存在，容易在生活世界中消退、退化乃至消逝，只有在专业生活世界中被不断唤起与巩固，才能成为一种稳定持久的精神力量。师徒制是引发新手教师形成稳定、内涵丰富专业精神的最优模式。师徒制引领新手教师在专业生活的不断修炼中养成专业精神，这种专业精神的养成不是外在的

① 杨小峻. 专业精神：高校教师专业化发展的基点[J]. 黑龙江高教研究，2007（8）：96-99.
② 蒋俊，蒋小敏. “80 后”教师专业精神现状分析及对策探究[J]. 教育与教学研究，2010（5）：5-7，10.
③ 张华军，朱旭东. 论教师专业精神的内涵[J]. 教师教育研究，2012，24（3）：1-10.

灌输，而是产生于资深教师生活世界中潜移默化的榜样力量的影响。资深教师在生活世界中形成了坚定的教育信念、热忱的教育情怀、呵护学生生命成长的使命感、严于律己、自觉学习与发展等诸多优质专业精神品质。在专业生活世界的耳濡目染中，新手教师不知不觉被资深教师身上散发的人格魅力所吸引，被其在专业生活世界中一丝不苟的专业品质所折服，这种专业精神激发了新手教师在无所适从的专业生活中奋斗、上进的意识，学会以正确的姿态审视专业生活中取得的成就与存在的不足，并通过实际行动不断完善，在专业生活世界的反复实践中凝聚卓越的专业人格。专业生活世界中的师徒制是互惠共生的，新手教师身上某些特定的品质，如创新、勇敢等精神品质也在一定程度上滋养了资深教师的专业精神。

三、提高教师社会生活适应力

教师是社会性的存在，社会性存在必然会涉及社会生活。教师存在于各种错综复杂的社会关系中，需要在生活世界中与形形色色的人交往，因此，教师社会生活适应力是生活世界中必备的技能，社会生活适应力主要表现为生活世界中处理各种人际关系的能力。教师生活世界虽可划分为不同的领域，但是并不意味着它是相互割裂的存在，反之，教师生活世界中不同领域的生活是相互影响、相互牵制的，教师社会生活的适应力会影响其专业的发展。以往研究仅注重教师专业生活世界的充盈，遗忘了对教师社会生活世界的关注，致使教师专业发展状态低迷。

新手教师刚从简单的校园环境进入复杂的学校社会环境中，面对错综复杂的人际关系，经常一时之间难以适应。调查结果表明，仅有41%的新手教师可以适应学校的人际关系，28%的新手教师处于一般水平，31%的新手教师认为人际关系是自己的一大挑战。①可见，新手教师在社会生活中处理人际关系时多会陷入困惑与茫然的境地。师徒制注重对生活世界中新手教师社会适应力的塑造，肃清新手教师生活世界中承受的非教学负担，为新手教师专业发展减负，使其将更多的精力投入到生活世界的专业发展中。师徒制提高新手教师社会生活的适应力主要包括处理学生关系、同事关系、领导关系与家长关系等方面。

（1）指引新手教师有效处理与学生的关系。教师的成长离不开与学生的交往，师生关系是教师社会生活中最重要的一层人际关系，也是衡量教师专业发展效果的重要指标。新手教师刚刚走出大学校园，憧憬书本上提倡的民主平等、和谐亲密的师生关系，内心渴望在社会生活中被学生尊重与喜爱，渴求与学生建立亦师亦友的关系。与书本上简单的字眼不同，新手教师身上扮演着引导者、支持者、合作者、管理者等多重角色，在多重角色的交织中常常顾此失彼、焦头烂额，一

---

① 李玉霞. 小学新手教师专业适应困境与成长途径的研究[D]. 南京：南京师范大学，2014.

旦与学生在交往活动中过于亲密，教师则会丧失威严感与敬重感，致使课堂教学生活杂乱无章；若是在与学生交往时经常摆出一副高高在上的姿态，学生则会在生活中对其“敬而远之”。新手教师处于生存期阶段，十分在意学生对自己的看法及自己在学生心目中的地位，当学生在课外生活中与自己关系亲密，却在课堂生活中毫无敬畏之心时，则会产生严重的受挫感与怀疑感；当看到学生与其他老师关系亲近时，则会心生失落感与苦闷感，这种矛盾心理使新手教师在社会生活中与学生交往时无所适从、百般纠结。资深教师在社会生活中与学生的交往已经“如鱼得水”，可以帮助新手教师在社会生活中与学生交往时如何摆正心态、怎样在多重复杂角色中寻求一个适当的平衡、与学生交往时怎样处理课内与课外这两种不同的关系等提供有效的建议，指出新手教师与学生交往中存在的不当之处，使其对社会生活中如何正确对待师生关系形成正确的认识，适时消解其内心萌生的矛盾情绪，使新手教师以乐观的心态、正确的方式与学生交往，提升其与学生交往的价值感与自信心。

（2）帮助新手教师构建融洽的同事关系。学校是一个小型的社会系统，教师在学校中并不是独立的存在，其社会生活世界中不可避免要与其他身份的教师进行社会交往，简称同事关系。同事关系对教师的社会生活体验会产生内隐性的影响，如果教师能得心应手地处理同事关系，与同事建立相互分享、彼此信任、共同发展的人际关系，则可以为教师的社会生活添加调味剂，使其获得愉悦感与温馨感；反之，则会使其心生苦闷感与压抑感。师徒制为新手教师如何处理社会生活世界中的同事关系提供方向上的引领，新手教师处于职业生涯的生存期，渴望被同事接纳与认可，对周遭的一切变化十分敏感，良好的同事关系可以为其提供心灵上的归属感。在社会生活世界中，师徒制发挥的不仅仅是一种引导的功能，更起到关怀与支持的作用。一方面，资深教师在学校社会生活中已至成熟期，在社会生活的交往中对同事的人格特质及交往方式了然于心，可以根据新手教师的个性特征引领其与同事进行有效交往，使其与同事建立和谐融洽的人际关系；另一方面，资深教师犹如新手教师的人生知己，当新手教师在同事关系中遭遇困境而百思不得其解时，资深教师可以为其指点迷津，排解其内心积蓄已久的困惑，使其在倾诉中缓解焦虑感与自我怀疑感，防止其在消极的情绪漩涡中无法自拔，以饱满乐观的情绪对待同事交往中存在的各种摩擦与小插曲。

（3）引导新手教师正确处理与领导的关系。社会生活中教师与领导交往的能力也是不可欠缺的，虽然理论上一直呼吁给教师赋权，提升教师话语权，但现实生活世界中科层制仍是学校管理的主要方式，教师与领导间是一种不平等的上下级关系。与领导建构良好的社会关系，是教师立足学校场域、对学校产生归属感的重要影响因素。新手教师刚进入学校，一时之间无法准确把握生活世界中领导的工作方式和风格，在社会生活世界中易产生诸多问题，资深教师可以为新手教师提供合理建议，使其在社会生活中与领导进行有效交往，提升新手教师的社会生活能力，如告知校长的领导方式及个性特征、与领导交往时如何获取有效信息、如何在生活世界中摆正自己的角色位置、如何与领导沟通、协调生活世界中的矛盾、与领导交往时有哪些注意事项等。师徒制使新手教师与领导交往时不再有胆怯、恐惧、忐忑心理，使其正确认识生活世界中与领导的交往关系，在平顺高效的交往过程中生发新手教师对学校的依附感，在游刃有余的交往中增加其对学校的认同感与归属感。

（4）帮助新手教师协调与家长的关系。家长关系在教师社会生活中占有十分重要的位置，教师与学生的发展密切相连，学生并不是独立的个体，其生活于家庭系统中，家庭教育对学生的成长至关重要，只有形成家校合力，才能保障学生的全面发展。因此，教师如何与不同类型的家长建立关系是其社会生活中必不可少的能力，良好的家长关系是教师高效、顺利开展教育教学工作的保障。在实然社会生活世界中，新手教师缺乏与家长沟通的能力，且一些家长往往对新手教师的专业能力持质疑的态度，消极被动地参与到新手教师的教育工作之中，甚至存在诸多不配合的行为，致使新手教师在社会生活中与家长交往时常常如履薄冰、举步维艰，经常被杂乱无章的家长关系干扰，无法一心一意、心无旁骛地将全部身心投入于专业生活世界中。资深教师为新手教师提供有利于增强其社会生活能力的经验，这种经验不是大而化之的理论输入，而是资深教师在其社会生活世界中经过实践验证、可经推敲的有效经验。新手教师当下在社会生活世界中与家长沟通时存在的问题及困扰，资深教师曾经也切身体会过，可以为解决新手教师面临的困境提供有效的建议，如对亲密型、疏离型、附属型等不同类型，根据其特点、需要与家长进行有效沟通；对新手教师将专业生活与社会生活（家长关系）本末倒置的偏颇现象进行引导，使其意识到专业生活世界才是其本体生活；对其窘迫、惶恐的情绪进行心理疏导，帮助新手教师建立社会生活能力的信心，使其意识到目前面临的问题是专业发展阶段中的正常现象，使其以积极乐观的心情从事教育事业。

四、提高教师文化适应力

一定的文化引导着人们的生活方式，即文化往往以深层的底蕴、无声的规范、潜移默化的影响，导引着一定群体的生活意向和生活方式。[①]文化是一种对人精神力量的塑造，教师生活世界中处处弥漫着文化的气息，教师的诸多行为是在文化的熏陶下日渐形成的。师徒制经验的分享中也包含文化精神的传承，在传承中提升新手教师的文化适应力，使其快速融入陌生环境之中，并在特定的环境中找到

① 胡弼成，上官晴．教育文化软实力的构成及内部效应探究[J]．清华大学教育研究，2010（3）：29-35．

自身定位。学校是教师生活世界中的主要生存场域，新手教师的文化适应力指生活世界中对学校文化的适应力，师徒制能够提高新手教师的文化适应力，特别是对精神文化、制度文化、行为文化的适应，帮助新手教师迅速融入教育教学之中，创造有意义的教育生活世界。

（1）帮助新手教师提升精神文化适应力。精神文化是学校文化的深层表现形式，指学校在长期的教育实践过程中，受一定的社会文化背景、意识形态影响而形成的为其全部或部分师生员工所认同和遵循的精神成果与文化观念，表现为学校风气、学校传统及学校教职员工的思维方式等，是学校整体精神面貌的集中体现，主要包含学校价值观、学校精神、学校形象三方面的内容。[①]精神文化是内隐性的文化，在潜移默化中影响着教师的行为方式。师徒制对新手教师精神文化适应力的提升主要体现在两个方面：一方面，提升新手教师对精神文化的感知意识。资深教师在生活世界交往中引领新手教师意识到学校精神文化的存在，使其在生活世界中感知到精神文化的外在呈现形式，对学校历史发展中积淀形成的校风、教风、学风、各类文化活动等有详尽的了解，进而使新手教师在对生活世界的细微观察中逐渐由边缘向学校精神文化靠拢，以积极乐观的精神面貌投入教育教学工作，在自身生活世界中不断体悟，使自身价值观念逐渐融入学校精神文化中。同时，师徒制引领新手教师在生活世界中保持创新意识，由适应走向超越，赋予学校精神文化以新的内涵。另一方面，师徒制调和新手教师思维方式与学校精神文化的冲突。不同场域酝酿的文化存在差别，新手教师刚迈出大学校门，在融入学校精神文化的过程中，往往会出现“错位”“分离”“非重合”的现象，其角色身份及思维方式与学校精神文化存在隔离或矛盾，具体表现为理想与现实的冲突、个人兴趣与学校文化的冲突以及发展愿望与职业现状的冲突等[②]，致使其融入学校精神文化的进程迟缓、愿望衰减。师徒制有助于调和、化解文化融入中潜藏的矛盾，促进新手教师身份角色的转换，增强其对学校精神文化的认同感，在认同与归属中立足生活世界，走上自身专业发展之路。

（2）指引新手教师提升制度文化适应力。制度文化由学校组织结构与学校管理制度构成，学校组织结构是指学校为了有效实现学校目标而建立的内部各组成部分及其关系的形式；学校管理制度是学校在教育实践过程中所制定的、起规范保障作用的各项规章或条例。[③]与精神文化不同，制度文化是一种外显的存在。新手教师在入职之初，渴望了解学校制度文化，虽然在生活世界中慢慢地也可熟络、适应制度文化，但是新手教师刚进入新的学校教学环境，在生活世界中需要其适

① 赵中建. 学校文化[M]. 上海：华东师范大学出版社，2004：299-300.

② 杜静. 教师入职教育的理论动因、价值取向与实施模式[J]. 教育科学研究，2008（11）：54-57.

③ 赵中建. 学校文化[M]. 上海：华东师范大学出版社，2004：317.

应面对、处理、解决的关系数不胜数，在诸多凌乱事务的逼迫下，新手教师经常处于自顾不暇的境地，无意中淡化了对学校制度文化的重视。资深教师长久生活在学校中，对学校的考勤制度、请假制度、奖惩制度、薪酬福利制度、考核制度、职称评定制度、晋升制度、岗位责任制度、教师行为规范等各种规章制度了然于胸，可以为新手教师厘清学校制度文化的脉络结构，短期内提升其对学校制度文化的适应力，使其在生活世界中的各项活动依章行事，充分享用学校提供的发展资源，提高生活世界中的办事效率，避免将过多精力花费在熟悉学校制度文化上，为新手教师处理生活世界中的其他事务提供心理保障，为新手教师在生活世界中的专业发展创造有利条件。

（3）引领新手教师提升行为文化适应力。行为文化指学校教职员工在教育实践过程中产生的文化，是学校作风、精神面貌、人际关系的动态体现，也是学校精神、学校价值观的折射。①行为文化是一种活动文化，具有鲜明的过程性，这意味着行为文化是学校长期发展过程中历史积淀的产物。资深教师在生活世界中的行为方式承载着学校行为文化的印记，为新手教师切身体验行为文化的内涵及意蕴提供真实参照，使其逐渐改正生活世界中长期存在的不良行为习惯，为新手教师创设形成学校行为文化意识的环境，使其以学校行为文化规约生活世界中的各种行为。铭记自己不仅是个体的存在，还是学校教师群体中的一员，从而提升新手教师对学校行为文化的适应力，并在日常教学实践活动中，开发有价值的新颖行为文化，使学校行为文化在生活世界的更迭中不断焕发活力，在继承与创新中彰显时代特征，充实学校行为文化的内涵。

第三节　课 例 研 究

课例研究是教师团队围绕特定主题，基于日常情境改进课堂教学、促进教师专业发展的一种校本研修方式。②最初源自20世纪50年代日本兴起的“授业研究”，名古屋大学研究团队把“授业研究”译为“jugyou kenkyuu”；美国和英国的学者则使用“lesson study”这一术语。中国香港教育学院于2000年启动的课堂学习研究（teaching study）也是课例研究的一种形式。中国内地与“课例研究”相似的活动被称为“教学研究”（teaching study），简称教研。①教师教育倘若不走进教师生活世界中的日常课堂，便算不上真正的研究。课例研究根植于教师的教育教学实践，以教师课堂教学为研究对象，有助于解决教师教育教学中的问题，有助于形塑教师生活世界，促进教师的成长与发展。

① 赵中建. 学校文化[M]. 上海：华东师范大学出版社，2004：324.

② 李学，胡石其. 课例研究的新取向与实施路径[J]. 湖南科技大学学报（社会科学版），2015，18（4）：175-179.

课例研究破除了教师教育与教学实践的二元论，创造了理论与实践间的“思考空间”，使教师教育与教师生活世界不再是毫无交集的平行线，而是在交汇融合中成为教师生活世界中的一种专业生活方式，即教师将先进的教育理论融入生活世界的教学情境中，在集体学习、讨论的过程中自我反思，在生活世界中催生实践性的理论。课例研究中处于核心地位的是实践的理论化（theory through practice），或是实践性理论（theory in practice）。①

一、立足教师课堂教学，直面本真教学生活

课例研究立足原汁原味的课堂，聚焦教师真实的课堂教学，将理论思想搁置于生动鲜活的课堂情境中。课堂情境是教师生活世界不可抹去的“底色”，教师在课堂情境中教学，在课堂情境中应对各种各样的教育事件，在课堂情境的不断磨砺中实现自我蜕变。课例研究在课堂教学中展开，直面教师本色生活，避免了教师教育中长期存在的隔靴搔痒、构想课堂教学的应然面貌等虚假现象；消解了教师对新教育理论望而却步的畏难心理，使教师教育深入日常课堂教学中，为统整教师生活世界中目不暇接的教育理论提供有效指导，对教师实然的课堂教学产生关照作用。

（一）关注教师课堂教学

传统听评课研究过分关注授课教师的课堂教学行为，授课教师期望通过课堂教学现场展示自己的教学能力与专业素养，往往选择生活世界中自己最熟悉的教学内容，选用生活世界中最得心应手的教学模式，运用生活世界中最娴熟的教学技能，根据惯常的评课流程对课堂教学进行预先演练，并根据评课的核心要点对课堂教学进行不断打磨，力争在听评课中展示卓越的教学才能。这种倾向导致生活世界中教师功利性愈演愈烈，一些教师不能以正确的态度应对听评课，课堂教学的表演痕迹、作秀成分较为严重。据对某市公开课调查情况统计，66.4%的教师表示不愿意上公开课，许多教师感到上公开课有很大的压力，在公开课中体验到乐趣并觉得有意义的教师只占了很小的一部分，一些教师对赛课的公平性持怀疑态度。②

精心策划下的课堂既远离生活世界中一般教师的日常课堂常态，也与生活世界中授课教师本人的日常课堂相差甚远，未能呈现出生活世界中日常课堂教学的本真样态。传统听评课研究过分重视教师教学行为训练，这不仅没有促进教师专业知识、专业技能、专业素养的提升与发展，反而使教师滋生了一种畸形心理，

---

① 钟启泉. 对话教育：国际视野与本土行动[M]. 上海：华东师范大学出版社，2006：285.

② 王俪嘉，朱德全. 中小学教师对待公开课态度的调查研究[J]. 上海教育科研，2009（8）：28-31.

即为避免自身专业发展的缺陷暴露在他人面前，便选择对课堂进行包装。深究之，课堂包装其实是教师的一种自我伪装，在于寻求心理上的安全感与慰藉感。过分强调教师教学行为必然导致学生“虚假的学习”。课堂教学的最终目的在于促进学生的成长与发展，但实然课堂教学中，学生由主体异化为配合教师课堂表演的演员，学生知识的掌握、能力的达成、情感的熏陶无人问津，被遗忘在嘈杂的课堂角落里。

课例研究基于教师生活世界中的日常课堂，以研究课为载体。课例研究重心不在于优质课的打磨，而是促进生活世界中教师教学能力的提升与具体教学方法的完善，由关注教师的课堂教学行为转向以课为载体，以生活世界中的日常课堂教学为研究对象，关注课堂中学生的真实学习情况，“课例研究追求的一个典型目标就是在发展学生个人心智的同时追求个人品质的完善”①，从评价关注点分析，当前各国课例研究发展的共同趋势之一，是以学生学习获得来评价课例研究的实效。②这一转向消解了生活世界中教师面对课堂研究时的忐忑、焦虑心理，不再将课堂观摩与研究视为一种负担，主动揭开课堂教学中的伪装面貌，敢于呈现日常课堂教学的原始样态，乐于暴露自身专业发展中存在的不足之处，愉悦展示自己的常态课堂教学行为。

课例研究以教师生活世界中的日常课堂教学为研究对象，使教师在日常课堂教学场域中渐进成长。日常课堂教学是生活世界中教师专业成长的重要途径，教师只有在日常课堂教学中不断演练、不断反思，才能在日积月累的量变中达到质的飞跃。日常课堂教学是多维的、立体的、复杂的、动态的，通过课例研究可以真实观察到日常课堂教学的本真面貌，如教师的教学方式、学生的学习情况、课堂的教学氛围、课堂中的师生关系、课堂教学中预设与生成的冲突等，在观察中发现存在的问题，利用同僚智慧及聚焦课堂中学生的思考，使教师跳出以我为中心的漩涡，从旁观者角度对课堂教学进行全面审视、反复思考，使课堂教学不再落入常识、低效甚至无效教学经验的俗套，也不再局限于课堂教学中细枝末节的知识逻辑与空洞乏味的理论说教，使教学理论与具体课堂语境中学生的学习特点及个性无缝衔接。课例研究使教师在日常课堂教学中获得专业知识、专业技能、专业素养的不断提升，并使学生在日常课堂中超越原有经验，进行持续的深度学习，优化学生在日常课堂教学中的学习效果；使教师的专业成长与学生的发展皆立足于课堂，在相互催生、彼此成就中感受到生命相互激荡、共同成长的润泽感与丰盈感。

---

① 胡庆芳，等. 课例研究，我们一起来：中小学教师指南[M]. 北京：教育科学出版社，2011：24.

② 杨玉东. 课例研究的国际动向与启示[J]. 全球教育展望，2007（3）：47-49.

（二）注重教学研究意识

一直以来，传统教研活动在长期的实践中已形成了固化的模式，如形成了导入、讲授新课、巩固新课、布置作业等具体可操作的课堂模式，并围绕备学生、备教材、备教法等方面建立了相应的评课标准。整体而言，这种教研活动试图通过具体的一堂课、特定的教学内容，通过课堂，来展现一般性的教学规律、反映主流教育理念（包括被曲解、误读的教育理念）的要求，采取自上而下的姿态供其他教师学习参考。[①]同时，这些课多是一次性的，同行在课后对授课教师的课堂教学作出简单评价、反馈后便不了了之，不管授课效果如何，很少有推倒重来的情况发生。传统的教研活动多以听评课形式进行，也就是一人上课，然后多人评课。在这种教研活动中，“研”通常缺位，“教”和“研”实际上相互分离，这在很大程度上破坏了教研活动的实效性。[②]传统教研活动中“研”的缺位，致使教师长期生活在自己封闭狭隘的经验圈中，生活世界中对教育理论的运用出现偏颇，为了制造课堂上学生积极发言、热烈讨论的活跃气氛，常常呈现出顾此失彼的二元极端现象，即设计封闭性的问题，使学生在课堂上为发言而发言；过于注重学生的生活经验与主动性的发挥，使学生的生活经验流于事实表面。平顺高效的课堂教学表象下“问题丛生”，教师却对这种潜藏的问题置若罔闻。课堂教学是生活世界中教师专业发展的土壤，“教”“研”分离使得教师专业发展与课堂教学处于隔离状态，教师专业发展悬浮在课堂教学上空，生活世界中教师的专业发展丧失了可依存的根基。

与传统教研活动不同，“课例研究既是一个教学研究的过程，又是一个实践改进的过程”[③]。课例研究关涉教师生活世界中课堂教学的本然面貌，以特定方法为基础，将研究的思维与意识贯穿课堂始终，并对课堂教学进行持续打磨，对课堂教学中教师存在的问题讨论、反馈后，推倒重来、进行二次教学，不断循环往复。“循环往复”是一种螺旋式的发展，在原有基础上寻求新的突破，在精益求精中切实提升生活世界中教师的专业素养，使教师从无所依从的混沌状态中挣脱出来，不断挖掘日常课堂教学的意义，感受课堂教学的趣味性与迷人性；在生活世界中激发教师的专业发展动力，使其敢于、乐于直面课堂教学本色生活，并在本色生活中实现自身专业发展。具体而言，课例研究从主题确定、教案的合作设计、课堂观察工具的开发、课后研讨活动的开展到课例研究报告的撰写皆聚焦教师生活世界中的课堂教学，每个环节都以特定的研究方法为支撑，前一阶段是后一阶段的基础，后一阶段是前一阶段的升华，每一阶段都有不同的重心，形成了系列化

① 李学，胡石其. 课例研究的新取向与实施路径[J]. 湖南科技大学学报（社会科学版），2015，18（4）：175-179.

② 赵德成. 教师成为研究者：基于课例研究的分析[J]. 教师教育研究，2014，26（1）：75-80.

③ 胡庆芳，等. 课例研究，我们一起来：中小学教师指南[M]. 北京：教育科学出版社，2011：26.

的课堂教学研究范式，对教师日常课堂教学作出合理、有效的指导，确保了教师日常课堂教学的实效性。

首先，课例研究以教师教学实践中的问题为主题，帮助教师不断发现教育教学生活中的问题，使教师在教育实践中养成善于观察、勤于思考的专业品质。确定研究主题是课例研究的起点，课例研究主题一般是教师生活世界中难以解决的困惑或难题，以主题为线索开展课例研究有助于提升日常课堂教学的效果。选取科学合理的研究主题是有效开展课例研究的目标导引，研究主题的确定不是随意的，需要遵循一定的依据。有研究者提出，课例研究主题应具有以下特征：源于现实、始于反思、具体可行、答案开放。研究主题的类型可分为与学科内容有关的研究主题、与学习者有关的研究主题、与课程知识有关的研究主题、与教学法知识有关的研究主题。①明确课例研究的特征及类型，有助于教师厘清杂乱无序的日常课堂教学的脉络，明晰自身日常课堂教学中存在的问题属于哪个方面，进而反推出日后需不断提升与加强的薄弱项，为日常课堂教学中教师的发展提供参照。发现问题仅是确定课例研究主题的第一步，教师在发现问题之初，对问题的认识与理解并不明了，从发现问题到确定课例研究主题是一个循序渐进、由模糊到清晰的过程。

其次，课例研究以教育问题为导引，在真实鲜活的教学场景中开展教案的合作设计，在同僚的集思广益中激发教师新颖的教案设计思路，并使其领悟到课堂教学中教案的价值。教案在课例研究中有着极为重要的作用，美国学者将其视为课例研究的基石，日本教师则认为一份详尽的教案是课例研究能否成功的关键所在。②课例研究中，教师的教案发挥着多方面的作用。其一，教案作为教师日常课堂教学的教学工具而存在，规划了教师课堂教学的目标蓝图，教师以教案为依托开展教学；其二，作为课堂教学中观察者的观察工具，教案为观察者呈现了授课教师课堂教学的设计理念、目标及重难点，为观察者了解、深入分析教师课堂提供依据，也是观察者记录、分析课堂教学观察结果的重要参考。其三，教案是教师交流与反思的工具。教案是课后教师与同僚探讨、交流课堂实然状况的有效载体，也是授课教师比照预设与生成现实差距，进而促进自我反思与省悟的有效工具。课例研究中教师合作设计教案，丰富了授课教师对教学内容的理解，有助于教师及时调整不恰当的教学想法，并通过深入了解学生的实际学习情况，准确把握教案设计的重点与难点。课例研究是一个在教师生活世界中不断循环、持续改进的过程，所以教案的不断完善贯穿于课例研究的始终，在教案设计的精心打磨中，使教师在生活世界中意识到教案设计的重要性，提升教师教学的专业能力。

---

① 安桂清. 课例研究主题的确立[J]. 人民教育，2010（21）：40-43.

② 安桂清，桑雪洁. “教师如何做课例研究”之二教案的合作设计[J]. 人民教育，2010（22）：47-50.

再次，课例研究以课堂观察工具为辅助手段，全方位观测、记录教师教育教学中细微的语言、动作、表情等，打破教师固化的自我认知，帮助教师认识教学中不为自己所知的一面。传统教研活动缺乏有效的课堂观察工具，教师仅带一支笔与一个本，就课论课随意性较强，缺乏课堂观察的规范性，致使教师在课堂教学中的专业成长流于形式。课例研究中课堂观察是关键环节。该环节提供反映教学效果的证据，是进行教学反思和重新规划的基础。①课例研究具有很强的规范性与有效性，课堂教学的观察重点依据课例研究主题而确定，并开发了课堂教学观察工具，主要有教案观察表、观察量表、座位表、姓名牌与观察者自身等①，课堂观察工具不仅是适时记录与反映学生学习情况的证据，也是保证课堂教学中教研一体化的重要手段，更是教师形成研究意识与研究品性的重要保障，教师随后进行的课堂教学的重新规划与自我反思皆以此为依托。课堂观察工具是教师从多方位审视课堂教学的一面镜子，可以观测日常课堂教学中被过滤掉的有价值、有意义的教学瞬间，形成自我规约、善于学习、不断反思的良好的专业品质。

最后，课例研究从课堂观察出发开展课后研讨活动，从不同角度分析、审视课堂教学的优势与不足，为优化课堂教学效果提出有针对性的建议，为教师课堂教学的改进提供可能的方向。课后研讨活动是课例研究的重要环节，涉及教师课堂教学质量的持续改进。正因为如此，课例研究中的课后研讨活动不是漫无目的、应付差事的随意敷衍，而是建立在相应组织方式、原则及进程安排等制度基础之上，防止课后研讨活动陷入散漫、低效的泥沼之中。有研究者指出，课后研讨活动的组织方式包含准备场地、建立研讨程序、明确参与者角色和职责等；应秉承关注对问题的研究、关注学生学习的事实、观察执教者与观察者的民主协商等基本原则；课后研讨活动进程中首先应汇总观察结果，其次是执教者讲解教学意图，再次是基于观察结果开展群体研讨，最后是形成改进建议。②需要注意的是，教师生活世界中的教学研究是永无止境的，形成的改进建议只是阶段性的成果，还需要教师在课堂教学实践中不断修正与完善。不断研究与思索是课例研究发展的动力源泉，也是课例研究走进教师生活世界、为生活世界中教师发展服务的理念的彰显。

此外，撰写课例研究报告有助于提高教师的研究意识，帮助教师从课堂教学的全局出发进行自我反思，不断提高自身的教育教学水平与能力。课后研讨活动不代表课例研究的结束，课后研讨为教师日常课堂教学的改善提供方向指南，但生活世界中教师的专业发展、课堂教学效果的优化终归要通过生活世界中教师的实际行为才能实现，所以撰写课例研究报告极为必要。课例研究报告是汲取集体

① 安桂清，沈晓敏．“教师如何做课例研究”之三课堂观察工具的开发[J]．人民教育，2010（23）：46-48.

② 安桂清，严丽．“教师如何做课例研究”之四课后研讨活动的开展[J]．人民教育，2010（24）：37-40.

智慧、自我反思后的成果，课例研究报告的撰写对教师个体与课例研究小组都有重要的意义。对于教师个体而言，撰写课例研究报告有助于提升生活世界中教师的反思能力，提升生活世界中教师的研究意识与实践能力，增强教师对日常课堂教学的悦纳感；对于课例研究小组而言，有助于总结课堂观察及课后研讨中存在的问题，提升研究小组的专业知识与专业信念，凝聚研究小组的聚合力，并增加其默契度，从而促进其共同提升专业发展水平。

二、创新教师文化，丰富教师生活体验

教师文化就是教师参与教育生活的样式，是以教师为载体，以教育生活为场景，以教育行为为表征而形成的文化途径与文化图式的统一体。①教师是文化的存在，教师文化是生活世界中教师存在的沃土与根基，也是了解生活世界中教师专业发展方式的有力工具。人创造了文化，文化反过来又塑造了人；文化性是人的类特性之一，而人则是文化意义上的人。教师文化作为一种亚文化，既受整个社会文化变迁的影响，也具有相对的独特性。教师文化的这种独特性型构着教师特有的思维方式与生活样式。②一直以来，教师生活世界中个人主义文化盛行，个人主义文化笼罩下的教师生活世界是封闭的、教育体验是贫乏的、思维方式是固化的，教师与教师间存在一道隐性的围墙：我的教室就是我的城堡，其他封地的君王一概不受欢迎。③

课例研究祛除了教师生活世界中充斥的个人主义文化，建立了生活世界中的合作型教师文化，这种合作文化是集体成员在生活世界中形成的一种自然合作文化，与人为制造的合作文化有着本质的区别，丰富了教师生活世界中的教育体验。课例被视为集体的产物，小组的每个成员都对这节课负有责任。④课例研究构筑了合作文化，在合作文化中促进教师个体文化的转换，在个体文化优化的过程中创设和谐融洽、目标一致的教师合作文化，二者相辅相成、相互嵌入，促进生活世界中教师的专业发展。

（一）促进教师自在文化的自为化

自在文化是教师在日常教育生活中展现出来的文化样式，惯常性、自发性、自然性是其基本特征，遵循虚拟性秩序是其共同的存在方式。⑤虚拟性秩序是指人在日常实践中一切遵循自然态度而行动时所产生的“生存于世上的连贯统一的感

① 龙宝新. 教师教育文化创新研究[M]. 北京：教育科学出版社，2009：19.
② 李伟，李润洲. 论教师文化的重塑[J]. 教师教育研究，2010，22（6）：26-28.
③ 帕克·帕默尔. 教学勇气——漫步教师心灵[M]. 吴国珍译. 上海：华东师范大学出版社，2005：142-143.
④ 李子建，丁道勇. 课例研究及其对我国校本教研的启发[J]. 全球教育展望，2009，38（4）：29-34，39.
⑤ 龙宝新. 教师教育文化创新研究[M]. 北京：教育科学出版社，2009：53.

觉”[①]。与之相对应，自为文化是教师不断有目的的、有意识的创新自己教学行为而形成的教育生活方式，是自觉追求以教育观念、理论、制度为基本生存手段的教育生活方式。[②]自在文化是教师生活世界中生存的“家”，为教师提供生存的熟悉感与安全感。自在文化是在教师生活世界中潜移默化形塑的，已与教师生活世界中的生活样态及生活方式融为一体，教师往往“习以为常”“日用而不自知”。具体而言，教师的自在文化包含教育经验、教育常识、教育习惯、教师的生活哲学等。课例研究在教师生活世界的日常课堂教学中进行，消解了教师教育“不食人间烟火”的高冷形象；以教师合作文化为基础，消解了教师生活世界中沉寂的自在式个人主义文化，使教师摆脱日常生活世界中意识麻痹、思想钝化的消极状态，在合作文化中实现教师自在文化的自为化。

课例研究使教师对生活世界中构筑的自在文化形成正确的认识。自在文化在教师生活世界的积累中日渐成型，教师生活世界是一个包罗万象的复杂集合体，因此，生活世界中形成的教师自在文化有消极与积极、正向与负向、优劣之分，故应加以区别对待。课例研究中熏染的自然合作文化不是人为制造的合作，而是集体成员共同认可、自愿投入的一种舒适性合作，这种和谐的文化氛围可以对生活世界中教师自在文化产生启蒙作用。课例研究合作文化中催生的新教育观念、教师教育理论渗入教师生活世界是最基本的文化启蒙手段，使教师清晰认识到生活世界中自在文化的存在及其对自身教育教学行为的无意识控制，消除教师生活世界中教育行为的自在性，使其在合作文化中更具自为性与自觉性；打破教师生活世界中沉闷的自在教育生活样式，渐次照亮教师生活世界中偏狭的“暗区”，使教师自觉过滤、清理掉阻滞自我专业发展，以及影响教育实践的惰性、惯性、常识性自在文化样式，创造一个清晰敞亮、明朗轻盈的教师生活空间，丰盈教师沉闷的教育体验。

课例研究促进教师生活世界中自在文化向自为文化的转变。课例研究使教师走出孤军奋战的个人主义文化藩篱，在合作文化中规避消极的自在文化，促进教师生活世界中的自在文化转换为自为文化，将其更好地嵌入课例研究的合作文化中，提升课例研究的效果，使教师在合作中收获发展的完满感。具体而言，合作文化主要是通过文化批判、文化反思与文化学习实现自为文化的转换的。首先，文化批判。文化批判不是贬义词，而是一种“辩证否定”的文化转换策略，即通过否定达到肯定的目的。不同的个体教师文化汇合形成了课例研究合作文化，合作文化中教师个体相互参照、相互切磋、相互监督，审视已形成自在文化样式中的不合理因素，质疑、否定、超越各自生活世界中形成的负向自在文化，在课例

① 刘世清. 论日常教育实践中的教育经验[J]. 江西教育科研，2006（7）：8-10，39.

② 龙宝新. 教师教育文化创新研究[M]. 北京：教育科学出版社，2009：71.

研究小组中形成批驳的靶子，在共同探讨中驻足当下、注目未来，由被现实捆缚走向追求自在文化的超越，促进生活世界中教师教育生活样式的转变。其次，文化反思。文化反思是一种内省的转换方式，在课例研究中，教师在相互观照中察觉自身自在文化的缺陷，将小组成员的建议内化到自在文化中，赋予固化的自在文化以新的内涵，在自在文化中催生出自为文化的萌芽，使教师学会通过自省来丰富自身的精神体验。最后，文化学习。教师是文化的存在，教师不仅要通过反思解构固化的自在文化，促进生活世界中自在文化的质变，更应在课例研究中主动摄取有价值的自为文化养分，充实自身稀缺的自为文化，使自己成为一个善于在生活世界中学习的人，在学习中创生饱含教育意蕴的生活体验。

（二）实现教师自为文化的自在化

教师要在课例研究中习得创造性、新异性的自为文化，并对自为文化形成积极的态度。课例研究以日常课堂教学为研究对象，形成了序列化的研究方法，在课例研究小组共同学习、共同探讨中，教师逐渐摒弃根深蒂固的思维范式与教育教学观念，在合作文化的耳濡目染、潜移默化中消除对自为文化的排斥意识，在自觉感与熟悉感日渐增生中不再刻意回避异质的文化范式，由潜意识中的束之高阁走向生活世界中的主动摄入。教师只有正确看待课例研究合作文化中内含的自为文化价值，才会放下内心自设的心理围墙，由孤立主义的“独行侠”积极融入课例研究中，这种融入不单是身体上的“形”入，更是心灵深处的“神”入。教师个体只有全身心投入课例研究中，才能在课例研究的合作文化中体会到沟通交流、共享智慧的圆润感与成就感，才能在课例研究中积极建言献策、贡献自己的智慧与见解，最终在课例研究合作文化中吸收有价值的自为文化，在个体自为文化的丰满中优化课例研究的效果。

课例研究使教师在合作文化的熏染中实现自为文化的自在化。教师在生活世界中自己体悟而成的自为文化有时只是昙花一现，易被长久堆积的消极自在文化所吞噬，难以在生活世界中发挥持久的作用。课例研究在教师熟悉的生活世界场域中进行，为教师自为文化的自在化创设自然的文化氛围，在课例小组成员的相互监督、共同进步中，有助于教师将习得的自为文化即时运用到日常课堂教学中，并将课堂教学中生发的教育智慧吸纳到自为文化中，不断扩充与革新自为文化的生活样式，如此循环往复，将有意义的自为文化图式日渐沉积到教师生活世界中，内化为生活世界中教师的一言一行，使之成为教师生活样式中的一种稳固风格与个性、一种惯例与习性，在反复实践中达到缄默化、自在化程度，成为制约、影响生活世界中教师教学行为的一种日常化逻辑，进而使教师在日常课堂教学中“随心所欲不逾矩”，感受专业发展的成就感与价值感。“随心所欲不逾矩”并不是指教师在课堂教学中肆无忌惮、为所欲为，而是强调在实践中，新异的自为文化已转变为教师生活世界中的自在文化，以达到不受意识支配、可信手拈来的状态。

三、唤醒教师主体意识，提高教师教学效能

人的认识实践活动之所以不同于动物，之所以能改变和发展，就在于人是作为外在客体的对立物——主体而存在的。然而作为主体的人往往具有一种能动性和主动性。[①]发展有别于进化之处也在于，它是主体有意识的活动。[②]教师是生活世界中能动性的体验者，教师教育只有唤醒生活世界中教师的主体意识，才是真正走向教师生活世界的表征。不可否认，教师真正的专业成长不在于职前培训，也不在于脱产学习，而是在其任职的教育教学实践中进行的。[③]课例研究走进真实的课堂教学场域，以观察日常课堂教学，促进生活世界中教师专业素养的提升为旨归，在日常课堂教学研究中唤醒教师生活世界中消逝的主体意识，化解教师对日常课堂教学的抵触情绪，使其感受到课堂教学生活的五彩缤纷，并在课例研究小组共同交往、探讨中不断提升课堂教学的自我效能感，以饱满的情感迎接课堂教学生活。

（一）促进教师主体意识的觉醒

主体性强调人在活动中能够自觉、能动和创造，是自主性、能动性和创造性的复合统一。[④]日常课堂教学是教师生活世界的一个缩影，教师生活世界的质量与日常课堂教学的体验息息相关。毫无疑问，教师是课堂教学的主体，但与主体性强调的自主性、能动性、创造性等特质相比，教师似乎只是名义上的教学主体。一些教师在主体性外衣包裹下，在课堂教学中缺乏自我发展、自我创新的意识，忘却教师主体应具备的专业发展品质，已成为生活世界中“顺其自然”“既来之，则安之”的消极适应者。课例研究进入教师生活世界中的常态日常课堂教学，消除生活世界中教师“自欺欺人”的自我遮蔽，将其从自我沉醉的缥渺状态中释放出来，使其感受到自己随意经营下日常课堂教学的“千疮百孔”，并以积极主动的心态融入课例研究，在课例研究中培育教师的卓越领导力，使其树立正确的专业发展主体意识。教师专业发展主体性意识是教师在专业发展过程中能够自觉承担专业发展的主要责任，根据自身专业发展的需要进行自主学习，并自觉将专业发展同日常教学和生活相结合，让专业发展成为日常的工作常态和专业生活方式。[①]

课例研究唤醒教师主体意识，生发日常课堂教学中教师的创造性。马克思认

① 付光槐. 论教师专业发展主体性的缺失与建构[J]. 教育理论与实践，2016，36（28）：44-47.

② 刘森林. 发展哲学引论[M]. 广州：广东人民出版社，2000：5.

③ 孟学英. 校本教师专业发展的管理策略[J]. 当代教育科学，2004（4）：39-40，48.

④ 贺慧敏. 论校本教研中教师主体性的提升[J]. 教育科学论坛，2016（22）：4-6.

为，创造性是人作为主体所特有的生命活动。[①]主体通过实践改变客观现实的形态，创造出自然界中前所未有的新形态，使作为主体的人告别旧我，走向新我。[②]创造性是人作为主体的一个重要属性，对身处变化莫测课堂教学中的教师主体而言更是如此。在课堂教学中，生发教师创造性是课例研究唤醒教师主体意识的重要表征。一方面，课例研究进入复杂、动态、生成的课堂教学生态场域，使教师意识到自己是课堂教学的主体而不是旁观者，对丰富多彩的课堂教学情境不再置若罔闻，而是以正确的态度应对瞬息万变的课堂教学，善于、乐于、勇于走出自我构筑的心理城堡，在动态的课堂教学中引发教师思维定式的转换，激活被教师搁浅的创造思维与想象思维。想象带领我们走出已知，走出现在，走出预定，向新的地平线跋涉。在这样的旅程中，我们将会发现新的视角的出现，也会使通常被排除的与被压制的思想在不断寻求新意义的过程中得到解放。[③]另一方面，在课后研讨中，置身自然润泽的课例研究合作文化氛围，教师易被思维碰撞的智慧火花所感染，意识到自我主观世界的封闭性，体会到课堂教学中主体性作用发挥的重要性，改变以往课堂教学中“放任自流”的病态发展态势。在课例小组的合作交流中，教师认真听取同伴的建议，将自己的见解、困惑与小组成员分享，在集思广益中生发最优的解决策略，并将其运用到鲜活的课堂教学情境中，在肥沃的课堂教学土壤中孕育教师的创造性智慧，使教师真切领悟到课堂教学中有无主体意识参与的天壤之别。

（二）提高教师教学效能感

教学效能感源自班杜拉的“自我效能”（self-efficacy）的概念，指教师对自己所从事的教学工作的主观体认，是教师素质结构的重要组成部分，也是影响实际教学效果的关键因子，在深层次上还是教师从教的“一种信念”[④]。教师的教学效能感与教师主体意识在教师生活世界中相互牵引，一般而言，主体意识强烈的教师在生活世界中的教学效能感较高，教学效能感也会反向强化、激发教师的主体意识。因此，课例研究唤醒生活世界中教师主体意识的同时，也必然会提高教师教学实践活动中的效能感。一直以来，有些教师长期处于“孑然一人”的发展状态，在复杂课堂教学生活的侵蚀下，教师游走在心力交瘁的崩溃边缘，生活世界中职业倦怠现象十分严重。一些教师的教学效能感不忍直视，致使其逐渐丧失专业发展的愿景与信心，将教师降级为生活世界中谋生的手段，在课堂教学中沦为

① 中共中央马克思恩格斯列宁斯大林著作编译局. 马克思恩格斯全集（第 2 卷）[M]. 北京：人民出版社，1995：58.

② 赵汀阳. 论可能生活：一种关于幸福和公正的理论[M]. 北京：中国人民大学出版社，2004：114-116.

③ 多尔，高夫. 课程愿景[M]. 张文军，等译. 北京：教育科学出版社，2004：352.

④ 赵福菓，黄希庭. 中学教师教学效能感的特点及其与自我概念的相关研究[J]. 心理科学，2002（4）：472-473.

煎熬等待的“磨刀人”。课例研究为教师在课堂教学中重新认识自己提供载体，使教师重建课堂教学的信心，提升课堂教学中的效能感，由衷体悟到日常课堂教学是生活世界中专业发展的立身之本。

课例研究提升教师教学效能感，不是向教师灌输教学效能感的重要性，也不是对生活世界中教学效能感低下的教师嗤之以鼻，或对教师不容乐观的课堂教学生存现状抱有侥幸心理，而是在正视课堂教学实然面貌的前提下，与授课教师一同致力于课堂教学效果的改善，为教师生活世界中的专业发展提供有效的同伴帮扶，提升其在课堂教学中的教学效能感，以崭新的精神面貌拥抱色彩斑斓的课堂教学生活。具体而言，一方面，课例研究为教师教学效能感提供动力支撑。课例研究中，教师个体与课例研究小组是一个荣辱与共的共同体。评价每一个教师的专业成长都需要同时兼顾个人发展与集体形成这两个维度。[①]课例研究小组中各成员齐心协力、具有一致的目标及价值愿景，为教师课堂教学效能感的提升输送源源不断的能量，使教师正确看待课堂教学中的成就与失败，以辩证思维理解课堂教学在自身专业发展中的作用，消解课堂教学中易退缩、动机不强、韧力不足的消极态势，清除阻碍教师教学效能感的负面情绪，使教师在长期的课例研究中逐渐形成稳定的教学效能感。另一方面，课例研究使教师在课堂教学的持续改进中增强教学效能感。教师教学效能感萎靡的重要原因在于缺乏专业发展的指向标，在日复一日的重复中教师的教学效能感被磨损殆尽。课例研究不是流于形式、泛泛而谈的观摩课堂，而是在观察课堂中审视教学中存在的不足，观察课堂强调授课教师与课例研究小组成员不分彼此、无主客体之分，在智慧共享中共同促进课堂教学的不断改进。在课堂教学的推倒重来、不断改进中，教师体悟到自己并不是“朽木”，体会到精心付出后收获到良好课堂教学效果的成就感。在这个过程中，教师的教学效能感不断提升，不仅以积极的态度面对日后的课堂教学，更意识到了生活世界中持之以恒追求专业学习、专业发展的必要性。

第四节　教育叙事

教育叙事是从文艺理论研究中的叙事学中脱胎而来的。最初是加拿大的几位课程学者将叙事研究作为教师的研究方法运用于教育领域，从而出现了教育叙事研究。[②]丁钢认为，教育叙事是表达人们在教育生活实践中所获得的教育经验、体验、知识和意义的有效方式。[③]教育叙事的主体为教师，叙述的故事是生动鲜活的

① 钟启泉. 教育的挑战[M]. 上海：华东师范大学出版社，2008：242.

② 提秀雷. 教育叙事研究中存在的问题及其改进[J]. 当代教育论坛，2007（8）：42-44.

③ 丁钢. 教育叙事的理论探究[J]. 高等教育研究，2008（1）：32-37，64.

教师生活世界，目的在于通过生活世界中的体验与经历，增加对教育的理解与解释，也就是说，教师为了呈现教育研究成果，以充满实践意义的教育生活为背景，以讲故事的方式把自己对教育的理解和体验告诉读者。[①]教师生活世界是教育叙事的现实素材，教育叙事不是单纯的描述故事，而是透过生活世界中的故事发现问题、揭示本质，使教师真正成为生活世界中的研究者。教育叙事是教师基于生活世界、在生活世界中、为了生活世界的一种研究方式，转变了传统的教师教育范式，引领教师教育关涉教师生活世界，在生活世界中赋予教师研究的话语权。教育叙事的出现，旨在把“纸上的教育学”变成“生活中的教育学”，就是试图回到教育者的生存方式之中，通过对生存经验的阐述，来呈现和表达教育生活经验的本真状态。[②]

一、反思教学生活，升华教育经验

生活世界由生活事实与生活意义构成，教师生活世界也不是一个纯表象性的存在，教育生活事实中隐藏着教育生活意义，教育生活意义中贯穿着教育生活事实，它们共同构成了完整的教师生活世界。

讲故事的过程本身就是一个对自己亲历的教育生活进行观照、反思、寻求意义的过程，它让我们把自己过去教育生活中司空见惯的教育细节重新审视，去发现其中细微的教育意蕴，从而把作为叙事者的教师自身的思维触角引向自我教育生活的深层，使看似平淡的日常教育生活显现出并不平凡的教育意义。[③]置身教师生活世界中，教师经历的教育生活事实林林总总，教育叙事使教师对生活世界中发生的教育生活事实保持敏锐的洞察力，在教育生活事实中不断体悟、不断实践、不断反思，在自我否定与自我扬弃的渐进过程中升华教育经验，理解教育生活事实中暗含的深厚意义，在汲取教育生活意义的养分中不断反思与成长。

（一）提升教师生活反思力

教师生活世界是教师发展的立根之基和现实依托，与理论研究占据思想的制高点不同，教育叙事在教师生活世界中推演，使教育研究走出象牙塔，从空中落到地面，“飞入寻常百姓家”[④]，具有现实的说服力与实践的影响力。教师生活世界中的教育事件是开展教育叙事的关键要素，教育叙事的突出特点在于生活世界中的原汁原味，即教育叙事撷取生活世界中真实发生的有价值、有意义的事实性材料，通过真实生动的语言再现教师生活世界中的故事，在真实的生活情境中刻

① 任丹凤. 对教育叙事和叙事教育的功能及意义的解读[J]. 教育探索，2009（12）：137-138.

② 李政涛. 教育研究的叙事伦理[J]. 教育研究，2006（10）：18-21，26.

③ 刘铁芳. 教育叙事与教师成长[J]. 当代教育论坛，2006（3）：75-78.

④ 顾颉. 教育叙事研究的含义、价值与实施[J]. 教育科学论坛，2014（12）：42-43.

画具体、鲜活的教育细节，并在其中渗入教师的思想感悟。这不仅仅是一个讲故事的过程，更是一个教师自我反思的过程，在反思中揭示了故事中隐藏的教育意义，是教师对表层教育生活世界的一种深度表达与反映。这种反映是整体的、动态的、真实的，它比较完整地提供了研究者有关事件的经历和经验，因而有助于人们以直观的、具体的方式来认识和把握特定的事件。①

教育叙事使教师在形形色色、多姿多彩的生活世界中形成反思意识。教育叙事通过记录教师生活世界中每时每刻演绎的教育生活事实，透析教育生活事实背后的演变过程，催生教师反思意识，"使那些曾经在教师记忆中被遮蔽的印象得以敞亮……使教育事件成为教育活动中最有价值的存在"②。生活事实是事物发展过程中所呈现出的结果，生活事实一经形成，则是纯客观的存在，但这并不意味着其是不可控的，教师是教育生活事实演变过程中的参与者，其行为直接影响着教育生活事实的呈现样式。反思指向过去，面向未来，教师在反思中可以追寻生活世界的意义。教育叙事是教师在生活世界中反思的一种研究方式，教师在反思中赋予生活世界丰富的意蕴，在反思中不断更新自己。杜威认为，努力使自己继续不断地生存，这是生活的本性。因为生活的延续只能通过不断地更新才能达到，所以生活便是一个自我更新的过程。③

教育叙事是教师在生活世界中自我表达、自我反思的载体。生活世界是一个连续性的过程，教师在生活世界中的反思也不是断断续续的，而是与教师生活世界的体验相伴相随的。反思就是体验，而且作为反思，它可成为新的反思的基底，如此以致无穷。④在教育叙事过程中，教师对生活世界中已发生的教育生活事实展开回顾，这种回顾不仅用文字记录过程，而且在记录的同时，教师思考生活世界中存在的问题，捕捉生活世界微小事件中暗含的教育意义，并从不同的角度审视自己，使自己养成周全反思的品质。反思是一种思考，是用心关注事物、倾听人性，周全的反思是人对生命、生活及生存意义的探询。⑤教师生活世界具有多重意义与多重结构，借助周全反思，教师在叙事的过程中可以发现事物的多面性，进而在叙事中提升自身的反思能力，在反思中形成立足于生活世界的研究素养。

---

① 张肇丰. 试说教师的案例研究[J]. 课程·教材·教法，2004（8）：64-69.

② 王枬，王彦. 教师叙事：在实践中体悟生命[J]. 教育研究，2005（2）：58.

③ 杜威. 民主主义与教育（第2版）[M]. 王承绪译. 北京：人民教育出版社，2001：14.

④ 胡塞尔. 纯粹现象学通论：纯粹现象学和现象学哲学的观念（I）[M]. 李幼蒸译. 北京：中国人民大学出版社，2004：120.

⑤ 范梅南. 生活体验研究：人文科学视野中的教育学[M]. 宋广文，等译. 北京：教育科学出版社，2003：9.

（二）促进教师实践性知识的形成

实践性知识是生活世界中教师发展的基础。教育叙事是教师在生活世界中构建实践性知识的重要方式。在教育叙事中，教师在生活世界中认识自我、审视自我，以自己的教育故事解释着自己是谁，自己在做什么，自己想做什么，自己将向何处去。[①]教师通过撰写转变自己、唤醒自己的教育故事，在叙事中追问、思索自己在生活世界中遇到的困难，通过实践总结经验，反思自身存在的不足，促进经验的优化重组，在经验的不断累积中形成自己的实践性知识。

（1）在教育实践中建构自身经验。实践性知识来源于生活世界中教师对经验的建构，建构经验是实践性知识形成的前提。教师生活世界中的经验来源有两种：一是在生活世界中形成的前摄性经验，即教育惯习、教育常识等，二是在生活世界教育情境中生成的有价值的新经验。教师生活世界中新旧经验交杂，显现出一种杂乱无序的状态，这些交错的经验无形中干扰、阻碍了生活世界中教师的专业发展。教育叙事使教师在生活世界中建构自身经验，在叙事过程中有意识地促进新旧经验的同化与顺应，在原有经验基础上扩充新经验，在新经验不断融入的过程中达到经验的质变，以教育叙事为媒介，在持续不断的量变—质变—量变的螺旋式上升中，在生活世界中建构自身的经验库。经验库是教师在叙事过程中对已有的教育教学经验加以建构形成的实践性知识的雏形。生活世界中实践性知识的获得是一个长期的过程，在这个过程中，教育叙事清晰记录了教师每次实践性知识的形成过程，从更广泛的意义上来说，使教师更为清晰地看到自我成长的轨迹和内在专业结构的发展过程，进而为能够更好地实行专业发展的自控和调节奠定基础。[②]

（2）在实践反思中升华教育经验。杜威在谈到经验与教育的关系时指出，在各种不确定的情况中，有一种永恒不变的东西可以作为我们的参考，那就是教育与个人经验之间的有机联系……以经验为基础的教育，其中心问题就是从各种现实的经验中选择那种在后来的经验中能富有成效并具有创造性的经验。[③]反思中升华教育经验是实践性知识形成的重要环节。生活世界中的教育叙事也是一个连续的过程，它记录了生活世界中教师解决教育问题时的感想或对未解决教育事件的思索，在这个过程中，教师对自身经验无法解决的生活世界中的问题进行反思，审视已有经验与当前教育情境之间产生冲突的本质原因，在反思中升华教育经验，使其成为一种真正意义上的实践性知识。教育叙事为教师在生活世界中反思、升华教育经验提供通道，使教师在生活世界中由机械的运用教育经验走向在反思中

① 王枬，唐荣德. 教师与教育叙事研究——论教师的教育叙事研究[J]. 中国教师，2009（17）：4-8.

② 叶澜，等. 教师角色与教师发展新探[M]. 北京：教育科学出版社，2001：319-320.

③ 杜威. 我们怎样思维·经验与教育[M]. 姜文闵译. 北京：人民教育出版社，2005：250.

升华经验，使教师的教育经验由单纯的经验建构走向实践性知识的形成。

（三）推进教师实践智慧的生成

"实践智慧"一词最早由古希腊哲学家亚里士多德提出，指教师在生活世界中经过长期反思实践形成的，对生活世界中具体教育情境做出即时、恰当反应的综合能力。所谓生成，是指处于由非存在到存在，或由某种质到另一种质的过程中的事物或现象。[①]实践智慧的生成是教师对生活世界中已有经验的超越和升华，也是生活世界中教师存在价值的彰显。教育叙事直面教师生活世界，还原生活世界中真实的教育情境，为教师生活世界中实践智慧的生成提供了一片沃土。

（1）教育叙事创设了实践智慧生成的情境。教育叙事是教师对生活世界中真实教育情境的描摹。在这个过程中，一方面，教师浸润于生动的教育情境，在身临其境中对教育事件有所感发，察觉到自身存在的缺陷，在自我回顾中获得启蒙与顿悟。顿悟是教师在生活世界中不断累积的结果、是教师的实践性知识达到一定程度的质变的结果。教育叙事既有效弥合了从真实情境的学习到符号世界学习的纵向断层问题（即直接经验与间接经验的断层问题），又能巧妙解决了情感与认知以及学科之间联系的横向断裂问题。[②]另一方面，教师生活世界是不断流淌的，教师在教育情境中一时萌生的实践智慧不会持久，会在生活之流的冲刷中逐渐黯然失色。教育叙事记录下的教师生活世界中的珍贵时刻，为教师在生活世界中实践智慧的生成提供情境、动力支撑，激发教师在生活世界中不断创新、不断自我发展，为生活世界中实践智慧的生成提供新的生长点。

（2）教育叙事建构了实践智慧生成的机制。教师生活世界中鲜活的教育情境是实践智慧生成的本源，没有了教育情境，实践智慧犹如无本之木、无源之水。实践智慧具有鲜明的个体性，其生成虽是在教育实践经验的累积、试悟、顿悟中内化而成的，没有具体路径可循，但教育叙事为实践智慧的生成建构了机制，提供了方法上的启示。在教育叙事中，教师生活世界中实践智慧的生成表现为知识与经验的交互作用，在一定教育情境的刺激下，教师通过对生活世界中教育事件的分析，将教育事件中包含的核心要素（学生、知识、教师）提取出来，借助已有的教育经验，对教育事件进行全面、细致、准确的剖析，把握相关问题的实质所在，形成对问题的深刻理解。在相似的教育情境中，教师将生活世界中已有的内隐知识外显化，在生活世界的有效迁移与转化中，实现教育经验的不断修正与完善，进而促进教师生活世界中实践智慧的创生。教育叙事从实质上来说，就是教师对生活世界情境中的教育事件进行分析、概括与总结，将生活世界中已有的

① 金炳华，等. 哲学大辞典（修订本）[M]. 上海：上海辞书出版社，2001：1298.

② 邹晓明. 教育叙事：一条有效的教育智慧生成路径[J]. 现代中小学教育，2015，31（7）：94-99.

经验迁移到新情境中，提高教师在生活世界中生成实践智慧的能力，这是一个从情境感知到经验总结再到理论运用的过程，它与怀特海“自由—纪律—自由”的教育节奏表述不谋而合。①

（3）教育叙事开辟了实践智慧生成的通道。教师生活世界中每时每刻都发生着教育事件，但对于某些教师而言，教育事件是生活世界中无关乎自身的存在，对生活世界中蕴含丰富教育意义的教育事件熟视无睹、习焉不察，依据固有的经验对生活世界中异质性的教育事件作出同质性的处理。长此以往，生活世界中教师的研究意识与反思能力将会萎缩，实践智慧的生成丧失了可依存的土壤，成为漂浮于教师生活世界上空缥缈的存在。教育叙事摆脱了教育理论与教育实践各行其是的困囿，以教育故事为载体，真实呈现生活世界中教育事件的原委，在叙写过程中镶嵌教师自身的思想感悟。这个过程既不是对教育理论的照抄照搬、机械运用，也不是对生活世界中教育经验的盲目崇拜，而是以教育叙事为中介，促进教育理论与教育实践的双向二重化：从理论视域分析教师生活世界中鲜活的教育事件，探询教育事件表象背后的深层意蕴；借助生动的教育事件深化对教育理论的感知与理解，赋予抽象教育理论以生动教育实践的观照。教育叙事填充了生活世界中教育实践与教育理论的沟壑，实现了教师生活世界中理论的实践化与实践的理论化，为生活世界中实践智慧的生成提供了切实可行的通道，即在理论与实践双向二重化的过程中，生成教师生活世界中的实践智慧。

二、体悟教学生活，构筑个人教育哲学

当代美国教育哲学家索尔蒂斯在《论教育哲学的前景》一文中，建立了当代教育哲学的基本理解框架，将当代教育哲学分为三类：专业教育哲学（professional philosophy of education）、公共教育哲学（public philosophy of education）和个人教育哲学（personal philosophy of education）。②同时，他认为，就像每个人都有自己的生活哲学一样，他也应当有自己的教育哲学，那就是一套个人的信念，认为在教育领域内什么是好的、正确的和值得做的。②他还指出，以这种方式形成的关于教育的哲学观点能使一个人对人的意义、目的和义务产生令人满意的意识，从而指导他或她作为教育工作者所从事的活动。②由此可见，教育哲学不仅仅停留于专业与公众哲学层面，也可为生活世界中的教师个人所创造与拥有。个人的教育哲学是教师在生活世界中形成的教育信条，在教师生活世界中广泛存在，教师只要有意识、有能力将生活世界中的教育事实与教育意义建立联系，就能使自身形成对生活世界教育意义的认识。从这个意义上讲，生活世界中每个教师都可构筑个

① 邹晓明. 教育叙事：一条有效的教育智慧生成路径[J]. 现代中小学教育，2015，31（7）：94-99.

② J. 索尔蒂斯. 论教育哲学的前景[J]. 闵家胤国外社会科学，1984（3）：6-10.

人的教育哲学。

教师生活世界是一个复杂的生态系统，蕴含着诸多哲学性的教育问题，故教师在生活世界中建构个人的教育哲学是极为必要的，正如美国教育家乔治·奈勒所言，无论你干哪一行业，个人的哲学信念都是认清自己的生活方向的唯一有效的手段。如果我们是一个教师或教育领导人，却没有系统的教育哲学，并且没有理智上的信念的话，那么我们就会茫然无所适从。[①]教育叙事使教师不再是生活世界中冷眼旁观、抑或是无动于衷的过客，而是倾心于生活世界中充满教育意义的生活事实，在思考、研究教育生活事实的叙事过程中，从具体、细微的教育事件中熏陶哲学品性，在教育叙事的日积月累中构筑生活世界中的个人教育哲学。

教育叙事养成哲学之思与哲学素养，形塑教师个人教育哲学。一方面，教育叙事弥合了教育理论的形而上与教育实践边缘化的空缺，不仅使教师在生活世界的反思实践中升华教育经验，还使其在生活世界中培育哲学之思，建构个人的教育哲学。教师的哲学之思将使其拨开形而下的教学纷杂，探究其背后的形而上的问题。[②]生活世界中的哲学之思使教师摆脱技术理性、工具理性的束缚，推动教师专业发展由经验型、专家型走向教育学家型，在生活世界的“思”与“悟”中追寻生活事实中潜隐的教育意义，形成自己对生活世界中教育问题的本质认识。另一方面，教育叙事培养生活世界中教师的哲学素养，使教师对生活世界中令人眼花缭乱、层出不穷的新教育思想加以思考，追问理论背后深层次的哲学观，即思想源头，进而在生活世界中摆脱对操作方法的迷乱和盲从，提升生活世界中对教育问题的甄别力与判断能力，在生活世界中锤炼自身的哲学品性，在生活世界中提升专业发展的层次与境界。

教育叙事培养问题意识，形成教师个人教育哲学构筑的开端。教师个人教育哲学的构筑与生活世界中的问题不可分割。问题是哲学思考的理论起点，没有真正的哲学问题的提出，就不会有真正的哲学思考。因此，哲学思考的展开依仗着哲学问题的发现。[③]诚然，哲学思考源于生活世界中的问题意识，生活世界中的问题意识是催生哲学思考的必然要求。教育叙事是教师对生活世界中显现出的教育问题的叙写与研究，在问题叙述中教师逐渐形成善于发现问题、思考问题的品质，对生活世界中的教育问题保持敏锐的洞察力；在问题发现中教师意识到自身已有经验及教育理论存在的不足，在问题思考中借助已有的教育理论基础，通过问题表象透视问题本质，探寻生活世界中教育问题的矛盾及疑难的原因、症结所在。哲学的问题基于教师理解的前结构，或是一种前理解，它往往表现为某种信念的

---

① 陈友松. 当代西方教育哲学[M]. 杨之岭，林冰，蔡振生，等译. 北京：教育科学出版社，1982：28.

② 高维. 教师个人教学哲学：必要与可能[J]. 湖南师范大学教育科学学报，2014，13（3）：68-71.

③ 卡尔·波普尔. 客观知识—— 一个进化论的研究[M]. 舒炜光，卓如飞，周柏乔，等译. 上海：上海译文出版社，1987：298.

系统，即从教师的信念出发来提出问题，并受到意识形态的影响，在对意识形态的反省中回归真实的生活世界。教师这一系列的问题是一个“问题—前结构—意识形态—生活世界回归”的关系网络。①需要注意的是，教师个人教育哲学中强调的问题意识指问题性，即不局限于细微问题本身，不是就问题论问题，而是窥探、反思问题出现的缘由，揭示生活世界中具体问题背后的方法论意义，由问题的特殊性走向问题的普遍性，这是教育叙事在生活世界中培育教师哲学思维的关键，也是在生活世界中构筑教师个人教育哲学的核心所在。

教育叙事有利于培养观察能力，铺筑教师哲学思维训练的基础。哲学思维是构筑教师个人教育哲学的关键，而生活世界中敏锐的观察能力是形塑哲学思维的基础和前提。哲学思维的训练需要教师在生活世界中进行持之以恒的细致观察，这种观察与一般观察不同，教育叙事为生活世界中教师哲学思维的训练提供了路径。教育叙事不仅仅是教师以认真的姿态观察、感知生活世界中的变化，展现生活世界中故事展开的时间、地点、人物、过程，更重要的是呈现了其叙事过程中的研究品性，即对生活世界中观察到的问题刨根问底，并与周围事物建立关联关系，审视问题出现的语境，在关联关系中进行系统性的思考与再思考，再思考就是对生活世界中的问题进行哲学追问。哲学思维训练需要在长期的观察与思考中获得，教育叙事在教师的生活世界中展开，也是一个持续性的过程，它与哲学思维的训练一脉相承，在教育叙事的过程中进行哲学思维的训练，反思性思维是教师生活世界中哲学思维训练的根本；用哲学思维提升教育叙事的理论深度，则彰显教育叙事的研究韵味。二者相辅相成、互为依托，在教师生活世界中共同生长，共同构筑生活世界中教师的个人教育哲学。

三、品鉴教学生活，发展教师专业自我

研究者对教师专业自我的认识，随着教师专业化发展的深入日渐成熟和完整。较早界定教师专业自我内涵的国外学者凯尔科特曼认为，专业自我是教师个体对自我所从事的教育教学工作的感受、接纳和肯定的心理倾向，这种倾向将深刻地影响到教师的教学行为和工作效果。②有研究者对教师专业自我的构成进行分析，认为其不仅包括教师的自我形象、职业动机、自尊体验、工作满意度、对当前教学任务的认识和对未来职业前景的期望，还包括个人化的教育理论等。③也有研究者将专业自我定位为教师的自我专业发展意识。④虽然对教师专业自我的表述有所不同，但都肯定了教师作为一个人的“自我”存在，且主要侧重于心理层面，包

① 刘济良，刘燕楠. 哲学之思：教师的智慧品性[J]. 教育研究，2008（10）：53-58.

② 教育部师范教育司. 教师专业化的理论与实践[M]. 北京：人民教育出版社，2001：47.

③ 陈永明. 现代教师论[M]. 上海：上海教育出版社，1999：191.

④ 叶澜，等. 教师角色与教师发展新探[M]. 北京：教育科学出版社，2001：230.

含的内容较为丰富。教育叙事使教师感知生活世界的魅力，在体悟生活世界中成长，在生活世界的体验中增强对专业自我的认同感，在生活世界的历练中促进专业自我的发展。

教师生活世界是教育叙事的源头活水，教师是生活世界的亲历者。教育叙事使教育研究回归教师的生活经验本身，回归教育生活本身，使每一个教师都有机会参与，发出自己的声音，获得话语权。①它改变了教师教育与教师生活世界各自为营的局面，使教师在真实生动的生活世界中养成研究意识，在研究过程中提升对专业自我发展的信心。生活世界中的教师是具有能动性的个体，教师之所以在生活世界中日渐萎缩低迷，是因为其未在芜杂的生活世界中找寻到恰当的定位，教育叙事使教师在挖掘、开发生活世界有价值的教育宝库中，体验生活世界中专业自我成长的价值感与圆满感，并为生活世界中教师专业自我的生长提供可切实依存的路径，消除了生活世界中教师专业发展的无力感与无方向感，使其在生活世界中的行动方式由“机械地摸着石头过河”走向“有目标地沿着路径前进”，由“焦灼的等待”走向“笃定的发展”。

（一）重塑自我意象

自我意象是指教师意识到自己在专业发展中所扮演的角色，包括自我形象、自我愿望及自我价值。②自我意象是生活世界中影响教师个性行为及专业发展的关键，直接关系着教师生活世界中的职业现状及其未来的专业发展。长期以来，令人艳羡的教师圣人形象与令人唏嘘的单面人形象充斥着教师生活世界，致使教师在生活世界中的自我意象迷失，既感受不到教师职业的神圣性与崇高性，也未曾体验到生活世界的乐趣所在。教师生活世界中自我意象迷失源于教师被外界所设的标签影响，缺乏在生活世界中自我认知、自我感知的能力。教育叙事为教师感知生活世界、增加自我认知铺设路径，使教师在生活世界中有所触发，在生活世界中重塑自我意象。

教育叙事提升教师审美素养，在感知生活世界中重塑自我意象。美学家杜卫曾在分析审美素养时指出，审美素养是个体在审美经验基础上积累起来的审美素质涵养，主要由审美知识、审美能力和审美意识三个要素组成。③何齐宗则认为，从美学的角度讲，个体的审美素养主要包括三方面内容，即审美感受力、审美鉴赏力、审美创造力。④生活世界中每个人都有审美的资质与能力，但恰恰缺乏一双发现美的眼睛。教师的生活世界中蕴藏着诸多有意义的事情，流变的生活世界中

① 张典兵. 教育叙事：教师专业自我发展的有效路径[J]. 教育导刊，2007（11）：38-39.

② 李春梅. 论高校教师专业自我的缺失与确立[J]. 现代教育科学，2010（5）：101-104.

③ 杜卫. 论审美素养及其培养[J]. 教育研究，2014，35（11）：24-31.

④ 何齐宗. 教师的审美素养及其本体价值分析[J]. 高等教育研究，2006（6）：73-77.

布满了新奇而又充满乐趣的人生风景，但教师被生活世界的单调枯燥遮蔽双眼，忽视了生活世界中悄然绽放的美丽。教育叙事使教师不再是生活世界中工具理性的存在，而是学会在生活世界中自我欣赏的“大写的人”，使其在回顾、记录、反思教育生活事实的过程中，学会用不一样的视角看待生活世界，学会从内心深处感知、鉴赏、品味生活世界中萦绕的生命之美、人性之美、教育之美、交往之美、平凡之美等，在生活世界之美中荡涤教师聒噪、混沌、迷失的自我意象；消解教师自我意象迷失中滋生的倦怠感与无力感，使其学会用审美意识看待生活世界中的问题，用审美创造力为单调的生活世界增添色彩，使表面风平浪静的生活世界泛起涟漪。在叙事研究中，教师倾听心灵的蛩音，感受主观的世界，体验生命的律动，探寻行为的意义，重新恢复“人类原始思维”的诗性智慧。①

教育叙事不仅使教师在生活世界中提升审美素养，更使其在提升审美素养的过程中重塑自我意象，正确认识生活世界中的自我存在与自我价值，在身心愉悦中实现生活世界中的自我发展，在自我意象的解构与重构中不断适应与超越，深化生活世界中教师的自我认知，丰富生活世界中教师的思想境界。正所谓，人的存在不仅是存在的自然过程而且是存在的创造性过程，于是，人的存在不仅仅是 to be（存在）的显现，而且是 to be 的各种丰富性的显现，确切地说，人的存在的根本意义不在于显现存在性而在于显现存在的扩展性。②

（二）唤醒自我发展意识

教师的自我发展意识是自我意识的一种特殊形式。从认识形式看，表现为对自己作为一名教师的自我观察、自我分析和自我批评等，统称为自我发展认识；从情绪形式看，表现为对自己作为一名教师的自尊、自爱、自卑、自豪、责任感、义务感和优越感等，统称为自我发展体验；从意志形式看，表现为对自己作为一名教师的自主、自制、自强、自卫、自律等，统称为自我发展监控。③教育叙事在教师生活世界中延展，使教师由被动接受教育理论知识的灌输走向运用理论知识研究、挖掘生活世界中多姿多彩的教育事实，在发现问题、研究问题、解决问题的叙事过程中，消解生活世界中教师麻木、懈怠、消极的发展观，唤醒生活世界中积极主动的自我发展意识。自我发展意识是区分生活世界中教师主动发展与被动发展的试金石。只有教师在自我专业发展需要和意识下成为具有自我专业发展需要和意识的教师，才可能有意识地寻找学习机会，才可能明确自己到底需要什么，今后朝什么方向发展以及如何发展等，才可能成为一个自我引导学习者。④

① 刘良华. 校本行动研究[M]. 成都：四川教育出版社，2002：201.
② 赵汀阳. 论可能生活[M]. 北京：生活・读书・新知三联书店，1994：118.
③ 钱兵，孙在丽. 教师自我发展意识的迷失与唤醒[J]. 当代教育科学，2018（8）：44-46，53.
④ 叶澜，等. 教师角色与教师发展新探[M]. 北京：教育科学出版社，2001：208.

有研究认为，教师职业重复化倾向、技术化倾向、工具化倾向是导致教师自我发展意识迷失的重要原因，毋庸置疑，教师生活世界长期被重复化、技术化、工具化等倾向笼罩，致使教师生活世界中的自我认识被钝化、自我体验被遮蔽、自我监督与管理被麻痹①，教师生活世界中的创造性、主动性、价值性被抛弃。长此以往，教师在生活世界中专业自我发展的热情被耗空，异化为生活世界中灵魂无处安放的漂流者。教育叙事消除了固化的职业倾向对生活世界中教师自我发展的侵蚀，唤醒教师生活世界中尘封已久的自我发展意识，促进教师在生活世界中形成自我发展的原动力。自我发展意识使教师在生活世界中不再随波逐流，不再被日常世界的琐碎、慵懒、媚俗等消极之风所裹挟，在生活世界中明确自己的发展方向，在生活世界的体验中唤醒自我发展意识，由随遇而安的等待状态走向追求卓越的自觉发展状态。

"教师生活世界"虽是一个指称意义的名词，但究其实质，则是一个动态的发展、变化过程，这个过程同时也是教师的生活体验过程。教育叙事与教师生活世界中的生活体验相伴相随。生活体验是教师认识自我的最好方式，也是对教师固化的认知及思维产生有力冲击的最好方式，这意味着教育叙事过程中，教师自我发展意识的唤起不仅仅是叙事文字表面呈现的自我宣誓，还是在教师潜意识里、心理层面经历了巨大的思想转换的过程。教育叙事突出的特点在于，与教师生活世界融为一体。教师在生活体验中意识到故步自封已无法适应复杂多变的生活世界提出的挑战，进而自我反思、自我学习、自我适应，将生活世界中的挑战转变为机遇，在生活体验中累积教育实践经验，在生活体验中修炼自我，在生活体验中不断促进专业自我的发展，体验就像理论走向实践的一个附着点，这个附着点就像在攀爬实践的悬崖峭壁上的一个个着力点，这个小小的着力点提供平台，踩着这些小小的着力点不断往上爬，最终将促使理论与实践逐渐相融。同时，个体的体验不是被动的承受，或者说其不仅仅是一块平面镜子，仅仅起着承接、投射进来的作用，而是一个主动过滤、重新组合而后形成新的镜像的过程，具有自我反思、甄别、批判选择后进行重构等主动性的特征。②

① 钱兵，孙在丽. 教师自我发展意识的迷失与唤醒[J]. 当代教育科学，2018（8）：44-46，53.

② 龙红霞. 教师的主观体验及其专业成长[J]. 中国教育学刊，2018（12）：87-91.